CURA PELA LUZ INTERIOR

BARBARA ANN BRENNAN

Ilustrações de Aurelien Pumayana Floret e Bona Yu

CURA PELA LUZ INTERIOR

Conceitos Avançados de
Cura para Ter uma Vida Plena

Tradução
Gilson César Cardoso de Sousa

Revisão Técnica
Lucia Ribas Ferreira
Psicoterapeuta Transpessoal

Editora
Pensamento
SÃO PAULO

Título do original: *Core Light Healing.*
Copyright © 2017 Barbara Ann Brennan.
Publicado originalmente em 2017 por Hay House Inc., USA.
Copyright da edição brasileira © 2018 Editora Pensamento-Cultrix Ltda.
1ª edição 2018.
3ª reimpressão 2024.

Para ouvir o Hayhouse Radio acesse o site: www.hayhouseradio.com

Todos os direitos reservados. Nenhuma parte deste livro pode ser reproduzida ou usada de qualquer forma ou por qualquer meio, eletrônico ou mecânico, inclusive fotocópias, gravações ou sistema de armazenamento em banco de dados, sem permissão por escrito, exceto nos casos de trechos curtos citados em resenhas críticas ou artigos de revista.

A Editora Pensamento não se responsabiliza por eventuais mudanças ocorridas nos endereços convencionais ou eletrônicos citados neste livro.

Editor: Adilson Silva Ramachandra
Editora de texto: Denise de Carvalho Rocha
Gerente editorial: Roseli de S. Ferraz
Produção editorial: Indiara Faria Kayo
Editoração eletrônica: Join Bureau
Revisão: Bárbara Parente

Dados Internacionais de Catalogação na Publicação (CIP)
(Câmara Brasileira do Livro, SP, Brasil)

Brennan, Barbara Ann
 Cura pela luz interior: conceitos avançados de cura para ter uma vida plena / Barbara Ann Brennan; ilustrações de Aurelien Pumayana Floret e Bona Yu; tradução Gilson César Cardoso de Sousa; revisão técnica Lucia Ribas Ferreira. – São Paulo: Pensamento, 2018.

 Título original: Core light healing.
 Bibliografia.
 ISBN 978-85-315-2003-7

 1. Cura espiritual 2. Medicina alternativa 3. Medicina natural – Poder de cura 4. Força vital I. Floret, Aurelien Pumayana. II. Yu, Bona. III. Ferreira, Lucia Ribas. IV. Título.

18-13385   CDD-615.852

Índices para catálogo sistemático:
1. Cura: Energia vital: Terapia alternativa   615.852

Direitos de tradução para o Brasil adquiridos com exclusividade pela
EDITORA PENSAMENTO-CULTRIX LTDA., que se reserva a propriedade literária desta tradução.
Rua Dr. Mário Vicente, 368 — 04270-000 — São Paulo, SP
Fone: (11) 2066-9000
http://www.editorapensamento.com.br
E-mail: atendimento@editorapensamento.com.br
Foi feito o depósito legal.

SUMÁRIO

Agradecimentos 7
Prefácio do Editor 9
Ilustrações... 13
Introdução: Ferramentas para viver no século XXI 17

Primeira Parte
COMO CURAR NOSSOS BLOQUEIOS E LIBERAR NOSSA ENERGIA CRIATIVA

Capítulo 1 Nosso Sistema de Energia-Consciência Humana 33
Capítulo 2 O processo criativo por meio de nosso Sistema de Energia-Consciência Humana... 51
Capítulo 3 Como curar o processo criativo bloqueado 65
Capítulo 4 Desate sua vida.. 87
Capítulo 5 Recursos para recriar sua vida 107

Segunda Parte
COMO CURAR NOSSA CRIATIVIDADE POR MEIO DO QUARTO NÍVEL DO NOSSO CAMPO: RELACIONAMENTOS

Capítulo 6 Prática da Percepção Sensorial Sutil...................................... 133
Capítulo 7 Como entrar nas realidades do quarto nível........................ 161
Capítulo 8 Mundos, objetos e seres da realidade do quarto nível 179

Capítulo 9	A física da realidade do quarto nível...............................	195
Capítulo 10	Outros fenômenos da realidade do quarto nível: aderências, implantes e extraterrestres	205
Capítulo 11	Dualidade extrema nos mundos astrais inferiores................	223
Capítulo 12	Intenção negativa e o mundo astral	239
Capítulo 13	Visão geral da cura de "vidas passadas"	253
Capítulo 14	Cura da cápsula do tempo: como liberar as amarras do passado..	269
Capítulo 15	O CEH na morte	291
Capítulo 16	Vida após a morte	307
Capítulo 17	Como curar nossos cordões relacionais...............................	319
Capítulo 18	Como curar raízes ancestrais tradicionais...........................	335
Capítulo 19	Conceitos unitivos da essência	349

Apêndice 371
Bibliografia.. 391
Índice Remissivo... 393

AGRADECIMENTOS

Sinto a mais profunda gratidão por aqueles que acreditam em mim e no meu trabalho. Meus guias espirituais têm sido parte importante da minha vida e foram decisivos para a mensagem agora transmitida em *Cura pela Luz Interior*. Sou eternamente grata a meu marido, Eli Wilner, por sua sabedoria e força ao me acompanhar no percurso dessa gloriosa jornada.

Agradecimentos especiais a todos os funcionários leais e dedicados do meu escritório: Diane Dodge, cuja visão e liderança habilidosa levaram este livro da concepção à realização; Stuart Adams, que trabalhou com o maior desvelo, dedicação e competência desde o rascunho até a forma final do livro; Denise Mollo, que administrou brilhantemente o projeto e forneceu valiosas ideias como consultora de ilustração e assistente editorial. A equipe da Barbara Brennan School of Healing (BBSH) sempre me apoiou e merece minha gratidão eterna.

Agradeço do fundo do coração a Lisa VanOstrand por sua ajuda em tornar este livro uma realidade, e aos ilustradores Aurelien Pumayana Floret e Bona Yu pelas belas imagens que criaram.

PREFÁCIO DO EDITOR

Acredito que Barbara Brennan possa ser facilmente considerada a mais influente curadora e clarividente do século XXI. Seu trabalho é sem dúvida visionário e inovador. As teorias de Barbara Brennan sobre o Campo de Energia Humano (CEH) continuam sendo amplamente citadas. De fato, suas teorias têm sido adaptadas e tecidas no conhecimento geral sobre o campo da cura energética, mostrando-se fundamentais em informar e orientar muitas das modalidades de cura energética criadas mais recentemente. Outros aspectos do seu trabalho, como a importância de uma clara intencionalidade, também se mostraram de grande abrangência. Não tenho dúvidas de que sua escola, seminários, livros, alunos e ampla esfera de influência impressionaram milhares, se não milhões, de vidas em todo o mundo.

As pessoas ficaram sem dúvida fascinadas com as histórias de vida de Barbara. Queriam saber sobre sua infância, suas habilidades de cura e o mundo invisível dos fenômenos psíquicos que ela conseguia ver e experimentar. Esses assuntos eram matéria frequente de perguntas de alunos e ouvintes de suas palestras. Barbara canalizou temas que iam de questões pessoais a universais sobre uma enorme variedade de tópicos, incluindo, entre outros: saúde, cura, psicologia, espiritualidade, anjos e demônios. Nenhum tema que pudesse ser útil às pessoas era considerado sem sentido.

Agora, pela primeira vez, o leitor conhecerá a história da vida de Barbara Brennan nas palavras da própria autora. Parte do material talvez pareça datado e mesmo fora de moda. Era de se esperar, visto que Barbara cresceu nos anos 1940 e numa fazenda de Wisconsin. Ela sempre dizia que, até ir para a faculdade, nunca viu muita coisa – exceto vacas – enquanto crescia. Viveu sua infância numa época em que as surras eram ainda uma forma comum de punição aplicada pela maioria dos pais. Barbara amadureceu quando as coisas, inegavelmente, eram muito diferentes do mundo de hoje. No entanto, de uma perspectiva global e pessoal, a mensagem que ela comunica é atemporal. Da perspectiva global, a humanidade enfrenta hoje os mesmos desafios que no passado. Da perspectiva pessoal, todos desejamos, como seres humanos, viver uma vida significativa e maximizar nosso potencial criativo.

Cura pela Luz Interior é o relato de uma vida dedicada a fenômenos que diferenciam Barbara Brennan de outros especialistas no campo da cura. Seus pensamentos, enquanto ela tentava compreender essa diferença e lutava para conciliar os dois aspectos de si mesma – cientista e curadora –, são evidentes ao longo do livro. Muitos de nós desejamos ver, sentir e vivenciar o mundo invisível, que pode se resumir num simples anseio de fazer contato com um parente falecido. E aí reside um dos grandes dons de Barbara: sua capacidade para criar uma ponte entre os mundos visível e invisível, convidando o leitor a percorrê-los em sua companhia.

Cura pela Luz Interior trata do processo criativo de manifestar a vida dos seus sonhos!

Na Primeira Parte, Barbara Brennan faz uma revisão da configuração do Sistema de Energia-Consciência Humana (SECH). Em seguida, descreve o processo criativo que flui pelo SECH. Quando o pulso criativo está desbloqueado, conseguimos concretizar nossos anseios. Infelizmente, todos temos bloqueios que detêm o fluxo criativo. Esses bloqueios estão nos pontos onde estancamos nossa energia, devido a feridas e traumas ocorridos na infância. Esses bloqueios nos impedem de criar o que queremos e nos envolvem num círculo vicioso de padrões repetitivos. Barbara nos ensina os passos para liberação desses bloqueios. Quando são liberados, a energia criativa fica livre para fluir – e o resultado é não apenas a manifestação física dos nossos anseios profundos, mas também maior conexão com a essência e luz interior.

O revolucionário *Mãos de Luz** introduziu o leitor aos efeitos de longo alcance do CEH como veículo de nossa experiência da realidade. Do mesmo modo, a Segunda Parte deste livro conduz o leitor numa jornada sem precedentes ao quarto nível, ou nível astral, do CEH, iluminando esse mundo misterioso e tantas vezes mal compreendido, com seus profundos efeitos sobre nós, os nossos relacionamentos e a humanidade. O quarto nível é a ponte entre o mundo físico tridimensional e os mundos espirituais superiores. Ele contém tudo, desde objetos a seres e formas-pensamento. É o nível dos relacionamentos e, como tal, estamos sempre criando em parceria com seus habitantes, em obediência à lei do "semelhante atrai o semelhante". Esse nível é conhecido também como mundo astral. Como o quarto nível não existe na realidade tridimensional, não é visível a olho nu. Porém, desde tempos imemoriais, diferentes culturas descrevem e têm acesso a esse mundo.

A Segunda Parte começa esclarecendo como a Percepção Sensorial Sutil (PSS) funciona e como percebe os níveis do SECH. Para entender o quarto nível, precisamos antes percebê-lo! Barbara fornece em seguida uma descrição pormenorizada do quarto nível, mostrando como ele funciona diferente do mundo físico. Ela oferece numerosos exemplos tirados de sua própria experiência de cura, incluindo suas experiências no trabalho com diferentes objetos e seres, visitando os reinos de frequências mais densas do quarto nível, e seus encontros com magia negra.

Barbara define os bloqueios no quarto nível que impedem o processo criativo de "cápsulas do tempo", que potencialmente podem ter ocorrido ao longo de múltiplas vidas. A autora descreve o processo de liberação dessa energia criativa através de curas das cápsulas do tempo. Explica como o SECH é afetado pelo processo de morte e viagens através do corpo astral.

Dado que o quarto nível é o nível dos relacionamentos, encontramos ali diversos tipos de cordões que transmitem informações fora do alcance da visão, geralmente entre duas pessoas. Criamos, por exemplo, cordões genéticos com nossos pais biológicos no nascimento e depois cordões relacionais com pessoas

---

* Publicado pela Editora Pensamento, São Paulo, 1990. Nova edição revista publicada em 2018.

com quem estabelecemos ligações pessoais. Esses cordões podem ser saudáveis ou ter distorções que interferirão em nosso processo criativo. Raízes ancestrais, que têm cordões genéticos danificados, nos conectam aos nossos antepassados e perpetuam falsos sistemas de crenças, transmitidos de geração em geração. Barbara Brennan explica minuciosamente como curar cordões genéticos, relacionais e ancestrais.

Também estão incluídos poemas canalizados de seu guia, Heyoan, que ajudam a elucidar e absorver conceitos apresentados no livro. Por fim, cada capítulo termina com perguntas que estimulam o leitor a trabalhar e aprofundar o material apresentado. Aprecie a jornada enquanto percorremos desde a autoexploração a um passeio guiado através da fronteira entre os mundos físico e espiritual. Ao fim da jornada, espera-o a plena compreensão de como *você* é o criador de sua própria vida!

Lisa VanOstrand
Formada em 1995 pela BBSH
Chefe de Departamento da BBSH A&P
Ex-diretora dos BBSH Advanced Studies

ILUSTRAÇÕES

CAPÍTULO 1

1-1	O Vazio Negro Aveludado	(ilustração colorida)
1-2	A Estrela do Âmago	(ilustração colorida)
1-3	Os Tubos Hara	(ilustração colorida)
1-4	O Hara	(ilustração colorida)
1-5	Nível 1, Corpo Etérico	(ilustração colorida)
1-6	O Rim visto no Nível 1	(ilustração colorida)
1-7	Nível 2, Corpo Emocional	(ilustração colorida)
1-8	Nível 3, Corpo Mental	(ilustração colorida)
1-9	Nível 4, Corpo Astral	(ilustração colorida)
1-10	Nível 5, Matriz Etérica	(ilustração colorida)
1-11	Nível 6, Corpo Celestial	(ilustração colorida)
1-12	Nível 7, Matriz Ketérica	(ilustração colorida)
1-13	Os Sete Níveis do Campo Áurico	(ilustração colorida)
1-14	Os Sete Maiores Chakras e a Corrente Vertical de Energia	(ilustração colorida)
1-15	O Número de Vórtices em Cada Chakra Maior	47
1-16	O Sistema de Energia-Consciência Humana	(ilustração colorida)

CAPÍTULO 2

- 2-1 Uma Linha do Hara Alinhada .... (ilustração colorida)
- 2-2 Um Claro Processo Criativo Movendo-se pelo CEH até a Manifestação Física .... (ilustração colorida)

CAPÍTULO 3

- 3-1 Forçando uma Corrente de Defesa no CEH .... (ilustração colorida)
- 3-2 Defesa Submissa Passiva no CEH .... (ilustração colorida)
- 3-3 Defesa Agressiva Passiva no CEH .... (ilustração colorida)
- 3-4 Anatomia de um Bloqueio .... (ilustração colorida)
- 3-5 O Processo Criativo Bloqueado .... (ilustração colorida)
- 3-6a Uma Cliente com Bloqueio no Terceiro Chakra ..... (ilustração colorida)
- 3-6b O Bloqueio Começa a Subir pela CVE .... (ilustração colorida)
- 3-6c Uma Cliente Reciclando um Bloqueio em Seu Campo .... (ilustração colorida)
- 3-6d O Bloqueio Volta ao Local Original com Energia Negativa Adicionada .... (ilustração colorida)
- 3-7a Curador Limpando um Bloqueio no Campo do Cliente
  Curador coloca energia no bloqueio .... (ilustração colorida)
- 3-7b Curador Limpando um Bloqueio no Campo do Cliente
  Curador coloca mais energia no bloqueio; este sobe pela CVE .... (ilustração colorida)
- 3-7c Curador Limpando Bloqueio no Campo do Cliente
  Curador integra a energia-consciência não bloqueada aos níveis superiores do CEH .... (ilustração colorida)
- 3-8 Detalhes de um Bloqueio Liberado .... (ilustração colorida)

CAPÍTULO 4

- 4-1 O Círculo Vicioso Confirma e Reconfirma a Consciência Infantil .... (ilustração colorida)
- 4-2 Anatomia de RE/RI 94

4-3   Ruptura de Círculo Vicioso e Movimento Espiralado
        para a Essência .... (ilustração colorida)

CAPÍTULO 6

6-1   Chakra
        *O bioplasma do SECH espirala para dentro
        do chakra* .... (ilustração colorida)

6-2a   Selos do Chakra e a CVE
        Sete selos dentro da CVE .... (ilustração colorida)

6-2b   Sete Selos de Chakras Ampliados .... (ilustração colorida)

6-3a   Curador Puxando Informação (Dor) sobre o
        Cliente para Seu Corpo
        Incorreto .... (ilustração colorida)

6-3b   Curador Usa PSS através do Pseudópodo para se
        Conectar com Cliente
        Correto .... (ilustração colorida)

6-4   Diagrama de um Campo Coerente .... (ilustração colorida)

CAPÍTULO 14

14-1   Anatomia de uma Cápsula do Tempo .... (ilustração colorida)

14-2   Posição das Mãos para Quelação .... (ilustração colorida)

CAPÍTULO 15

15-1   Viagem astral
        *O Cordão de Prata Mantém a Conexão Entre o
        Corpo Físico e o Corpo Astral que Viaja* .... (ilustração colorida)

15-2   Circulação do CEH na Morte .... (ilustração colorida)

CAPÍTULO 17

17-1   Conexões por Cordões entre a Pessoa Que Quer Nascer e
        a Mãe .... (ilustração colorida)

17-2   Um Bloqueio Denso e Escuro no Interior do Chakra do
       Coração Impede a Concepção .... (ilustração colorida)
17-3   Conexões por Cordões Relacionais entre
       Filho e Pais .... (ilustração colorida)
17-4a Distorções de Cordões entre Donald e Sua Mãe ..... (ilustração colorida)
17-4b Alívio nos Campos de Donald e Sua Mãe
       após a Cura .... (ilustração colorida)
17-5   Anatomia Saudável de Cordões e Selos .... (ilustração colorida)

CAPÍTULO 18

18-1a Danos no Sexto Chakra por RAT Impedem Uma Clara
       Percepção da Realidade .... (ilustração colorida)
18-1b RAT Penetrando os Selos do Chakra................... (ilustração colorida)
18-1c Pontos Cegos nos Selos .... (ilustração colorida)
18-2a Passos na Cura das RAT
       Começo da Cura Para Remoção das RAT............... (ilustração colorida)
18-2b Passos na Cura das RAT
       Desemaranhando as RAT..................................... (ilustração colorida)
18-2c Passos na Cura das RAT
       Todas as Gerações Recebem Cura........................... (ilustração colorida)

INTRODUÇÃO

FERRAMENTAS PARA VIVER NO SÉCULO XXI

*"Você permanece com um pé
na realidade fisicamente alicerçada
e o outro na
realidade espiritualmente fundamentada.
O que está no meio
é o chão sólido de sua essência."*
– Heyoan

Em meu primeiro livro, *Mãos de Luz – Um Guia para a Cura através do Campo de Energia Humano*, enfatizei sobretudo a estrutura e a função dos sete primeiros níveis do Campo de Energia Humano (CEH), sua relação com o corpo humano e seu uso na cura pela imposição das mãos. *Mãos de Luz* oferece uma compreensão clara de como e por que a cura pelas mãos é eficaz.

Em meu segundo livro, *Luz Emergente – A Jornada da Cura Pessoal*,* procurei esclarecer nosso processo de cura com o qual criamos nossa vida. Esse

---
* Publicado pela Editora Pensamento, São Paulo, 1995. Nova edição revista publicada em 2018.

processo permeia nosso Sistema de Energia-Consciência Humana (SECH), composto de quatro dimensões: nosso corpo físico, nosso campo de energia humano, nosso hara e nossa essência interior.

Neste terceiro livro, *Cura pela Luz Interior – Conceitos Avançados de Cura para ter uma Vida Plena*, mostro como você pode criar a vida que deseja, aprendendo a entender, curar, liberar e utilizar sua energia criativa de vida que brota da sua essência interior, localizada no âmago do seu ser. Fazer isso significa aprender a reconhecer e familiarizar-se com as partes mais profundas do seu ser, incluindo suas virtudes e também sua escuridão interna. Para liberar sua energia interna criativa, você precisa honrar seu anseio de alma, a fonte mais profunda de luz, amor e vida dentro de você. Essa fonte de criatividade interior pode ser bem mais poderosa do que você imagina. Aprender a aceitar que ela está lá e utilizá-la mudará sua vida para sempre. Toda criatura viva na Terra, e talvez em outras partes do universo, possui uma luz ou essência interior, única em cada uma. *Na verdade, ela é você!*

Convido-o a empreender comigo essa jornada.
Será a sua jornada.
A jornada de cada um é única
e pessoal.

Seja você mesmo.
Ser você mesmo é divino.
Deixe essa essência do ser que é luz
brilhar através do seu corpo, seu campo,
suas quatro dimensões e sua vida.

Deixe-a brilhar no universo; ela é infinita.
Ela o conduzirá para a vida e pela vida,
além dos seus sonhos mais maravilhosos.

Ela o conduzirá para a sua vida,
aquela com que você sempre sonhou,

até onde consegue se lembrar!
Venha comigo para dentro do seu eu
mais brilhante e mais nobre!

O eu que nunca julgou possível
é aquele com que sonhou durante toda a sua vida!

Meu Caminho, Minha Vida

Eis aqui um fragmento da minha história como exemplo do caminho que percorri até chegar onde estou. Reverenciar o passado é reverenciar as lições da vida, não importa quais possam ter sido. Portanto, aí vai um pouco da minha história.

Nasci em Oklahoma, num celeiro de uma grande fazenda de trigo. O cordão umbilical ficou enrolado no meu pescoço e eu estava azul. Não havia médico por perto. Minha mãe me disse que não sabiam se eu sobreviveria, pois não emiti nenhum som ao nascer. Mas então, como ela gostava de contar, "Você começou de repente a fazer muito barulho... e ainda não parou!" Acreditei nela, é claro. Mamãe não tinha um pingo de desonestidade nela.

Pouco depois do meu nascimento, nos mudamos para outro Estado, então de uma casa para outra. Parece que nos mudávamos de dois em dois anos, mais ou menos.

Ainda muito nova, eu vivia questionando tudo sobre a realidade, para aborrecimento de todos à minha volta. O motivo é que eu não conseguia entender a realidade tal qual os outros a entendiam. Tudo girava em torno de regras: o que não se podia falar, o que não se podia fazer, como se comportar e coisas em que se devia acreditar, embora ridículas. As pessoas nunca pareciam honestas em relação ao que pensavam ou sentiam. Apenas fingiam sentir o que se esperava que sentissem. Mas eu não pensava como as outras pessoas. Definitivamente, eu não desejava ser como os demais – nem mesmo no colégio! Estava interessada, isso sim, em não ser como as outras garotas. Lá, queriam que estudássemos economia doméstica. Eu queria estudar física e matemática. Então, a turma toda me escolheu para ser a rainha da escola! Eu sabia que fariam isso, mas ignorava o motivo. Eu nem sequer tinha um namorado. Como rainha da escola, tive de convidar um garoto para ir ao baile comigo. Eu era um pouco tímida. Por fim, convidei o jogador de futebol que, supostamente, devia convidar. Não o conhecia, nunca lhe tinha dito nem mesmo um "olá"! Ele aceitou. Por falta de intimidade, não sabíamos o que conversar. Eu estava muito constrangida, pois minha mãe é que tinha feito meu vestido. As outras ostentavam belos vestidos de gala que os pais haviam comprado para elas. Eu mal podia esperar que tudo aquilo acabasse.

A Universidade de Wisconsin-Madison

Como meus pais não tinham condições financeiras para pagar minha faculdade, comecei a trabalhar aos 12 anos de idade. Eu trabalhava cuidando de jardins e servindo de babá para os filhos vizinhos. Enquanto cursava o colégio, servia lanches no *drive-in* da A&W Root Beer Stand de Howard. Depois, fui garçonete e recepcionista num ótimo restaurante. No meio do curso, tive de parar um semestre para ganhar e guardar um pouco de dinheiro. Fui trabalhar numa fábrica de portas, da meia-noite ao nascer do dia. Meu trabalho consistia em ajustar, com um martelo, as folhas de madeira da parte da frente das portas, depois que saíam da grande máquina de corte. Esse foi, provavelmente, o pior emprego que já tive. Depois de juntar dinheiro suficiente, saí da faculdade pública e fui para a Universidade de Wisconsin (UW) em Madison.

Mais tarde, no meu primeiro trabalho de pesquisa na UW, percorri de ponta a ponta o lago Mendota para medir a umidade e a temperatura do ar acima das águas. O vento, ao passar sobre o lago, absorve vapor. O experimento era para descobrir quanto a umidade do ar aumentava com o vento.

Bacharelei-me em Física pelo Departamento de Física e fiz o mestrado no Departamento de Meteorologia da UW. Neste último, concentrei-me na física da alta atmosfera, deixando de lado as previsões do tempo. Minha tese de mestrado versava sobre o projeto e a construção do radiômetro omnidirecional infravermelho instalado no Tiros III, o terceiro satélite lançado pelos Estados Unidos. Meu orientador foi o dr. Verner Suomi, membro do Conselho Consultivo de Ciência do presidente John F. Kennedy.

O Centro de Voo Espacial Goddard da NASA

Meu primeiro emprego depois da faculdade foi como física pesquisadora no Centro de Voo Espacial Goddard. Isso foi nos primeiros tempos da NASA. Trabalhei nos sensores remotos de instrumentos que equiparam o satélite Nimbus 2. Eu os construí, testei e calibrei, tanto antes, no laboratório, quanto durante o voo.

O aparelho, chamado radiômetro de infravermelho de média resolução, ou RIMR, instalado no Nimbus 2, media a radiação vinda da Terra em cinco diferentes comprimentos de onda, desde o ultravioleta, através das faixas visíveis, até as faixas infravermelhas do espectro eletromagnético. Ocupei-me dos dados obtidos por esses instrumentos e depois publiquei artigos sobre as informações coletadas.

Quando surgiam problemas na interpretação dos dados do satélite, usávamos um avião Convair 990 (o *Galileo*) para verificá-los. Eu era a "pesquisadora principal" das medições do RIMR do avião, obtidas para conferir os dados do RIMR do satélite. Voávamos o mais alto possível, bem embaixo do Nimbus 2 quando ele passava. Fazíamos isso para todos os tipos de superfícies terrestres, como a bacia de alta concentração de sal do lago Salton, no sul da Califórnia, o deserto extremamente seco chamado Salar de Atacama, na Argentina, as densas florestas junto às nascentes do rio Negro, na Amazônia, as calotas polares e a barreira de gelo Ross na Antártica, em tempestades nos oceanos Atlântico e Pacífico, sobre diferentes alturas de ondas, e por entre variadas formações de nuvens. Tudo isso era para medir as diferenças entre as luzes refletida e irradiada em variadas altitudes e superfícies terrestres, a fim de avaliar os efeitos da atmosfera na radiação vinda da Terra. Precisávamos desses dados para comparar com os do satélite. Entre as expedições eu examinava os dados para encontrar meios de corrigir as informações do satélite, modificadas pela atmosfera. Eu adorava meu trabalho no Goddard. E ainda hoje sinto saudades dele.

Anos depois, quando eu ainda trabalhava como pesquisadora no Goddard, as coisas na América começaram a mudar, em particular na área de Washington, D.C., onde eu então residia. A luta pela libertação das mulheres e as reivindicações de igualdade racial inspiravam grandes manchetes na capital, afetando o país como um todo. Como física, eu nunca havia pensado em libertação das mulheres. Mas logo percebi que meu trabalho não era nada comum para mulheres na época. Na verdade, eu fui a única mulher física em minha divisão por vários anos, até a contratação de Mary Tobin. Éramos então as duas únicas cientistas ali. Suponho que devia haver outras em Goddard, mas não na nossa divisão.

Na época, eu morava numa região de Washington, D.C., que era, em sua maior parte uma comunidade negra. Tendo sido criada em Wisconsin e começado a trabalhar cedo na vida, nunca havia pensado muito em questões relacionadas à raça ou orientação sexual. Não tinha conhecimento das injustiças que os negros e homossexuais sofriam. Alguns dos nossos colegas em Goddard eram negros. Mary e eu não achávamos nada de mais alugar um carro para curtir a paisagem com nossos amigos, aonde quer que nossas expedições nos levassem. Contudo, um dia, numa cidade ao sul dos Estados Unidos, nossos dois amigos se recusaram a ir conosco.

Ficamos chocadas e não conseguíamos compreender por que eles agiam daquela maneira. Não havíamos feito nada de errado. Então eles nos lembraram de que eram negros e que estávamos no sul dos Estados Unidos. Seria um risco muito grande. Para nós, era espantoso que simplesmente passear de carro com nossos colegas trouxesse algum perigo. Isso me despertou para o que estava acontecendo no país. Então me envolvi!

Defendi a igualdade de direitos para todos, juntei-me ao movimento em prol dos direitos das mulheres e saí em marcha por igualdade salarial. Fiz isso independentemente de ter sido sempre respeitada em minha profissão e ganhado tanto quanto meus colegas na NASA. Descobri que muitas mulheres nos Estados Unidos recebiam salários irrisórios. Aquilo foi, para mim, um grito de alerta. Passei a refletir sobre outros problemas na vida. E com todas as questões sociais que ferviam em Washington, comecei a mudar.

Interessei-me pelo espaço interior e pelos processos psicológicos. Assisti a seminários de fim de semana sobre bioenergética. Gostei tanto que iniciei um treinamento para me tornar uma terapeuta bioenergética no Instituto para Síntese Psicofísica (Institute for Psychophysical Synthesis), em Washington, D.C.

O Instituto para Síntese Psicofísica

Estudei psicoterapia corporal em tempo integral (quarenta horas por semana), durante dois anos, em Washington D.C., no Instituto para Síntese Psicofísica. Durante esse tempo, aprendi a perceber os Campos de Energia Humanos (CEH). Uma das professoras do meu grupo de treinamento estava, na época, cega devido a cataratas. Entretanto, conseguia ver claramente e descrever o fluxo de energia através do corpo dos alunos. Por isso, resolvi observar como ela "enxergava" e copiar o que ela "fazia". Para minha surpresa, a coisa funcionou! Depois que aprendi a imitá-la, conseguia também ver o que ela descrevia. A princípio, fiquei chocada com o que estava "vendo", pois até então nunca ouvira falar de nada parecido.

Continuei aprimorando essas habilidades graças à observação metódica do funcionamento do CEH em meus clientes, usando a Percepção Sensorial Sutil (PSS). A PSS é simplesmente uma maneira de receber informação por meio do emprego dos sentidos internos, que todos temos, mas que muitas pessoas nem sequer reconhecem e muito menos sabem usar. Assim, não chegam a desenvolver essa habilidade. Cunhei o termo "Percepção Sensorial Sutil" porque, na época, as palavras "psíquico" ou "clarividente" eram pejorativas. Aprendi muito apenas com essas observações. E, por vários anos, decidi não mencionar aos outros o que via.

Surpreendi-me ao notar que o CEH funcionava sistemática e logicamente. Constatei que, para mim, o Campo de Energia Humano e os campos naturais de energia da Terra, medidos com o RIMR, eram muito semelhantes. No entanto, para o CEH era diferente: o instrumento estava em minha própria cabeça. Isso foi surpreendente! Chegava mesmo a funcionar como o RIMR em certos pontos. Então continuei aperfeiçoando e refinando minha capacidade de perceber o CEH fazendo mais observações do fenômeno com minha PSS. Usava-a para observar o fenômeno do CEH dentro das pessoas e entre elas. Observava as interações do CEH, naquelas que passavam por processos psicológicos pessoais, durante meu treinamento para me tornar uma terapeuta bioenergética. Continuei fazendo essas observações depois que me tornei terapeuta e líder de grupo. Aprendi muito sobre os sistemas de defesa energéticos habituais, que por fim provocam problemas de saúde físicos.

Fiquei impressionada ao descobrir quanta informação se podia colher por meio da PSS. Os pensamentos, sentimentos e movimentos da pessoa surgem no CEH antes de se manifestar no mundo físico.

Para esclarecer como a PSS funcionava, observei meu próprio CEH ao mesmo tempo que observava os campos de meus clientes, mudando o foco do outro para mim rapidamente. Minhas observações revelaram que uma grande quantidade de informações detalhadas está contida nesses campos naturais bio-energéticos. Incluem dados sobre saúde, causas de doenças, relação entre funcionamento mental e emocional, como o funcionamento do CEH afeta a saúde do corpo físico, assim como as escolhas do cliente e o estilo de vida que daí resultam. Escrevi sobre isso em *Mãos de Luz*.

Em *Luz Emergente*, enfatizei o processo de cura através de nossas quatro dimensões ou Sistema de Energia-Consciência Humana (SECH): corpo físico, campo de energia humano, hara e essência interior. Expliquei também como as interações humanas podem ser entendidas da perspectiva de nossas quatro dimensões, das quais tomei conhecimento, pela primeira vez, na canalização que realizei quando dava aula sobre o processo de cura.

Ideias novas levam tempo para ser absorvidas, sobretudo as que nos afetam pessoalmente. Às vezes, doutrinas religiosas impedem que ideias novas se consolidem! A ciência nos libertou de muitos conceitos antiquados. Durante anos, a Igreja ensinou que a Terra era o centro do universo. A Terra era o reino do homem; os reinos celestes estavam lá em cima, em esferas cristalinas que giravam à volta do nosso planeta. Mas o parto da ciência não foi fácil. Quando Galileu focalizou melhor com seu telescópio e constatou que a Terra não era de modo algum o centro do universo, foi considerado herege e preso pela Igreja. Anos depois, Pasteur tentou ensinar sua teoria microbiana da doença e o povo o ridicularizou, dizendo: "Como uma coisinha tão insignificante que nem consigo ver me mataria?" Hoje, isso é aceito como fato indiscutível. Nós aprendemos a confiar na ciência. Ela alterou por completo nossa visão da realidade. A ideia de ação a distância e o conceito de campo de força são imprescindíveis para explicarmos fenômenos naturais observáveis como a gravidade e o eletromagnetismo. Alguém tinha de pensar nisso, e apareceram Isaac Newton e James Clerk Maxwell. Seu trabalho provou cientificamente que não é preciso tocar uma coisa para afetá-la.

A ciência nos surpreende quando desafia crenças antigas. Hoje, olhamos para o universo e vislumbramos outros mundos possíveis. Existe água em Marte! Existe vida ali? Sim, nós a descobrimos: microrganismos (não os homenzinhos verdes de nossa fantasia). Mais recentemente, com a sonda Cassini, descobriu-se que há mais água no espaço interestelar do que na Terra. Uau, isso é novidade! O motivo de se procurar água é que ela está intimamente associada à vida biológica (até onde sabemos).

Então, por que não assumimos que a vida, mesmo inteligente, está em toda parte e não é rara? É claro que precisamos provar isso; mas por que presumir o contrário? Por que não afirmamos: "A vida pode surgir sob diversas formas! Muito provavelmente, existe em todos os lugares! Tentemos encontrá-la em suas múltiplas e surpreendentes manifestações!" É só uma questão de tempo para a ciência descobrir vida por todo o universo. Estamos apenas começando a investigar.

Algum dia, com a ajuda da ciência, desenvolveremos instrumentos para localizar e medir os campos de energia-consciência que são (*do meu ponto de vista*) uma parte integrante da vida. No entanto, para pesquisar alguma coisa, precisamos nos interessar pelos fenômenos observados. Assim, nos ocorrerão algumas ideias sobre o que observamos e o que devemos procurar.

Melhor ainda é ter experiências pessoais que despertem a curiosidade para achar as perguntas certas. Ou seja, perguntas serão feitas com base em observações. Perguntas levam a perguntas que, por sua vez, levam a hipóteses verificáveis. Em seguida, postula-se uma teoria, comprova-se a teoria por meio de evidências experimentais e, depois de muito trabalho, ela é aceita ou rejeitada. Sempre existe algo mais no horizonte.

Eu adorava meu emprego na NASA e tinha muito respeito pelos dedicados cientistas com quem trabalhava. Fomos alguns dos primeiros a ter o privilégio de fazer parte dessa exploração revolucionária.

Contudo, no início da década de 1970, os tempos mudaram e passei a me interessar mais pelo espaço *interior* a fim de descobrir o que, dentro de mim, necessitava de cura e desenvolvimento. Tive sessões de processo pessoal para aprender a explorar como foi desenvolvida minha realidade interna e como as experiências da infância afetaram minha experiência da realidade. Examinei as escolhas que fiz nos relacionamentos pessoais e mudei-as quando não eram saudáveis para mim. A exploração do meu "espaço interior" tornou-se tão interessante que decidi estudá-lo formalmente. Abandonei meu emprego de pesquisadora em Goddard. Na minha carta de demissão, precisei indicar o motivo da minha saída. Escrevi a letra de uma canção popular chamada "The Great Mandala" [A Grande Mandala], que versava sobre tomar o seu lugar na roda da vida no breve momento de tempo em que ela passa por você.

Meu chefe predileto no Goddard, o doutor Bill Nordberg, nascido nas remotas montanhas da Áustria, era uma pessoa alegre e cordial. Sempre o respeitei e gostei de trabalhar com ele. Depois de ler minha carta de demissão, me chamou ao seu escritório e me perguntou em tom jovial:

"Barbara, o que é uma mandala?!"

Nos dois rimos muito.

Energética da Essência (Core Energetics)

Estudei diversos tipos de psicologia centrada no corpo em Washington D.C., com um currículo desenvolvido por James Cox, doutor em Teologia, no Instituto para Síntese Psicofísica (Institute for Psychophysical Synthesis) – mais tarde chamado de Comunidade da Pessoa Integral (Community of the Whole Person), como também desenvolvi uma prática nessa área. Para aprender mais, estudei com John Pierrakos, médico e cofundador do Instituto de Bioenergética em Nova York com dr. Alexander Lowen. Dr. Lowen é o autor do conhecido livro *The Language of the Body* [O Corpo em Terapia], entre outros.

Foi durante o treinamento que comecei a ver cores e formas dentro e em volta do corpo. Ao observar esse fenômeno aparentemente "luminoso", perguntei-me como esse fato novo (para mim) poderia estar relacionado ao que eu já conhecia com base em minhas pesquisas na Universidade de Wisconsin e no Centro de Voo Espacial Goddard.

Só mais tarde descobri que o fenômeno era discutido na literatura esotérica, em tom de mistério. Chamavam-no de *aura*, um termo de que nunca gostei. Havia uma "aura" de excepcionalidade em torno daqueles que podiam percebê-la. Eu nunca a considerei misteriosa. E não é. Simplesmente observo outro fenômeno natural, na verdade bastante similar ao que eu mensurava na NASA. Só existe uma diferença crucial: esse fenômeno está intimamente associado à vida e diretamente relacionado à experiência de vida. O grande problema é que, pelo que sei, ele nunca foi de fato bem medido. Creio que isso ocorre porque existem medições adicionais a fazer para captá-lo melhor, como uma compreensão mais clara sobre consciência e a experiência consciente da vida. Existem maneiras de medir isso? Por conseguinte, esse estudo seria uma união entre a física, a neurologia, a psicologia e talvez algo novo que ninguém conhece ainda. Até lá, me contento com o que tenho a oferecer sobre esse maravilhoso fenômeno, graças ao qual podemos aprender muita coisa sobre nós mesmos e o mundo vivo do qual somos parte.

Na falta de equipamento científico para observar e medir o fenômeno, usei minha capacidade de examiná-lo com a Percepção Sensorial Sutil (PSS), o que me levou a várias outras perguntas e observações. Eu me surpreendi a cada passo com o que encontrava. Não era absolutamente o que eu esperava e logo renunciei a inúmeras ideias preconcebidas que havia alimentado a respeito do fenômeno. Sentia-me tímida, constrangida e temerosa – e por muitos anos guardei segredo.

Estamos nos primórdios da exploração dos campos de energia vital. A ciência, na verdade, ainda não investigou a fundo esse assunto. Poucas pesquisas – se alguma – foram feitas. Assim, até que a ciência avance, confiarei em minha PSS para reunir dados sobre os campos de energia vital e seu papel decisivo em nossas vidas pessoais como também na vida em si.

Com espírito de pesquisa, junte-se a mim nessa grande exploração, que está apenas no início. Espero que este livro o ajude a se interessar mais pelos campos de energia vital que existem dentro e em torno de você. A cada dia, mais pessoas vêm tendo essa experiência. A cada dia, mais pessoas vêm se interessando por ela. Por quê? Porque os campos de energia vital podem nos ajudar a entender várias experiências de vida que não são explicadas dentro do paradigma atualmente aceito (e limitado) do que significa estar vivo num corpo físico.

Eu gostaria de começar com a hipótese de que nossa vida e corpo físico estão repletos de energia. Bem, isso já sabemos; foi medido. Há campos magnéticos e correntes elétricas percorrendo todo o corpo. É claro que os mais densos são medidos com mais facilidade; até os meridianos da acupuntura podem ser medidos. Muitos especialistas presumem que as flutuações de energia registradas no corpo ocorrem apenas dentro dele e por causa dele. Mas todas? E se houver outras mais sutis, que escapem à medição? E se alguns campos provierem do corpo e outros, não? E se os mais sutis existirem *a priori*, isto é, antes do corpo físico?

Por que presumir que corpos de energia não existam se, por séculos, os seres humanos vêm descrevendo essas experiências e percepções na língua e nas formas conceituais de suas culturas? Por que negar que existam antes e depois do corpo, como também foi descrito por diversas culturas? Por que não tentar detectá-los?

Quando a maçã caiu na cabeça de Newton, ocorreu-lhe a ideia da gravidade porque ele viu o que tinha acontecido. O fato o deixou curioso. Foi o que aconteceu comigo. Comecei a ver coisas. Fiquei curiosa e passei a estudar o fenômeno. E quanto mais eu olhava, mais eu via, e passei a observar mais cuidadosamente. Escrevi, em *Mãos de Luz*, sobre a experiência de perceber os campos de energia em volta de tudo na natureza – árvores, plantas, animais – e chamei-os de campos de energia vital. (Refiro-me aos que rodeiam os humanos como "campos de energia humanos".) Desse modo, para mim, após anos de observações, os campos de energia vital se tornaram um aspecto normal do mundo da natureza. Funcionam como parte dela – e uma parte muito importante. Algum dia, serão considerados um fato normal da vida moderna, talvez já neste século XXI. Foram conhecimento comum, durante séculos, para vários povos nativos em toda a Terra. Logo desenvolveremos instrumentos para medi-los, bem como a tudo que nos desperta a curiosidade.

Assim, espero que este livro deixe você, pelo menos, curioso.

Curiosidade

*A curiosidade leva à observação,
que leva à investigação,
que leva à descoberta,
que leva à compreensão,
que leva à aplicação,
que então melhora nossa vida!*

Quando fiquei curiosa, passei a observar os fenômenos. Fiz a mim mesma inúmeras perguntas e explorei esse novo mundo da energia-consciência sempre que pude. A cada resposta, dava mais um passo rumo ao desconhecido. Cada resposta suscitava outras perguntas mais difíceis, que desafiam a visão de mundo atual geralmente aceita. Os campos de energia vital existem realmente? Estão associados ao modo como vivemos, ao estado de nossa saúde, à forma que damos à nossa existência, à nossa morte? De que maneira? Existem para além do que identificamos como vida física? Há vida fora do corpo? Ela é ou será a nossa? O que é o céu segundo um ponto de vista mais moderno? E o inferno, o que é? Haverá um modo mais satisfatório de descrever tudo isso, conforme nossa maneira atual de contemplar o universo e diferentemente da época em que as grandes religiões de hoje surgiram? Podemos encontrar um modo de compreender essas coisas que seja mais compatível com a experiência corrente de nossa vida? Até onde semelhante informação nos ajudará a ter uma vida mais saudável e mais feliz, com o poder de recriá-la da maneira que queremos? O que, caro leitor, é significativo para você? Como deseja viver? Este livro vai ensiná-lo a transformar sua vida (e sua saúde) na vida dos seus sonhos, graças à compreensão e depois à utilização dos seus campos de energia vital, que são, afinal de contas,

Realmente você!

Primeira Parte

COMO CURAR NOSSOS BLOQUEIOS E LIBERAR NOSSA ENERGIA CRIATIVA

"Quando chega a hora da mudança, a mudança é natural.
Ela brota de dentro e deixa-nos mais livres para recriar nossa vida
de acordo com o nosso propósito de vida."

— Barbara Brennan

CAPÍTULO 1

NOSSO SISTEMA DE ENERGIA-CONSCIÊNCIA HUMANA

....

*O amor existe antes da vida,
O amor é o sopro da vida,
antes do primeiro alento
em forma espiritual ou física.*

*O amor vem antes da luz.
O fundamento de teu ser é o nada
ou coisa alguma.
O amor nasce do vazio como força criativa.*
– HEYOAN

Para chegar à **Cura pela Luz Interior** é necessário primeiro estudar o Sistema de Energia-Consciência Humana (SECH), saber sua estrutura e o modo como funciona. Descrevi isso em detalhes em dois livros, *Mãos de Luz* e *Luz Emergente*. Resumirei aqui o que foi dito e acrescentarei novas informações.

Além do Mundo Físico das Três Dimensões

Tudo começou quando eu era criança, crescendo numa fazenda de Wisconsin. Minhas primeiras incursões nas realidades além do mundo físico passaram despercebidas por muitos anos. Eu não sabia que estava entrando em espaços da experiência de vida situados fora das três dimensões normais do mundo físico a que todos estamos habituados. Como eu morava numa fazenda, conhecia bem os ciclos de vida. Havia a estação do plantio, o nascimento de animais na primavera, a colheita no outono, etc. O mundo natural parecia fluir em ciclos infindáveis de vida, cada qual único e essencial aos demais.

Eu enveredava pelo bosque de olhos fechados, tentando "ver" ou "sentir" as árvores antes de esbarrar nelas. Ficava confusa porque as sentia antes de estar muito próxima delas. Assim, concluí que não poderia fazer isso, que era ansiosa e não conseguiria manter os olhos fechados tempo suficiente para alcançá-las. As árvores sempre pareciam muito maiores e mais próximas do que de fato estavam. Eu não entendia aquilo. Mas continuei tentando!

No verão, quando eu tentava ver as árvores de olhos fechados, elas pareciam grandes invólucros de luz verde. No outono, os invólucros ficavam vermelhos. Na passagem do outono para o inverno, ocorria uma grande atividade porque o verde era puxado para dentro e nuvens faiscantes, densas, surgiam em seu lugar. O inverno trazia um invólucro claro e suave, com um brilho suave. Era mais ou menos como contemplar uma gota d'água, mas sem as naturais qualidades de magnificação desta, cuja densidade é maior que a do ar.

Na primavera, os invólucros ao redor das árvores voltavam à atividade, absorvendo pontos de luz brilhantes do ar que os circundava. O invólucro claro e suave do inverno extraía uma luz verde do seu interior, mudando a tonalidade branda hibernal para a explosão verde primaveril.

Com o tempo, acostumei-me a ver aquilo de olhos abertos e pensava que todas as pessoas faziam o mesmo. Não era nada de especial para mim. Podia ver se as árvores estavam alegres ou tristes (da perspectiva de uma criança), sedentas ou famintas, doentes ou saudáveis.

Eu conhecia os quatro ventos e o modo como afetavam a terra ao se deslocar em diferentes épocas do ano. Eu me sentava no bosque, sem fazer nenhum movimento, para ver os animaizinhos que passavam pelos meus pés. Conversava com eles em silêncio. Considerava-os meus amigos. Gostava sobretudo de sapos e tartarugas. Encontrei um jeito de fazer com que um sapo ficasse pousado em meu nariz por um longo tempo. Ficávamos nos olhando enquanto isso. Como é ser você?, perguntava-lhe. Ele se mantinha em silêncio. Estava apenas sendo... um sapo.

O mundo natural ao meu redor mudava constantemente, evoluía e se reorganizava. Eu procurava pistas sobre como isso acontecia. As mudanças eram rítmicas, naturais e sempre ocorriam primeiro em consequência do movimento da luz e da energia em volta e através das coisas. Em seguida, vinham os fenômenos físicos. Obviamente, eu não sabia que era luz e energia. Era simplesmente um fluxo natural de vida, não separado de nada. Notei que aqueles ciclos existiam em toda parte – dentro das coisas, em volta delas, entre elas, em associação com tudo.

Já adulta, prossegui nas observações, concluindo que o fenômeno de energia-consciência sempre precedia o âmbito físico. Isso é da máxima importância! Pensei que, talvez, o fluxo de energia organizasse a forma. Mas como? Seria ele uma espécie de energia natural que também encerrava algum tipo de codificação ou inteligência, ou mesmo uma consciência desconhecida? Se assim fosse, então os campos de energia que eu observava deviam possuir algum grau de consciência. Quando percebi isso, novas perguntas surgiram. Por que a maioria dos cientistas ignora uma relação tão íntima da vida? Por que a consciência é em geral separada do estudo do funcionamento do mundo, incluindo a anatomia e a fisiologia? Por que essa presunção tácita de separação vem se mantendo há tanto tempo?[1]

Depois de estudar, por vários anos, o fenômeno aparentemente inexplicável, comecei a perceber que, como aqueles campos de energia pareciam fazer parte da vida, a experiência da vida no mundo da energia-consciência não seria necessariamente igual à experiência da vida no mundo físico. O fenômeno

---

[1] É mera questão de tempo para que a ciência descubra e meça os campos de energia-consciência vital existentes na natureza como parte integrante da vida. Muitos estão tentando. Mas, até que isso aconteça, confiarei em minha Percepção Sensorial Sutil para reunir dados sobre os campos de energia vital e seu importante papel em nossa vida.

ocorreria naturalmente num mundo de energia-consciência, e a física que governasse esse mundo seria diferente da física que governa o mundo material. Seria vida existente para além da realidade física, mas, ao mesmo tempo, profundamente conectada com ela.

Essas experiências e a sabedoria que proporcionam oferecem um mapa maravilhoso para navegarmos no século XXI. A humanidade está dando os primeiros passos a partir de uma orientação física, psicológica e mental do eu e do mundo para viver com maior percepção da energia-consciência e do modo como ela cria e influencia o nosso mundo. Esse movimento nos leva a um vasto território desconhecido da experiência de estar vivos ou "vivência", como prefiro chamá-la. Ele exige que renunciemos à maioria de nossos pressupostos básicos sobre "como as coisas são".

O Sistema de Energia-Consciência Humana (SECH)

Quero apresentar a você o sistema que desenvolvi com base em minhas experiências nos últimos quarenta anos de observação do fenômeno da energia-consciência humana. Dei-lhe o nome de Sistema de Energia-Consciência Humana (SECH). Neste capítulo, passarei em revista tanto o SECH quanto o CEH, campo de energia humano. E vale notar que após muitos anos de observação e aprendizado sobre o CEH, constatei que as energias que compõem esse campo são, em essência, consciência. E, devido a essa importante distinção, o acréscimo da palavra "consciência" ao Sistema de Energia-Consciência Humana foi incorporado em todo o livro para lembrar o leitor de que energia é consciência.

Descreverei então como funciona nosso processo criativo por meio do SECH, realçando sua extrema importância em todos os aspectos da nossa vida. Explicarei por que é necessário entender o funcionamento desse processo para termos não só uma saúde excelente, mas também a vida que desejamos. Eu não poderia exagerar a importância de aprender a utilizar esse processo criativo de vida. Ele nos permite entender e regular nossa criatividade para realizarmos nossos objetivos de vida escolhidos pessoalmente enquanto vivemos a vida que queremos. Depois de entendermos o efeito da energia-consciência em nossa realidade física, ela libera grandes poderes de criatividade dentro de nós, enquanto aprendemos novas maneiras de ser e agir.

Depois de revisar o SECH neste capítulo, darei mais informações sobre ele e o CEH, essenciais para entender como funcionamos nas realidades da energia-consciência associadas aos quatro aspectos ou dimensões do SECH e a cada nível do CEH.

A estrutura do Sistema de Energia-Consciência Humana é bem simples. Existem quatro aspectos principais, ou dimensões, do SECH. As quatro dimensões são a estrela do âmago, o hara, o campo de energia humano e o corpo físico. Vejo esses quatro aspectos como "dimensões" diferentes do nosso ser. Faço uso da palavra "dimensões" na falta de um termo melhor. Cada dimensão é claramente diferente das outras e funciona de maneira totalmente diversa.

A Estrela do Âmago

A dimensão mais profunda do nosso ser é a dimensão da essência, onde se localiza a estrela do âmago. A dimensão da estrela do âmago é a nossa fonte divina natural de vida, a fonte de vida dentro de nós, tanto no centro da estrela do âmago quanto em seu perímetro externo, que se estende ao infinito, o que chamo de "vazio negro aveludado" (ver Figura 1-1.) **O vazio negro aveludado abriga vida não manifesta. É repleto de poder inimaginável; é a fonte de toda manifestação. Essa vida indiferenciada existe dentro e em volta de nós.** Trata-se do fundamento daquilo que é normalmente chamado de vida, em todos os níveis conhecidos, incluindo essas quatro dimensões. Quando o percebo com a PSS, ele está em constante movimento, mas ao mesmo tempo imóvel. É o não manifesto, no entanto, percebo mais vida ali do que em qualquer das quatro dimensões dos níveis manifestos de nosso ser.

Do meu ponto de vista, existe uma relação entre esse vazio negro aveludado, repleto de vida não manifesta, e o conceito de campo do ponto zero da mecânica quântica. Como o vazio negro aveludado e o campo do ponto zero são as fontes de toda manifestação, acredito que sejam uma só e mesma coisa. Um é compreendido com base na experiência espiritual direta; o outro, nos termos da física quântica. No nível espiritual pessoal, nos conectamos com ele com a clara intenção de criar vida, descobrir o que queremos na vida e para nosso despertar. Da perspectiva da física, desejamos expandir nossa compreensão do mundo físico, desenvolver equipamentos que resolvam nossos problemas de energia, medir e curar nosso SECH, e chegar fisicamente às estrelas.

É possível, por meio da meditação profunda, vivenciar diretamente o vazio negro aveludado dentro da estrela do âmago. A experiência dessa vida infinita, ilimitada, é simplesmente maravilhosa. Trata-se da fonte dentro de nós e dentro das células do nosso corpo, a partir da qual construímos nosso Sistema de Energia-Consciência Humana (SECH), nosso corpo e nossa vida. Um ponto importante sobre o vazio negro aveludado é que ele parece possuir todas as características do "vazio" espiritual mencionado por inúmeros sábios em todo o mundo. No termo Sistema de Energia-Consciência Humana, que emprego, podem ser incluídas todas as manifestações da vida material e além da matéria – incluindo o "vazio", o nível da consciência onde não há pensamentos nem eu. Mas espere: a ausência de pensamentos e do eu não exclui a experiência de estar vivo e consciente!

O movimento para fora dessa área central de "coisa alguma" gera a luz, traçando a fronteira entre a criação a partir do nada e a manifestação da luz. A luz da estrela do âmago é a primeira manifestação do vazio para a individualidade. Surge como um ponto de luz que se irradia de nós em todas as direções.

É luz pura, mas não necessariamente composta de cores como em geral as percebemos. (Ver Figura 1-2.) É uma luz diferente para cada criatura viva na Terra. É a soma total daquilo que nos tornamos, em nosso nível de ser mais refinado, ao longo de nossas muitas experiências em inúmeras encarnações, milênio após milênio. A essência irradiada desse lugar dentro de nós é única. Consiste na essência destilada de todos os mais elevados princípios que absorvemos, digerimos, aprendemos e nos tornamos. Está além das dimensões, mas é holográfica e aparece no centro de cada célula do nosso corpo, em seu núcleo e no DNA. A estrela do âmago é o oposto de um buraco negro: emite vida manifesta!

Segue-se a descrição, segundo Heyoan, da ligação entre o vazio negro aveludado e a essência interior:

*Não há ruptura
entre o vazio da essência interior
e tudo o mais em sua vida.
A irrupção da sua força vital
e suas manifestações
vem desse aparente vazio profundo.*

*Você pode encontrar esse vazio profundo, negro, aveludado,
dentro do centro de cada célula,
dentro do núcleo de cada célula,
dentro do DNA,
sempre rodeado pela
explosão da supernova da essência interior.*

O Hara

A próxima dimensão em que existimos é o hara. A dimensão da estrela do âmago é o fundamento do hara. **A dimensão do hara é sentida como intenção ou propósito. O hara desempenha um papel importante na encarnação bem-sucedida – e no esclarecimento – do propósito de vida e da intenção de encarnar. O hara também desempenha um papel em nossa intencionalidade de momento a momento, como você verá mais à frente.**

O hara consiste de um tubo vertical principal de luz na linha central do corpo. Existem dois tubos adicionais no centro dos braços e das pernas. Como o hara é a base do CEH (descrito a seguir), conecta-se não apenas com os sete chakras maiores, no centro do corpo, mas também com alguns dos menores, localizados nos braços e mãos, e nas pernas e pés (ver Figura 1-3.)

Quando saudável, o hara se estende por cerca de 100 a 120 centímetros acima da cabeça e desce até o centro da Terra.

Na parte superior do hara existe um funil invertido, por onde ele penetra em outras dimensões que alcançam a Essência Divina. Conforme discutido em *Mãos de Luz* e *Luz Emergente*, é ali que a linha do hara tem origem; chamo-a de ponto de individuação ou ponto ID. Ela representa nossa primeira individuação, a partir da dimensão da estrela do âmago até essa encarnação, e por ela temos nossa ligação direta com o Essência Divina.

A sede da alma está localizada na região superior do esterno (o manúbrio), aparece como uma luz suave pulsante em vários tons de rosa, lavanda e branco. Essa luz abriga os anseios de alma que queremos realizar nessa vida; esses anseios nos conduzem ao longo da existência atual.

O principal centro de poder do hara tem a aparência de uma esfera oca e é chamado de tan tien. Localiza-se, no hara, a cerca de cinco centímetros abaixo do umbigo, dependendo da altura da pessoa (ver Figura 1-4). Quando saudável, o tan tien é uma esfera que contém a poderosa energia da intenção. Ele é capaz de armazenar enormes quantidades de poder; se enche de poder graças à meditação e ao treinamento. Curadores experientes sabem regular os fluxos de energia no tubo do hara, do tan tien até os chakras menores da mão, a fim de emanar energia para a cura. Os praticantes de artes marciais também conseguem regular e utilizar o poder do tan tien em suas práticas (ver Apêndice). É o poder da intenção clara.

Heyoan dá um exemplo desse poder quando diz:

O tan tien detém a nota
com a qual você leva seu corpo físico
à manifestação,
a partir de sua mãe, a Terra.

A extremidade inferior do hara, abaixo do tan tien, quando saudável, desce até o centro da Terra. Então nos sentimos profundamente enraizados e alinhados com nosso propósito para essa encarnação na Terra.

O Campo de Energia Humano (CEH)

A dimensão do hara é a base do CEH, e precisa existir antes que este venha a ter uma existência real. Muitos leitores identificarão o que chamo de CEH com o campo áurico ou corpo energético. Esses termos podem ser usados como sinônimos.

Descrição da Estrutura Básica do CEH: o CEH possui vários níveis ou "faixas de frequências" de energia. Os mais conhecidos são os sete primeiros. Observe que o CEH tem muito mais níveis que os sete aqui mencionados. Cada uma das sete faixas de frequências tem uma função específica relacionada ao nosso processo vital. O CEH não é composto de camadas como uma cebola. A faixa de frequência de cada nível percorre todo o corpo físico e se expande a partir dele. Cada nível consecutivo de faixa de frequência mais alta se expande a partir do corpo. A saúde e a natureza específica de cada nível são muito importantes quando estudamos a força criativa que atravessa os níveis do CEH: afinal, é isso que somos e, por meio disso, geramos não apenas nossas experiências de vida, mas também muitos aspectos da nossa vida em si.

Ao longo do livro, analisaremos o CEH sob várias perspectivas diferentes, pois todas influenciam o processo criativo. De uma dessas perspectivas, os níveis de um a três do CEH correspondem à realidade tridimensional. O nível quatro é a ponte entre o mundo físico e o mundo não físico, sendo bastante influenciado por nossos pensamentos e emoções. Os níveis de cinco a sete constituem o mundo espiritual.

Outra perspectiva do CEH procura determinar se o nível está associado à razão, à vontade ou à emoção. Na dimensão do CEH, o tempo não é mais linear, constituindo um aspecto inato de cada experiência de energia-consciência. Como nossa energia-consciência pode ser dividida nos três aspectos da nossa experiência de vida, toda energia-consciência na "dimensão" do CEH é vivenciada como razão, vontade ou emoção.

Neste livro, empregarei os termos "emoção" e "sentimento" de maneira até certo ponto intercambiável, mas também em contextos diferentes. No caso de razão, vontade e emoção, conforme você verá no Capítulo 3, nossa tendência é favorecer um ou dois desses aspectos de nós mesmos em detrimento do(s) outro(s). Essa tendência gera, até certo ponto, distorções em nosso Sistema de Energia-Consciência Humana (SECH). Por exemplo, você acha mais importante entender as coisas de maneira lógica (razão), prefere senti-las (emoção) ou fazê-las (vontade)? Uso o termo "sentimento" para denotar a percepção geral dos níveis não estruturados dos campos e seus chakras afins. Por exemplo, o nível dois e o segundo chakra estão relacionados com os sentimentos. Qualquer desequilíbrio na razão, vontade ou emoção aparece diretamente nos níveis do campo que correspondem à razão (terceiro e sétimo níveis), à vontade (primeiro e quinto níveis do CEH) e ao sentimento (segundo, quarto e sexto níveis).

Estabelecerei também uma distinção entre as emoções e os sentimentos em nossas interações com os outros. Neste contexto, as emoções são reações a um acontecimento passado, capazes de provocar uma distorção no SECH, ao passo que os sentimentos são respostas a uma situação no momento presente.

Equilibrar esses três aspectos, segundo meu guia Heyoan, é parte do trabalho do

Sagrado caminho da cura,
que se move em espiral para a sua essência interior.

É um caminho de juntar as partes de você mesmo,
espalhadas pelo tempo
e espaço, integrando-as na totalidade
do "agora" sagrado dentro de você.

Outra maneira de ver o CEH é procurar descobrir se o nível é estruturado ou sem estrutura. O CEH é composto de níveis alternados estruturados (ímpares) e não estruturados (pares).

Os Níveis Estruturados do CEH: O primeiro, o terceiro, o quinto e o sétimo níveis são compostos de linhas estruturadas de luz com partículas brilhantes fluindo através delas. O primeiro nível é estruturado com linhas luminosas azuis. É a energia-consciência da nossa vontade pessoal. Ele também dá origem à estrutura do nosso corpo físico. O terceiro nível é estruturado com linhas luminosas amarelas. É a energia-consciência da nossa mente racional, que usamos no mundo físico. O quinto nível corresponde à vontade divina dentro de nós, servindo de matriz para o primeiro. Lembra mais o negativo de uma fotografia – onde se esperariam linhas de luz, há espaço vazio; onde se esperaria espaço vazio, vê-se uma tonalidade azul-escura opaca. O sétimo nível é composto de linhas luminosas douradas muito fortes. Corresponde à nossa mente superior ou divina.

As linhas de luz existem em volta e através de todas as partes do corpo. Basicamente, delineiam (em três dimensões) todas as partes, inclusive o interior do corpo – membros, órgãos, células e seus núcleos. Assim, em cada nível estruturado do campo, temos uma visão tridimensional tanto da parte externa quanto interna de cada área do corpo. Essa visão é composta pelas linhas de luz daquele nível (azuis no primeiro, amarelas no terceiro, douradas no sétimo). Quero dizer que, se você olhar para qualquer parte do corpo (por exemplo, no primeiro nível do campo), verá essa parte como um composto tridimensional de linhas luminosas azuis: os órgãos parecerão formados de linhas de luz azul permeadas por fluxos de "partículas" luminosas.

A compreensão e a percepção disso é muito importante para o uso de habilidades de cura avançadas. Essas linhas ficam danificadas no campo muito antes que a doença se manifeste. E também quando nos ferimos, o que é fácil de entender. Se reestruturarmos as linhas rompidas, desgastadas e retorcidas segundo os métodos da Ciência de Cura Brennan (Brennan Healing Science), o órgão afetado ou doente recuperará a saúde mais depressa do que o faria se as linhas não fossem reestruturadas. Até que ponto e por quanto tempo o corpo de um paciente pode manter a reestruturação feita por um praticante da Ciência de Cura Brennan, isso depende de muitas coisas, como o estado de saúde e o CEH do paciente, a quantidade de energia que seu CEH consegue metabolizar, a disposição do paciente para a mudança, o cuidado que ele tem para consigo mesmo e a capacidade do curador. Várias sessões de reestruturação são em geral, mas nem sempre, necessárias. E a cada sessão o paciente dá um salto quântico no caminho da volta à saúde. Essas técnicas avançadas também funcionam muito bem nas terapias usadas pelos profissionais da saúde.

Os Níveis Não Estruturados do CEH: Os níveis não estruturados multicoloridos de luz difusa intercalados entre as linhas monocromáticas de luz são níveis de sentimento. Considera-se que seja composta de bioplasma a substância dos nossos sentimentos. O segundo nível lembra nuvens coloridas de luz e abriga nossos sentimentos em relação a nós mesmos. O quarto, mais denso que nuvens, é um fluido grosso e colorido como a gelatina antes de endurecer. É o bioplasma que contém nossos sentimentos em relação aos outros. Enfatizei bastante como isso funciona entre as pessoas no livro *Luz Emergente*. O sexto nível é composto de belos raios amorfos de luz difusa que se irradia dos nossos corpos em todas as direções. É o bioplasma dos nossos sentimentos divinos superiores. (Ver Figuras 1-5 a 1-12 no encarte de imagens coloridas de cada nível do CEH. Ver Figura 1-13 para todos os sete níveis do CEH no encarte de imagens coloridas.)

Os Sete Chakras: Dentro do CEH existem centros de energia chamados chakras. Na tradição hindu, os chakras são vistos como flores com pétalas, mas a palavra *chakra* significa "roda". Para mim, parecem vórtices cônicos que giram em sentido horário quando saudáveis. O giro em sentido horário recebe a energia-consciência, ou bioplasma, no CEH. **Cada chakra existe em cada nível do campo e se compõe do mesmo tipo de energia-consciência desse nível.** Isso significa que:

1. Os chakras no primeiro nível do campo são compostos de linhas de luz azuis, com partículas de luz fluindo por elas, tal como o resto do primeiro nível do CEH.
2. No segundo nível, os chakras são compostos de nuvens de luz coloridas e difusas, que giram na direção em que se movem as partículas de energia nas linhas estruturadas.
3. No terceiro nível, os chakras são compostos de linhas de luz mais finas, de tonalidade amarela. Eles também possuem partículas de luz que os perpassam, mas menores que as do primeiro nível. Essas linhas parecem cintilar.
4. No quarto nível do campo, os chakras são compostos de bioplasma multicolorido, mais grosso e pesado que o do segundo nível.
5. No quinto nível, os chakras são como o negativo de uma fotografia, como uma matriz para o primeiro nível.
6. No sexto nível, os chakras apenas irradiam uma bela luz iridescente com inúmeras cores magníficas.
7. No sétimo nível, os chakras são compostos de fortes linhas de luz dourada, como o resto desse nível.

Como se vê pela lista acima, a cor de cada chakra varia de acordo com o nível específico do CEH em que a pessoa esteja.

A energia-consciência absorvida por cada chakra, em cada nível estruturado, é emitida através do CEH, nesse nível, ao longo das linhas de luz que chegam a todas as partes do corpo. A energia-consciência absorvida nos níveis não estruturados do campo também segue o fluxo das linhas de luz dos níveis estruturados, mas flui mais como bioplasma. Toda a energia-consciência absorvida pelos chakras, em todos os níveis do CEH, flui para todos os membros, órgãos e células. Assim, cada parte do corpo físico recebe energia-consciência de cada chakra, em cada nível do CEH. O CEH e o corpo físico trabalham juntos como um sistema intricado de consciência bioenergética e fisicalidade do corpo em vida. Pense no CEH como outro sistema elétrico do corpo, mais sutil, mais finamente sintonizado com nossos pensamentos, vontade e sentimentos do que os sistemas que estudamos em anatomia e fisiologia.

Os chakras têm três funções principais:

1. Levar a energia-consciência a cada nível dos corpos energéticos, partindo do campo de energia-consciência universal (CECU) ou campos bioplasmáticos ambientais que nos cercam.
2. Atuar como órgãos sensoriais para sentidos correspondentes ao CEH que estão além do que é considerado normal no mundo físico (Percepção Sensorial Sutil – PSS). Assim, são umbrais para outras realidades que nos servem em nossa vida física, por meio de ideias súbitas, pressentimentos, sensação de que uma coisa está certa ou errada e impressão de que algo irá acontecer.
3. Controlar os níveis do CEH aos quais correspondem (o primeiro chakra corresponde à nota básica do primeiro nível, o segundo chakra à nota básica do segundo nível e assim por diante). Essa é uma ferramenta muito útil para os dotados da PSS distinguirem entre diferentes níveis do campo e senti-los de maneira precisa a fim de reestruturá-los.

A Figura 1-14 (visão lateral com chakras) mostra os sete chakras maiores e o sistema de corrente vertical de energia (CVE). **A CVE é a principal corrente de energia que corre verticalmente ao longo da coluna vertebral e na qual os corações ou raízes dos sete chakras estão enraizados. O eixo principal do hara também está localizado dentro da CVE.**

A corrente vertical de energia é vista como lindas e luminosas cordas de luz entrelaçadas que espiralam e pulsam para cima e para baixo no eixo central do corpo.

O **primeiro chakra** está localizado entre as pernas, penetrando no corpo físico pelo períneo. Sua raiz está na articulação sacrococcígea.

O **segundo chakra** entra no corpo pela região pélvica, acima do osso púbico na frente do corpo, e no centro da região do sacro nas costas. Sua raiz está no centro do corpo, na parte central do sacro.

O **terceiro chakra** entra pelo plexo solar na frente e na inserção diafragmática nas costas. Sua extremidade está bem dentro do corpo, na frente da coluna vertebral física.

O **quarto chakra** está localizado no centro do corpo, na frente e atrás do coração. Não está no lado esquerdo, como o coração físico está.

O **quinto chakra** está localizado na frente e atrás do centro da garganta.

O **sexto chakra** está localizado no centro da testa e no lado oposto desta, atrás da cabeça. As raízes estão idealmente no centro do terceiro ventrículo.

O **sétimo chakra**, ou **chakra da coroa**, está localizado no alto da cabeça, bem no centro. Sua raiz idealmente se liga às extremidades do sexto chakra, no terceiro ventrículo do cérebro.

Cada chakra é composto de vários vórtices menores nitidamente inseridos na forma cônica geral. O primeiro chakra tem apenas quatro vórtices, enquanto o da coroa, ao que se diz, tem mil. À medida que se sobe, os chakras vão ficando menores, dificultando assim a contagem do número de vórtices. Diferentes tradições antigas atribuem diferentes números de "pétalas" a cada chakra. A Figura 1-15 apresenta o número de vórtices menores, ou pétalas, aceito pela tradição hindu.

Figura 1-15
O Número de Vórtices em Cada Chakra Maior

Chakra	Número de vórtices menores
7 – Coroa	972 (cores violeta – branca)
6 – Cabeça	96 (cor índigo)
5 – Garganta	16 (cor azul)
4 – Coração	12 (cor verde)
3 – Plexo solar	10 (cor amarela)
2 – Sacro	6 (cor laranja)
1 – Base	4 (cor vermelha)

Observe que os chakras são emparelhados. O sétimo é emparelhado com o primeiro, e o segundo, o terceiro, o quarto, o quinto e o sexto são emparelhados na frente e atrás do corpo. Os vórtices menores dentro de cada chakra também são emparelhados entre si na frente e atrás. Isso é muito importante para a habilidade de cura da reestruturação dos chakras em cada nível do campo, pois danos a um chakra ou vórtice menor de um chakra afetará o funcionamento do seu par no outro lado do corpo físico. Os vórtices de cada chakra, em cada nível, metabolizam uma frequência diferente de energia-consciência. Esta é então levada para as regiões, órgãos e células do corpo que a utilizam para um funcionamento saudável.

Os Chakras e o Metabolismo do Bioplasma e PSS do SECH: Os chakras metabolizam bioplasma do CEH. Como são carregados, eles atraem a energia--consciência carregada ou bioplasma energético para dentro de si a partir do biocampo circundante ou campo de energia universal (CEU). Os chakras são estruturas cônicas que também atraem bioplasma/energia-consciência para seus centros ao girar, da mesma forma que um ciclone puxa coisas para dentro de si.

O bioplasma do SECH nutre o campo de energia humano e ainda veicula informação sobre o CEU à volta.

Os chakras são também centros de percepção que absorvem informações por meio da Percepção Sensorial Sutil (PSS). Quando funcionam adequadamente, conferem-nos a capacidade de captar o mundo para além da nossa percepção sensorial normal. Podemos sentir, então, num leque bem maior de percepções. Isso será tratado com mais detalhes no Capítulo 6 (PSS Prática).

Em vista dessas funções extremamente importantes, os chakras desempenham um papel fundamental em nossos processos de vida. Qualquer distorção num chakra terá mais efeitos que uma distorção em outras partes do CEH. No Capítulo 3, falarei dos tipos gerais de distorção encontrados nos chakras e darei exemplos específicos dos que ocorrem no chakra do plexo solar, com seus efeitos.

Nota sobre o bioplasma: existem quatro estados da matéria – sólido, líquido, gasoso e plasma – dos quais somos feitos. Os plasmas são grupos de partículas carregadas, ou íons. (O espaço interestelar está cheio delas.) Como, no plasma, as partículas possuem carga, elas são afetadas por campos eletromagnéticos. Acredito que o CEH, bem como o hara e a estrela do âmago, sejam compostos de bioplasma.

O bioplasma do CEH está diretamente associado à consciência. Ele contém energia-consciência. Boa parte dos seres humanos ignora sua energia-consciência e não consegue senti-la. Quando conseguem, essas pessoas se referem a essa experiência como sensitivos de "intuição" ou "pressentimento", sensação de que "sabem ou precisam fazer alguma coisa" – por exemplo, ir de um lugar a outro ou "voltar logo para casa".

Tenha em mente que existem outros tipos de plasma no corpo físico, como o plasma sanguíneo ou os fluidos intersticiais, às vezes chamados também de plasmas. Aqui, estamos nos referindo ao bioplasma do CEH.

O Corpo Físico

O corpo físico é o último dos quatro aspectos do ser. O CEH é a base e padrão a ser desenvolvido, ou a matriz, para o corpo físico, existindo antes deste.

O corpo físico está aninhado no CEH e depende por completo das três dimensões mais profundas tanto para sua origem, vida, crescimento e forma quanto para sua saúde.

Os demais aspectos das três dimensões listadas acima existem dentro e através do corpo físico, que não pode existir sem eles. Isso se aplica a todas as formas de vida no mundo físico. Cada célula e tudo que ela contém possui uma estrela do âmago e um hara. Cada uma tem uma finalidade.

A Figura 1-16 mostra as quatro dimensões do SECH.

Revisão do Capítulo 1:
Exercícios para Sentir seu CEH e o SECH

1. Tente sentir os níveis do seu CEH. As pessoas que praticam mais atividades físicas tendem a sentir primeiro os níveis mais densos. Se você é mais ligado aos sentimentos, procure se concentrar no segundo nível. Se coloca o amor acima de tudo, concentre-se primeiramente no quarto nível. Se você tende a se entregar à vontade de Deus, enfatize primeiro o quinto nível, embora esse possa ser o mais difícil de sentir. Quem medita muito às vezes sente o sexto e o sétimo níveis com mais facilidade. Se suas meditações são para alcançar bênção ou êxtase espiritual, tente sentir primeiro o sexto nível. Se elas focam em serenidade e mente divina, procure sentir primeiro o sétimo. Use a informação contida neste capítulo para se orientar melhor. Sinta, veja, ouça, conheça e capte o nível do campo que escolheu.
2. Você consegue relacionar cada nível do CEH à sua experiência de vida? Com isso, se reconhecerá nos níveis do seu CEH.
3. Sinta-se em cada uma das quatro dimensões do seu SECH. Descubra qual aspecto de si mesmo é mais fácil de perceber – e qual é mais difícil. Pratique.

Capítulo 2

O PROCESSO CRIATIVO POR MEIO DO NOSSO SISTEMA DE ENERGIA-CONSCIÊNCIA HUMANA

....

*A humanidade tem o dom da cocriação,
o dom do livre-arbítrio,
o dom do corpo físico
e seu sistema de energia-consciência,
juntamente com a intencionalidade e a essência interior.*

Vocês dispõem das ferramentas para se tornar cocriadores conscientes.
– Heyoan

O Pulso Criativo de Vida por Meio do SECH

(Nota: neste capítulo, os termos Processo Criativo e Pulso Criativo são usados como sinônimos.) Depois de me ensinar sobre as quatro dimensões ou aspectos do nosso ser, Heyoan passou a canalizar informações a respeito do processo criativo através das quatro dimensões. A princípio, pensei que ele estivesse discorrendo sobre o processo criativo da visualização para obtermos o que queremos na vida, isto é, o processo de materialização. No entanto, era muito mais que isso.

Heyoan explicou que o nosso processo de encarnação já é um ato criativo. Além disso, a encarnação deve ser considerada uma maneira de abrir mais possibilidades criativas para nós mesmos e para as pessoas que nos cercam, pois, encarnados, aprendemos muita coisa a nosso respeito. Heyoan diz que o processo criativo da encarnação começa bem antes que ela ocorra, bem antes até da concepção.

Segundo ele, o processo criativo brota do centro da estrela do âmago, no vazio negro aveludado que está repleto de vida poderosa, indiferenciada, não manifesta. **Em nosso processo criativo, nós *acendemos* o vazio negro aveludado de vida indiferenciada dentro de nós ao mergulhar nele com nosso *anseio de criar*.**

O sucesso só é alcançado graças à nossa clara intenção alinhada com nosso anseio *e com a intenção do Criador*.

O dom da encarnação é a criação. Todos nascemos com o desejo de criar e o desejo de cada indivíduo é único, específico. Esse é o propósito e o motivo de encarnar. Quando criamos dessa maneira, desenvolvemos e expandimos a expressão da nossa essência divina individuada em nossa dimensão da essência. Ela se torna mais brilhante a cada ato criativo.

O processo criativo se desloca então da nossa essência para a dimensão da linha do hara – e, no hara, se transforma em intenção criativa ou propósito. O hara conserva essa intenção para manter a criatividade fluindo rumo à nossa próxima dimensão, o CEH. Desse modo, ele é transmutado nos três aspectos do CEH – razão, vontade e emoção –, com os quais criamos nossa vida física.

Como a Relação entre Aspectos do SECH Gera a Ideia das Dimensões

Conforme explicado no Capítulo 1, cada aspecto do SECH parece encaixado em outro. E cada um parece surgir e depender, para sua existência, daquele no qual se encaixou. Projetando-se da área central do nada ou coisa alguma, repleta de vida, o vazio negro aveludado aos poucos se transforma em luz. Essa luz, que é o nosso ponto de origem, nossa estrela do âmago, influencia nosso hara porque é sua fundação. O hara é a base do CEH e o influencia. O CEH é a base do nosso corpo físico e o influencia. Não há ligação direta entre eles que, no entanto, se influenciam como se isso ocorresse através de dimensões diferentes. A influência parece se mover como se subisse do aspecto mais profundo, mais fundamental de nós mesmos para a próxima dimensão manifestada, mais na forma de uma *transmutação de influência* para a dimensão seguinte do que um *fluxo direto ou transmissão de substância*. Ocorre, assim, uma grande mudança na influência do pulso criativo de vida enquanto ela sobe através de cada dimensão.

Vejamos o que essa transmutação significa em termos práticos.

Visão Geral do Processo Criativo Tal Qual se Manifesta por Meio do CEH

A estrela do âmago se compõe de *essência divina individuada*. Quando essa essência sobe para a dimensão do hara, é transmutada em *intenção*: ou seja, a *essência se torna intenção*. Quando a intenção é transmutada em cada nível do CEH, expressa-se como a energia-consciência *de razão, vontade* e *emoção*, conforme o nível do campo. Quando a energia-consciência do CEH sobe para o mundo físico, transforma-se em *corpo vivente*. Portanto, somos compostos dessas quatro "dimensões".

Como o Processo Criativo se Manifesta Através das Dimensões da Estrela do Âmago e do Hara

O processo criativo é iniciado em nossa essência. Ele absorve a energia criativa do vazio negro aveludado. A energia criativa é primeiramente individualizada à medida que se move pela estrela do âmago como essência interior. Em seguida, sobe para a dimensão do hara através de sua intenção de criar, o que quer que seja que você anseia criar. Quando a sua linha do hara está perfeitamente alinhada e centrada dentro de você, você vivencia a intenção sem nenhum esforço. Nesses momentos, você não tem resistência ao fluxo de vida criativa dentro de si mesmo. Observe a Figura 2-1, que mostra uma linha do hara alinhada. Ao mover-se para a dimensão do hara, a força criativa acende seu anseio grandioso na sua sede da alma. Alguns chamarão isso de sua "sublime obsessão".

O que ela significa para você talvez ainda não esteja claro. O que você deseja? Que vida quer viver? Elimine todos os tabus pessoais que nutre sobre isso. Permita-se, pelo menos, ter fantasias. E que estas se desenvolvam em visão madura daquilo que existe. Anseie por isso. Inicie sua criação: é para isso que você nasceu. Procure senti-la, vê-la, conhecer seus detalhes, e, em seguida, deixe-a tomar forma. Faça com que ela se torne algo capaz de surpreendê-lo. Eis o que Heyoan disse a respeito desse anseio:

Você é cocriador daquilo que deseja.
Apenas por saber que o deseja,
pode estar absolutamente certo
de que já iniciou sua criação.

Todos os seus doces anseios
são na verdade criações que você já iniciou
há algum tempo,
criações que já estão em processo de tornar-se reais.
Você é seu criador.

Vivencie a tremenda força criativa em seu tan tien. Vivencie sua ligação com Deus Pai e Deusa Mãe-Terra em ambas as extremidades da sua linha do hara.

Se seu hara for saudável e, portanto, equilibrado em todos os aspectos mencionados acima, sua força criativa fluirá por todos eles de maneira igualmente equilibrada, descendo para o mundo físico através da próxima dimensão, o CEH.

O Pulso Criativo Através do CEH

A força criativa sobe então da dimensão do hara, para a dimensão do CEH. Observe, na Figura 2-1, a ligação entre o hara e o CEH. O tubo principal do hara se localiza dentro da corrente vertical de energia do CEH, onde se manifesta primeiro nos níveis superiores e vai descendo do mais alto até os níveis mais baixos, a caminho da manifestação física.

Atravessando os níveis do CEH, assume a natureza de cada nível – razão, vontade ou emoção – e o estado de nosso desenvolvimento evolucionário daquele nível, como o grau de compreensão e clareza nos níveis da razão, nossa capacidade de alinhamento da vontade pessoal com a vontade divina nos níveis da vontade e o desenvolvimento evolucionário da nossa capacidade de escolher o amor em todas as circunstâncias da vida nos níveis de sentimento não estruturados.

Para tomar consciência disso, você deve ser capaz de sentir cada nível do seu campo quando o pulso criativo de vida se move através dele. O que se segue é uma explicação de como esse pulso de vida se move por nível do CEH:

O Pulso Criativo no Sétimo Nível do CEH

O sétimo nível do CEH é a manifestação ou funcionamento da nossa mente superior ou divina. Quando o seu pulso criativo de vida passa pelo sétimo nível, é sentido como sabedoria divina. Se você tomar consciência dele no sétimo nível do seu CEH, sentirá sem dúvida que sua criação foi divinamente inspirada.

O Pulso Criativo no Sexto Nível do CEH

Ao se mover pelo sexto nível, o pulso criativo de vida expressa seus sentimentos sobre a divindade. Nesse nível, você sente a força criativa tão fortemente que, não importam os obstáculos a enfrentar, sabe que sua criação terá êxito. A fé é a força criativa de vida que atravessa o sexto nível do campo. Muitas pessoas podem também ter a experiência do êxtase divino graças à sua criação nesse nível.

O Pulso Criativo no Quinto Nível do CEH

Ao passar pelo quinto nível, o pulso criativo de vida se exprime como livre-arbítrio e sofre influência do estado de desenvolvimento de sua capacidade de entender e escolher se alinhar com a vontade divina. Se você tomar consciência dele no quinto nível, vai experienciar um padrão perfeito de precisão divina enquanto sua criação se desenvolve.

O Pulso Criativo no Quarto Nível do CEH

Ao passar pelo quarto nível, o pulso criativo de vida assume a forma de amor ao próximo e é influenciado pelo estado de desenvolvimento de sua capacidade de amar nos relacionamentos. Se você tiver consciência dele no quarto nível, vivenciará uma amorosa relação com sua criação, como sustentação para o seu processo criativo.

O quarto nível é o que antecede a manifestação física. Os níveis um, dois e três existem na realidade tridimensional. O quarto é aquele em que ocorrem todas as suas interações com os outros: ele é, portanto, o nível dos relacionamentos. E, sendo o que antecede a realidade física, contém as realidades tanto visíveis quanto invisíveis. Assim, o relacionamento com todos no mundo físico e também com tudo o mais nessa realidade tem enorme efeito no processo criativo. A realidade do quarto nível será examinada com mais detalhes na Segunda Parte.

O Pulso Criativo no Terceiro Nível do CEH

Ao passar pelo terceiro nível, o pulso criativo de vida exprime seus pensamentos e sua compreensão mental. Esse nível é influenciado pelo estado de desenvolvimento de sua mente humana. Se você tomar consciência dele no terceiro nível, terá a necessária vivacidade mental para levar sua criação à realidade física.

O Pulso Criativo no Segundo Nível do CEH

Ao passar pelo segundo nível, o pulso criativo de vida exprime seus sentimentos em relação a si mesmo e sofre influência do grau de amor que você tem por si próprio. Esse amor precisa ser reconhecido, aceito, compreendido e cultivado como capacidade necessária para viver uma vida saudável. Se você tomar consciência dele no segundo nível do CEH, sentirá prazer em criá-lo em sua vida e terá uma opinião melhor e mais amável sobre si mesmo.

O Pulso Criativo no Primeiro Nível do CEH

Ao passar pelo primeiro nível, o pulso criativo de vida se exprime como seus sentimentos físicos, sensações e vontade de estar encarnado nessa vida. Sofre a influência do padrão energético do seu corpo físico. Se você estiver consciente dele no primeiro nível, sentirá vontade física de realizar seus atos criativos. Sentirá também prazer no corpo e na vida no mundo físico, porque sua criação está direcionada para a materialização.

O Pulso Criativo Tal Qual se Manifesta no Mundo Físico

O processo criativo chega então ao corpo físico e ao mundo material. Expressa-se em nossas ações nesse mundo e é influenciado pelo estado da nossa saúde física. Nosso corpo físico precisa ser apreciado e cuidado com amor, além de ser reconhecido por sua complexidade espetacular e sua beleza inata. Cuidar do corpo físico é um compromisso que assumimos em troca do dom do processo de encarnação. Ele é o veículo por meio do qual manifestamos nossas criações no mundo material.

O processo criativo é influenciado também pelas condições de nossa vida, que ele produz ao longo do tempo. Para tanto, é necessário reconhecer, compreender e melhorar a condição de nossa vida – nas esferas física, emocional, mental e das relações.

Mais Esclarecimentos Sobre o Pulso de Vida

Quando Heyoan me ensinava sobre o pulso criativo de vida, fazia isso por fases. Primeiro, falou a respeito do processo criativo tal qual já descrito neste capítulo. Naturalmente, achei que a última fase seria o produto materializado: uma condição de ótima saúde, uma pintura, o imposto de renda ou um relacionamento.

Mas então Heyoan disse:

Não, isso é apenas o meio do caminho
do processo criativo!

"Como assim?", perguntei.

Heyoan explicou o resto do processo, que inverte o rumo e mergulha nos níveis mais profundos do ser – isto é, nos níveis mais profundos do SECH acima descritos, mas em sentido contrário. (Ver a seção seguinte sobre As Quatro Fases do Pulso Criativo de Vida.) Ela completa sua criação como uma luz mais brilhante na estrela do âmago.

Então Heyoan esclareceu:

O "produto" final, por assim dizer,
do pulso criativo de vida é uma essência interior
mais individuada!

"O que vem a ser isso?", perguntei.

A essência interior individuada é
o divino individuado
em cada ser. Ao mesmo tempo universal e individual.

"Como pode ser isso?"

A essência interior da estrela do âmago existe para além
das dimensões física e energética costumeiras.
Não depende das coordenadas espaciais comuns
dentro das quais vocês se limitam por algum tempo
na encarnação, com o firme propósito de aprender.

A essência interior não tem esses limites. Só pode ser
individual, como uma expressão das qualidades individuais essenciais
e também é parte de todos os seres, manifestos e não manifestos.

A encarnação é o resultado da intenção de individuação
numa forma manifesta organizada
com o fim de criar mais essência interior individualizada

*que pode então ser vivenciada como vazio luminoso
sem perder o eu, sem se mesclar
ao todo divino indiferenciado.*

*Para tanto, vocês devem primeiro aprender
a criar conjuntamente com o divino. Mas, antes,
aprender como o divino cria. Perguntem:
"De que modo o divino cria, por intermédio de mim,
uma manifestação do divino?" Eis a resposta:*

*O universo divino
é um universo recíproco.
Benigno.
Responde ao seu fluxo criativo
criando conjuntamente com vocês.*

*Se você interrompe o fluxo criativo,
o universo simplesmente esperará
que você libere de novo esse fluxo.*

Causa e Efeito

A citação acima de Heyoan significa que o divino não nos força a fazer nada nem insiste em que nos tornemos isto ou aquilo. Deus não nos pune pessoalmente por fazer ou deixar de fazer alguma coisa. Ao contrário, o universo divino apenas espera que acionemos a criatividade em nossa vida. Em seguida responde, no mesmo tom, a todos os nossos pensamentos, desejos e ações (inclusive os negativos). Isso se chama, pura e simplesmente, causa e efeito.

Embora algumas pessoas se refiram à causa e efeito ao longo de muitas vidas como karma, esse termo pode ter conotação negativa – significando "punição", sobretudo do ponto de vista pessoal. Mas não é Deus que castiga. ***O fenômeno de causa e efeito é apenas o modo como o universo funciona. Se*** *não obtivemos ainda o efeito (resultado) que desejamos, é porque ainda não sabemos como criá-lo.* Precisamos aprender mais para sabermos como fazer isso – aprendizado que inclui uma compreensão maior de nós mesmos e da maneira como funcionamos, mas também a substituição dos nossos conceitos dualistas errôneos sobre a realidade por ideias unificadas (holísticas, se você prefere) que nos ajudem a entender como o mundo de fato funciona. Quanto mais aprendermos sobre isso, mais capazes seremos de concretizar nossos desejos.

As Quatro Fases do Pulso Criativo de Vida

O processo criativo tem quatro fases. Referi-me a elas no meu livro anterior, *Luz Emergente*, como repouso, expansão, repouso e contração. Há sempre um momento de repouso, seguido de uma onda de expansão; depois, outro momento de repouso, encerrado por uma onda de contração. Segue-se outro momento de repouso e, a seguir, outra onda de expansão começa. Todos os seres vivos se submetem a esse pulso criativo de vida. Vale observar que, em certas situações como a cura, o pulso criativo se inicia com a expansão, vindo depois o repouso, a contração e outra vez o repouso. Não importa onde se comece no pulso criativo, as quatro fases sempre ocorrem em sucessão, como uma onda que vem e vai.

A Primeira Fase do Pulso Criativo de Vida: Primeiro temos a quietude do vazio negro aveludado dentro da estrela do âmago, de onde provém toda a criação. É o repouso.

A Segunda Fase do Pulso Criativo de Vida: Na segunda fase, o pulso criativo de vida brota da estrela do âmago, sobe através do hara e do CEH, e termina no corpo físico. Dessa expansão a partir do âmago, a essência de quem você é se exprime ao longo das dimensões da intenção (nível hárico) e personalidade (nível do CEH ou áurico), chegando ao mundo físico, onde a criação se manifesta.

A Terceira Fase do Pulso Criativo de Vida: Depois de chegar ao físico, o pulso criativo se imobiliza. É o repouso ao fim da expansão. Aqui, nós nos detemos para uma auto-observação, enquanto refletimos sobre o que criamos. Conforme lembra Heyoan, esse é apenas o ponto médio do processo criativo.

A Quarta Fase do Pulso Criativo de Vida: Depois da auto-observação, o pulso criativo de vida se contrai, do mundo físico para o nível áurico, para o nível hárico e, por fim, para a Essência. É no interior da Essência que atingimos a fase final do pulso criativo de vida. Às vezes há resistência a essa fase, mas vale lembrar que precisamos conceder tempo e atenção iguais tanto à fase de contração do pulso criativo quanto ao vazio silencioso da fase interior do repouso, que se segue. Quando o pulso criativo retorna através das quatro dimensões para a estrela do âmago, leva consigo tudo o que foi aprendido e criado no eu individual. Assim, o resultado final do pulso criativo de vida é a produção de mais essência interior divina. Depois, avançamos de novo para o repouso interior do vazio silencioso até o surgimento do próximo pulso criativo.

Pulsos de Vida

*O pulso criativo de vida
não é um só. São pulsos infinitos
de infinitas fases,
frequências e tamanhos, todos brotando
da essência interior.*

*Eles vêm não apenas da estrela do âmago,
mas também de cada célula do seu corpo,
de todas as partes de cada célula,
DNA, elementos e átomos.*

*A vida se expande, cria,
entra em repouso, reflete,
contrai-se, destila conhecimento
e leva percepção consciente até o centro
do seu ser.
Há inúmeras fases
nessa onda criativa de vida.
Cada indivíduo pulsa em diversas fases*

de expansão e contração,
em torno de diferentes aspectos da vida.
Umas longas, outras curtas.
Umas rápidas, outras lentas.
Todos os pulsos de vida são universais.
Cada pulso de vida permeia tudo.
Cada uma de suas ações, cada uma de suas frases,
alcança a grande expansão do universo.
Todas estão sincronizadas
na grande sinfonia da vida.

Os Resultados de um Processo Criativo Desobstruído Através do SECH

Se seu hara e o CEH estiverem livres de obstáculos, carregados e equilibrados na área de um determinado desejo, você conseguirá manifestá-lo facilmente. Na verdade, você já faz isso todos os dias. Você cria tão facilmente nas áreas desobstruídas que nem se dá conta do que faz. Para você, não é nada.

Mas, para seus amigos, é impressionante!

Eles perguntarão: "Como conseguiu fazer isso?"

E você poderá responder: "Ora, não foi difícil, é coisa natural!"

Por outro lado, você dirá o mesmo sobre os talentos de seus amigos. São talentos que estão dentro das pessoas. Vêm diretamente da essência interior que você e seus amigos engendraram graças às suas experiências de vida, nesta ou em outra encarnação. Nessas áreas do ser, a corrente criativa se precipita diretamente a partir de um âmago desimpedido. Não há bloqueios, não há feridas abertas. Quando digo "áreas", estou me referindo ao "estado de ser" físico, emocional, mental e espiritual em qualquer aspecto da vida, como saúde, carreira ou relacionamentos.

Vejamos agora como o processo criativo funciona através de um CEH ideal, desobstruído, livre de obstáculos. Nunca vi um CEH que estivesse totalmente desobstruído. Isso inclui muitos líderes espirituais e gurus que conheci ao longo dos anos. No entanto, nossos campos tendem a ficar desobstruídos em certas áreas de nossa vida. Nessas áreas, podemos criar sem problemas. Na Figura 2-2, as setas mostram o processo criativo livre e desimpedido no mundo físico, quando não há obstáculos no CEH. Essas são as áreas de nossa vida em que as coisas surgem com mais naturalidade. Se resolvemos criar alguma coisa, conseguimos. Sem problemas! Em geral, isso passa despercebido. Nem sequer lhe damos atenção. Apenas fazemos. O processo simplesmente flui através dos níveis, expressando a natureza de cada um deles, enquanto gera determinado aspecto de nosso anseio criativo. A isso chamamos "talentos". As pessoas são diferentes.

E todas têm talentos. Quais são os seus? Muita gente, como eu, foi aconselhada a nunca mencionar seus talentos ou aspectos positivos, pois isso poderia parecer egoísmo. Nada menos saudável. Em geral, não percebemos as áreas de nossa vida que funcionam bem graças aos nossos talentos. Contudo, nossos talentos são muito mais que talentos. São as áreas do nosso ser através das quais nossa essência interior brilha plenamente e em que exprimimos com naturalidade essa essência desenvolvida. São, enfim, as áreas do nosso ser onde se expressam os princípios superiores.

Por exemplo, uma amiga minha, com quem trabalhei durante anos, tem a capacidade de apoiar qualquer pessoa que se comunique com ela. Essa é uma expressão do princípio superior do amor divino. Outra amiga consegue estar sempre presente, até nas células físicas de outra pessoa. Ela faz isso não importa qual seja a condição física ou emocional da pessoa, que pode até estar em processo de morte. Essa é uma expressão da vontade e do amor divinos. Outro amigo cultiva a integridade e os princípios, podendo esclarecê-los em situações confusas. Essa é uma expressão da verdade divina. Outro não tem dificuldade em reconciliar pessoas de maneira silenciosa e calma. Essa é uma expressão da verdade e da vontade divinas. Outra é uma educadora séria e sempre insiste em que seus alunos se realizem com sucesso (mais uma expressão da verdade e da vontade divinas). Outro é absolutamente honesto (verdade divina). E outro enfim, é a pessoa mais organizada que conheci (vontade divina). Todos seguiram seus anseios sagrados, trabalharam e estudaram para desenvolver seus talentos. Por isso, sua essência interior brilha maravilhosamente nessas coisas que eles tanto amam.

Revisão do Capítulo 2:
Algumas Perguntas Para Fazer a Si Mesmo Sobre seu SECH e seu Processo Criativo

1. Acompanhe seu processo criativo pelos níveis do seu CEH. Esforce-se para senti-los usando a informação deste capítulo. Sinta, veja, perceba esses níveis. Primeiro, remonte à sua história a fim de encontrar algo que realmente desejava e que conseguiu criar em sua vida. Observe o processo pessoal por que passou enquanto ele percorria o aspecto de cada nível do seu campo: mente superior, vontade e sentimento; depois, relações amorosas; e, por fim, mente pessoal/humana, vontade e sentimento.

2. Agora, acompanhe seu processo criativo pelas quatro fases do pulso criativo: repouso, expansão, repouso e contração.

3. Relacione cada experiência criativa à força criativa do amor que age em você.

Capítulo 3

COMO CURAR O PROCESSO CRIATIVO BLOQUEADO

*Esta exploração pode ser vista como um trabalho
para liberar o fluxo das energias criativas em você,
para descobrir e compreender como estão bloqueadas
e abri-las para o propósito de aprender e liberar a criação conjunta.*

*Você está aqui para se tornar consciente do seu objetivo,
que é criar conjuntamente com o divino.
Você não estuda para descobrir o que é errado,
ruim em você
ou discutível.*

*Você está aqui para aprender e desimpedir seu processo pessoal
de criação conjunta com o divino.*
— Heyoan

No capítulo anterior, descrevi o processo criativo livre de obstáculos e mostrei que o resultado final do nosso pulso criativo (e, no caso, da nossa criação) é essência interior divina ou mais luz da essência. O modo como vivenciamos nossa vida e nossa saúde depende do grau de boa formação, clareza e equilíbrio das quatro dimensões do nosso ser, inclusive todos os níveis do CEH. Cada uma das quatro dimensões exerce enorme influência no pulso criativo que as atravessa. Como as dimensões mais profundas são a base para as de cima, sua influência é mais forte, lembrando os alicerces de um edifício. Qualquer perturbação nas dimensões mais profundas afetará as que repousam sobre elas.

A tarefa de curar deve incluir todos os aspectos das nossas quatro dimensões. Entram aí não apenas o hara e o CEH, mas também os aspectos específicos de cada um: o estado dos três aspectos do hara, bem como sua localização, alinhamento e ligação com a Terra; a saúde e o equilíbrio dos níveis do CEH; e, não menos importante, o grau em que podemos estar presentes e valorizar nosso pulso de vida a cada momento, enquanto, com ele, criamos nossa vida. Para conseguir isso, é importante entender perfeitamente nossas quatro dimensões e o modo como ficam bloqueadas. Precisamos estar presentes, com plena consciência, em cada dimensão e sentir em profundidade as dimensões enquanto o processo criativo flui por elas.

O Processo Criativo Bloqueado ou Distorcido

Não raro, nossa força criativa sofre interferência enquanto o processo criativo percorre seu caminho pelas quatro dimensões, que são as áreas para trabalharmos nesta vida. **Em outras palavras, o crescimento pessoal é necessário em qualquer área onde o processo criativo sofra interferência.** Não é difícil encontrar essas áreas em nós mesmos. O que você sempre quis, mas ainda não conseguiu manifestar em sua vida? Toda distorção, em qualquer área do hara ou CEH, interferirá em seu processo criativo.

Distorção no hara: Se houver uma distorção em seu hara, você dividirá sua força criativa de acordo com essa distorção. A isso se chama "intenções divididas". Você divide sua força criativa em duas direções opostas, que acabam por se anular mutuamente na medida em que se desequilibram. Se forem diretamente opostas uma à outra e de igual poder, nada se cria. Você chegou a um impasse dentro de você mesmo! Você tem propósitos cruzados dentro de você e, nessa tentativa de criação em particular, você acaba não conseguindo coisa alguma.

Intenção não é a mesma coisa que vontade. Se você souber o que ela significa e como usá-la, terá uma ferramenta ideal para o centramento, estabilização e o fortalecimento a partir de dentro. Uma das maneiras de usar a intenção é medir o grau de equilíbrio entre os três aspectos de sua psique: razão, vontade e emoção. No Capítulo 2, abordei a razão, a vontade e a emoção como um meio de visualizar o SECH. Se as três estiverem em equilíbrio, então você alcançou o centramento, a intenção clara – que é a intenção de se tornar completo, de afastar-se da autoidentidade dualista e conquistar a totalidade. Você está em sincronia com o universo e vive a vida como ela é, sem resistência. Pode então criar vida a partir da experiência e da perspectiva da totalidade. Se as três não estiverem equilibradas, o aspecto da vontade empurra a linha do hara mais para trás e o aspecto da emoção a puxa mais para a frente.

Quando você está fora de sincronia, sentindo resistência e tentando forçar o mundo a fazer o que você quer, sua linha do hara se desloca para trás do seu corpo. Isso interfere com a força criativa e divide-a em duas. O aspecto do sentimento de nossas energias criativas diminui e se separa do aspecto da vontade. Chamamos isso de "intransigência".

Segundo Heyoan, aquilo que grande parte dos homens chama de vontade é, ao contrário, uma distorção da vontade: uma corrente impositiva e uma das maneiras mais comuns de interferir no processo criativo. A Figura 3-1 mostra um exemplo corriqueiro de como o CEH entra em desequilíbrio durante uma corrente forçada de energia. A linha do hara e a corrente vertical de energia (CVE) se deslocam para trás, o que torna os chakras da parte de trás do corpo muito grandes. Nessa configuração, o indivíduo se torna muito agressivo, querendo que a vida e os outros obedeçam às ordens do seu ego. É essa configuração distorcida que gera a concepção errônea de vontade. Usamos nossa "vontade" (como a chamamos) a fim de distorcer nosso campo e manipular os outros/o mundo/Deus para que façam o que queremos e quando queremos. Mas não é a verdadeira vontade. Essa corrente forçada desequilibra o CEH e interfere em nossa capacidade de criar aquilo que sonhamos para a nossa vida.

Existem muitos meios menos óbvios de coagir a vida a nos dar o que queremos. Podemos nos tornar o coitadinho emocional com a CVE e a linha do hara deslocados para a frente (Figura 3-2); ou o submisso, mas que apunhala o outro pelas costas (Figura 3-3), com o hara e a CVE deslocados para a frente, na metade inferior, ou para trás, na metade superior. O hara e a CVE podem também ser deslocados para ambos os lados do corpo. Isso resulta em excesso de atividade quando estão no lado direito e em deficiência de atividade quando estão no esquerdo. Existem, é claro, muitas outras distorções do hara/CVE. As distorções do CEH serão explicadas na seção seguinte.

Em suma: sempre que sua intenção se divide, divide-se também sua corrente criativa. As energias criativas fluem em direções opostas. Contrariam-se e nossa intenção original de criar fica bloqueada. Se uma parte da sua intenção dividida for mais forte, a força criativa resultante, mais fraca, irá na direção da intenção mais forte. Entretanto, poderá não ter energia suficiente para manifestar sua intenção; ou, se manifestar, essa manifestação será fraca, incompleta, pouco satisfatória e um tanto diversa daquela que você pretendia. Você não conseguirá criar por completo o que conscientemente planeja até ser capaz de estabelecer uma intenção forte e clara, e uma linha do hara perfeitamente alinhada para aquele propósito específico. Curar essa divisão exige muita autoexploração e muita autodescoberta, para se perceber as duas forças opostas e o modo como elas impedem sua criação original. A causa da intenção dividida são as crenças negativas habituais, alojadas na consciência infantil, que serão descritas neste capítulo e no Capítulo 4. Depois que você perceber a divisão e curá-la, poderá redirecionar seu propósito criativo e suas energias para a criação original. O propósito original talvez pressuponha a perspectiva de uma criança; leva algumas semanas para chegar à idade adulta. Depois disso, a intenção original se aplicará à sua vida e criações maduras.

Como são os Bloqueios no CEH e Onde se Localizam

Nas seções seguintes, examinaremos como são os bloqueios e como perturbam o processo criativo quando este se move pelo CEH. Explicarei como os bloqueios interferem no processo criativo e mostrarei seu movimento pouco saudável pelo CEH, bem como os danos que se seguem. Depois, ensinarei um método de cura para removê-los do CEH.

Aquilo que é popularmente chamado de bloqueio não passa de energia-consciência escura acumulada. Esse acúmulo ocorre apenas no segundo e quarto níveis do campo, os aspectos não estruturados e de sentimento do CEH. E ocorre porque um ou mais níveis estruturados, que contêm os aspectos da razão e da vontade (um, três, cinco e sete) e guiam o fluxo de energia através do campo, ficaram desfigurados. Tecnicamente, um bloqueio inclui qualquer nível estruturado desfigurado e qualquer nível não estruturado enfraquecido e/ou com pouca carga, bem como a energia escura acumulada nos níveis não estruturados do campo. Em geral, todos esses tipos de perturbação acontecem em qualquer bloqueio. O bloqueio pode ou não passar por todos os sete primeiros níveis do campo e localizar-se em qualquer parte do CEH. Os bloqueios geralmente afetam de dois a três níveis do campo. Entretanto, em casos muito graves, percorrem todos os sete primeiros níveis do CEH. Então, o indivíduo afetado por eles fica muito doente.

Perturbações nos Níveis Estruturados do CEH: Todas as suas criações precisam de um fluxo livre da força criativa através de todos os aspectos do seu CEH, do contrário não serão completas nem inteiras. Por exemplo, se os níveis do seu campo orientados para a razão, três ou sete, estão mais desenvolvidos, a energia do seu CEH pode se deslocar para cima, rumo à cabeça. Nesse caso, como manipuladores espertos, criamos uma defesa.

Desfigurações nos níveis estruturados (um, três, cinco e sete), bem como nos chakras desses níveis, aparecerão como lacerações, rasgos, estrangulamentos ou distorções das linhas de luz. Tais perturbações nos níveis estruturados distorcem, modificam, desviam e interrompem ou escoam, por completo, sua energia criativa quando ela tenta atravessar esses níveis do CEH para chegar ao mundo físico e manifestar-se na realidade material. Se houver lacerações nos chakras, estes não conseguirão metabolizar as energias criativas necessárias para a manifestação de suas criações.

Perturbações nos Níveis Não Estruturados do CEH: Desfigurações nos níveis não estruturados do CEH gerarão também perturbações no fluxo da força criativa. O nível dois é a experiência sentimental com o eu, a capacidade de nos amarmos de modo saudável. O nível quatro é a experiência sentimental com outros em relacionamentos e a capacidade de amar em convívios de todos os tipos, bem como de dar e receber de maneira saudável. As desfigurações dos níveis dois e quatro surgem na forma de bloqueios que é **energia-consciência** escura, composta ou acumulada, de várias cores turvas como o castanho-esverdeado ou o vermelho-escuro. Os bloqueios são a energia-consciência estagnada de várias experiências emocionais não resolvidas. Os bloqueios são encontrados também nos chakras dos níveis não estruturados dois e quatro. Esse tipo de bloqueio é que pode deter por completo a força criativa e sugar sua energia. Quando localizado num chakra desses níveis, esse tipo de bloqueio interrompe a entrada da energia-consciência pelo chakra, a qual é necessária para carregar esses níveis do campo e torná-los fortes e saudáveis.

O nível seis corresponde aos nossos sentimentos espirituais, e à nossa capacidade de experimentar o amor e o êxtase espirituais divinos. Perturbações no nível seis do CEH em geral aparecem como fraqueza ou falta de energia-consciência, não como escuridão ou estagnação. Isso ocorre porque a maioria das pessoas não reserva tempo suficiente na vida para a experiência do amor divino espiritual. Nunca notei nenhuma descoloração nos níveis acima do quatro.

A Substância da Crença: Os níveis não estruturados não apenas se relacionam com os sistemas estagnados de crença dualista como, na verdade, constituem a substância desses sistemas. Isso ocorre porque os níveis não estruturados têm a capacidade de sustentar fortes emoções e sentimentos. Assim, o processo de cura precisa incluir, sim, a limpeza do campo, mas também o aprendizado de novos conceitos holísticos que substituam os antigos, obsoletos e dualistas. **Todos os conceitos dualistas se baseiam em dividir as coisas em duas metades contrastantes (preto e branco, homem e mulher) ou opostas (bem *versus* mal, você *versus* eu – mesmo ou/ou pode ser visto dessa maneira).**

Os conceitos holísticos amparam e promovem a cura profunda, evitando o surgimento de bloqueios causados pelo viver dualista. Aprender a viver holisticamente significa viver e criar conscientemente e responder ao universo e à vida de um modo completamente diferente. Desse modo, lançamos sólidos alicerces para nossa existência com base nos princípios holísticos e nos conceitos que promovam a integração a uma experiência interna de vida, recém-organizada, dentro de um universo abundante e benigno.

Cada nível do CEH corresponde a uma parte específica da nossa realidade e está relacionado a determinados conceitos holísticos que se enquadram na função ou funções desse nível. Até que os bloqueios em todos os níveis do campo e dos chakras sejam enfrentados e eliminados, o processo criativo não poderá se mover pelos níveis do CEH livre e desimpedidamente. Portanto, estudar os princípios e conceitos holísticos é essencial para a cura dos níveis desfigurados do CEH.

Realidade Dualista e Realidade Holística

Como os níveis do CEH são compostos de vontade pessoal (nível um), sentimentos para consigo mesmo (nível dois), razão (nível três), sentimentos nos relacionamentos (nível quatro), vontade divina dentro de nós (nível cinco), sentimentos para com o divino (nível seis) e mente divina dentro de nós (nível sete), desfigurações em qualquer dos níveis provocarão carência ou debilidade nesse aspecto de nós mesmos e de nossas criações. Como resultado, você alimentará conceitos dualistas e não holísticos sobre todos esses aspectos do seu ser e da sua vida. Se os níveis estão desfigurados, os sistemas de crença também estão. Se você tiver sistemas de crença dualistas, seu hara e CEH ficarão desfigurados. Em outras palavras,

Desfigurações do hara e do CEH
são sinais dos dualismos em que vivemos,
pois o CEH e o hara são inseparáveis
de nossa experiência da realidade.

A realidade holística se torna clara para nós
quando as desfigurações
do CEH e do hara são sanadas.

Infelizmente, nossas ideias dualistas superadas foram transmitidas ao longo de milênios. Não servem mais para a vida saudável no século XXI. Deixar para trás a agonia da supressão e do castigo, inerente às realidades divididas do dualismo, é nossa meta para o século atual. A ideia de que *o mundo se compõe de duas metades opostas* é causa de inúmeros problemas. Gera muita confusão quando contamina nossos sistemas de crença.

No decorrer do século XXI, mais culturas entrarão em estreito contato umas com as outras graças à globalização e à modernização. Há necessidade de uma nova compreensão do divino. Os novos conceitos terão de ser holísticos e integrados aos níveis do CEH que fazem a ligação com o divino. Mente divina, amor divino e vontade divina exigem uma compreensão inteiramente diversa, baseada na tolerância e no respeito mútuo.

No nível mais pessoal, as velhas ideias e modos de limitar o amor devem ser repudiados para que possamos amar incondicionalmente. Isso exige uma compreensão inteiramente nova do amor para que consigamos viver no mundo moderno. Os antiquados sistemas de crença a respeito de quem é diferente de nós e o modo como o mundo funciona precisam ser substituídos por comunicação franca e novas descobertas. Temos de entender e integrar ativamente a comunidade global, com amor e respeito. Parte desse processo consistirá em renunciar a ideias preconcebidas sobre quem não é como nós.

Na realidade holística, cada indivíduo se responsabiliza totalmente por si mesmo. Como eu já disse, aprender conceitos holísticos e substituir ideias dualistas é uma parte muito importante do processo de cura. Apresentarei esses conceitos ao longo do livro. A maioria deles será definida nos Capítulos 5 e 19.

Todos Nós Temos, em Nossos CEHs, Haras Desfigurados e Bloqueios: A verdade é que nossa condição, nesta etapa da evolução humana, tem um longo caminho pela frente até que uma sociedade holística seja criada. Eu nunca vi um CEH ou um hara completamente desobstruídos e equilibrados que permanecessem equilibrados e desobstruídos o tempo todo. Todos nós temos uma tarefa pessoal de cura a desempenhar. Essa tarefa inclui aprender, compreender e desenvolver princípios essenciais superiores que orientem nossa vida, além de curar o hara e o CEH.

Em resumo, nossa compreensão precária do mundo – sistemas dualistas de crença inconscientes e falta de conhecimento do verdadeiro modo holístico com que o universo opera – inviabiliza um processo criativo lúcido. Assim, precisamos não apenas entender o que são os bloqueios a fim de saná-los, mas também assimilar novos princípios holísticos que amparem nossa força vital criativa. Os princípios holísticos devem substituir os dualistas, pelos quais temos vivido inconscientemente. Mais adiante, neste capítulo, explicarei com mais detalhes os sistemas de crenças dualistas e o mal que causam ao nosso pulso criativo.

Bloqueios no CEH enfraquecem, distorcem e desviam o processo criativo, de sorte que você acaba criando algo que não condiz exatamente com o resultado esperado. Até que ponto esse resultado se desvia do que você desejava depende da força e do grau da divisão dualista nos bloqueios. Para compreender isso, precisamos entender antes a natureza do bloqueio; e, para removê-lo, você terá de absorver novos conceitos.

A Chamada Criança Interior: Comecemos por um conceito dos mais simples, que se contrapõe a uma forma popular de terapia conhecida como trabalho com a criança interior e usada em grupos terapêuticos no mundo inteiro:

Não cuide de sua criança interior!
Sua criança interior não existe!
Você criou o rótulo "criança interior".

NOVOS CONCEITOS

Criança interior = consciência não desenvolvida.
Os bloqueios capturam consciência não desenvolvida.
O verdadeiro trabalho consiste em liberar e reeducar
sua consciência não desenvolvida,
que está presa dentro do bloqueio.

Em outras palavras, não existe nenhuma criança dentro de você. Esqueça essa ideia! A última coisa de que precisa é passar o resto da vida acalentando e embalando seu bloqueio! Procure, isso sim, desobstruí-lo a fim de liberar a consciência não desenvolvida presa dentro dele, educá-la e ajudá-la a evoluir para o estado holístico. Procure também desenvolver um ego adulto para realizar essa tarefa, caso ainda não o tenha feito.

Explicarei melhor. Vejamos as seguintes perguntas: De que modo se cria um bloqueio? Onde, no CEH, estão localizados os bloqueios e por quê? O que mantém um bloqueio no lugar? Qual é a relação entre nossos bloqueios e nossas feridas? Por que os bloqueios simplesmente não desaparecem? Até que ponto os bloqueios afetam nosso processo criativo e, portanto, nossa vida? Por que eles eternizam os círculos viciosos das experiências e comportamentos negativos em nossa vida? Como podemos interromper os círculos viciosos? E, obviamente, como removemos nossos bloqueios?

O Processo de Criação de Bloqueios em Nosso CEH: Criamos um bloqueio quando vivenciamos algo que nos amedronta. Pode ser um mero acidente ou um tratamento negativo por parte de outra pessoa. Eis um exemplo simples: Você tem 5 anos. Sua mãe está arrumando a mesa para um jantar festivo. Ela tirou do armário sua bela porcelana e está dispondo cuidadosamente as peças. Você pega uma taça de cristal e, ao mover-se, tropeça e cai. A taça se quebra e você fica tão assustado que começa a chorar. Sua mãe se vira com um grito abafado e olha-o estarrecida, incrédula. Por um breve instante, a lembrança do trabalho duro que teve de fazer para juntar dinheiro e comprar seus cristais favoritos desfila pela mente dela. Além disso, incomoda-a ter agora de limpar a sujeira antes da festa. Sua raiva aumenta e ela grita para você ficar quieto e parar de chorar! Então, com receio de ter machucado você, ela se controla e se acalma – mas é tarde. Quando caiu, você reteve a respiração. A boa intenção de ajudar sua mãe se desvaneceu. Está confuso e aterrorizado. Daí por diante, se sentirá nervoso, evitando chorar e expressar seus sentimentos quando ficar assustado. Sua vontade de ajudar brotará com reservas. Esse é um caso muito simples. Da próxima vez que acontecer algo semelhante, mais energia-consciência será acrescentada ao bloqueio e você se sentirá ainda menos propenso a ajudar alguém. A infância de todos nós está repleta de experiências mais complicadas e negativas. No Capítulo 4, descreverei o processo de criar bloqueios ainda no ventre materno – e mesmo antes.

Quanto mais dolorosa e frequente a experiência, mais forte o bloqueio criado. Como todos os pais apresentam uma dinâmica negativa reiterada, todos os filhos criam bloqueios em seus campos. Isso tem aplicação geral.

Como um Bloqueio é Criado no CEH: Os bloqueios são criados, energeticamente, de um modo bem simples. Quando ficamos sobressaltados ou com medo, a primeira coisa que fazemos é sem pensar. Na verdade, acontece tão rápido que é impossível parar porque se trata de uma resposta fisiológica: inspiramos rapidamente e seguramos a respiração. Eis a cadeia de eventos que ocorre:

Inspiramos rapidamente e seguramos a respiração.
Nosso corpo, alertado, inicia uma resposta de luta ou fuga.

A reação de luta ou fuga do CEH é diferente. Tão logo prendemos a respiração, o fluxo normal de energia no CEH se interrompe e a energia-consciência de nossos pensamentos se desliga da energia-consciência de nossos sentimentos. Ou seja, separamos energeticamente a energia dos sentimentos da energia dos pensamentos. Esse é um evento real na energia-consciência do CEH.

As energias dos sentimentos se imobilizam e a energia mental se torna mais ativa, mais alerta. Desse modo, dividimo-nos em dois.

Nossa mente está condicionada a identificar situações similares às experiências dolorosas da infância.

A divisão entre mente e sentimento persiste até que os juntemos de novo. Para isso, é necessário um trabalho de cura e crescimento pessoal.

Em seguida, nossos bloqueios passam a impedir o fluxo criativo da força vital. Em outras palavras, o bloqueio provoca uma divisão quando o fluxo criativo atravessa nosso campo a caminho da manifestação física.

Sem a energia dos sentimentos que alimenta nossas criações, estas não se completam e não obtemos sucesso, pois

Nossa mente determina
o que é criado.

*Nossos sentimentos nutrem
o processo criativo.*

*Nossa vontade determina
o padrão ou forma da criação.*

*Sem os três em sintonia,
nossa criação permanece incompleta!*

Por Que os Bloqueios Não Desaparecem, mas Vão Ficando Cada Vez Mais Fortes? Os bloqueios não desaparecem porque não podem desaparecer. Não têm combustível para mudar até lhes acrescentarmos mais energia-consciência. Esta, no bloqueio, continua dividida num estado energético inferior até que energia-consciência suficiente seja acrescentada ao sistema a fim de reunir de novo os sentimentos e a mente.

Se o que foi dito antes não faz sentido para você, apenas recorde uma experiência dolorosa da infância. Não será difícil. Procure se lembrar de uma época em que algo de ruim lhe aconteceu, quando era criança e não podia fazer nada para impedi-lo.

*Lembrou-se? Memorizou?
Ótimo.
Você está chorando?*

Uma vez que consegue se lembrar sem os sentimentos que então o dominaram, isso significa que esses sentimentos não estão fluindo. Os sentimentos dessa lembrança continuam bloqueados.
Como você se lembra do fato, sua energia mental está fluindo.
Você não bloqueou a energia mental que preside a essa lembrança.
Certo? Entendeu?
Simples assim.
O bloqueio ficará ali até que energia-consciência suficiente retorne até ele para liberar os sentimentos. Assim, estes poderão fluir de novo, permitindo

que as energias da mente e do sentimento se reúnam. Raramente isso acontece de maneira natural. A norma é que ocorra o contrário.

Frequentemente somos ensinados que é inapropriado externar nossos sentimentos quando eles fluem naturalmente. Desde a mais tenra idade, nos ensinam a reprimi-los. Toda vez que um sentimento brota, é imediatamente suprimido. Somos muito criativos em se tratando de suprimir nossos sentimentos. Quanto mais os suprimimos, mais energia-consciência de baixa frequência se acumula em torno deles. Assim, os bloqueios acumulam energia densa, escura, no segundo e quarto níveis. No segundo, ela se transforma em nuvens sombrias; no quarto, assume a consistência de muco grosso e pegajoso. Com o tempo, cada vez mais forte, torna-se mais complexa e cresce em camadas.

Não bastasse isso, traumas parecidos vão se depositando na mesma área do corpo e se agregam num arquétipo. E nossos bloqueios evoluem para perturbações mais complexas no campo. O fluxo de energia-consciência no CEH gira em torno do bloqueio. Tornamo-nos bastante sensíveis a determinadas situações que evocam um fluxo de energia capaz de sacudir o bloqueio a ponto de liberar os sentimentos nele contidos – e, por isso, evitamos essas situações em nossa vida. Na verdade, criamos estilos de vida completos que ajudam a manter os bloqueios onde estão.

A Anatomia de um Bloqueio: Vejamos os detalhes de um bloqueio do ponto de vista da Figura 3-4, que é um diagrama da anatomia de um bloqueio. Este possui várias camadas e cada uma delas ajuda a mantê-lo em seu lugar. Na camada de fora está a defesa exterior. Trata-se de uma camada muito resistente que não deixamos quase ninguém atravessar. A defesa exterior nos ajuda a nos comportarmos de acordo com os ditames da nossa família e as normas culturais nas quais crescemos e amadurecemos.

Uma vez adultos, nosso pensamento irracional e nossas emoções não resolvidas afloram quando não conseguimos evitar certas ideias ou energias emocionais semelhantes às que nos causaram problemas na infância. Qualquer situação "externa" parecida com uma experiência infantil não resolvida pode provocar em nós um comportamento irracional ou emocional, caso a situação seja intensa o bastante para romper nossa defesa exterior. Essa energia irracional/emocional permaneceu não resolvida. É a defesa residual da criança que um dia fomos, quando tentávamos nos preservar, mas não conseguíamos. Então, quando ela aflora, não está madura. Se agimos como adultos (e, enfim, paramos de negar irracionalmente esse comportamento), admitimos (para as pessoas em quem confiamos) que não se tratava de fato da situação na qual agora nos encontramos.

Quando criança, não temos o poder de mudar nossa situação básica. Sim, crianças pequenas aprendem a manipular os pais; mas são estes que controlam suas vidas. Crianças pequenas são totalmente incapazes de mudar certos aspectos de suas situações. Muitos adultos fariam de tudo para não se sentir impotentes; e aí vemos por que resistimos para descer fundo nesses espaços interiores que todos possuímos. Após uma contemplação profunda, parece que

*Muito do medo que adultos em terapia revelam
de reviver a dor da primeira infância
vem do pavor da experiência
de impotência total.*

A Consciência Infantil

Alojada dentro do bloqueio está o que as palestras do Pathwork chamam de "consciência infantil". **Nossa consciência infantil não resolvida, dentro de nossos bloqueios, se exprime como reações emocionais irracionais para nos defendermos da sensação de acontecimentos penosos da nossa infância que estão sepultados sob ela.**

Como adultos, essas reações são indícios de confusão a respeito da realidade construída a partir da consciência da criança que fomos quando criamos os bloqueios dentro de nós. Ou seja, reagimos emocionalmente com base em nossa consciência infantil não desenvolvida. **O nível de desenvolvimento da nossa consciência infantil é o de uma criança que, com seu intelecto rudimentar, vivencia o mundo em opostos extremos.** As conclusões da consciência infantil sobre o que ela vê simplesmente não são verdadeiras. Na mente da criança, mundo, pessoas e objetos são bons ou maus: uma coisa ou outra.

As crianças generalizam conclusões e aplicam-nas a tudo. Por exemplo, se um pai grita com o filho ou lhe bate, o filho pode concluir que todos os homens são como o pai. Sua conclusão a respeito da realidade é, pura e simplesmente: "Todos os homens são cruéis". A criança então desenvolverá comportamentos em relação aos homens de acordo com essa *conclusão*. Terá, provavelmente, sentimentos negativos por eles, como raiva e medo. Uma vez adulta, seu comportamento em relação aos homens talvez provoque crueldade dos homens que apresentarem tais tendências.

Imagens: Essas conclusões errôneas têm grande efeito em nossa vida e acabam por distorcer nosso processo criativo. **Conclusões a respeito da realidade, do tipo mencionado acima, se juntam para formar um quadro ou *imagem* de como as coisas são. Essa imagem está congelada no passado. Com o tempo, ela se torna inconsciente, mas as reações emocionais/irracionais que provoca continuam nos impedindo de chegar ao cerne do bloqueio. Assim, não conseguimos sentir a verdadeira dor que sentimos no início da infância, quando não podíamos mudar a situação.**

Nossas Feridas: As feridas são compostas de energia-consciência não resolvida que foi bloqueada, retirada do agora e do pulso criativo de vida, ficando estagnada na moldura do tempo passado em que ocorreu. Em essência, essa porção do ser de uma pessoa permaneceu imobilizada na idade que ela tinha quando não dispunha de força suficiente para encarar o acontecimento no instante em que ocorreu, sem bloquear o fluxo de energia e a reação do seu sistema a ele.

Outro motivo pelo qual as feridas se eternizam é a divisão, nelas, da energia-consciência em sentimentos e memória, conforme descrito anteriormente. Divididas, essas energias não têm força para se soltar. A única maneira de curá-las é juntá-las de novo numa totalidade. Para tanto, o curador introduz mais energia-consciência na ferida. Isso ativa a energia-consciência e traz para a percepção consciente do cliente, e a experiência infantil se completa ao sair do estado de congelamento de volta para a vida.

Depois que o curador traz a ferida para a percepção consciente do cliente, então – e só então – a verdadeira dor presa na ferida original é acessada, com seus "sentimentos inconvenientes". Só com o mergulho na dor profunda e verdadeira, retida na ferida original, é que essa ferida pode ser curada. A dor verdadeira, dentro da ferida, pode durar apenas alguns instantes ou por toda a sessão de cura. Com a dor, o cliente acessa inúmeras revelações. Elas continuam a vir à tona por várias semanas depois que a ferida é liberada. São revelações sobre como a pessoa viveu sob a coerção da imagem, incluindo escolhas, negações, autolimitações desnecessárias, falta de autocuidado, problemas com autoridade e outros comportamentos pouco saudáveis. Há, porém, duas grandes diferenças entre a situação atual e aquela em que a ferida apareceu. Durante a cura, o curador está ao lado do cliente, numa postura afetuosa e de aceitação, não de punição. Em segundo lugar, o cliente pode agora, como adulto, mudar a situação atual, criada devido à imagem e à energia criativa bloqueada. Isso exige tempo, compreensão e prática – mas vai acontecer.

Os tipos de energia-consciência introduzidos pelo curador na ferida, durante a sessão de cura, são os que mais impulsionam a cura da imagem nessa ferida. São energias de princípios e estados do ser superiores, como amor incondicional, verdade, sabedoria, confiança e coragem, dependendo da natureza da ferida. O amor incondicional funciona para tudo.

Esse tipo de cura liberta nossa energia criativa original de dentro da ferida. Ela ficou presa ali desde que detivemos seu fluxo, na época em que o bloqueio surgiu no início da infância. Essa parte da nossa força criativa, capturada, não conseguiu se mover nem criar nada desde então. Temos aqui um recurso importantíssimo para reformular nossa vida. Faltou-nos energia criativa a partir do momento em que criamos o bloqueio. Temos muitos bloqueios que mantêm a energia criativa estagnada. Somos incapazes de usar essa energia para criar o que queremos em nossa vida. De fato, os bloqueios com suas defesas emocionais/irracionais acabam criando o que não desejamos em virtude das imagens negativas que temos de nossa existência. Vejamos como isso acontece.

Como os Bloqueios Afetam Nosso Processo Criativo e Nossas Vidas

A Figura 3-5 mostra o que acontece ao nosso processo criativo quando ele é afetado por bloqueios no campo. Examine sua vida. O que você vem tentando criar, talvez há anos?

Ouça a si mesmo quando diz coisas como: "Por que isso sempre acontece comigo?" ou "Ah, não, de novo!" ou ainda "Eu sabia que iria acontecer outra vez!" Esses são indícios para você descobrir que, bem dentro da ferida, bem dentro da sua consciência infantil rudimentar, você alimenta a crença de que é assim que o mundo funciona. Sempre que o fato se repete, a crença errônea, no fundo da sua consciência infantil, é confirmada. O mundo não é como sua consciência infantil pensa que ele seja: acontece que você apenas bloqueou suas energias criativas e não consegue realizar os seus anseios. Mas rompa as defesas do bloqueio e sinta a dor original de sua infância: então, recuperará as energias criativas do início, já não presas dentro do bloqueio, usando-as para materializar o que deseja. Trata-se, pois, de reeducar a energia-consciência de modo que ela cresça e consiga funcionar no mundo real.

Como Reciclar um Bloqueio no CEH: Quando o bloqueio é ativado com energia enviada sobre ele, começa a se mover. A energia pode provir de dentro ou de fora do cliente, para provocar uma reação emocional do bloqueio. Geralmente, no cotidiano, os bloqueios que mantemos ao redor da dor são fortes o bastante para sustentar nossas defesas externas, conforme mostrado na Figura 3-4. Entretanto, certos acontecimentos nos perturbam e não deixam de provocar uma reação. Isso ocorre quando a energia-consciência que entra é tão forte que atravessa a defesa externa, ultrapassa a próxima linha de defesa e aciona uma reação emocional (RE). A RE então se precipita e rompe o campo do cliente, que passa a circular movido pela reação negativa. Esta se torna habitual e assume o aspecto de um padrão repetitivo de comportamento que causa incontáveis problemas na vida. O padrão repetitivo é chamado de círculo vicioso (CV). Os conceitos de reação emocional e círculo vicioso foram originalmente apresentados nas palestras do Pathwork, canalizadas por Eva Pierrakos. Bert e Moira Shaw, criadores do Trabalho 50/50, esclareceram e simplificaram esses conceitos sugerindo a ideia de que a ferida original retém os "sentimentos inconvenientes". A meu trabalho, acrescentei a dinâmica do campo de energia humano do que acontece no CEH a fim de eternizar o bloqueio, as trocas de energia durante a expressão de uma RE e o modo de aprender a redirecionar e modificar energeticamente uma RE, curando o círculo vicioso pelo trabalho energético com as causas subjacentes da RE e as configurações da ferida no

CEH. As psicodinâmicas de um círculo vicioso são examinadas com mais detalhes no próximo capítulo. Vejamos agora o que acontece no campo de energia quando uma RE é acionada e passa a circular por ele.

A Figura 3-6a mostra um bloqueio muito escuro e compactado no plexo solar de um cliente; a Figura 3-6b mostra o bloqueio começando a subir pela corrente vertical de energia (CVE). Quando isso acontece, o bloqueio passa a circular mais. Na Figura 3-6c, vemos o bloqueio descrevendo um círculo completo. Nesse ponto, a pessoa geralmente já sucumbiu de todo à influência da visão dualista da realidade, encerrada no bloqueio. Depois de algum tempo preso no círculo vicioso das reações emocionais e dos pensamentos irracionais, que podem ou não ser atuados (isto é, ser dirigidos contra outra pessoa), o bloqueio se acomoda e retorna a seu local de repouso habitual no campo (Figura 3-6d). Infelizmente, toda vez que isso acontece, mais energia-consciência negativa/dualista se deposita no bloqueio, tornando-o um pouco mais compactado e mais habitual.

Como Eliminar um Bloqueio do CEH para Liberar a Força Criativa

Examinemos agora o que acontece quando um curador limpa um bloqueio como o mostrado na Figura 3-6a. Na Figura 3-7a, vemos o que acontece numa sessão de cura quando o curador começa a enviar energia para o bloqueio. A primeira coisa que notamos é sua expansão. Isso, num primeiro momento, pode perturbar o curador, pois o bloqueio parece estar ficando maior. No entanto, depois de alguns minutos, ele notará que o bloqueio apenas expande um pouco enquanto se solta. À medida que o processo continua e o campo vai sendo mais energizado pelo curador, o cliente passa a acessar o que sentia em sua infância, enquanto as correntes divididas da energia mental e emocional voltam a se reunir. A Figura 3-7b mostra o bloqueio subindo pela CVE depois de ser liberado. Enquanto o bloqueio continua a subir pelos chakras e níveis do campo, o curador ajuda o cliente a integrar a energia-consciência desbloqueada nos níveis superiores do CEH (Figura 3-7c). O curador faz isso enviando contínua e cuidadosamente energia no campo, em níveis superiores, durante a fase de expansão do pulso de vida.

Completada a cura, grande parte da energia bloqueada e retida no passado (na idade que o cliente tinha quando o bloqueio foi criado) começa a se reintegrar ao CEH no quadro de tempo atual, juntando-se ao pulso criativo de vida no presente. Presa dentro do bloqueio, a consciência infantil não podia crescer. Agora, está livre para fazê-lo. Isso, porém, exigirá várias semanas. Durante esse período, o ego adulto e positivo do cliente terá a tarefa de reeducar a consciência infantil não evoluída, para que ela atinja a maturidade holística equilibrada.

Lembre-se de que todos os bloqueios são dualistas; foram criados originalmente pela separação da memória mental da experiência sentimental oriunda de uma experiência dolorosa. Tão logo essa separação se concretiza, o bloqueio surge, com menos energia que o CEH à sua volta. Por isso, os bloqueios não desaparecem facilmente por si mesmos. Nova energia integrada precisa ser injetada neles cuidadosamente, de modo que adquiram força suficiente para reunir sentimentos e memória. Essas curas têm de ser ministradas com zelo e carinho pelo curador, sempre presente e focado.

Curador e cliente liberaram a parte aprisionada da força criativa deste último, com seu intento positivo original, e a trouxeram para os processos criativos atuais. Qualquer que tenha sido, o desejo de criação bloqueado já tem a oportunidade de realizar-se. Além disso, os aspectos positivos que em geral atribuímos apenas às crianças estão livres e integrados ao campo no aqui e agora. O cliente vivencia exuberância, prazer simples, alegria e excitação com a vida, amor singelo e confiança – neste instante, neste momento, sem o entrave do autocontrole negativo que não leva a nada. Ele sente também alívio porque a experiência do medo foi diminuída em grande parte. No Capítulo 14, você verá que a energia bloqueada se coagula naquilo que chamo de cápsulas do tempo.

Observe que a Figura 3-7b mostra igualmente uma pequena parte do bloqueio destacada por completo do campo e subindo pela corrente vertical de energia. É a energia transformada e purificada que se acumulou no quarto nível do CEH sob a forma de muco. Transformou-se porque subiu pela CVE.

Além do fluxo natural que sobe pela CVE, existem outras maneiras de remover e transformar o muco. Durante a terapia acima descrita, o curador pode também retirar o muco com suas mãos energéticas, transformá-lo em frequência mais alta e liberá-lo na luz. Os praticantes da Ciência de Cura Brennan (Brennan Healing Science) jamais o retiram e o jogam no chão sem transformá-lo. Outros poderão passar por ele e absorvê-lo em seus campos. Se alguém desejar retirá-lo, limpá-lo e transformá-lo em energia da terra, sepultando-a bem fundo no solo, isso também é possível. (A Figura 2-2 mostra o processo criativo de limpeza, quando restaurado graças ao método da Ciência de Cura Brennan.)

Como Liberar a Energia Criativa para Recriar a Vida

Vejamos o que aconteceu dentro do bloqueio depois que ele foi liberado. A Figura 3-8 é mais um diagrama onde se vê a anatomia de um bloqueio; agora, ele está sendo liberado. Lembre-se de que as energias dos nossos pensamentos e sentimentos estão divididas no interior do bloqueio. O cliente também terá medo de sentir a dor. A opção consiste, pura e simplesmente, em aceitar o fluxo natural de sentimentos, que neste caso é a dor do cliente. Vale dizer: depois que energia positiva de apoio, em quantidade suficiente e com a intenção de curar, foi injetada no bloqueio, as intenções divididas, com energias criativas opostas em seu interior, se juntam novamente com o propósito positivo de criar. Então, o bloqueio inteiro se desfaz, inclusive as defesas, liberando os sentimentos penosos e as energias criativas originais que estavam lá dentro.

Qualquer que seja a queixa atual do cliente, esse processo transferirá as energias criativas originais, aprisionadas no bloqueio às vezes ao longo de várias existências, para seu campo, onde recriará sua vida do modo originalmente pretendido.

Por isso é necessário, embora algumas pessoas o lamentem, sentir a dor. O curador não quer que o cliente sofra; mas o fato é que a dor da ferida contém as energias interiores originais, que ali foram capturadas e são necessárias para ele, uma vez livre, realizar seu desejo. São justamente essas as energias que lhe faltam na vida e de que ele precisa para se recriar do modo como almeja. É imprescindível reconhecer a imagem em volta das energias criativas aprisionadas e o modo como essa imagem imobiliza a vida do cliente. Este poderá, então, ser educado. Os resultados valem a pena.

Revisão do Capítulo 3:
Algumas Perguntas para Fazer a Si Mesmo sobre Seu Processo Criativo Bloqueado

1. Que coisas você mais deseja na vida e ainda não conseguiu obter?
2. Isso, de algum modo, se relaciona com suas experiências de infância?
3. Em que realidade dualista simplista sua consciência infantil não evoluída acredita?

Capítulo 4

DESATE SUA VIDA

*O círculo vicioso da defesa é simples,
mas quer parecer extremamente complicado.
Em seu círculo vicioso,
você pode repetir vezes sem conta suas muitas histórias de vida
sobre quão terríveis têm sido as coisas,
sobre como os padrões de vida se repetem,
sobre como a vida o tem prejudicado.*

*Você pode repetir diferentes modos e incidentes para provar isso.
Seus círculos viciosos são mera defesa disfarçada de vida.
Não passam de experiências regurgitadas, não digeridas,
não assimiladas.*

*No entanto,
a vida está sempre correndo para o desconhecido.
Cada momento é novo e diferente do último.
É o processo de criação conjunta constante.*
– Heyoan

Outra Maneira de Ver Seus Bloqueios

A tarefa de dissolver suas ilusões e desatar sua vida é, provavelmente, a coisa mais difícil que você fará. Exige tempo, esforço e dedicação, mas vale a pena. Você aprenderá coisas que nem sequer sabia que há para aprender. Sua vida se transformará na vida que deseja. Se se dedicar, receberá toda a ajuda de que precisa. Às vezes, talvez pareça que isso não é verdade, mas, em longo prazo, você entenderá. A cada passo que der no caminho espiral de cura para a sua essência, crescerá um pouco mais em direção ao belo ser de luz que você realmente é. Mais peças de sua vida se juntarão. Você verá coisas de uma perspectiva mais ampla, mais integrada, semelhante a um holograma – incluindo a totalidade dos aspectos da sua vida.

Uma Visão Geral dos Três Passos Essenciais Desse Trabalho

1. O primeiro passo consiste em desatar nossos bloqueios, criados a partir de energias, crenças e defesas dualistas. Esses bloqueios são a base dos ciclos de dor habituais que criamos para nós mesmos.
2. O segundo passo consiste em substituir as vozes internalizadas e negativas do chamado superego por um ego adulto, sábio, delicado e amoroso. O superego nos critica em vez de nos encorajar a, pura e simplesmente, descobrir uma maneira melhor de ser e fazer.
3. O terceiro passo, apresentado no próximo capítulo, consiste em nos reeducarmos em relação aos nossos conceitos e crenças dualistas, substituindo-os por outros mais realistas e equilibrados. Estes se transformam num sólido alicerce sobre o qual poderemos edificar uma nova vida. Chamo esses conceitos de *unitivos*.

Complicando Sua Vida através da Criação de Bloqueios

Precondições da Vida: No último capítulo, expliquei como nossos bloqueios são criados quando algo nos assusta. Agora, mostrarei como eles surgem à medida que passamos pela vida. Você vem ao mundo com certas precondições em si mesmo e em seu SECH. Podemos chamá-las de "tendências".

A Criação de Bloqueios no Útero:

Você encarna numa forma física com tendências precondicionadas e se conecta ao corpo físico por meio do desenvolvimento destas no útero. A partir do instante da concepção, você começa a receber os impactos do seu mundo. Suas tendências afetarão o modo como reagirá a esses impactos. Seu mundo se resume ao útero e ao corpo físico da sua mãe; portanto, você sofre as consequências de tudo o que ela vivencia.

Você consegue ouvir os sons que vêm de dentro e de fora da sua mãe: batidas do coração, respostas fisiológicas e processos bioquímicos. A certa altura do seu desenvolvimento no útero, você começa a ver. Assisti a um vídeo de um feto dentro do útero, no qual se inseriu uma agulha de amniocentese. Quando a agulha penetrou no útero, o feto virou a cabeça, olhou para a intrusa e pegou-a com as mãos. O dr. David Chamberlain, autor de *Babies Remember Birth*, que estudou bebês no útero durante anos, tem muitas histórias semelhantes. Ele observou que gêmeos brincam um com o outro lá dentro. Gosto particularmente de uma dessas histórias: a de gêmeos que se beijavam através das membranas de seus invólucros fetais individuais. Depois de nascer e crescer o bastante para brincar no quintal, eles repetem o mesmo jogo, beijando-se através dos lençóis recém-lavados que ficavam secando no varal. Outro grande livro sobre bebês no útero é *A Vida Secreta da Criança Antes de Nascer (The Secret Life of the Unborn Child)*, de Thomas Verny e John Kelly.

A Criação de Bloqueios Logo Após o Nascimento:

No nascimento, o CEH do bebê fica exposto ao CEU, fora do CEH da mãe, pela primeira vez. O campo do bebê se contrai a cada experiência. Seu campo energético cresce ao longo da vida e, a cada impacto do campo "externo" – o CEU –, se contrai, absorve mais cor e forma, e depois relaxa. O campo do bebê também é impactado pelo CEH de todos os membros de sua família a sua volta.

Quando o bebê percebe dor em seus pais, a primeira reação é tentar expulsar a dor, curá-la. Ele não desenvolveu ainda um sistema de defesa. O bebê ama os pais e quer ajudá-los. Ao crescer, ele vai ficando cada vez mais afetado pelas distorções na família.

A Criação de Bloqueios Durante e Depois da Infância:

As crianças, ao crescer, aprendem padrões de defesa para estancar a dor que os impactou desde cedo. Também se tornam mais ativas e curiosas. Quando têm 2 ou 3 anos, já ouviram um "não" pelo menos umas 60 mil vezes!

Os sistemas de defesa surgem não apenas para a pessoa se proteger contra o impacto direto das experiências dolorosas, mas também para manipular o mundo a fim de obter o que quer. Os tipos de sistemas de defesa que as crianças criam são os que funcionam dentro da estrutura familiar na qual elas crescem. As crianças aprendem a se acomodar às tradições da família, que em geral são inconscientes. Em outras palavras: o que funciona é o que elas aprendem a fazer. Infelizmente, todos os sistemas de defesa são dualistas.

E, infelizmente também, isso significa que as crianças irão dividir sua energia-consciência.

Assim, elas se tornam dualistas e, para cada experiência dolorosa, a dor se comprime bem dentro da ferida. Esta se cerca de defesas e se torna um bloqueio no campo energético. Experiências dolorosas repetidas se acumulam segundo a lei do "semelhante atrai o semelhante". Bloqueios e defesas vão ficando cada vez mais fortes à medida que a vida continua. A defesa do CEH se fortalece – e o CEH sofre distorções. Desenvolvemos então "círculos viciosos" graças aos quais eternizamos nossa dor ao recriar experiências penosas similares que suscitam mais bloqueios no campo. Por exemplo, crianças que se sentem abandonadas podem continuar a atrair, como adultos, situações semelhantes nas quais são abandonadas. As que sofrem abuso podem atrair, quando adultos, situações em que são abusadas ou maltratadas. Você, sem dúvida, recorda alguns incidentes de sua infância. O sistema de crença dualista subjacente às vezes assume a forma de "Eu sou mau".

O Círculo Vicioso da Desesperança, Desespero e Desempoderamento

Como foi abordado no Capítulo 3, a origem do material que aciona os círculos viciosos, inclusive o conceito de reação emocional a eles associado, encontra-se nas palestras do Pathwork canalizadas por Eva Pierrakos.

Emaranhados: Os bloqueios criam emaranhados que resultam em círculos viciosos de dor repetitiva, que nos mantêm presos, incapazes de criar o que queremos em nossa vida. Aqui, apresento algumas ideias simples e básicas sobre os círculos viciosos. Todos nós criamos círculos viciosos de experiências aflitivas em nossa vida porque não somos um todo. A falta de autoconhecimento e amor-próprio, além da ignorância do modo como o universo/o divino criam através de nós, resulta em sofrimento. Todos padecemos por causa de nossas concepções equivocadas e sistemas de crença errôneos sobre a realidade sobre a qual construímos nossa vida. E aumentamos ainda mais o sofrimento evitando sentir a dor original das feridas que recebemos no começo da infância. Na verdade, sofremos mais em virtude da defesa do que da dor real das próprias feridas antigas. **Recriamos sem parar círculos viciosos de dor, que invariavelmente nos impedem de ter a vida desejada. Esse tipo de dor é chamado de "dor intensa" porque repelimos a dor original e o desespero provocado por nossas feridas, ficando tensos e resistindo a senti-las.** Se conhecermos a estrutura do círculo vicioso, entenderemos os estados psicológicos que temos de atravessar quando somos prisioneiros deles. Graças a essa compreensão, descobriremos meios de romper nossos círculos viciosos e de aprender a criar a vida que sonhamos.

Primeiro, descreverei a estrutura do círculo vicioso. Na seção seguinte, explicarei como romper e liberar o círculo vicioso a fim de recriar a vida.

A Estrutura do Círculo Vicioso

Nosso estado de ser varia todos os dias. Às vezes, estamos mais focados em nosso interior e experimentamos um grau maior de totalidade; outras, afastamo-nos do nosso interior e da nossa totalidade. Pode-se considerar essa defesa exterior como uma espécie de homeostase ou, mais acuradamente, um estado de *homeostase em desequilíbrio*. Emprego essas palavras porque o caminho da cura se dirige para o nosso interior e totalidade. Todos nós temos algum desequilíbrio, mas ainda assim podemos viver com muito amor. É simples:

*Se você está num corpo físico,
tem trabalho a fazer.*

Observando como vivemos nossa vida de uma perspectiva mais ampla, vemos que mesmo nosso estilo de vida faz parte da nossa homeostase em desequilíbrio. Até certo ponto, todos tendemos a evitar situações que nos assustam ou desafiam. Nossa homeostase desequilibrada é a condição na qual geralmente vivemos. Hoje, é simplesmente a condição humana.

Conforme mostrado no diagrama da Figura 4-1, o círculo vicioso é a teia psicológica na qual nos enredamos ao defender nossas feridas. Nele, giramos em torno da ferida e não a curamos nunca – apenas acrescentamos mais dor intensa ao bloqueio. Há quatro passos em redor do círculo vicioso facilmente reconhecíveis:

Passo 1 = Primeira linha de defesa = homeostase desequilibrada.
Passo 2 = Segunda linha de defesa = reações emocionais e irracionais.
Passo 3 = Terceira linha de defesa = dor intensa sendo recriada ao longo da vida.
Passo 4 = Retorno à homeostase desequilibrada.

Vejamos em detalhe cada um desses passos:

Passo 1 do Círculo Vicioso: A energia impacta nosso SECH. Pode vir de dentro ou de fora desse sistema.

1. De fora do SECH – uma pessoa importante para nós, como um amigo, o patrão ou alguém que diz ou faz algo que evoca nosso sistema de defesa.
2. De dentro do SECH – coisas como pesadelos, autoferimento acidental, doença, um dia ruim ou origem desconhecida.

Essa energia atravessa o primeiro nível de defesa e perturba a homeostase normal desequilibrada.

Passo 2 do Círculo Vicioso: A energia, depois de atravessar o primeiro nível de defesa em volta da ferida, afeta o próximo nível, que se manifestará como reação emocional (RE) ou reação irracional (RI). Ambas são dualistas e integram nosso sistema de defesa.

Uma Palavra sobre Nossas Reações *versus* Nossas Respostas à Vida: Para esclarecer o comportamento humano em termos de reações ou respostas à vida, usamos os termos "respostas racionais" e "respostas sentimentais" para nos referir ao nosso ser na realidade formada por nossa situação de vida atual. Quando estamos na realidade de uma situação presente, damos-lhe respostas racionais e sentimentais. Em outras palavras, nossa energia-consciência flui livremente. Não há divisão nem bloqueio.

Por outro lado, empregamos os termos "reações emocionais" (RE) e "reações irracionais" (RI) para os casos em que não estamos na realidade da situação atual. Quando isso acontece, nossas reações são irracionais e emocionais. Voltamos então ao passado e agimos como se o passado estivesse presente. Ativamos a segunda camada do nosso sistema de defesa, bloqueando e dividindo nossa energia-consciência: estamos na dualidade. Além disso, todas as reações emocionais são irracionais e todas as reações irracionais são emocionais. Por isso, abreviei nossas reações para simplificar a comunicação, chamando-as de **RE/RI**.

Nossas RE/RI se baseiam no sistema de crença da consciência infantil não desenvolvida e agem como se o passado fosse agora. Dois pontos importantes sobre essas reações:

1. São dualistas, isto é, a energia sentimental está separada da energia mental.
2. Elas não assumem responsabilidade: culpam os outros e exigem tudo deles.

A Figura 4-2 é uma descrição minuciosa dos aspectos principais de uma RE/RI, mostrando sua anatomia. Será útil se você determinar se está tendo uma.

Passo 3 do Círculo Vicioso: Se você continuar acusando e exigindo, logo chegará em sua "dor intensa", que é um caso perdido e sem poder. Não tem poder e é um caso perdido porque você entregou sua força criativa de vida a outra pessoa. Ficou, assim, impotente por abdicar do seu livre-arbítrio e criatividade em favor de quem você está tentando responsabilizar por sua vida. Você diz a si mesmo: "Ah, não, outra vez não! Eu sabia que ia acontecer de novo!" Eis o motivo de ser um caso perdido. Por mais que você responsabilize o outro por sua vida, por mais que exija a devolução dessa vida, a tentativa não funcionará nem poderá funcionar. Você logo perceberá a inviabilidade da situação.

FIGURA 4-2
ANATOMIA DE UMA RE/RI

1. Uma RE/RI pode ser acionada de dentro ou de fora.

2. Uma RE/RI não tem nada a ver com a "situação atual" no mundo "exterior".

3. A pessoa, situação ou evento para onde a RE/RI está sendo transferida são vistos como a causa da reação.

4. Uma RE/RI nunca é objetiva.

5. Não se pode ter uma comunicação objetiva com a pessoa tomada por uma RE/RI.

6. Expressar uma RE/RI contra a pessoa que está sendo acusada de tê-la provocado pode ferir essa pessoa.

7. A frase "tente descobrir o fundo de verdade no que estou dizendo", além de expressar uma RE/RI contra a pessoa acusando-a, torna-a responsável por imaginar o que é esse fundo de verdade, enquanto é ferida.

Não se trata, porém, *da* situação e sim de *sua* situação, pois é você quem a está preservando, não é a situação em si que se preserva. Você jamais conseguirá mudar sua vida querendo que a situação mude. Quem deve mudar é você.

Passo 4 do Círculo Vicioso: Se você não souber que deve mudar, e como fazer isso, então, depois de uma dolorosa interação ou luta com a pessoa que é importante para você, depois de acrescentar mais dor à sua ferida, você acalma sua RE/RI e, de novo, volta ao Passo 1 do círculo vicioso, sua homeostase desequilibrada. Infelizmente, isso fortalece o caminho energético de sua reação no CEH. A energia-consciência do seu círculo vicioso fica mais forte, tornando mais fácil e provável que tudo volte a acontecer, pois somos criaturas afeitas ao hábito. Quanto mais repetimos a reação do círculo vicioso, maior é a probabilidade de retornarmos a ele.

Como Romper o Círculo Vicioso

No começo, é muito difícil romper o círculo vicioso. Você está indo para o desconhecido e deve enfrentar o medo do desconhecido e o sentimento de desamparo, contra os quais se defendeu sua vida toda. Rompendo o círculo vicioso, você alcança a liberdade de uma vida cheia de criatividade e afeto. É preciso coragem para enfrentar o terror do desconhecido e o medo do sofrimento. Entretanto, quando estiver na dor, tudo muda.

Depois de aprender o modo de romper os círculos viciosos e acostumar-se a esse processo, os resultados são magníficos. Liberamos nossa energia criativa amorosa, que está presa no interior da ferida, que por sua vez está presa no interior do bloqueio. Rompendo um por um os vários círculos viciosos, vamos criando uma nova maneira de viver, espiralando em nossa essência. A cada espiral, mais energia criativa amorosa é liberada. **Com cada espiral, aprendemos a confiar no processo de ceder à "dor suave" das velhas feridas. Com cada espiral, aprendemos a enfrentar os medos que bloqueiam o caminho para dentro, para a nossa essência. Todos podemos fazer a escolha: minutos de mergulho no terror e sentir a dor suave ou vidas e vidas de recriação da dor intensa, sem futuro, do autoenfraquecimento e da incapacidade de ter uma vida saudável, plena.**

Precisamos de compreensão, esforço, fé e prática constante para romper o círculo vicioso – mas quanto mais você faz isso, mais fácil se torna. A Figura 4-3 mostra o rompimento de um círculo vicioso numa situação que aciona a defesa. Nessa figura, a escolha consciente é a de espiralar para dentro a fim de liberar a dor das velhas feridas, e não reagir à situação com uma RE/RI.

Existem alguns passos específicos para romper o círculo vicioso. Vejamos, com mais detalhes, o que é possível fazer em cada um deles.

Passos para Romper o Círculo Vicioso

1. O primeiro passo consiste em alinhar a intenção de curar e aprender com o reconhecimento de que você está tendo uma RE/RI. Aprender a reconhecer que existe uma RE/RI e saber como controlá-la é imprescindível para o crescimento pessoal.
   Eis algumas dicas para lembrar isso:
   A) Seu foco é externo, incidindo em outra pessoa, não interno, incidindo em você mesmo. Ora, seu processo interno é a causa verdadeira de sua situação. Aprender a controlar uma RE/RI significa aprender a dirigir a intenção para dentro, não para fora. Você precisa isolar a energia de uma RE/RI da pessoa contra a qual ela se volta.
   B) Você critica o outro e exige que ele mude de alguma maneira.
   C) Você renunciou ao seu poder. Pensa que, se o outro mudar, sua vida melhorará. Mas ela só melhorará se você mudar.
   D) Seu círculo vicioso não parará até que você mude e assuma responsabilidade por sua vida.

2. A pessoa que tem uma RE/RI é responsável por controlá-la. Reconheça que, por meio da RE/RI, você está expressando uma consciência infantil rudimentar.

3. Um modo de romper qualquer círculo vicioso habitual em que você esteja envolvido com alguém é nunca tentar manter a conversa quando estiver com uma RE/RI. Isso raramente funciona. Reúna suas forças para admitir que está tendo uma RE/RI e interrompa-a. Desconecte-se da comunicação. Encontre ou estabeleça uma maneira de avisar o outro com antecedência. Depois, desconecte-se e saia. É importante que faça isso com antecedência, em comum acordo com o outro, para que ele fique tranquilo e a situação não assuma proporções maiores, como sempre acontece nas discussões. Isso exige prática. Quanto mais você praticar, melhor. Chegará um momento em que conseguirá fazê-lo *antes* de ter

uma RE/RI. Por exemplo, se pressentir que terá uma reação dessas, reconheça-a e combine as palavras que funcionarão para vocês dois, como:
A) "Estou prestes a ter uma RE. Preciso sair agora, mas voltarei!"
B) "Estou tendo uma RE. Preciso de um pouco de espaço. Vejo você depois."
C) "Preciso de algum tempo para me recompor."

Você não criará mais dor para ambos se não disser coisas que não deveria dizer. Por isso é importante conversar antes com a outra pessoa e combinar algum modo que seja agradável para ambos de interromper o círculo.

4. Há mais coisas importantes a fazer quando se trava uma discussão. Isso exigirá prática e acordo eficaz com o parceiro, mas vale a pena tentar:
A) Primeiro, nunca feche a porta, pois isso poderá criar armadilhas e assustar o parceiro.
B) Não pegue nada. Porque isso também costuma assustar o parceiro, que também pode estar numa consciência infantil e automaticamente ficar desconfiado do que você pretende fazer com o que pegou.
C) O que quer que você esteja querendo no momento, desista. Convença-se de que o melhor será conversar sobre o assunto quando ambos estiverem mais calmos e equilibrados.
D) Se você ouviu coisas que o ofenderam, procure sentir a dor antiga que elas despertaram. Se disse algo que ofendeu, tente entender a dor que provocou. Peça desculpas a si mesmo e ao parceiro. De que dor antiga estava se defendendo quando disse aquilo? Confesse ao parceiro que quem falou foi sua consciência infantil e perdoe a si mesmo.
E) Esse processo o ajudará a desenvolver um ego adulto amoroso para que faça escolhas de vida como essas.

5. Desviar o foco de fora para dentro, caso esteja numa situação apropriada e possa dar tempo a si mesmo para proceder a uma cura profunda, é a sua escolha. Caso contrário, você usará seu ego adulto para,

simplesmente, sair da situação de RE/RI complicada e fazer outra coisa por enquanto. Isso também exige habilidade e prática para que outra RE não apareça. Se você dispõe de tempo e espaço para a autocura, esse é o caminho. Dirija o foco para a origem do problema, que são as energias dualistas dentro da ferida. Quando você mergulha na dor que está no interior da ferida e as energias dualistas se reúnem, a dor se torna suportável porque constitui um passo para a totalidade. Curar significa dirigir a atenção para dentro e sentir o medo, a raiva, a mágoa etc. da dor da ferida. Essa é, na verdade, a dor antiga, da infância, quando você não tinha forças para mudar a situação. Ela era, na época, devastadora. Mas agora você consegue tolerar o sentimento de impotência. É um alívio regressar àquela dor, reconhecer sua verdade, sentir amor por si mesmo e liberar o sofrimento que ficou preso lá dentro, talvez ao longo de muitas vidas.

6. Juntamente com a dor, você libera também a intenção criativa original, de modo que as energias interiores criativas possam agora se tornar ativas para remodelar sua vida. Seu campo começará a brilhar graças às novas energias interiores. Você se sentirá imediatamente mais jovem e sua pele parecerá mais vibrante. A integração das energias interiores exige algum tempo. Trata-se de um processo contínuo.

7. Durante essa experiência e por várias semanas depois, você terá novas percepções sobre sua imagem, seus sistemas de crença, os motivos que o levaram a agir de determinada maneira para se defender e qual é de fato a verdade.

8. É necessário algum tempo para educar a consciência infantil que agora foi liberada para seu campo e sua vida.

9. Desenvolver um ego adulto positivo também é importante para a tarefa de educar a consciência infantil que foi liberada. Para tanto, é preciso em primeiro lugar reconhecer que a consciência infantil é uma versão

do ego adulto. Chama-se superego e reflete a ideia que a criança faz dos motivos pelos quais uma autoridade adulta, em sua vida, sempre lhe diz **não** ou **"você é mau!"** Portanto, o superego é um ego negativo, uma autoridade nociva que não lhe faz bem absolutamente. Por quê? Lembre-se de quando tinha 6, 7 anos e queria sair de casa para brincar ou foi à praia pela primeira vez e correu o mais que pôde em direção às ondas para dar um mergulho. Pense em como uma criança dessa idade se sente quando seus pais tentam impedi-la de se machucar ao vê-la correr em direção às ondas. Ou quando ordenam ao filho machucado que pare de chorar. A voz dos pais é alta, irritada, colérica e temerosa ao mesmo tempo. Gritam coisas como: "Quem você pensa que é?"; "Comporte-se e faça o que deve fazer"; "Seja prático; não se arrisque"; "Chorão!" ou "Meninos não choram".

Agora, volte a ser a criança que foi numa situação semelhante. Que palavras diz a si mesmo? Que tipo de energia está experimentando? Por que insiste em repetir as mesmas palavras toda vez que se censura por algo que fez, não fez ou queria fazer? O que ouve ou sente? Não é uma voz agradável, certo? Então você deve estar se tratando agora pior do que seus pais o trataram! É importante que aprenda a reconhecer seu superego, responsável por mantê-lo na linha. Eis o que Heyoan disse sobre o superego:

Seu Superego

*Seu superego é apenas a voz que você internalizou
do medo das autoridades de sua infância.
Você criou seu superego quando era criança,
quando, como criança, pensava e compreendia a realidade.
Assim, seu superego
tem a idade que você tinha quando o criou.*

*Seu superego tenta mantê-lo seguro num mundo
que as autoridades de sua infância consideravam perigoso.*

*Você ouviu essas vozes
e criou para si um superego
que, supostamente, o orienta de maneira segura.*

*Reconsidere essa conclusão!
O que a autoridade negativa internalizada
de sua consciência infantil imatura
lhe diz?
Note como, muitas vezes, ela recorre a autojulgamentos negativos!*

*O autojulgamento é a resistência
à dor dócil e singela
que vem de lamentar sua decisão intempestiva
de fugir da unidade.*

*Aprenda a reconhecer a linguagem
do superego.
É a linguagem da dualidade.*

*Seu superego é a parte que o julga!
É a parte que não aceita
as experiências dolorosas desta vida.
Ela não aceita seus erros
e os exibe o tempo todo para você.
Não respeita sequer
seu processo de aprendizagem
e não lhe dá tempo nem espaço para aprender.*

*Considere a possibilidade
de que toda essa estrutura
de autoridade crítica dentro de você
seja desnecessária.*

*Seu superego o convenceu
de que você precisa ser repreendido
para se comportar bem.
Mas você não acredita nisso, acredita?*

*Em vez de se repreender,
entenda que tudo o que almeja
está relacionado a uma necessidade pessoal
que você ainda não aprendeu a satisfazer.
Seu superego bloqueia seu aprendizado
repreendendo-o e desequilibrando-o.*

Lições de Casa de Heyoan para Você Explorar Seu Superego

- Que papel seu superego desempenha em seu estado de desequilíbrio?
- Você está se repreendendo e perdendo o equilíbrio?
- Que necessidades pessoais você ainda não satisfez?
- De que modo suas necessidades não satisfeitas se relacionam com as repreensões do seu superego?

Como Desenvolver um Ego Adulto Positivo para Enfrentar Seus Problemas de Autoridade

Uma vez que o superego é nossa voz crítica internalizada e uma resposta à autoridade dada por nossa consciência infantil, é importante substituí-lo por um ego adulto, positivo. Desenvolver um ego adulto é necessário para sua saúde e bem-estar. Um ego adulto é o ego de uma pessoa equilibrada, madura, gentil, amorosa. É, pois, um ego gentil, amoroso, lúcido e forte. Com ele, você pode estabelecer objetivos práticos, exequíveis, e limites alinhados com o propósito da sua vida. Ele regula suas escolhas livres, com as quais você vive. Para desenvolver um ego adulto positivo, um bom modelo é bastante útil. Escolha uma pessoa que tem sido sistematicamente gentil, lúcida e firme, e observe como ela administra suas interações com os outros, especialmente seus subordinados. Estude seu comportamento e pratique. Você pode até lhe perguntar como ela faz isso e que tipo de autoridade teve na infância que a ajudou a desenvolver esse comportamento. Honestidade, firmeza cordial, e cuidado consigo mesmo e com os outros são importantes. Examine de que modo você responde às situações, especialmente em se tratando de autoridade.

1. De que modo você reage ou responde a uma autoridade?
2. Observe-se em situações nas quais acha difícil ser bom consigo mesmo.
3. Você acha difícil ser bom para com os outros no mesmo tipo de situação?

Se for assim, você provavelmente está enredado numa crença negativa e girando num círculo vicioso em torno de uma ferida antiga. Investigue esse círculo vicioso. Procure a ferida relacionada com a situação. Aceite sua dor, sinta-a. Ao senti-la, perceberá que a autoridade, em seus primeiros anos, tratou-o do mesmo modo como você agora trata a si mesmo e aos outros. De que modo sua autoridade interior negativa o impede de sentir a antiga dor suave em sua ferida? Tente outro caminho:

Pratique a gentileza para consigo mesmo em situações de vida que tragam de volta o medo de sua antiga ferida.

É muito importante entender o que uma autoridade interior positiva faz por você e a maneira de desenvolver um ego adulto positivo. Aqui vão algumas observações de Heyoan sobre o grau em que a autoridade é mal exercida neste mundo:

Autoridade e Livre-Arbítrio

*Em seu mundo terreno,
a autoridade é muito mal exercida
em toda parte do planeta, como você mesmo pode ver.*

*Em alguns lugares há punições severas
para a desobediência à "autoridade".
Sem dúvida, isso causa revolta
quando interfere com os direitos do livre-arbítrio
dados por Deus.*

*Seu uso do livre-arbítrio
é distorcido por seus problemas com a autoridade.
Observe, dentro de você, a autoridade
que regula seu livre-arbítrio.*

*De que modo você usa seu livre-arbítrio?
Sua autoridade interior regula
seu livre-arbítrio tratando você
de modo gentil e delicado?*

*Você tem uma autoridade compreensiva em seu íntimo,
que lhe dá tempo e espaço
para você se concentrar em si mesmo
e encontrar sua verdade?*

*Você tem, em seu íntimo, uma autoridade amável e delicada
que lhe permite viver em êxtase e amor,
do modo como mais gostaria de viver?*

*Você tem, em seu íntimo,
uma autoridade gentil e tolerante
que o induz a amar-se e aceitar-se
exatamente como é?*

*Você reservou um espaço para
ser e transformar-se*

na excelente criatura que é
e deixá-la vir à tona?

Você se permite
expressar seu amor, sua dúvida
e sua força criativa?

✹ ✹ ✹

A Tarefa do Ego Adulto

Em última análise, a tarefa do ego adulto
é confiar no ser interior
com seu pulso criativo de vida
e dirigir a intenção consciente
para esse ser interior
a fim de aprender a totalidade.

Heyoan está dizendo que, depois de você aprender como o processo criativo funciona, a grande tarefa do ego adulto consiste em usar o livre-arbítrio dado por Deus para fazer escolhas de vida saudáveis e holísticas, baseadas na totalidade, na confiança e na verdade. Isso inclui as escolhas que você faz a cada minuto, a cada dia, a cada ano, a cada vida.

Vê como é importante desenvolver um ego adulto gentil e saudável? Cada escolha que fazemos é uma opção de uso para nossa força vital geradora de amor, para o modo como vivemos nossa vida. A cada escolha dualista, dividimos nossa energia criativa e reduzimos nosso poder criativo. Isso resulta em desconexão, separação, desconfiança e sofrimento. A cada escolha baseada em princípios holísticos, nossa capacidade criativa aumenta e nós estabelecemos contatos, ligações, comunicação – e tudo isso cria mais amor, alegria, autorrespeito.

No próximo capítulo, resumirei textos canalizados de Heyoan sobre alguns dos conceitos e princípios unitivos que ele ensinou durante anos. Isso servirá de base para criarmos a vida que desejamos.

Revisão do Capítulo 4:
Algumas Perguntas para Fazer a Si Mesmo sobre seus Emaranhados

1. Faça uma lista das precondições de sua vida.
2. Investigue e registre sua possível criação de bloqueios no ventre materno. Quais eram as condições de vida da sua mãe e a relação dela com seu pai quando você estava no útero?
3. Investigue e registre sua possível criação de bloqueios logo após o nascimento. Se ignora as circunstâncias da vida dos seus pais, consulte-os se puder.
4. Retrace e registre sua criação de bloqueios na primeira infância. Estude suas fotografias da época. O que vê?
5. Explore suas lembranças dolorosas da primeira infância. Que tipos de bloqueio você criou então?
6. Analise o círculo vicioso e sua estrutura. De que modo você percorre os quatro passos básicos dos seus círculos viciosos? Determine em qual passo se sente preso agora.

Capítulo 5

RECURSOS PARA RECRIAR SUA VIDA

Conceitos Holísticos

Venho canalizando palestras de Heyoan desde o início dos anos 1980. Esse material é apresentado de forma poética e não linear. Tornou-se a base espiritual da Ciência de Cura Brennan (Brennan Healing Science). Fornece ideias espirituais holísticas novas e abrangentes que desafiam nossa visão das realidades espirituais e das doutrinas religiosas, bem como da nossa vida física. Publiquei esse material em livros anuais desde 1998 na série *Seeds of the Spirit (Sementes do Espírito)*. Heyoan emprega palavras – em prosa e verso – de um modo diferente para nos ajudar a sair da realidade dualista estagnada e a recriar nossa vida pela incorporação dessas maneiras holísticas de ser e de pensar. Às vezes, nos desafia sugerindo modos aparentemente chocantes, que chegam a ser tabu, de estarmos com nós mesmos e com os outros. Heyoan quer que nos vejamos e vivenciemos o dia a dia a partir da perspectiva mais ampla da reconstrução de nossa vida.

Neste capítulo e no 19, incluí alguns dos ensinamentos relevantes de Heyoan na forma em que foram apresentados aos alunos na escola. As palavras vêm diretamente da perspectiva do mundo espiritual e se dirigem a nós pessoalmente. Quando canalizo as palestras de Heyoan, ele aparece acompanhado de um grupo de guias que se intitulam o Conselho da Luz. Às vezes, vejo-os reunidos em volta de uma mesa, à direita do palco, manuseando papéis como se estivessem se preparando para dar uma palestra por meu intermédio. Outras, em lugar de se apresentar como o palestrante principal e dizer "Isto digo a vocês", Heyoan declara:

"Dizemos isso a vocês".

Com respeito ao material que vou comentar a seguir, dado que foi Heyoan quem passou boa parte da informação sobre o Sistema de Energia-Consciência Humana (SECH), é necessário recordar que o nosso processo criativo se move por esse sistema conforme descrito no Capítulo 2. Os próximos ensinamentos são descrições de resultados lógicos de experiências psicológicas e espirituais pessoais de quem se acha em pleno processo criativo. Heyoan nos ensina como trabalhar pacientemente com aquilo que bloqueia nosso fluxo criativo: nossas feridas, círculos viciosos, reações emocionais, vozes interiores e superego. Livres desses bloqueios, podemos apreciar devidamente o prazer e o amor resultantes de seguir nosso pulso criativo que brota naturalmente do âmago do nosso ser.

Criação de Feridas e Defesas em Nossa Vida

As pessoas muito novas não têm defesas. Os adultos quase nunca entendem isso. Quando você é jovem, sua força vital é vibrante, flui através de você e seu corpo a acompanha. Você pula, ri, grita e incomoda os mais velhos. Não se comporta de maneira apropriada. Os adultos lhe dão lições em tom de repreenda, mandando-o ficar quieto ou dizendo que você está errado. A criança muito pequena não sabe a diferença entre fazer algo errado, estar ou ser errada ou ter algo de errado. Assim, quando um adulto tenta, simplesmente, ensinar uma criança a andar, a sentar-se à mesa etc., a consciência infantil ouve coisas como estas: "Estou errado. Sou mau. Alguma coisa me falta. Não tenho o suficiente. Não posso fazer isso sem a sua ajuda porque farei tudo errado. Os outros são perfeitos e eu preciso ser perfeito também". A criança vive então em sua periferia, no afã de fazer tudo certo. Mas, então, o que acontece? Onde está a força vital? Ainda está lá. Mas a força criativa de vida, com a qual você cria a sua vida, fica presa, enredada em manobras defensivas da criança e conclusões negativas.

✯ ✯ ✯

O Círculo Vicioso

Muitas vezes, pode parecer que não existe liberdade de escolha na vida. Pode parecer que as tradições, o aprendizado, a educação, as práticas religiosas e a criação moldaram você de um modo que é impossível mudar. Entretanto, se você aprender os passos simples daquilo que exige mudança, aceitando a dor suave em vez de se defender, sua vida se tornará um caminho espiritual compreensível a ser realizado.

O círculo vicioso da defesa é simples, mas se mostra extremamente complicado. Nele, você pode repetir sem parar suas muitas histórias de vida que contam como as coisas foram terríveis, como os padrões de vida se repetem, como a vida tem sido má para você. Pode, infindavelmente, invocar diferentes opiniões e acontecimentos para provar isso.

Seus círculos viciosos
não passam de defesas disfarçadas de vida.
São meras experiências regurgitadas, não digeridas,
não assimiladas.

Mas
a vida está sempre caminhando para o desconhecido.
Todo momento é novo, diferente do anterior.
Esse é o processo da perpétua criação conjunta.

Todas as suas defesas foram instaladas para mantê-lo preso em círculos viciosos que evitam a verdadeira solução: simplesmente sentir a dor suave original que o coloca numa espiral de cura capaz de liberar a força criativa dentro de você e mudar sua vida.

Use tudo o que aprendeu para ver claramente o instante. Encontre o momento em que você, sem perceber, passou da totalidade para a dualidade. É possível aprender a discerni-lo. Dê-lhe um nome, para que se torne familiar. Esse é o momento em que você entra no tempo linear e no espaço tridimensional dos traumas. Depois de aprender a discerni-lo, você poderá aprender também a decidir, com intenção lúcida, não se identificar com a dualidade. Saberá então mudar sua identidade para a totalidade e para o processo sempre iluminado de criação conjunta com o centro divino, sua essência.

Caro leitor: esse é, em resumo, o processo da iluminação ou do despertar. Você desperta para o agora, o aqui, o sempre, o que se encontra além dos limites do chamado contínuo espaço-tempo.

Considere a possibilidade de um futuro
de eterna luz, que é na verdade
uma viagem iluminada rumo ao eu.
É uma caminhada para a luz,
fonte de vida e criação dentro de você.

☆ ☆ ☆

Como Atravessar os Ciclos de Cura Criativa

Não é tão fácil aprender
a atravessar esses ciclos,
mas é bom e um processo de cura.
Portanto, conceda a você mesmo tempo
para entender o círculo vicioso
do anseio e do autojulgamento
que deita esse anseio por terra.

*No entanto, com sua intenção firme
e escolha positiva de ir em frente
com aquilo que deseja criar,
você libera sua essência interior,
a própria essência interior de que precisa
para realizar seu sonho e concretizar o seu propósito de vida.*

*Todas essas coisas estão contidas
nas quatro dimensões do seu ser.*

*Todo o seu sofrimento pode ser curado
pelo processo que utiliza
a força criativa do amor que flui
através de suas quatro dimensões
graças ao pulso criativo de vida:
expansão, repouso, contração, repouso;
expansão, repouso, contração, repouso.*

Esse é o pulso criativo de vida sempre presente.

☆ ☆ ☆

Como Você Cria Dor para Si Mesmo

E se você, na verdade, estiver provocando mais dor em si mesmo do que a criada por qualquer experiência da infância, em qualquer vida ou em todas as vidas juntas? Com efeito, você cria mais dor em si mesmo por causa da autorrejeição, que instala ao redor da ferida original. Autorrejeição e autojulgamento é que criam a dor intensa, a dor que cerca a ferida. A dor intensa não é fácil de vencer. Parece venenosa e cáustica. Precisamos de coragem para enfrentá-la e chegar até a ferida. Mas, depois que você tomar essa decisão, tudo mudará.

Sim, é uma dor profunda. No princípio, você provavelmente se sentirá vulnerável – sobretudo porque talvez não tenha se aproximado dessa área há séculos. Quando você encontra a consciência infantil que não entende a dor, esta é suave e doce: sobrevém tangida por um pulso vital. Sucede que ela libera o pulso cocriativo de vida através dessa área do seu ser que pode não ser visitada há séculos. Sim, no princípio você tem de sofrer a dor intensa. Mas só por um momento. A dor intensa é a resistência.

✯ ✯ ✯

Dor Intensa, Dor Suave

A dor intensa
é a dor oriunda da resistência à união
das duas metades da dualidade.

Vencer a resistência e sentir
a dor suave de antigas feridas
traz o enorme benefício
de reunir
as duas metades da dualidade.

É importante reconhecer a diferença
entre a dor suave das antigas feridas
e a dor intensa da resistência
aos sistemas de crenças
em que todos os humanos aprenderam rigorosamente
a acreditar, agindo sempre de determinada maneira.
Isso não alimenta sua alma.

Ao contrário, perpetua a divisão dualista,
causando com isso mais dor intensa
e enclausurando a ferida numa carapaça.

Depois que você romper essa carapaça
e completar a tarefa
de atravessar essa parede interior,
perceberá a doçura
e a vulnerabilidade
da consciência infantil que lá está.

Você se sentirá bem jovem
quando as duas metades da divisão se juntarem,
pois você é jovem nessa energia-consciência
que ficou para trás da força criativa
há muitas vidas ou talvez apenas nesta.

✯ ✯ ✯

A Fonte de uma Reação Emocional

Uma reação emocional pode ser provocada
a partir de sua dualidade interior
ou por um evento de fora.
Uma reação emocional
é provocada por essas coisas,
não é sua causa.

A fonte de todas as reações emocionais
e de todos os julgamentos é interna.
Encontra-se dentro das porções isoladas
do seu ser,
enclausuradas numa cápsula do tempo
de suas experiências residuais não resolvidas,
ideias, imagens e crenças sobre a realidade.
Todas essas coisas estão fragmentadas.

São suas criações pela metade,
suas ideias pela metade, ainda em pedaços.

Por isso, não têm força
quando se considera a imensa unidade infinita,
os imensos sustentáculos divinos
de cada porção do seu ser.
Não passam de brincadeira de criança.

✯ ✯ ✯

Reações Emocionais e Irracionais que Debilitam

É uma boa hora, nesse processo que vem se estendendo há anos, para constatar que reações emocionais e irracionais não são um bicho de sete cabeças. São simplesmente coisas que acontecem em torno da superfície, um mecanismo de defesa. Você pode reconhecer essa simplicidade em si mesmo e nos outros. Não precisa levar tais coisas muito a sério nem pensar, alarmado, que talvez signifiquem algo de terrível sobre você. Deixe-me contar-lhe um segredo: todos podemos controlar nossas reações emocionais e irracionais – e as dos outros. Repita sempre, para praticar: "Ora, é uma reação emocional/irracional. Hum... isso é muito, muito chato. Pura perda de tempo dar-lhe tamanha importância".

Não perca seu tempo
dando crédito a reações emocionais ou irracionais.
Reconheça quão aborrecidas elas são!

A verdadeira dor foi criada num passado longínquo. A dor intensa da RE/RI e do autojulgamento, que gira em círculos viciosos, não é de modo algum a dor que cura. Enquanto você levá-la demasiadamente a sério, pensará que ela irá curá-lo. Pensará também que será bom experimentar essa dor intensa e aprender a "aguentá-la para não senti-la de novo". (Eu não sei o que você quer dizer com isso e acho que nem você sabe, se refletir bem em suas palavras.)

> *Vivenciar a dor intensa*
> *significa apenas que, neste momento,*
> *você não está preparado, ou não se sente seguro,*
> *para mergulhar na dor suave e senti-la em seu íntimo.*
> *Nada mais simples.*

Eis outro desafio que convém você levar em conta:

> *Se alguém mostra uma reação emocional ou irracional,*
> *dirigindo energia agressiva ou caótica*
> *contra você,*
> *veja-a como um desafio*
> *para, simplesmente, concentrar-se em sua essência.*

Observe que sua defesa pode entrar em ação rapidamente, sobretudo no caso de certas coisas que são repetições de sua família, na infância. Pequeno ainda, você criou defesas contra elas; mas, como adulto, essas defesas se tornaram verdadeiramente obsoletas.

Quando você se concentra em sua essência e restabelece a ligação com a totalidade do seu ser; quando sua autoidentificação está ancorada nessa totalidade, episódios de reações emocionais ou irracionais – suas e dos outros – se tornam tediosos. Transformam-se numa diversão da qual você não precisa, e num desafio para descobrir suas próprias reações: acalme-se, e centre-se. Reconheça a luz, a verdade, a vontade divina dentro de você. Tome consciência do seu poder, da sua opção pelo livre-arbítrio e da sua capacidade para entender, conhecer e sentir ambas as coisas. Perceba a força da sua presença e do seu amor, bem como da sua aptidão para sentir as dores antigas, instaladas dentro de você, que liberam seu ser, sua fonte de prazer, sua corrente criativa de vida.

O processo espiral de cura de dentro da essência é simples.
Consiste numa escolha momento a momento.
A sua escolha momento a momento.

☆ ☆ ☆

Como Crescer no Caminho em Espiral

O crescimento se dá em saltos quânticos. O caminho em espiral da cura não é linear. Você talvez se veja trabalhando em algo por muito tempo, talvez anos, talvez décadas, e indague se haverá alguma mudança. E então sente que ficou livre. Sabe que agora essa área do seu ser está desimpedida. Acontece. Garantimos que acontecerá com você também, talvez de um modo surpreendente, em que jamais pensou e que não compreende ainda; mas a mudança ocorrerá. Ela se dá às vezes nos momentos mais inesperados e de uma maneira que escapa à sua compreensão: sim, de modo surpreendente, quando você pensa que o pior está acontecendo e descobre que o que está acontecendo é o melhor.

Considere a possibilidade de que seus julgamentos negativos sobre os problemas que tem e suas carências — as coisas que estão erradas com você ou que não possui em seu íntimo (conforme acredita) — provêm da consciência infantil. Ela não amadureceu. Dividiu-se em duas. Todas as coisas que julgava erradas com você — por anos, quem sabe por toda a vida —, nós as vemos de maneira completamente diferente, a uma luz completamente diversa. Qualquer coisa, qualquer área do seu ser que você considera negativa, terrivelmente vergonhosa ou que talvez esconda profundamente dentro de você é algo que se dividiu. É energia e consciência. É energia-consciência que foi separada, dividida ao meio por algum acontecimento ocorrido provavelmente há muitas vidas. Desde então você não conseguiu mais perceber, ver, ouvir, conhecer ou entender-se de um modo holisticamente saudável. Desde então, há um milênio talvez, você tem se julgado de maneira negativa, acusando-se de incontáveis atos maliciosos e, ao mesmo tempo, ignorando a dor intensa das autorrecriminações negativas.

✫ ✫ ✫

Como Lidar com as Vozes Interiores Negativas

No começo, você aprenderá a perceber e a enfrentar a ferida, encarando a vergonha de sua dor. Por exemplo, você pode se ridicularizar quando sente a dor e dizer: "Ah, eu não deveria me sentir assim! O que há de errado comigo?", e por assim por diante.

É possível reconhecer essas vozes negativas em sua cabeça. Há muitos nomes para elas: autoridade interior negativa, superego, pais internalizados. São vozes, em sua cabeça, que falam da perspectiva de uma criança. Soam simplificadas porque brotam de sua consciência infantil interior. Sua dor ocorreu quando você era criança e, em consequência, você tirou certas conclusões sobre a realidade. Ouviu vozes negativas de muitas e diferentes autoridades enquanto crescia (em qualquer vida) e adotou-as do ponto de vista e da compreensão de uma criança. Ao crescer, ouviu as vozes, escutou a língua, aprendeu-a, usou-a. Essas vozes continuam em sua ferida. É a linguagem da consciência infantil que foi dividida ao meio ou até em muitos pedaços. Nas bordas da separação entre os pedaços da consciência infantil, nessa própria separação você pode sentir a dor intensa e a insistência das vozes negativas. Uma das primeiras coisas que você aprende ao praticar a autocompreensão é ouvi-las e reconhecê-las como falsas.

Toda vez que você começa uma nova espiral rumo a uma determinada ferida ou experiência penosa, é difícil calar essas vozes. Mas existem inúmeras técnicas de meditação que podem ajudá-lo a concentrar a mente. A tarefa consiste em reconhecer essas vozes e dar-lhes nomes. Sim, limite-se a dar-lhes nomes. Ainda que não se calem, podem ser nomeadas. A essa altura do despertar pessoal, é importante não acrescentar outro julgamento sobre o que há de errado com você, caso não consiga calar as vozes negativas, pois isso seria pular diretamente num vórtice ou num círculo vicioso. Assim, em vez de insistir em calar as vozes, reconheça-as e nomeie-as, como primeiro passo. Em seguida, descontraia-se. As vozes poderão se queixar, enfatizar a última coisa errada que você fez e adverti-lo de que agora as pessoas o censurarão ou alguma coisa ruim acontecerá. Apenas lhes dê nomes. A voz é a defesa que encerra a dor verdadeira. A voz cria a dor intensa – julgar-se é, com efeito, uma dor intensa, muito forte e difícil. Portanto, o melhor é reconhecê-la. Nomeie-a e reconheça-a como uma defesa irracional oriunda da consciência infantil, muito jovem. Justamente por ser muito jovem é irracional. A força da voz lhe dará uma ideia sobre o tempo em que ela está lá e até que ponto o feriu quando você era muito novo.

✯ ✯ ✯

A Interferência do Superego em Sua Força Criativa

Quando você se aproxima da dor infantil e aprende a reconhecer que absorveu palavras de crítica e reprimenda, passa a identificar essas palavras com seu superego. É conveniente aprender a reconhecer o superego e o modo como ele interfere no processo criativo.

A força criativa do amor,
seu processo criativo do momento,
permeia você
nas asas de seus desejos sagrados,
movido por seus sagrados anseios.

Eis a chave da criação:
deixe que a força criativa do amor aflore
na direção

do seu desejo sagrado
para chegar à autoexpressão.

A criação por meio
do amor exclusivo do eu
não se parece com nenhuma outra.

✯ ✯ ✯

Como Criar um Mantra Pessoal

Então, meu caro amigo, o que mais você pode fazer além de reconhecer a voz? Saiba que há muitas respostas diferentes, depois de ouvir a voz, reconhecê-la e nomeá-la. Também é correto mudar o nome dela enquanto se avança no caminho. Você ficará surpreso ao perceber como a voz muda e, por isso, talvez queira dar-lhe outro nome.

Depois de reconhecer uma voz negativa, você poderá ainda criar um mantra para ajudá-lo a se curar dela. Pode ser que você já tenha alguns mantras que funcionam bem para você. Mas há um que temos em mente. Ele fala de suas qualidades essenciais para que você consiga começar, realmente, a conhecer, sentir, ver, ouvir e experimentar diretamente essas qualidades.

Escolha uma qualidade essencial que possa usar como mantra. Qualquer que ela seja, condense-a numa palavra – de várias sílabas, se quiser, mas uma só. A qualidade essencial fará com que a luz interior se expanda através de sua intenção, seu propósito e seu campo áurico enquanto sobe pelas dimensões, pelo físico. Usada como mantra, essa qualidade aumenta sua concentração, ao mesmo tempo que você reconhece e nomeia a voz negativa internalizada.

Agora, sinta, veja, ouça, cheire, toque e conheça uma qualidade essencial dentro de você concentrando-se no centro de sua essência, no centro de seu corpo, entre três ou quatro centímetros acima de seu umbigo. Descubra a luz de sua essência. Entre em espiral em direção a ela. Deixe que ela se irradie para fora esfericamente.

Agora, dirija o foco para o centro de cada chakra, onde as raízes se juntam, e encontre a essência interior. Feito isso, note como a essência interior aflora no centro de cada chakra. Em seguida, descubra a essência interior em cada célula do seu corpo, em cada célula do seu ser.

Reserve-se um bom tempo para avaliar quanto dessa meditação é possível para você. Esqueça quaisquer autojulgamentos que porventura esteja alimentando.

Usando seu mantra de qualidade essencial, você descobrirá a luz interior penetrando em cada célula do seu corpo. Pode acontecer, ao mesmo tempo, que você ouça o autojulgamento negativo. Você perceberá que, quanto mais mergulha na essência central, o rótulo ou o nome que deu para sua voz interior negativa vai mudando.

Agora, nessa etapa da meditação, descubra uma de suas vozes interiores negativas que mais se manifestam. Dê-lhe um nome enquanto mantém a essência interior. Ótimo. Encontre seu mantra da essência. Se não conseguir, experimente a voz negativa e a essência interior ao mesmo tempo. Concentre-se em ambas.

Há certas experiências em sua história pessoal que você não consegue descrever nem entender. Muitas se originam do fato de você ver e ouvir ao mesmo tempo a essência interior e a voz negativa, o que é uma coisa bem difícil para uma pessoa jovem. Quando criança, você não conseguia entender isso e se dividia em duas. Não intencionalmente – o fato é que não sabia utilizar essas experiências para alcançar a totalidade.

✫ ✫ ✫

O Caminho em Espiral para Seu Centro

O caminho essencial da cura é dirigido
pelas energias da essência que sobem ao coração
e levam você para o sagrado agora.

*O caminho em espiral da cura leva-o
para suas feridas a fim de eliminar os bloqueios e liberar o amor
que você pode dar a si mesmo e aos outros.*

*Nós avançamos em espiral para dentro da ferida a fim de liberar a essência.
Nós reconhecemos a essência.
Nós percebemos as qualidades essenciais
em nós mesmos e nos outros.*

*Apoio e orientação espiritual
estão sempre a seu dispor.
Estamos com você onde quer que você esteja,
a fim de ajudá-lo a se lembrar de suas qualidades essenciais,
que podem lhe dar conforto, paz e amor,
enquanto você entra no túnel escuro da alma –
a escuridão e a dor interior – para curá-la.*

✯ ✯ ✯

Essência interior

*Quando você, meticulosamente, percebe
as dualidades dentro de você,
começa a explorar a relação
entre sua interpretação dualista
da experiência e sua essência central.*

*Sua interpretação dualista da essência
se baseia em sua crença dualista subjacente.
Quando dissolve essa interpretação dualista,
o que lhe resta é a pura experiência da essência.*

*O que se segue é o processo de aprender a reconhecer
suas energias essenciais como a grande força criativa
em todas as suas experiências.*

★ ★ ★

A Cura Pessoal Exige a Identificação com a Essência

A mudança pessoal pressupõe mais que uma mudança isolada de personalidade. Pressupõe uma ligação e uma identificação profunda com a Essência.

Criando um observador interno neutro, que acompanhe o movimento ao longo de seus círculos viciosos habituais, você pode aprender a reconhecer os passos desses círculos e a identificar-se com a Essência. É preciso tempo para acompanhar os passos dos círculos viciosos até encontrar seu ponto de ruptura. Este é um ponto onde você pode reunir forças para fazer uma escolha diferente da habitual. Essa escolha consiste em renunciar à defesa e sentir a dor suave. Primeiro, você aprende a experimentar a dor suave original da criança que foi tão machucada. Depois, pode sentir a autêntica dor suave de separar-se da divindade que você é.

★ ★ ★

Como se Mover com a Base do Seu Ser

Só você pode parar a si mesmo, de modo que a primeira tarefa, o primeiro passo é a autonutrição. O primeiro passo é estar consigo mesmo, e se perguntar a cada momento: "O que quero fazer agora?", "O que eu realmente desejo?" É doce o desejo, é doce a vontade e mais doce ainda é sua realização.

Você é um ser criativo. Quebre as correntes, as correntes com as quais se mantém prisioneiro desses autojulgamentos, com as quais, sem saber, se impõe limites. Quando você chega ao centro de sua essência, sabe que essas são palavras verdadeiras. **Sim, no mundo físico você precisa enfrentar frustrações, pois a realização não é imediata como no mundo espiritual.**

Entretanto, o caminho em espiral da realização, rumo ao eu, é gratificante: graças a ele, você se torna quem de fato é, no sentido de que se permite concretizar o que nasceu para fazer. Você prometeu a si mesmo, antes do seu nascimento, que realizaria essas necessidades e desejos. Você tem desejos físicos, psicológicos, mentais e espirituais. Realizá-los foi a promessa que fez a si mesmo desde o dia de sua concepção.

É a sua verdade.
Tamanha dor é provocada
pela negação de sua verdade básica
na raiz do seu ser.

Você nega os próprios alicerces do seu ser
quando nega a si mesmo suas verdadeiras necessidades.

Assim, caro amigo, fique mais consciente das suas necessidades e dos seus desejos. Permita-se realizar cada um deles e cuidar de si mesmo em todas as áreas do seu ser.

Por fim, não devemos esquecer o amor e o prazer! Heyoan nos lembra que a força criativa se baseia nos princípios de prazer e amor.

O Prazer da Criação

Um dos maiores prazeres do ser humano é a experiência da criação.

A criação é contínua.
Nunca cessa.

Criação não é apenas forma,
luz e cor.
Criação não é apenas manifestação
no contínuo espaço/tempo
e em outros mundos espirituais.
No processo criativo,
você cria também
maravilha e prazer.

Quando você grita *"Eureka!"* e desperta, energias percorrem seu corpo, seus campos energéticos, sua psique e seu ser, gerando enorme prazer. Uma explosão de percepção, do tipo supernova, é acionada!

✯ ✯ ✯

Libere Sua Alegria Criativa

Meus bons e caros amigos,
quais são os seus desejos?
O que vocês almejam?
O que pretendem criar em suas vidas?
Com quem desejam criar alguma coisa?
De que modo?
Esqueçam as censuras do superego.
Permitam que suas alegrias e desejos aflorem, principalmente agora.

Muitos seres humanos têm vergonha de mostrar
a exuberância e a excitação
das verdadeiras forças criativas que fluem
pelo canal dos desejos sagrados.

*Seus desejos sagrados
estão conectados ao seu coração, de onde o amor emerge,
subindo de sua essência interior.*

*Bem no centro da sua estrela do âmago
está a vida indiferenciada, força vital.
Ela se irradia do próprio centro do seu ser,
infinitamente, em todas as direções,
subindo de nível em nível.*

✯ ✯ ✯

Criação Interior

*Alinhe-se de novo com o seu objetivo,
com o propósito de sua vida,
na encarnação atual.
Acomode-se em seu belo corpo,
reconhecendo a luz de cada uma de suas células.
Atente para a estrela do âmago em cada célula do seu corpo,
em cada órgão.
Sinta a luz que ali está.
Sinta-a enquanto ela se move por seu ser,
subindo das inefáveis profundezas
da estrela do âmago.*

*O que você pretende criar em sua vida?
Fixe bem seu objetivo.
Esqueça a dor, a tristeza, a desesperança,
a sensação de estar imobilizado, a autocensura,
a resistência à mudança,
o medo de que a mudança possa prejudicá-lo.*

Em vez disso, assuma o objetivo maior de sua vida.
Tanto suas experiências de vida
quanto as condições que cercaram seu nascimento
são as ferramentas do seu aprendizado.
Elas o ensinam a enfrentar
aquilo que você decidiu desafiar,
mudar e integrar
em sua totalidade, nesta existência.
Deponha o fardo da culpa, da dúvida
e dos autojulgamentos
nos quais você enclausura suas células
e suas energias criativas.
Examine a possibilidade de os autojulgamentos
serem apenas outra maneira de resistir à criatividade,
de resistir à mudança.
Pois eu lhe digo e é verdade: nenhum
desses autojulgamentos são reais.

Pergunto-lhe então:
como você gostaria de passar
o resto de sua vida?
Que experiências maravilhosas gostaria
de gerar em sua vida?

O que quer que deseje e ambicione,
o que quer que gostaria de ter em sua vida,
já está no processo criativo
que desce
através dos níveis superiores do seu campo
para a manifestação.
Cabe a você se concentrar
nessa manifestação,

no desejo sagrado que traz em seu coração superior.
Determine o que lhe cabe neste instante.

Daqui a pouco você poderá senti-lo e vê-lo
de maneira diferente.
Mas, agora, o que de fato você deseja?

Considere a possibilidade de tudo isso
se concretizar.
Só depende de você
e do grau em que bloqueia as energias criativas
que o permeiam,
de quanto escolhe bloquear
ou liberar e aceitar
seu processo criativo.

Você não foi o criador das condições
que presidiram ao seu nascimento nesta vida.
Você, como indivíduo, não criou
sua vida inteira tal qual ela é.
Você é, sim, um criador,
mas todos os indivíduos, todos os seres estão criando:
juntos, criam um mundo na esfera física.

Devido à individualidade,
cada qual experimenta este mundo diferentemente,
segundo suas ideias preconcebidas,
sistemas de crenças
e visão emocional ou irracional.

Além disso, você,
do fundo do coração,
do fundo da essência do seu ser,

cria uma eclosão de amor incondicional.
Por isso o chamamos de coração humano sagrado.

Sua ferramenta é esse belo coração,
essa fonte de amor em seu íntimo
que brota lá no fundo,
do inefável, do divino,
e sobe para seu coração puro,
que você mesmo criou.

Isso se faz coletivamente,
no coração puro da humanidade.
O amor humano é o dom que a humanidade
traz a este planeta.

Reverencie seu coração, reverencie seu amor.
Reverencie a singularidade do seu amor,
que é individual, único para cada pessoa.

Lembre-se de seu amor único e singular
e suas muitas facetas quando ele sobe
das profundezas do coração
e atravessa cada célula do seu corpo
de uma forma única, com suas qualidades essenciais únicas,
que você já desenvolveu em experiências
de outras vidas.

☆ ☆ ☆

Revisão do Capítulo 5:
As Recomendações de Heyoan para Você Recriar Sua Vida

1. Reflita sobre cada conceito ou princípio que o atraem.
2. Anote tudo, se quiser.[2]

---

[2] Para mais informações sobre os ensinamentos de Heyoan e sobre os livros da série *Seeds of the Spirit® 1998-2009*, visite o website da Barbara Brennan School of Healing, www.barbarabrennan.com.

Segunda Parte

COMO CURAR NOSSA CRIATIVIDADE POR MEIO DO QUARTO NÍVEL DO NOSSO CAMPO: RELACIONAMENTOS

"Iniciamos nosso processo com nossa essência central essencial, vendo a tarefa de nossa vida e de todas as vidas da perspectiva de desenvolver e descobrir mais essência interna.

As cápsulas do tempo podem ser encaradas tanto como uma sombra para nosso brilho interno quanto como um mapa das partes de nós mesmos que não reconhecemos como amor."

— Barbara Brennan

Capítulo 6

PRÁTICA DA PERCEPÇÃO SENSORIAL SUTIL

"Não há nem nunca houve separação entre os mundos espiritual e material."
– Heyoan

A Natureza da Percepção Sensorial Sutil (PSS)

A Percepção Sensorial Sutil é aquela que vai além do que é considerado normal. A percepção normal atua por intermédio dos órgãos da percepção e do sistema nervoso do corpo físico. A PPS trabalha utilizando os órgãos da percepção do campo energético humano, que fazem parte dos chakras.

Quando comecei a observar o Campo de Energia Humano (CEH) e o Sistema de Energia-Consciência Humana (SECH), sendo uma física por experiência, observei também *como* eu os estava observando com Percepção Sensorial Sutil e *como* esta funcionava através do CEH. Isso me deu informação vital sobre a maneira de ensinar outras pessoas a se abrirem e usarem sua PSS. Graças a essas observações, montei um sistema lógico, compreensível e operacional do funcionamento da PSS e do SECH. Vou descrevê-lo a seguir.

PSS Básica

Com a PSS, temos mais sentidos do que os cinco normais a que estamos acostumados. **Cada chakra do campo de energia humano possui um sentido especial da PSS. Os chakras não absorvem apenas bioplasma para carregar de energia nossas quatro dimensões dos campos de bioplasma naturais que nos cercam absorvem também informação contida no bioplasma.** O bioplasma está repleto de informação. Muitas pessoas, no mundo "moderno", ignoram a existência de campos de bioplasma naturais à nossa volta. No entanto, respondem ou reagem inconscientemente a eles, quando o bioplasma se move por elas. Podemos também chamar o bioplasma de energia-consciência.

A energia-consciência que sentimos e da qual se compõem nossas quatro dimensões não é apenas bioenergia e informação: é também a marca daquilo que somos. Ou melhor, é mais do que uma marca, *somos nós*.

Embora, talvez, você ainda não vivencie isso *como você*, pode aprender a considerar seu bioplasma como consciência dotada de energia ou, resumindo, energia-consciência. A energia-consciência absorvida pelos chakras do CEH conduz uma quantidade enorme de informação. Infelizmente, por enquanto, muitos seres humanos nada sabem da informação que lhes chega por meio dos chakras, embora inconscientemente reajam a ela de alguma forma.

Os Chakras São os Órgãos dos Sentidos para Tipos Específicos de PSS

Os chakras são órgãos dos sentidos. Captam a informação que entra pelo bioplasma, provocando nossa resposta ou reação a essa energia-consciência. Podemos ou não perceber que estamos reagindo ou respondendo. Recriar a vida exige a percepção das respostas ou reações a esse processo vital que se move constantemente através de você. Mais adiante, neste capítulo, explicarei a diferença entre responder e reagir à energia-consciência recebida.

A lista seguinte dos chakras do CEH descreve como cada um deles recebe informação por meio de um sentido especial da PSS:

O primeiro chakra sente o tato, o movimento corporal (cinestésico), a posição e a postura do corpo (sentido proprioceptivo).

O segundo chakra sente as emoções.

O terceiro chakra nos dá uma vaga ideia do conhecimento (intuição).

O quarto chakra sente o amor e a ternura.

O quinto chakra sente a audição e o paladar.

O sexto chakra nos proporciona a capacidade de ver o CEH, o hara e a estrela do âmago, bem como os mundos espirituais dentro dos quais eles existem.

Quando usamos o sexto chakra para perceber, não olhamos mais para a luz refletida. Olhamos para a luz autogerada pelo CEH, o hara e o nível da essência. Como essa luz é produzida por aquilo que vemos, fornece muito mais informação sobre a coisa vista do que a luz refletida.

O sétimo chakra nos proporciona a capacidade de conhecer os mundos espirituais superiores e, ao mesmo tempo, pode ser usado como todos os outros chakras para integrar os mundos físico e espiritual, propelindo-nos para outra esfera.

O sétimo chakra é muito útil para recebermos informações detalhadas que integram as realidades física, mental e emocional ao mundo espiritual. A informação pode ser sobre qualquer coisa. Sua natureza é espiritual, não religiosa. Dirige-se ou diz respeito a uma pessoa ou a um grupo. Usa-se com os sentidos da PSS para integrar a informação num estado superior de clareza e compreensão, tornando-a prática tanto no mundo físico quanto no espiritual. Eu faço isso regularmente quando canalizo palestras de Heyoan, proferidas com a força da ternura que aceita as coisas como são, sem julgá-las. Às vezes, essa informação precisa ser estudada e/ou meditada para uma perfeita compreensão.

Importantes Diferenças entre Informação da Luz Refletida e Informação da Luz Irradiada ou Autogerada

Ver com a PSS não é o mesmo que ver com os olhos físicos. Nossa PSS vê a luz *irradiada* da pessoa, coisa ou situação que observamos. Nossos olhos físicos veem a luz do sol *refletida* pelo objeto observado. Por isso, obtemos muito mais informação com a PSS do que com a visão física. Isso é física básica.

O mecanismo da PSS funciona de modo muito diferente do mecanismo dos olhos físicos. Estes se movem e fixam o objeto que queremos ver. Suas lentes dirigem a luz do sol *refletida* pelo objeto até os sensores de luz da retina. Nossos olhos controlam a quantidade de luz que entra neles variando a abertura: as pupilas se dilatam e se contraem para regular a quantidade de luz que a retina recebe. Os sensores de luz da retina são sensíveis à luz numa faixa de onda entre 4.000 e 8.000 angstroms (luz solar refletida que chamamos de "luz visível").

Isso faz todo o sentido, uma vez que somos criaturas diurnas, naturalmente desenvolvemos olhos para ver no mesmo espectro da luz do dia que vem do sol. Assim, quando usamos nossos olhos físicos para ver alguma coisa, estamos na verdade vendo a luz solar *refletida* por ela. Não vemos a luz visível *gerada* pelos objetos porque é muito, muito fraca para ser vista. Com nossos olhos, vemos a luz do sol que é *refletida* pelos objetos. Essa luz solar refletida nos dá muita informação sobre a própria luz solar, mas quase nenhuma sobre o objeto que é refletido. A informação refletida só trata das qualidades de reflexão do objeto e das inferências que podemos fazer sobre ele.

A luz <u>autogerada</u> fornece muito mais informação sobre o objeto ou pessoa que a gera do que a luz refletida.

A PSS nos confere a capacidade de perceber a luz autogerada que provém do campo de energia humano, do hara e da estrela do âmago. Essa luz energética está além do alcance da luz visível, que é de 4.000 a 8.000 angstroms. Como *luz gerada*, veicula muito mais informação sobre aquilo que a gera do que a luz refletida. Outra observação interessante: essa luz de energia-consciência autogerada, que se irradia das criaturas vivas, tem mais níveis e características diferentes do que a gerada por objetos inanimados.

Assim, a PSS fornece bem mais informação do que a que podemos ver com nossos olhos físicos, pois boa parte dessa é luz solar refletida pela superfície da coisa observada.

Toda informação do CEH, do hara e da estrela do âmago que a PSS percebe é energia *gerada*, não refletida. A PSS também nos dá informação oriunda de vários tipos de energia-consciência do CEH, também *gerada interiormente* e não *refletida* pelo campo de energia humano, como o som, o toque ou a vibração. Isso é verdadeiro também no nível do hara e na essência central.

Como Desenvolver a PSS

O desenvolvimento da PSS exige anos de enraizamento e trabalho de transformação pessoal para tomarmos consciência de nós mesmos e nos fortalecermos nas quatro dimensões do nosso ser. O curador deve ser equilibrado e, com sua presença, ter a capacidade de estar presente nas quatro dimensões do ser ao mesmo tempo: a dimensão física, do campo de energia humano, do hara e da essência interior.

Se o curador não estiver enraizado, a informação recebida será confusa e pouco prática. Será fragmentada, incoerente e difícil de aplicar à vida. Isso quase sempre resulta em vários tipos de pretenso esoterismo, misterioso, aberto a fantasias e acompanhado de arrogância. No entanto, essa pessoa não deve ser julgada, mas tratada com compaixão, pois sua atitude é mera defesa emocional contra uma difícil e às vezes dolorosa situação de vida.

A menos que a pessoa tenha estudado e praticado bastante, de modo que seu sistema energético possa controlar luz e poder extremamente fortes, coerentes, brilhantes e de alta frequência sem que seu CEH se fragmente, não convém que ela se arrisque a utilizar o sétimo chakra para canalizar informação. De fato, se o campo da pessoa não for forte o bastante para controlar esse poder tão grande que o atravessa, este se dividirá e a informação não soará coerente nem clara. Não será possível então, interpretá-la de maneira relevante e útil para a vida no mundo físico e suas relações com os mundos além do físico.

Cada nível do CEH e os chakras em cada nível existem em faixas de frequências diferentes e específicas. Isso nos dá um modelo para sentir o estado, ou saúde, de cada nível do CEH. Concentrar a PSS em níveis específicos do CEH fornece-nos uma grande quantidade de informação sobre esse campo, para entendermos a dinâmica psicológica de um cliente e, também, o estado de saúde de cada nível do seu CEH. Usar a PSS para perceber o estado do CEH nos diz exatamente o que é necessário para curar cada nível. A saúde é recuperada quando se limpa, carrega e reestrutura cada nível do campo de acordo com suas necessidades. Esse tipo de trabalho inclui automaticamente as experiências do cliente relacionadas ao trauma que provocou danos no CEH.

Usamos esse modelo na BBSH durante anos, para treinar alunos na cura e na percepção do CEH. Funciona muito bem. O modelo se baseia em meus anos de observação do CEH.

A Mecânica da PSS para a Abertura dos Selos de Percepção nos Chakras

A Figura 6-1 mostra o diagrama de um chakra e o caminho que a energia-consciência recebida ou o bioplasma do SECH devem percorrer através do chakra para serem sentidos. O bioplasma do SECH entra no chakra graças ao "giro" e à carga do chakra. A estrutura deste faz com que o bioplasma entre em espiral para dentro dele (desde que o giro seja no sentido horário, visto de fora do corpo). Assim, para que sua PSS trabalhe num determinado sentido, o chakra que provê esse sentido deve estar funcionando de maneira saudável, isto é, deve girar no sentido horário, visto de fora do corpo, tanto na frente quanto atrás no corpo. Portanto, os fluxos de bioplasma que entram em espiral para dentro do chakra, tanto na parte da frente quanto na parte detrás do corpo, seguem um em direção ao outro, girando em sentidos opostos. Pouco antes de chegar ao centro do chakra, o bioplasma encontra o chamado "selo". Para que você sinta o bioplasma que entra, ele deve passar pelo selo.

Depois que a energia-consciência conseguiu passar pelo selo no chakra, ela penetra o "sensor", localizado mais profundamente no Sistema de Energia-Consciência Humana – e você recebe a informação.

Você pode aprender a regular seu CEH (inclusive os chakras) para controlar a frequência e o poder da energia-consciência que atravessa seus selos

de percepção. **Na literatura esotérica, os antigos métodos eram chamados de "abertura dos selos".** Isso se fazia graças a métodos de meditação profunda passados de mestre a discípulo por meio da prática. Hoje, podemos usar analogias com elementos simples da física para aprender um modo concentrado de fazer isso conforme nossa visão do século XXI.

Os selos são muito pequenos, quando considerados da perspectiva da física, e se localizam dentro da corrente vertical de energia (CVE), conforme mostrado na Figura 6-2a. A Figura 6-2b mostra os sete selos ampliados. A CVE está bem dentro do corpo físico, aproximadamente na medula espinal. Na verdade, a CVE não é uma linha curva como a coluna vertebral, mas uma linha vertical reta. Os selos se parecem um pouco com lentes; no entanto, funcionam mais como portões eletrônicos, pois somente uma determinada faixa de frequência e intensidade pode passar. Isso exige que a pessoa regule bem o CEH para fazer com que a energia-consciência atravesse um determinado selo num determinado nível. Isso requer prática, mas vale a pena se você desejar receber informação clara por meio da sua PSS. Existem selos nos aspectos anteriores e posteriores de cada chakra. E existem também em cada nível do campo.

Isso pode parecer, num primeiro momento, complicado; contudo, são na verdade coisas muito simples e fáceis de trabalhar. De início, escolha um sentido para determinar qual chakra você usará para sentir o CEH. Ver, sentir ou ouvir são geralmente os que mais se usam. Como cada nível do CEH é diferente, para entender bem a informação recebida você precisa também escolher o nível do campo que deseja observar. Por exemplo, você deseja *ver* o *quarto* nível do seu cliente:

1. Se você quer *ver* determinado nível do campo de um cliente, precisa primeiro carregar e abrir *seu próprio* chakra da visão (o sexto chakra) no nível do *seu* campo correspondente ao nível do campo do cliente que deseja ver.

    Se deseja *ver* o quarto nível de um cliente, terá de sintonizar a PSS de seu sexto chakra com o quarto nível do seu campo e abrir os selos do seu sexto chakra no quarto nível do seu campo. Ele então, se suficientemente carregado, permitirá que a energia-consciência do campo do seu cliente flua através do selo do seu próprio chakra da *visão* (o sexto chakra, comumente chamado de terceiro olho).

Você deverá, pois, concentrar sua atenção no campo do cliente, na área em que deseja vê-lo. Se seu chakra estiver equilibrado, sua atenção focada e seu campo forte o bastante para permitir o fluxo de energia através dos selos, então você conseguirá ver o quarto nível do cliente, para onde quer que volte sua atenção.

2. Sua curiosidade é uma ferramenta eficaz. Siga-a concentrando sua atenção naquilo que o deixa curioso ou que sua intuição lhe diz para averiguar. Focar a PSS é mais ou menos como pousar seus olhos físicos em algo que deseja ver. Você deverá permitir que energia-consciência suficiente flua do campo do cliente através dos selos do seu próprio chakra da visão (sexto chakra), na faixa de frequência (ou nível do CEH) do campo do cliente que deseja observar.

No caso da visão física, você precisará de luz ambiente visível para ver as coisas. Mas, em se tratando da PSS, as coisas são um pouco diferentes. Se o CEH que você deseja ver for muito forte, irradiando luz áurica brilhante, será fácil de ver e, em alguns casos, até ofuscante demais para que você consiga olhar para ele. Mas, em geral, sobretudo se você for um curador, lidando com pessoas com algum tipo de doença, o campo delas não será muito brilhante (e você não poderá contar com lâmpadas para acender, como acontece no mundo físico). Terá de fornecer energia extra carregando seu próprio campo. Quanto mais fraco for o campo do cliente, maior deverá ser a carga que você precisará injetar em seu próprio campo a fim de perceber o campo do cliente. Isso significa carregar seu campo, não o do cliente, para aguçar sua PSS. O campo do cliente deve ser carregado exatamente na medida da necessidade dele.

Portanto, as técnicas para aprender a PSS
são diferentes das técnicas
para aprender a curar.

Então, lembre-se: com nossos olhos físicos, vemos luz refletida pela maioria das coisas que olhamos (exceto, é claro, a que vem do sol, das estrelas, do fogo, das lâmpadas etc.). Quando está muito escuro à tarde ou à noite, nós acendemos as luzes para ver o reflexo do que está à nossa volta. **Com a PSS, percebemos a luz emitida, isto é, irradiada pelo CEH e pelo CEU, não refletida por eles.** Essa e mais umas poucas coisas tornam a PSS diferente da visão física. A explicação será dada em breve.

3. Se você completou os números 1 e 2 acima, mas ainda não consegue ver o campo, então não carregou o seu campo para o nível de energia que precisa para abrir seus selos, que deixam passar o bioplasma. Lembre-se: é importante, primeiro, enraizar-se na terra e carregar os chakras inferiores para conseguir uma fundação bem profunda em seu campo, antes de se concentrar no centro do chakra dotado do sentido que você quer usar.

4. Infelizmente, muitos seres humanos possuem diversos chakras que não estão funcionando de maneira adequada. Isso, entre outras coisas, é que torna a PSS tão difícil no início. Você precisa se familiarizar com os desequilíbrios habituais em seu campo e aprender a corrigi-los. Para tanto, há uma maneira bem simples. A fim de carregar o chakra que deseja usar para sentir, comece carregando seu campo inteiro enraizando-se na terra e respirando profundamente em cada chakra, a começar pelo primeiro.

    Carregue cada chakra e faça-o girar no sentido horário, quando visto de fora do corpo. Uma boa maneira de enraizar-se é ficar ereto com os pés um pouco afastados da linha dos ombros. Flexione os joelhos e mantenha-os assim. Não se movimente para cima e para baixo, pois isso dispersa a energia. Se precisar descansar, desfaça a postura e balance as pernas. Depois, tente de novo. Respire fundo. Use as mãos para carregar cada chakra, de baixo para cima, com a concentração e o toque.

5. Como escolhi a visão e o sexto chakra para esta descrição, use a respiração rascante que mencionei em *Mãos de Luz* (p. 255) para carregar esse

chakra. Simplesmente faça respirações longas e profundas fazendo com que o ar raspe o palato mole na parte superior de trás da boca. Em seguida, dirija a energia para o sexto chakra concentrando-se no local onde as pontas dos aspectos anterior e posterior desse chakra se unem *no meio da cabeça, na área do terceiro ventrículo, onde se localizam os selos.*

(Não se concentre na testa, como muita gente tenta fazer. Você poderá usar também a técnica de yoga da respiração do fogo, em vez da respiração rascante, pois também funciona. No entanto, se não estiver acostumado a essa técnica, pode ficar meio tonto e desorientado, já que ela talvez carregue seu campo além de sua capacidade de regulá-lo.)

6. Este método funciona para abrir os selos em qualquer chakra. A respiração rascante pode ser usada para carregar, primeiro, o campo todo, desde que você permaneça enraizado. Depois, concentre-se no chakra que deseja carregar para abrir os selos ali localizados. De fato, convém carregar primeiro o campo todo, antes de tentar usar a PSS. Comece pelo primeiro chakra e depois vá subindo, passando pelos demais, usando a respiração rascante ou a de fogo para abrir e carregar cada um deles. Não tente perceber nada com a PSS até ter carregado todos os sete chakras. Em seguida, volte ao chakra correspondente ao sentido que deseja usar e concentre-se no resto do exercício para iniciar a PSS.

Problemas Comuns Encontrados Durante o Aprendizado da Abertura da PSS

1. Se, ao carregar o sexto chakra, você percebeu cor e não forma, então conseguiu abrir a frente desse chakra, isto é, ele está funcionando e sua raiz está centrada na CVE. Contudo, a parte posterior não está funcionando corretamente. Se você percebeu forma e não cor, então conseguiu abrir o aspecto posterior do sexto chakra, que está funcionando corretamente, com a raiz centrada no CVE. A parte da frente, no entanto, não está funcionando de maneira correta.

2. Se todo o alinhamento estiver perfeito e você conseguir regular o fluxo de sua energia-consciência, mas ainda não enxergar com a PSS, então seu campo não está forte o bastante para que a energia-consciência atravesse os selos. Você terá de energizar seu campo antes de tentar abrir a PSS. Com certeza, você precisa se exercitar mais, reavaliar sua dieta e hábitos alimentares, aprofundar seu processo psicológico e também melhorar seu enraizamento. Ou, por enquanto, pode apenas dançar! A dança funciona muito. Coloque sua música favorita e vá em frente. Se não funcionar, volte aos outros recursos, como dieta e processo pessoal. Talvez não seja tão divertido, mas, cedo ou tarde, você terá de fazer isso!

3. As principais dificuldades que encontramos para abrir a PSS são em geral oriundas de nossos problemas psicológicos. Só com a prática você aprenderá a regular seu campo. Essa prática consistirá, primeiro, em aprender sobre seu campo e sobre sua psicologia energética pessoal. (Tratei mais a fundo desse assunto em *Mãos de Luz* e em *Luz Emergente*.) Se você souber até que ponto sua psicodinâmica afeta o funcionamento do seu campo, saberá também como é importante entender a si mesmo e à sua dor da infância. Perceberá então que deve desenvolver um ego adulto saudável e em bom funcionamento, a fim de enfrentar as defesas que o impedem de sentir a dor da primeira infância. Expliquei como seus sistemas de defesa psicológica distorcem o CEH em *Luz Emergente*. Aqui, direi apenas que, quando se recusa a sentir a dor da infância, você bloqueia o fluxo de energia para alguns de seus chakras. Ora, como os chakras são o meio de acesso à PSS, bloqueá-los impede que você perceba, com a PSS, tudo o que entra por esses chakras. Assim, para abrir e desenvolver sua PSS, você precisa trabalhar com seus problemas psicológicos e aprender a regular as distorções habituais do seu campo, resultantes de suas defesas. Mas, para combater essas distorções, terá de desenvolver um ego adulto saudável, em bom funcionamento e compassivo.

Como se Sintonizar com o Nível do Campo Que Você Deseja Observar

Aqui, cabe a pergunta: como saber qual nível do campo estamos carregando? Descobri um método simples para fazer isso, dado que cada chakra representa uma nota básica para cada nível correspondente do campo:

1. Faça com que suas mãos sintam a mesma vibração que o chakra correspondente ao nível no qual deseja se concentrar. Isso equipara a frequência de suas mãos à mesma frequência do chakra.
2. Para tanto, pouse as mãos espalmadas no corpo, no lugar do chakra, e respire fundo para carregar seu campo.
3. Traga sua atenção para a sensação em suas mãos. Se não conseguir isso no começo, não se preocupe: pode aprender com a prática. Você precisará de um pouco de tempo e da confirmação de alguém que já aprendeu essa técnica. Mas, depois de experimentá-la e praticá-la, ela se torna mais fácil.
4. Depois de "descobrir" o nível, concentre-se em toda a extensão dele pelo corpo, fazendo-o sentir o mesmo que suas mãos, já sincronizadas com o chakra.

Como Mudar a Maneira de Usar a Mente para Processar Informação

5. Ao observar ou tentar usar a PSS pela primeira vez, muitas pessoas supõem que ela é igual à percepção física. Isso é verdade até certo ponto, mas não em tudo: alguns sentidos são os mesmos, outros não. A PSS exige que você mova energia-consciência por seu cérebro de um modo a que não está acostumado. Todos fomos programados pela educação, pela cultura e pela escola a movimentar a energia por nosso cérebro de uma determinada maneira. Quem frequentou a escola recebeu ensinamentos que moldaram sua maneira de usar o cérebro. Esse processo inclui o modo como a energia-consciência flui dentro do cérebro e as

faixas de frequências segundo o qual ele funciona. Nos Estados Unidos, na Europa e em muitos outros países, enfatizou-se o aprendizado por meio da memorização e do raciocínio dedutivo. Isso carrega os lobos frontal e temporal, aumentando as frequências das ondas beta. Os países orientais, como a Índia e o Tibete, no passado, baseavam-se numa tradição de aprendizado por meio da meditação contemplativa, que gera uma faixa de frequências e um fluxo da energia-consciência pelo cérebro bem diferentes. Com isso, o centro do cérebro é mais carregado e uma faixa de frequências bem baixas de ondas alfa, theta e mesmo, às vezes, delta. A experiência da realidade muda por completo quando a pessoa passa da realidade de onda beta para as ondas de meditação alfa e theta, mais lentas. Ambos os métodos de adquirir conhecimento são perfeitamente legítimos e eficazes. Os Yogas Sutras de Patanjali, que são um dos textos mais antigos do mundo, delineiam **cinco estados da mente:**

Os Cinco Estados da Mente Segundo os Yogas Sutras de Patanjali

1. Inquieta, dispersa, incapaz de concentração.
2. Entorpecida, inerte.
3. Distraída.
4. Focada, um fluxo constante de atenção direcionada para algo durante qualquer período de tempo; pode penetrar a essência das coisas.
5. Tranquila = lucidez completa, concentração absoluta; consegue contatar o eu real; vem à tona a sabedoria intuitiva.

Sem dúvida, é fácil reconhecer os três primeiros estados mentais citados por Patanjali. O quarto é um estado a que podemos chegar sem problemas, na meditação, focalizando um objeto ou mantra e retornando para o foco sempre que houver distração. O quarto estado mental também é usado por índios que vivem na floresta do alto Amazonas. Eles o empregam em meditação em grupo conduzida por um xamã. Graças a esse estado mental, os índios observam os hábitos de vida dos animais para apanhá-los mais facilmente. O quarto estado mental é uma prática voltada para a meditação, para levar ao acesso ao quinto estado, mas isso exige anos de prática. Para saber se está perto do quinto estado, apenas conte até dez sem pensar em mais nada ou então pense num número qualquer, como um ou dez, sem que nenhum outro pensamento lhe ocorra!

Dançando entre os Estados da Mente Ativo e Receptivo para Usar a PSS

A PSS pode ser considerada uma dança entre os estados ativo e receptivo da mente. Mais especificamente, a PSS usa o quarto estado da mente de Patanjali numa dança com a mente racional na condição receptiva e ativa. Eis os passos para usar a PSS no nível um do CEH:

1. Usando a mente racional, esclareça e decida o que quer conhecer.
2. Alinhe sua intenção para encontrar o que você quer conhecer e depois focalize nele a mente, usando o quarto estado mental de Patanjali, num fluxo concentrado de percepção.
3. Opere a ligação cinestésica. Envie um pseudópodo de energia-consciência para a pessoa ou área do corpo que quer ler. (Você pode já ter feito isso automaticamente no passo anterior.)
4. Depois de estabelecer uma forte ligação cinestésica aberta, passe para um estado mental de contemplação receptivo e deixe a informação se revelar. Note que eu não disse deixe a informação "entrar", mas "revelar". Explicarei isso logo depois destes passos numerados. Usamos o termo "contemplação" para significar o ato de observar ou presenciar algo sem alterá-lo ou julgá-lo; você simplesmente se permite conhecer a informação. Não presuma que deve trazer a informação para dentro do seu campo a fim de conhecê-la. Esse é um grande equívoco, que muitos terapeutas corporais cometem. Você não precisa fazer isso. Darei mais informações a respeito na próxima seção.
5. Permaneça no estado mental de contemplação e permita-se saber a informação.

6. Continue no passo 5. Não tente interpretar a informação. Se fizer isso, sairá da mente de contemplação para a mente ativa e interromperá a PSS. O que você faz, nesse caso, é pesquisar o significado da informação e isso não é PSS. Você interrompeu a leitura e terá de voltar ao passo 1, começando tudo de novo!
7. Depois de permitir que a informação se revele, conseguirá manter a PSS e a leitura. À medida que a informação se revela, seu significado vai se tornando claro ou não.
8. Se não, volte ao passo 1 e faça outra pergunta. Deixe que a curiosidade o guie.
9. A informação que você receber responderá à pergunta, desde que esta tenha sido simples. Obtida a resposta, sua curiosidade se atiçará novamente, para adicionar mais informação à que você já tem e completá-la. Você poderá agir dessa forma, com qualquer outra coisa que suscite sua curiosidade.
10. Para ter êxito com a PSS, você precisa aprender a se movimentar rapidamente entre o estado mental de contemplação e o estado mental ativo, de intenção concentrada. Passeie intencionalmente pelo corpo, acompanhando sua curiosidade e buscando ativamente aquilo que quer esclarecer.
11. Quanto mais você praticar, melhor se sairá. Em última análise, a grande pergunta é: você está projetando ou percebendo? Esse conhecimento virá com a informação. Quanto mais sua PSS for comprovada, mais certeza você terá sobre como sente a informação, como a vê (como ela lhe parece quando você a vê com a PSS) e como a ouve (como ela soa quando você a ouve com a PSS).

Expansão e Contração na PSS

No Capítulo 2, mencionei as fases de expansão e contração do pulso de vida do CEH e do SECH. Podemos também usar a PSS nessas mesmas fases. O curador pode absorver informação em seu próprio corpo para obter informações sobre o cliente, isto é, pode sentir, ver e ouvir a informação sobre o cliente dentro do seu próprio corpo/SECH. Já observei que muitos dos terapeutas corporais absorvem automaticamente informação em seus corpos/ SECH. Mas essa não é a melhor escolha; por exemplo, para sentir o que está acontecendo na perna machucada do cliente, o curador deve absorver a dor em seu próprio corpo. Ou seja, o curador passa o dia absorvendo a dor ou as desfigurações da doença em seu próprio corpo físico e CEH. Seu dia ficará assim desconfortável e será necessário depois muita autocura. Ver Figuras 6-3a e 6-3b para maiores esclarecimentos.

A tendência dos terapeutas corporais a levar informação para dentro de si mesmos vem de um equívoco básico sobre a maneira como nossos sentidos funcionam no mundo físico. Presumimos que, para obter a informação, precisamos absorvê-la em nós. Em se tratando da PSS, isso não se aplica, pois nosso corpo energético é muito mais flexível e fluido do que o nosso corpo físico.

Por outro lado, o curador pode aprender a se abrir para receber informação no corpo físico do cliente e/ou em qualquer parte do seu SECH: isto é, ele sente, vê e ouve a informação no corpo/SECH do cliente. Isso se faz de maneira bem simples, enviando-se um pseudópodo de energia-consciência, parecido com uma ameba, a partir do quarto nível do CEH para se conectar com o cliente. O problema é que muitas pessoas presumem então ser necessário trazer a informação para dentro de si mesmas, criando para isso um tubo dentro do pseudópodo. Isso não é saudável para nenhum dos envolvidos. O que de fato se tem a fazer é levar a PSS para dentro do pseudópodo e colher ali a informação. Isso lembra a visão a longa distância: não é preciso que a distância seja necessariamente *longa*!

Como Estabelecer a Ligação Cinestésica com o Uso da PSS – Exercício

1. Sente-se e apenas feche os olhos. Procure não olhar para o teto antes de fazer isso. Mantenha os olhos fechados até chegar a hora de abri-los.
2. Estenda o braço para cima e tente perceber o que sente no teto com a sua mão. Insista até sentir alguma coisa.

3. Depois de fazer isso por algum tempo, observe (não olhe) o que faz com a mão. De que modo a está usando? Com os dedos e/ou com a palma? Virou a palma para cima ou para baixo?
4. Está sentindo o teto lá em cima ou abaixo em sua mão? Observe isso até poder dar uma resposta.
5. Se estiver sentindo o teto em sua mão, procure conscientemente senti-lo lá em cima, em vez de trazer a informação para sua mão. Mantenha a sensação no teto. Você consegue. É a melhor maneira, como já dissemos.
6. Simplifique as percepções no começo. Eis algumas perguntas para você fazer a si mesmo:
    A) O local é mais áspero ou mais liso do que a área em volta?
    B) É mais quente ou mais frio do que a área em volta?
    C) É convexo ou côncavo?
    D) É metálico ou orgânico?
    E) Gosta de senti-lo?
    F) Está associado ao ar, à água, ao calor, à eletricidade ou à luz?
    G) Determine isso.
    H) Aponte o local com o dedo e veja para onde está apontando, para verificar suas percepções.
    I) A quantas perguntas respondeu corretamente?
7. Repita o processo da seguinte maneira:
    A) Estenda o braço e sinta o teto.
    B) Feita a ligação com o teto, abaixe lentamente o braço até que suas mãos fiquem pousadas no colo, sem que a ligação se rompa.
    C) Repita os passos de exploração do teto que empreendeu da primeira vez, com as mãos pousadas em seu colo.
    D) Em seguida, depois de responder a todas as perguntas sobre o que descobriu e com os olhos ainda fechados, aponte de novo para o que encontrou e abra os olhos para verificar sua percepção.
    E) Pratique isso até ter sucesso. Ao fazer isso, não trará mais a informação para dentro de você e criará um pseudópodo a partir do seu CEH, sem precisar usar a mão para estabelecer a ligação cinestésica.

Desse modo, poderá mover as mãos da maneira que quiser para operar curas a longa distância, graças à sua ligação cinestésica!
8. Agora, repita o processo sem tirar a mão do colo.
9. Em seguida, faça o mesmo a longa distância. Se possível, peça permissão a um amigo com o qual queira se exercitar.

   A) Estabeleça a ligação cinestésica com um amigo e observe-o.

   B) Faça-se algumas perguntas simples, diretas, sobre ele.

   C) Marque a hora de sua observação.

   D) Ao surgir a oportunidade, ligue para ele para verificar suas percepções.

Dançando entre a Mente Ativa e a Mente Receptiva

1. Decida o que quer saber. Busque ativamente a informação que deseja projetando, na imaginação, a mente ou uma das mãos e procure-a no espaço. Você acabará **sentindo** eventualmente alguma coisa. Ao localizar a informação, estabeleça a ligação cinestésica com ela para **senti-la** melhor. Feita a ligação, continue a ***senti-la* e tente determinar *o que sente***. Passe para o estado mental de contemplação receptiva e deixe que a informação se revele. Reúna a informação de tudo que sentiu, isto é, faça uma lista em sua mente de como sentiu. Faça isso no estado mental receptivo de contemplação e deixe que a informação se revele.
2. Não tente interpretar a informação.
3. Quando a informação se revelar, seu significado se tornará óbvio ou não. Se não, volte ao passo 1 e faça outra pergunta.
4. Se a informação se tornar óbvia, escreva-a, se quiser.
5. Talvez você ache conveniente manter um diário de suas observações obtidas com a PSS, para posterior referência e verificação.

A Natureza da Informação Obtida com a PSS

Existem dois tipos básicos de informação obtida com a PSS: a literal e a simbólica. Conforme os próprios nomes já dizem, a informação literal é transmitida pela percepção física e do CEH, enquanto a simbólica utiliza símbolos para veicular seu conteúdo.

Informação Literal: Se você olhar para uma pessoa que esteja com a perna ferida e perceber um osso fraturado com a PSS literal, parecerá como a fratura do osso aparece no físico. Se olhar com a PSS literal no primeiro nível do CEH, para a região ao redor da fratura, perceberá as linhas de energia-consciência rompidas no primeiro nível do campo. As partículas de luz já não fluem pelas linhas do primeiro nível, pois a corrente de energia-consciência do primeiro nível é interrompida quando as linhas se rompem. Acontece o mesmo que com uma corrente elétrica num fio, fica interrompida quando este se parte e o circuito não mais se completa.

Se você olhar então para o segundo nível, verá um congestionamento da energia-consciência do segundo nível no ponto em que as linhas do primeiro nível foram rompidas. Isso acontece porque a corrente do primeiro nível não está mais guiando a energia-consciência desestruturada do segundo nível por essa área. Ela deixa de fluir *pela* área e se acumula *na* área, em geral provocando um excesso de energia-consciência vermelha no segundo nível do CEH.

Danos ao CEH, nesses dois níveis, impedem o corpo físico de curar-se rapidamente. Quando o curador restaura os níveis do CEH danificados, a cura do físico é muito mais rápida. No caso de lesões graves, se o trabalho de cura for feito imediatamente, a recuperação ocorre em dias ou horas, em vez de semanas.

Informação Simbólica: A informação simbólica elimina o receio do curador de obter dados que não sejam bons para o cliente. Ajuda o cliente a entender o seu significado, quando estiver psicologicamente pronto para isso.

Existem três tipos de informação simbólica:

1. Os símbolos do cliente. Nesse caso, o leitor não saberá o que os símbolos significam. Esse é o método que desperta menos medo no leitor.
2. Os símbolos do curador.
3. Símbolos universais como o círculo, a espiral ou a cruz equidistante.

Alguns curadores usam todos; outros, apenas alguns. Eu mesma não os uso com frequência, pois prefiro a informação literal.

PSS e Níveis do CEH que Correspondem ao Mundo Físico, ao Mundo do Quarto Nível e aos Mundos Espirituais

Os três primeiros níveis do CEH estão relacionados ao funcionamento no mundo físico. Abrir a PSS permite receber informações sobre os níveis do CEH que dizem respeito, principalmente, à vida no mundo físico. O quarto nível do CEH está relacionado ao mundo astral. Depois que você abre sua PSS no quarto nível do CEH, não apenas percebe esse nível do seu CEH e de outras pessoas como vislumbra o mundo astral e os seres astrais que existem e vivem sem corpos físicos naquele nível. Isso trará experiências do mundo astral que, geralmente, não se encaixarão em sua realidade, a menos que você tenha tido uma experiência anterior, o que a maioria das pessoas não tem. Quando você abre sua PSS para além do quarto nível, percebe os níveis superiores do CEH, bem como os mundos espirituais que lhes correspondem.

Níveis de Poder em Seu CEH para Diferentes Habilidades da PSS e de Cura

Depois que desenvolver sua PSS, você se sentirá capaz de fazer mais coisas imediatamente.

É muito importante aumentar a capacidade do seu CEH para controlar quantidades maiores de energia-consciência que fluem por ele. Quanto mais você conseguir controlar a força da energia-consciência que flui por seu campo, *sendo capaz de regular esse campo*, mais habilidades poderá usar ao mesmo tempo. Toda habilidade que você quiser usar exigirá esforço e energia. Por exemplo, se quiser realizar uma cura e usar sua PSS ao mesmo tempo, haverá necessidade de mais força em seu campo. Para isso, você deve ser capaz de controlar e regular essa energia sem que seu campo se rompa ou se torne caótico por causa do aumento da energia-consciência.

A lista a seguir contém as habilidades típicas que um curador precisa aprender para regular os níveis elevados de força em seu CEH:

- O primeiro nível de força, P1, é que moverá sua atenção consciente para um certo nível do seu CEH; digamos, as mãos. Ou seja, você poderá experimentar esse nível do CEH em suas mãos.
- Quando você for capaz de atingir o P2 e regular seu CEH, conseguirá experimentar certo nível do seu CEH por todo o corpo, isto é, conduzirá sua atenção consciente para esse nível em seu corpo inteiro.
- Em P3, você poderá não apenas exercer as habilidades do P2 como usar a PSS para sentir o CEH do cliente no mesmo nível escolhido, no lugar em que você coloca sua mão.
- Em P4, você conseguirá fazer uma mudança para a cura no CEH do cliente no nível escolhido.
- Em P5, você conseguirá fazer uma mudança para a cura e também usar sua PSS para observar o que está fazendo no momento. Eis uma importantíssima combinação de habilidades!
- Em P6, você adicionará a capacidade de observar o efeito da cura em outros níveis do CEH do cliente.
- Em P7, você conseguirá acrescentar a comunicação com seu guia às outras habilidades.
- Em P8, você terá acesso à comunicação com o guia do cliente e ouvirá a comunicação entre guias. Mas saiba que há uma grande diferença entre comunicar-se com um guia e canalizar.

Como Criar Coerência no CEH

Uma das configurações mais poderosas, saudáveis e raras do CEH é um campo coerente. Coerência significa que os níveis do campo estão sincronizados, permitindo uma transmissão de energia bem mais eficiente por cada nível e também entre os níveis nas duas direções (para cima ou para baixo, através dos níveis). Para tornar um campo coerente, é necessário que os chakras em cada nível do campo fiquem do mesmo tamanho que todos os outros chakras nesse nível. Como já expliquei, existem chakras em cada nível do campo – nos níveis estruturados, eles são compostos de linhas de luz; nos níveis não estruturados, são compostos de energia-consciência não estruturada dessa faixa. Criar coerência no campo não é tarefa fácil, mas é o resultado de um trabalho no eu, enquanto se percorre o caminho em espiral da cura na direção da Essência. A Figura 6-4 é uma imagem de campo coerente. À medida que a coerência aumenta, a possibilidade de uma PSS mais clara e mais útil aumenta. Todavia, eu nunca vi um campo coerente. Acho que estamos num processo evolutivo de longo prazo, em se tratando de criar campos coerentes. O aumento na coerência de um campo gera a possibilidade de um considerável aumento de energia nesse campo.

A PSS é Diferente da Percepção Física

No processo de abrir minha PSS, concluí que havia feito numerosas pressuposições a respeito do funcionamento da percepção. Eu achava que seria como em nossos cinco sentidos normais do mundo físico, mas a PSS não funciona como eles. Tive algumas experiências difíceis e confusas nos primeiros estágios da abertura da minha PSS. Eis algumas delas:

Tentar se Comunicar em Dois Níveis ao Mesmo Tempo: Esse é um exemplo simples que mostra alguns dos desafios da PSS. Certa manhã, eu estava levando minha filha para a escola. Heyoan me falava a respeito de algo e eu podia ver sua forma no para-brisa do carro. Enquanto isso, minha filha tagarelava sobre assuntos de escola.

De repente, ela gritou: "Mamãe, você não está ouvindo o que eu estou dizendo!"

Eu não sabia o que responder, pois naquele estágio do meu desenvolvimento não conseguia ouvir ela e Heyoan ao mesmo tempo. Não tentei explicar o que estava acontecendo. Ainda era muito tímida para falar sobre tais assuntos com outras pessoas.

Pouco depois desse incidente, compreendi que devia aprender a mudar bem depressa as faixas de frequência às quais me sintonizasse. Poderia me sintonizar com minha filha e logo fazer o mesmo com Heyoan, transitando assim entre os dois. Depois de anos de prática, aprendi a usar vários tipos de PSS (como visão, audição e tato) concomitantemente. Por fim, conseguia fazer isso e também observar duas pessoas ao mesmo tempo.

Mas, dada a importância do que acontece numa sessão de cura específica, é importante focar e examinar diferentes níveis do CEH, para perceber claramente o desenrolar do processo. Também é importante mudar depressa a frequência a que estamos sintonizados para descobrir como o cliente está se saindo no processo em diferentes partes do seu CEH, bem como nas emoções e no corpo físico.

Problemas Causados pela Diferença entre PSS e Sentidos Físicos: A PSS é muito mais rápida que os sentidos físicos. Por exemplo, é fácil receber as respostas de perguntas que ainda não foram feitas. As pessoas não se dão conta de que, tão logo formulam uma pergunta em sua mente, ela pode ser respondida antes que a voz física a transmita. Isso muitas vezes assusta quem não compreende a PSS. Eu perco muito tempo esperando impacientemente que a pessoa pare de perguntar no mundo físico porque a informação vem tão depressa que receio perder parte dela caso meu interlocutor não se cale.

Como já foi dito, posso me comunicar em vários níveis ao mesmo tempo, mas preciso desacelerar o fluxo de informação se quiser estabelecer comunicação no nível físico, pois este é muito mais lento se comparado aos níveis mais sutis de PSS. É como a velocidade do som em comparação com a velocidade da luz! Por exemplo, esta manhã uma amiga me telefonou indagando: "Posso lhe fazer uma pergunta?" Quando terminou de dizer essas cinco palavras, eu já tinha ouvido pela PSS a frase "ela tem um pólipo" e visto uma imagem deste em minha mente, com seu tamanho e localização no cólon, preso por um filamento e benigno. Minha amiga concluiu dizendo: "Você poderia checar meu cólon?" Às vezes, receio esquecer a informação antes que a pessoa termine a pergunta.

"Lendo" um Paciente Antes que o Médico Mencione Seu Nome ou Condição: Um médico que participou do grupo de apoio clínico reunido uma noite durante a semana de treinamento residencial na BBSH quis saber: "Posso fazer uma pergunta a respeito de uma de minhas pacientes?"

Sem demora, "li" o campo da paciente para ele e falei-lhe sobre seu estado físico e os problemas psicológicos relacionados com uma morte recente na família dela. O médico retrucou: "Você a leu antes mesmo que eu mencionasse sua condição? Não quer que eu lhe diga qual é o problema?"

"Não, não é necessário", garanti-lhe.

Anos depois, encontrei-me de novo com ele e perguntei-lhe se a informação tinha sido útil. "Você estava certa", respondeu-me.

Isso não faz sentido para os médicos que estudam na BBSH até que eu lhes explique como funciona. Tão logo o médico pensa no paciente, conecta-se com ele por meio do CEH. Eu posso ver a forma do CEH fazendo a ligação. Uma vez conectado, o médico se torna um corredor ou uma porta por onde a informação que escolheu pode fluir. Depois que o médico aprende a abrir sua PSS, já não preciso lê-lo, ele fará isso automaticamente. Muitos médicos que se formaram na BBSH são eficientes com a PSS e conseguem usar seu vasto conhecimento para resolver diagnósticos difíceis. Mas em geral, por razões compreensíveis, não contam aos pacientes o que estão fazendo.

PSS – Vendo a Determinação de um Aluno para Obter Algo de Mim: Como professora de muitos alunos, observei isso pela primeira vez em classe. Mas, na verdade, acontece em todas as circunstâncias da vida. É como ter a sensação de que alguém nos olha pelas costas; viramo-nos e... lá está!

Esse fenômeno do CEH ocorre quando uma pessoa – geralmente um aluno –, achando-se na mesma sala ou ambiente que eu, decide *estabelecer* contato comigo *de qualquer maneira*. (Muita gente quer me fazer perguntas e é impossível que eu responda a todas pessoalmente.)

Eis o que acontece. Tão logo a pessoa toma uma decisão, envia um fluxo de energia-consciência urgente (de quatro a cinco centímetros de diâmetro) para mim e insere-o no meu CEH. Às vezes ele tem até um gancho. Como bem se pode imaginar, isso é bastante desconfortável. Meu sistema imediatamente entra em alerta e eu prontamente sigo o filamento mucoso até sua origem. No começo, eu sempre me movimentava de modo que alguém ficasse no caminho entre mim e o aluno que estava criando o pseudópodo. Esse movimento simples quebrava sua concentração, de modo que ele se detinha. Na época, eu ainda evitava falar sobre tais assuntos para não ferir os sentimentos do aluno, uma vez que ele não tinha a mínima ideia do que estava fazendo. Mais tarde, ensinei a classe toda o que o aluno desejava saber, sem identificá-lo. Também acrescentei a questão das demandas pelos filamentos de muco, para ajudá-los a entender como isso é feito e as consequências que traz para nós.

PSS – Confirmação da "Visão" de um Participante de Seminário: A primeira vez que isso me aconteceu foi há muitos anos. Eu estava trabalhando com um participante do seminário que tentava ver dentro do corpo de outro participante que tinha sido seu parceiro num exercício. Ele queria saber se o que via era correto.

Assim, para verificar, decidi observá-lo enquanto ele olhava. "Olhe para o seu parceiro de novo e diga-me o que vê", pedi-lhe.

Meu plano era simplesmente checar o que ele via seguindo o pseudópodo de energia até o interior do seu parceiro, vê-lo eu mesma e depois verificar o que ele me diria no nível físico. Mas não foi o que aconteceu. Para minha surpresa, com a PSS, avistei uma imagem dentro de sua cabeça daquilo que ele estava vendo. Fiquei tão animada que comecei a pular no palco, diante de todo mundo, com minha mão tapando a boca!

Protocolo para Usar e Fornecer Informação de PSS nas Profissões de Cura e Ajuda

Como se vê, à medida que a PSS se desenvolve, você terá acesso a uma enorme quantidade de informação, que é recebida intencional, acidental ou incidentalmente. Vi esse tipo de informação ser mal usado de várias maneiras. Isso pode se transformar num grande problema para aquele que vê e aquele que é visto. Graças a inúmeras experiências, decidi estabelecer um protocolo rigoroso para trabalhar com essa informação. Aqui está ele:

Protocolo para Informação de PSS:

1. Nunca recolha ou forneça informação em lugar inapropriado, como fora do seu consultório ou da hora marcada. Você pode, é claro, marcar as consultas até por telefone (certifique-se de que a pessoa não esteja sozinha ou fora de casa). Não dê nenhuma informação na rua, no carro, no trem, no corredor, numa conferência, num concerto, numa festa ou em outra reunião social. (Já fui abordada em todos esses tipos de local inapropriado e desprotegido. A pessoa provavelmente ignora

os possíveis sérios efeitos que tal informação pode lhe acarretar.) Às vezes, num seminário ou demonstração de PSS, não há problema em fazer isso, mas apenas se a informação for boa e possa ser transmitida a todos os alunos presentes. Do contrário, não convém transmiti-la.

2. Confira a informação com pelo menos três sentidos e releia-a pelo menos três vezes. Eu uso quatro: visual, auditiva, cinestésica e canalização de Heyoan. Busco a informação várias vezes.

3. Reúna informação até ter quantidade suficiente para dar uma explicação clara a alguém sem PSS. Aprenda a traduzir a explicação em linguagem simples.

4. Certifique-se de qual informação é apropriada para a pessoa. Muitas vezes, não convém transmitir todas as informações.

5. Sempre recomende a alguém com problema sério de saúde que consulte seu médico. Deixe bem claro que isso é muito importante. Explique-lhe que você não diagnostica doenças, a menos que você seja médico e licenciado para fazê-lo.

6. Nunca diga a uma pessoa que ela tem uma doença grave, a menos que saiba exatamente o que essa pessoa pode fazer para melhorar.

7. Nunca faça sessões regulares de cura com uma pessoa que apresente doença grave, exceto se ela estiver se tratando com um médico.

8. Se a pessoa se recusar a procurar um médico, envie-a a um terapeuta que se encarregará do caso. Ou então dê-lhe um prazo *curto* para ela buscar ajuda médica e certifique-se de que ela fez isso. Talvez você precise interromper o tratamento nessas condições penosas. Jamais tente substituir o médico. Muitas pessoas que procuram curadores se sentem aterrorizadas à ideia de receber um mau diagnóstico e entram num processo de negação. E algumas deixam de ir ao médico quando recebem o diagnóstico.

9. Como curador, peça permissão ao cliente para conversar com o médico dele, se este concordar. Nesse caso, entre em contato com ele. Alguns médicos concordam; outros, não. E alguns não gostam de curadores.

10. Certa vez, quando eu trabalhava em Washington, D.C., um médico compareceu à sessão de cura do seu paciente e tomou notas enquanto eu lia o campo e explicava o que eu estava fazendo e por quê.

Outros Pontos Importantes:

1. Se o médico se interessar pela informação que você pode fornecer, procure formas de se comunicar com ele. O mau uso ou a informação vaga prejudicam a relação entre curador e médico, muito importante para o futuro cuidado com a saúde.
2. Trabalhar com um médico pode ajudar bastante o cliente, quando isso for feito da maneira adequada.

Revisão do Capítulo 6:
Sua Jornada Pessoal de Abertura da PSS

1. Faça uma lista dos sentidos primários da PSS que você usa.
2. Qual é o seu sentido favorito?
3. Quais sentidos que você desenvolveu se relacionam com experiências de infância?
4. Quais sentidos que você não desenvolveu se relacionam com experiências de infância?
5. Faça uma lista das experiências desagradáveis que você teve por causa da PSS.
6. Você as manteve secretas porque eram inapropriadas ou porque se sentia pouco à vontade com sua PSS?
7. Existe uma maneira melhor de trabalhar com a informação da PSS?
8. Na prática do protocolo para uso apropriado da PSS, o que você acha mais difícil de seguir? Tem restrições em relação a isso?

FIGURA 1-1
O Vazio Negro Aveludado

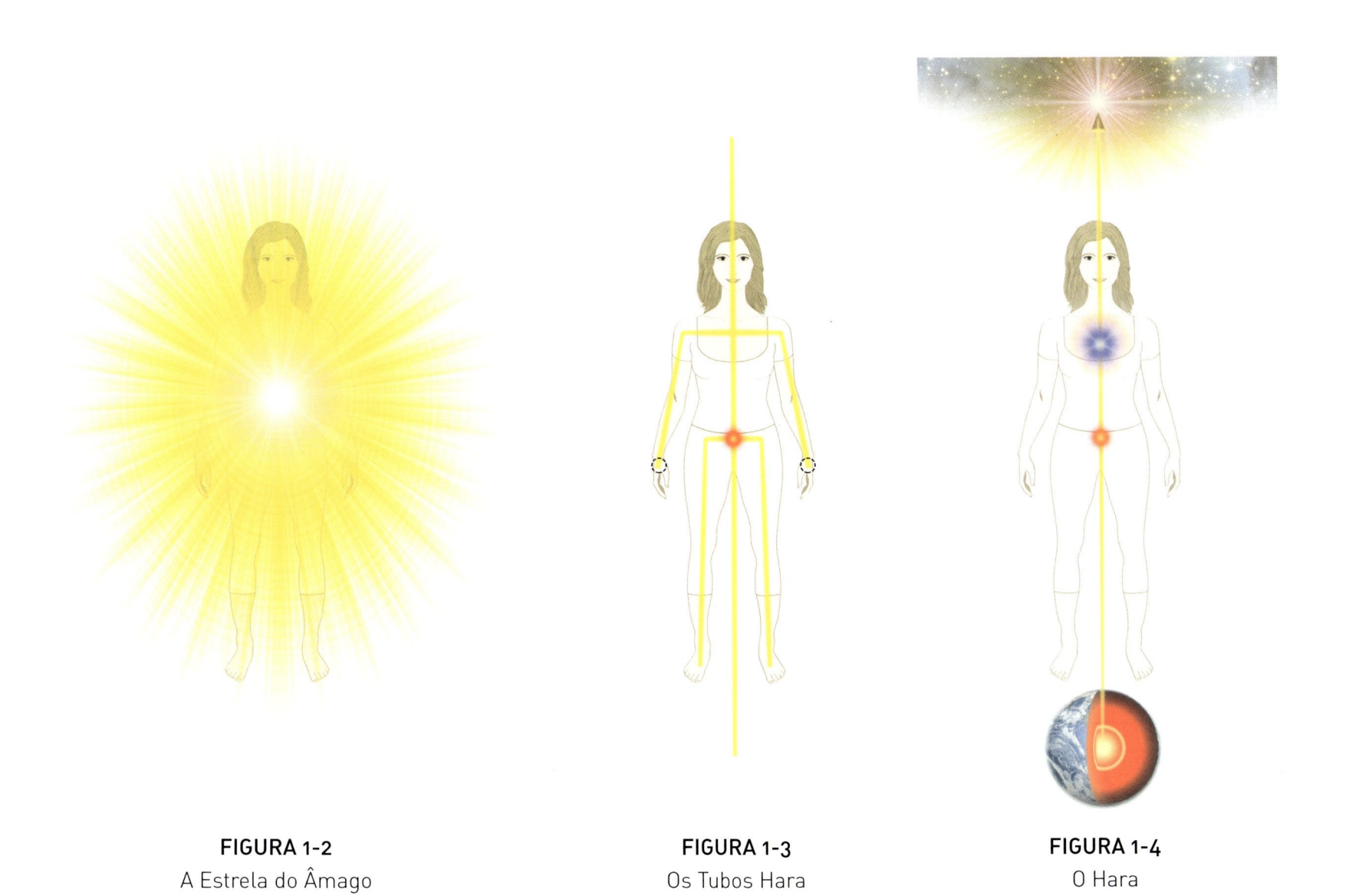

FIGURA 1-4
O Hara

FIGURA 1-3
Os Tubos Hara

FIGURA 1-2
A Estrela do Âmago

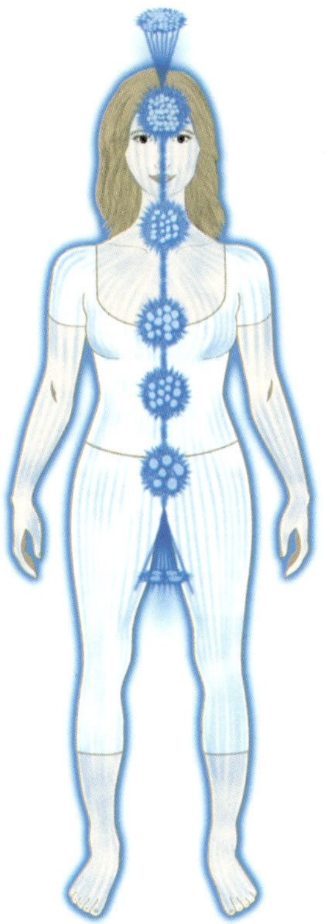

FIGURA 1-5
Nível 1, Corpo Etérico

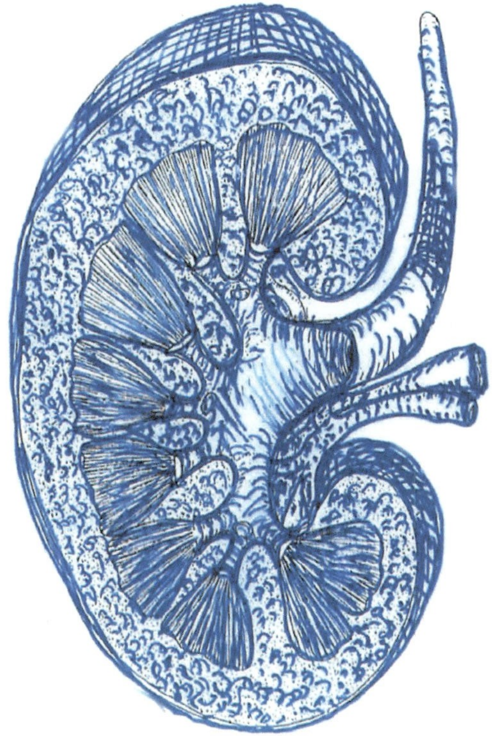

FIGURA 1-6
O Rim visto no Nível 1

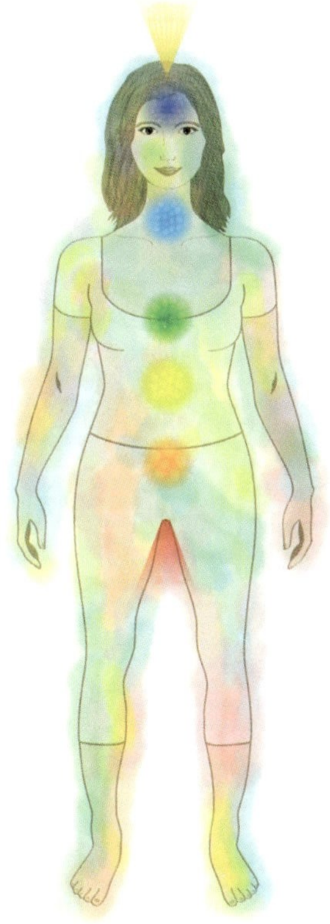

FIGURA 1-7
Nível 2, Corpo Emocional

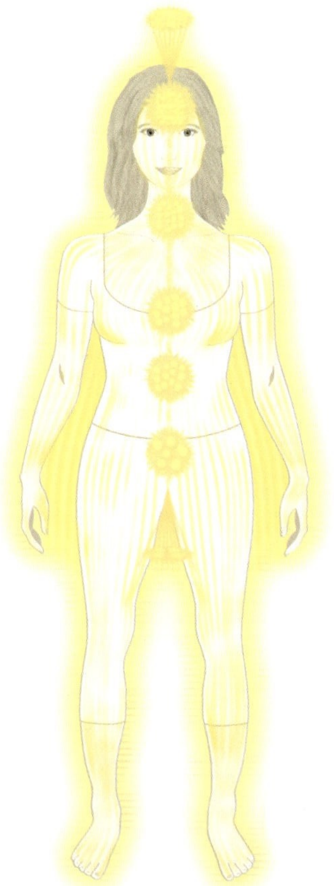

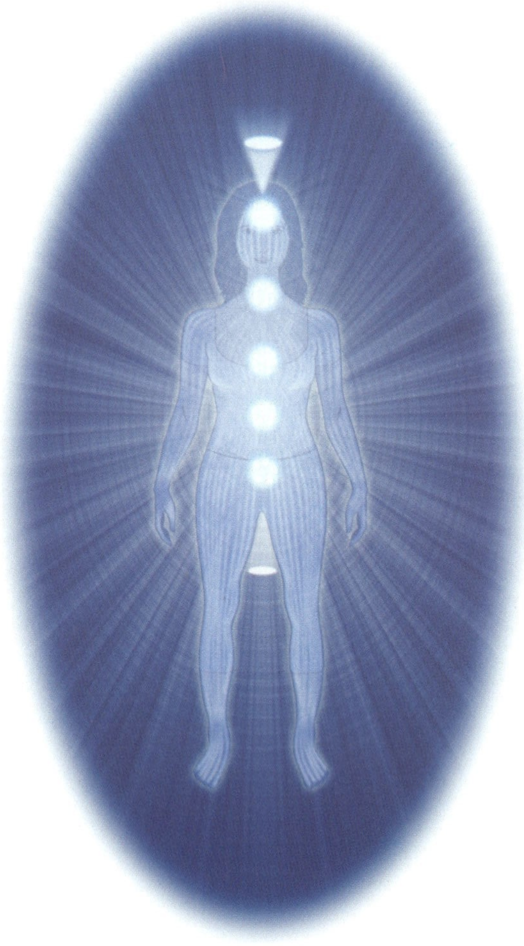

FIGURA 1-10
Nível 5, Matriz Etérica

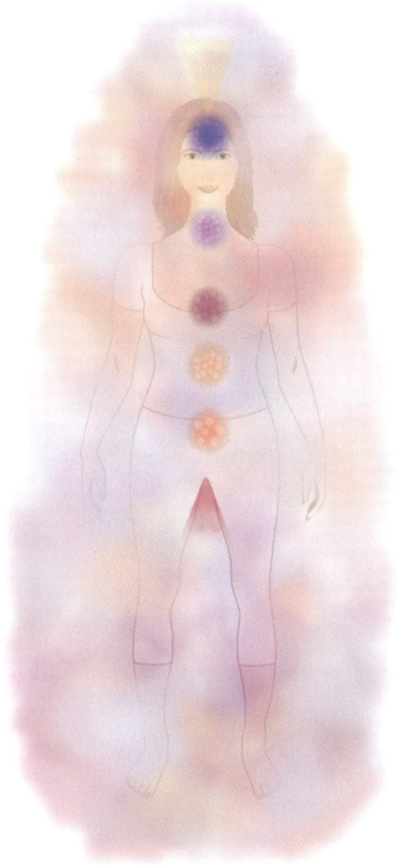

FIGURA 1-9
Nível 4, Corpo Astral

FIGURA 1-8
Nível 3, Corpo Mental

FIGURA 1-12
Nível 7, Matriz Ketérica

FIGURA 1-11
Nível 6, Corpo Celestial

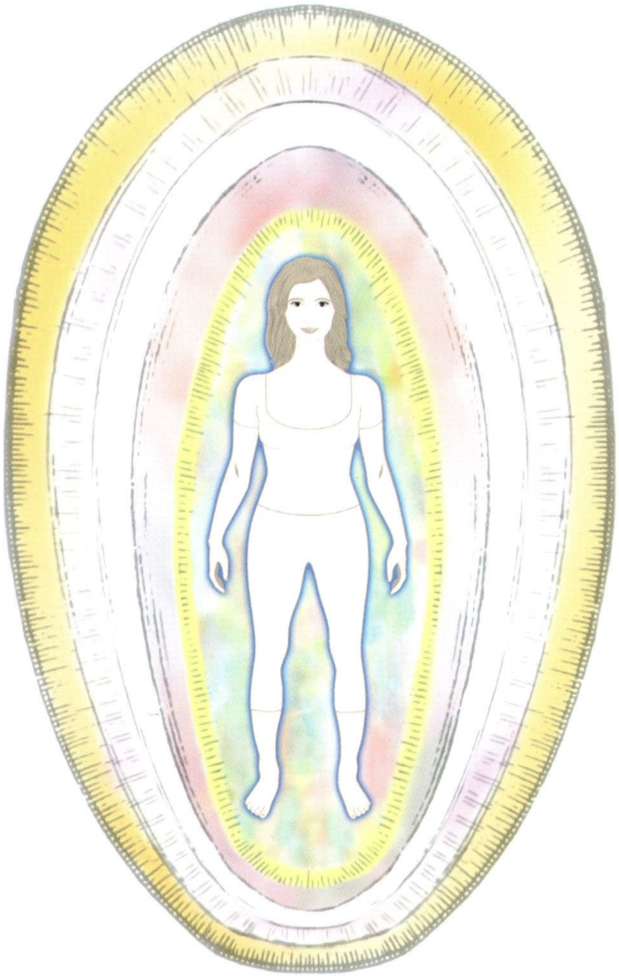

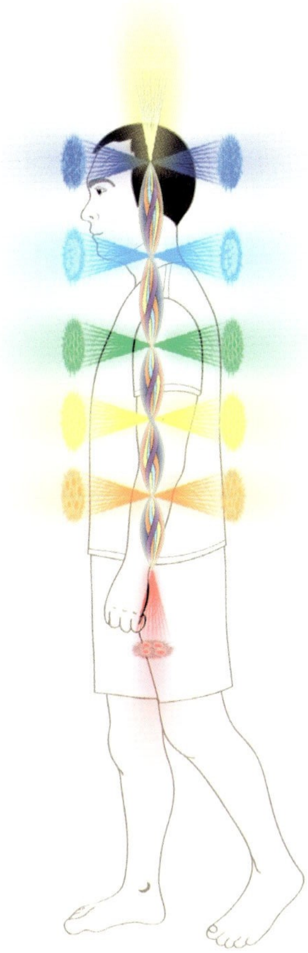

FIGURA 1-14
Os Sete Maiores Chakras e
a Corrente Vertical de Energia

FIGURA 1-13
Os Sete Níveis do Campo Áurico

O físico (corpo) A aura O Hara A Estrela do Âmago

FIGURA 1-16
O Sistema de Energia-Consciência Humana

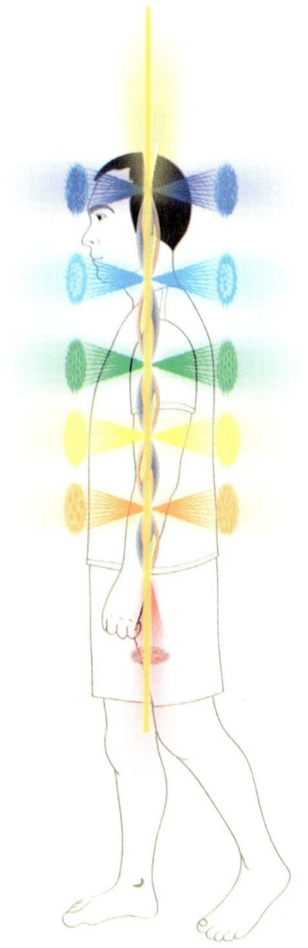

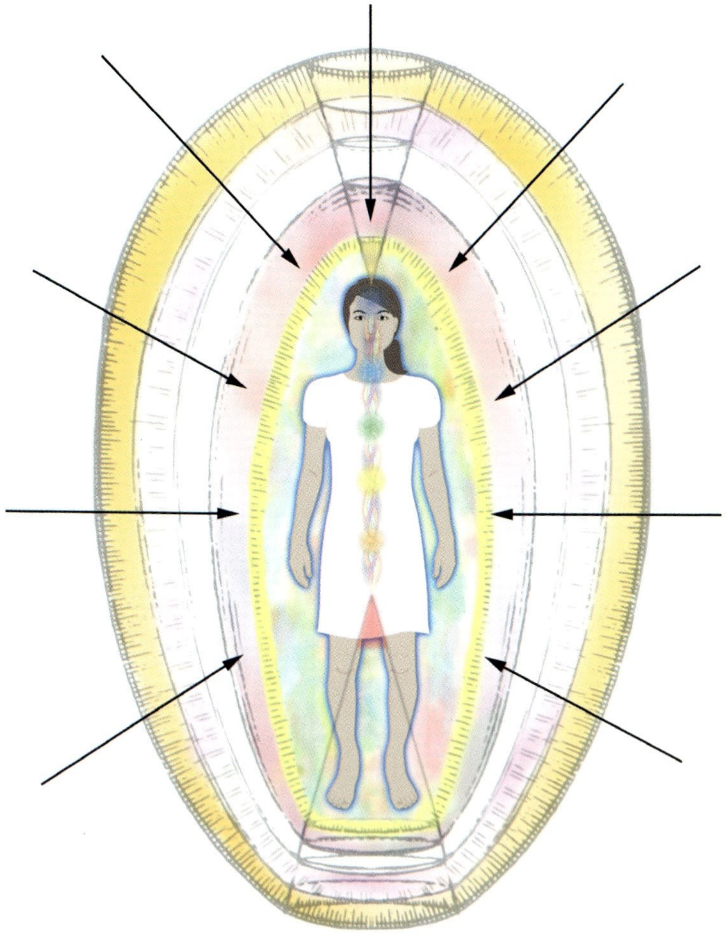

FIGURA 2-2
Um Claro Processo Criativo Movendo-se pelo CEH até a Manifestação Física

FIGURA 2-1
Uma Linha do Hara Alinhada

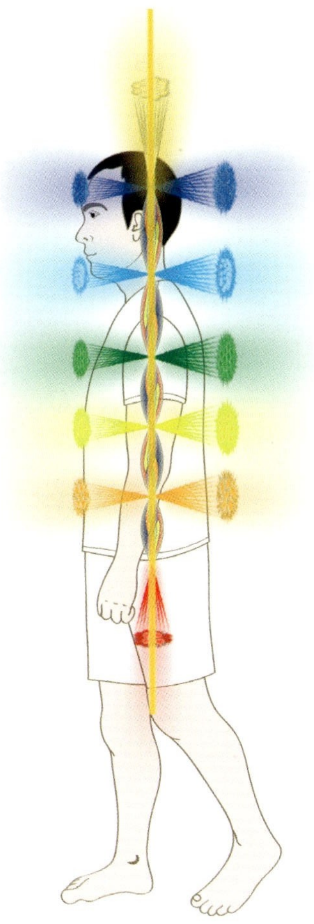

FIGURA 3-1
Forçando uma Corrente de Defesa no CEH

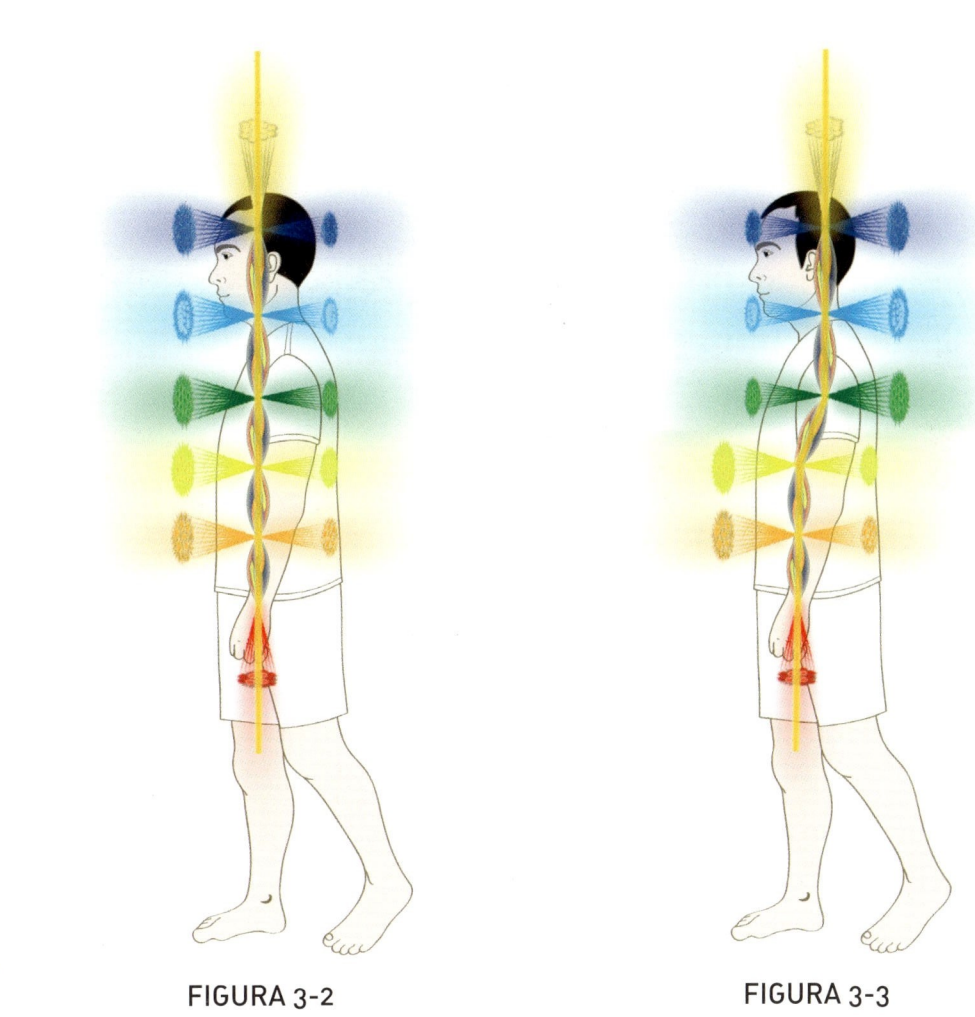

FIGURA 3-2
Defesa Submissa Passiva no CEH

FIGURA 3-3
Defesa Agressiva Passiva no CEH

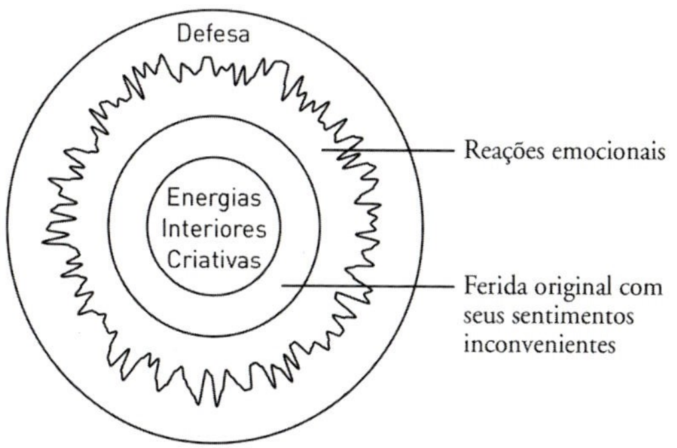

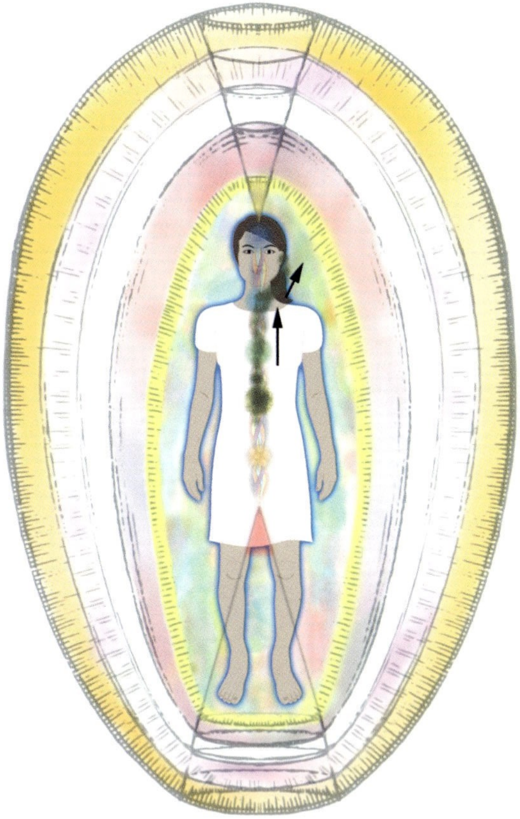

FIGURA 3-6a
Uma Cliente com Bloqueio no Terceiro Chakra

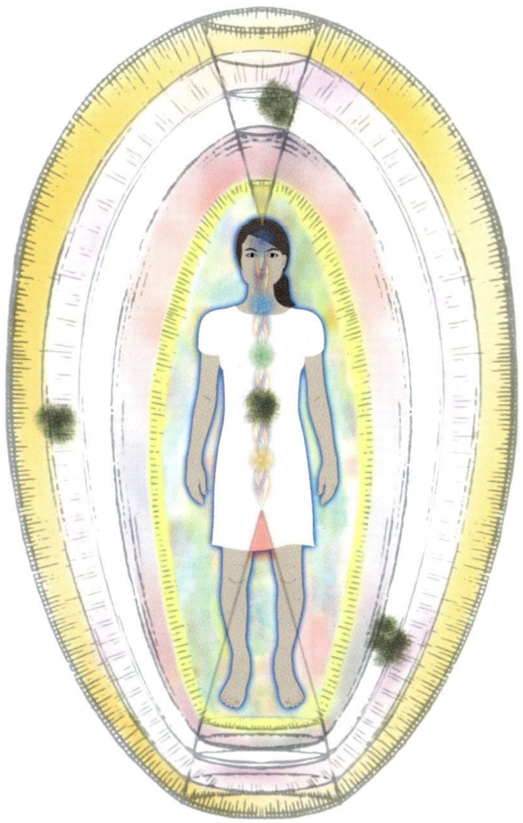

FIGURA 3-5
O Processo Criativo Bloqueado

FIGURA 3-4
Anatomia de um Bloqueio

Reações emocionais

Ferida original com seus sentimentos inconvenientes

Defesa

Energias Interiores Criativas

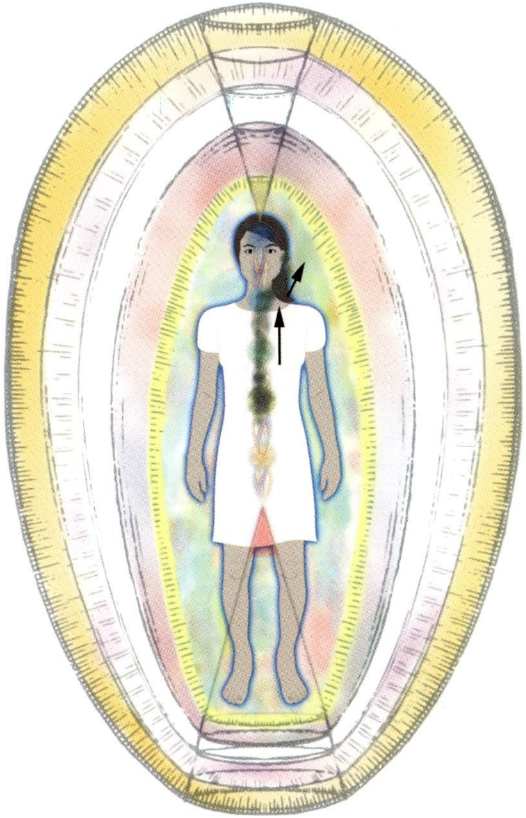

FIGURA 3-6b
O Bloqueio Começa a Subir pela CVE

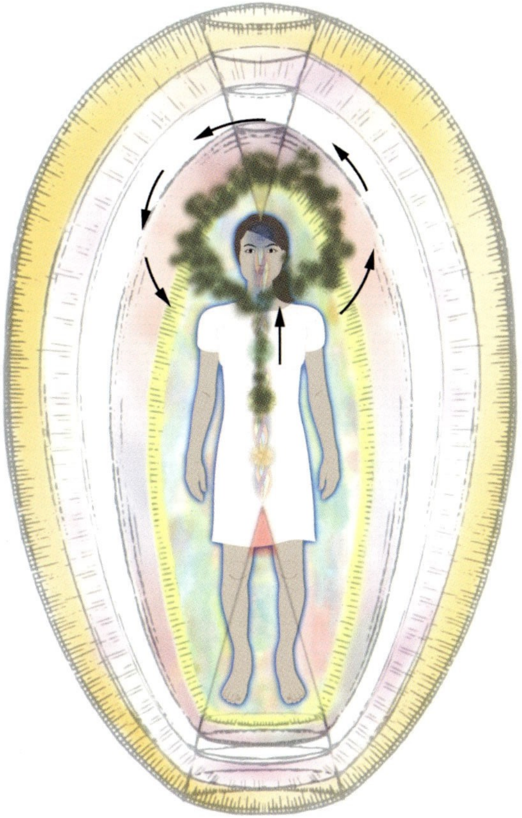

FIGURA 3-6c
Uma Cliente Reciclando um Bloqueio em Seu Campo

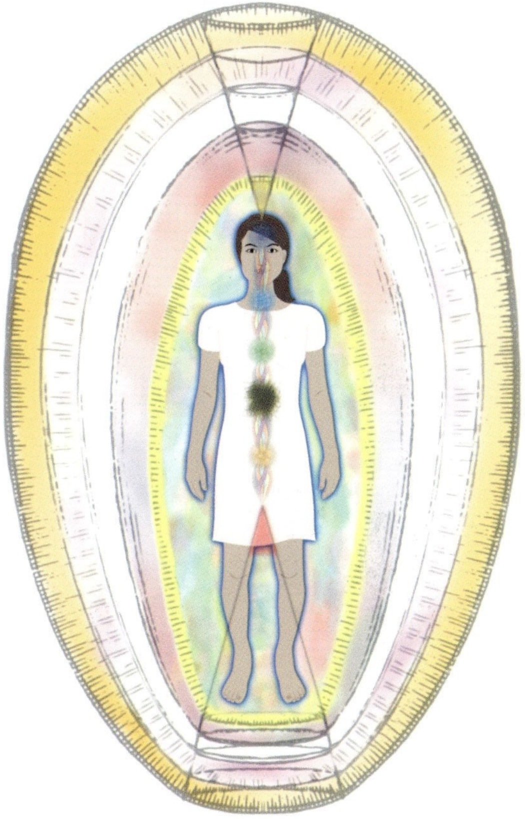

FIGURA 3-6d
O Bloqueio Volta ao Local Original com Energia Negativa Adicionada

FIGURA 3-7a
Curador Limpando um Bloqueio no Campo do Cliente
Curador coloca energia no bloqueio

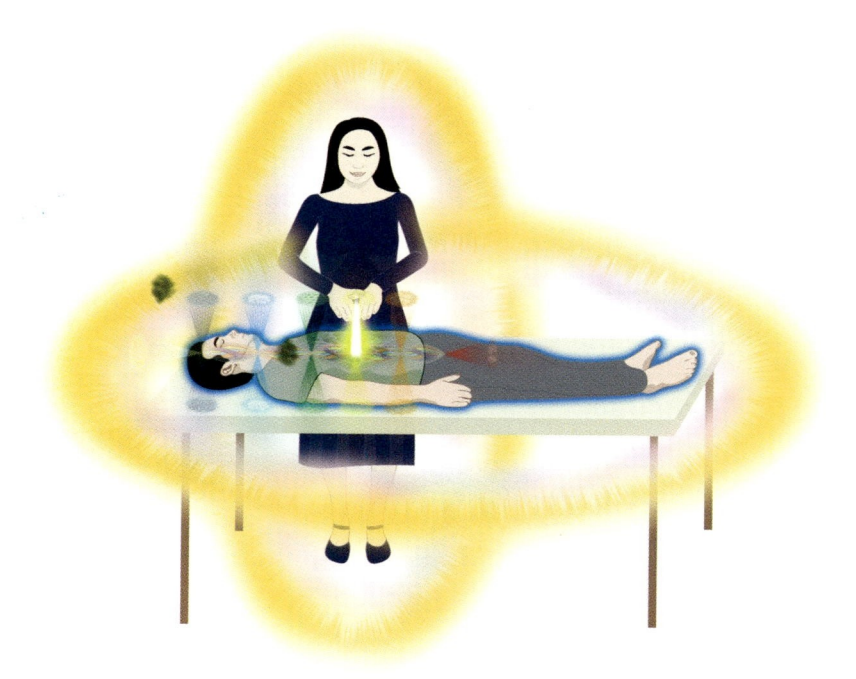

FIGURA 3-7b
Curador Limpando um Bloqueio no Campo do Cliente
Curador coloca mais energia no bloqueio; este sobe pela CVE

FIGURA 3-7c
Curador Limpando Bloqueio no Campo do Cliente
Curador integra a energia-consciência não bloqueada aos níveis superiores do CEH

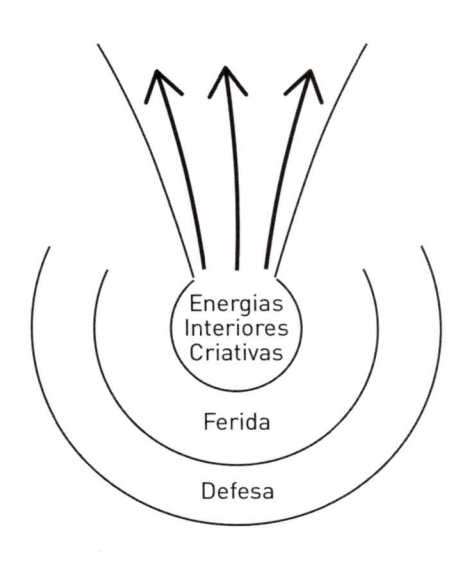

FIGURA 3-8
Detalhes de um Bloqueio Liberado

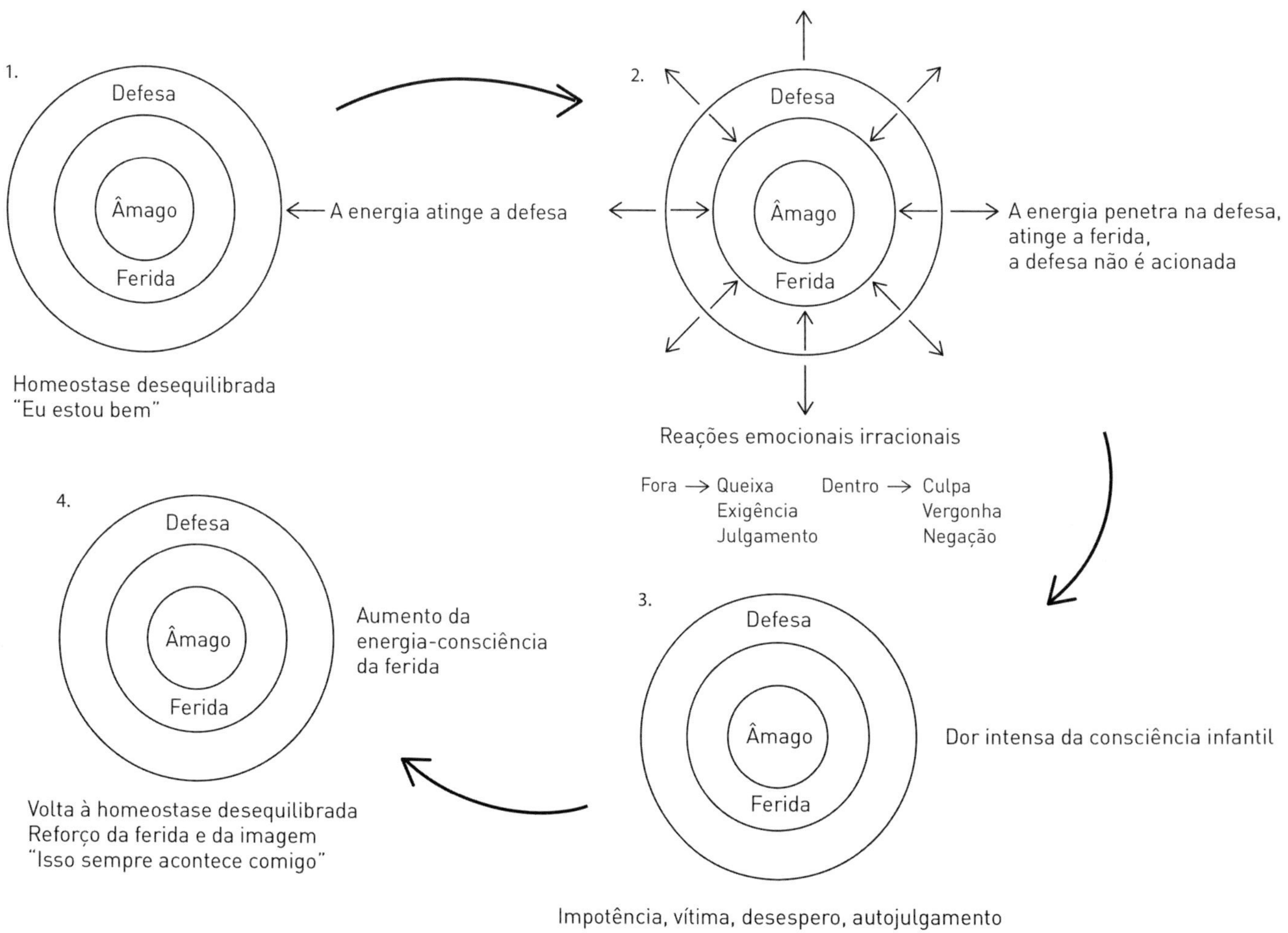

1.

Homeostase desequilibrada
"Eu estou bem"

A energia atinge a defesa

2.

A energia penetra na defesa, atinge a ferida, a defesa não é acionada

Reações emocionais irracionais

Fora → Queixa
        Exigência
        Julgamento

Dentro → Culpa
         Vergonha
         Negação

3.

Dor intensa da consciência infantil

Impotência, vítima, desespero, autojulgamento

4.

Volta à homeostase desequilibrada
Reforço da ferida e da imagem
"Isso sempre acontece comigo"

Aumento da energia-consciência da ferida

FIGURA 4-1

O Círculo Vicioso Confirma e Reconfirma a Consciência Infantil

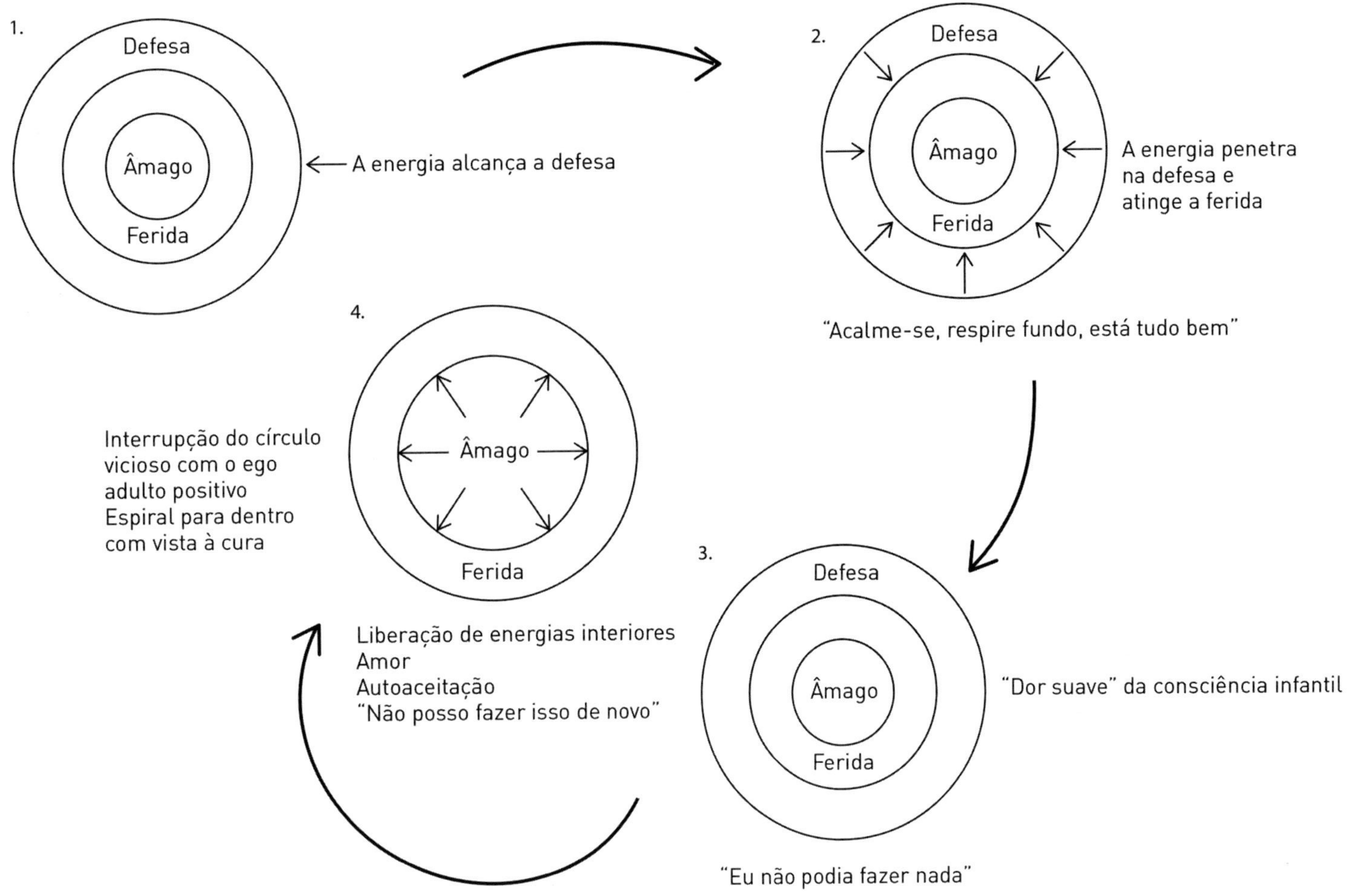

1.

Defesa
Âmago
Ferida

← A energia alcança a defesa

2.

Defesa
Âmago
Ferida

A energia penetra na defesa e atinge a ferida

"Acalme-se, respire fundo, está tudo bem"

3.

Defesa
Âmago
Ferida

"Dor suave" da consciência infantil

"Eu não podia fazer nada"

4.

Âmago
Ferida

Interrupção do círculo vicioso com o ego adulto positivo
Espiral para dentro com vista à cura

Liberação de energias interiores
Amor
Autoaceitação
"Não posso fazer isso de novo"

FIGURA 4-3

Ruptura de Círculo Vicioso e Movimento Espiralado para a Essência

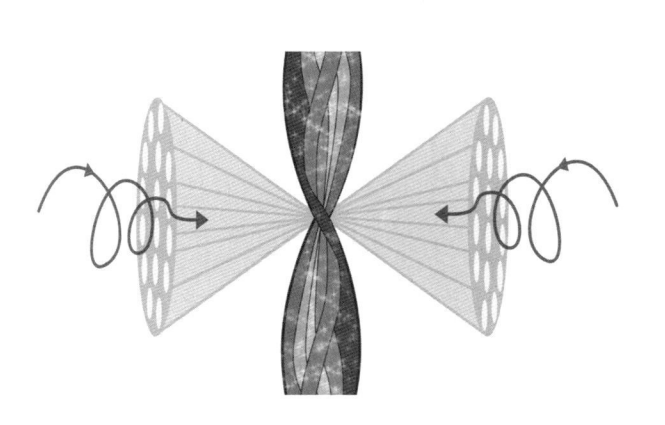

FIGURA 6-1
Chakra
O bioplasma do SECH espirala para dentro do chakra

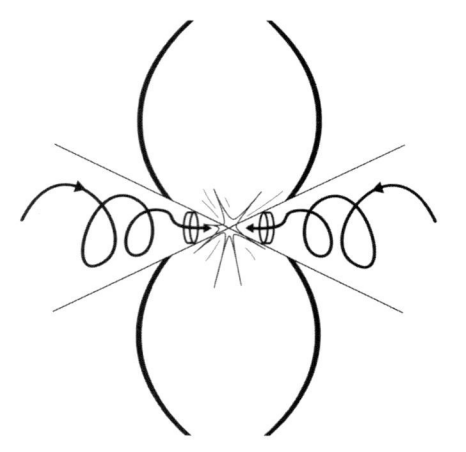

FIGURA 6-2a
Selos do Chakra e a CVE
Sete selos dentro da CVE

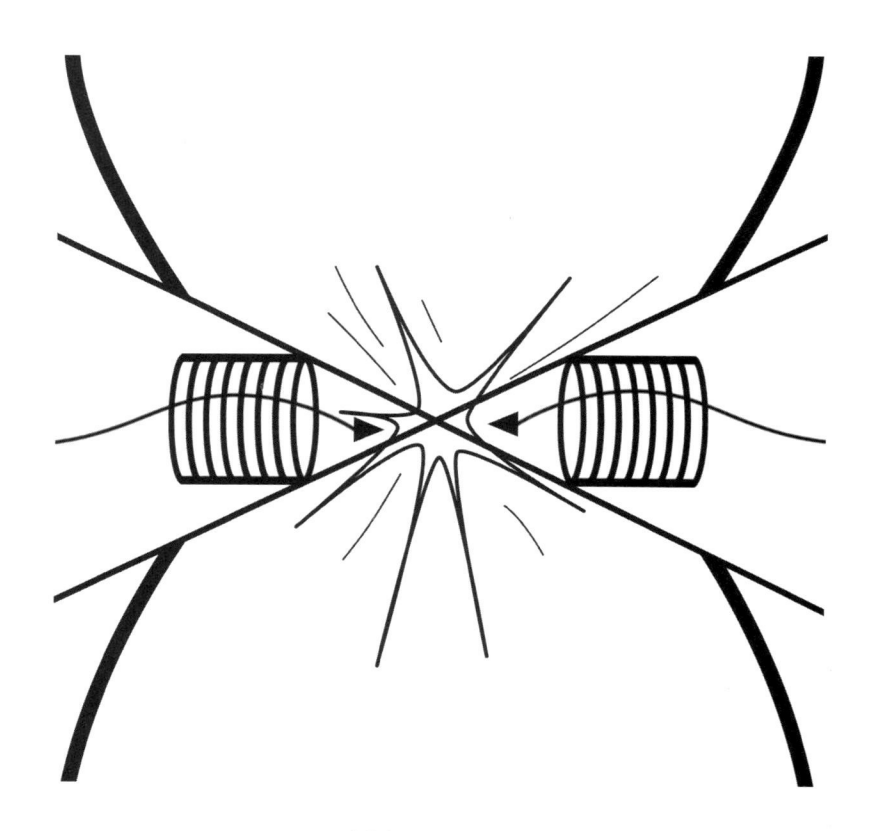

FIGURA 6-2b
Sete Selos de Chakras Ampliados

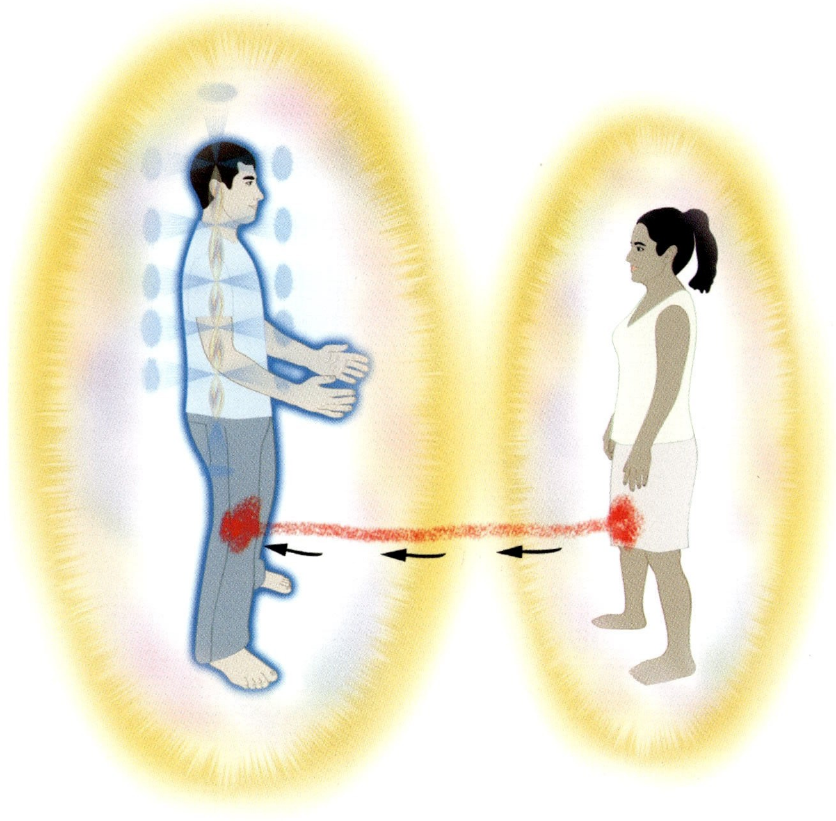

FIGURA 6-3a
Curador Puxando Informação (Dor) sobre o Cliente para Seu Corpo
Incorreto

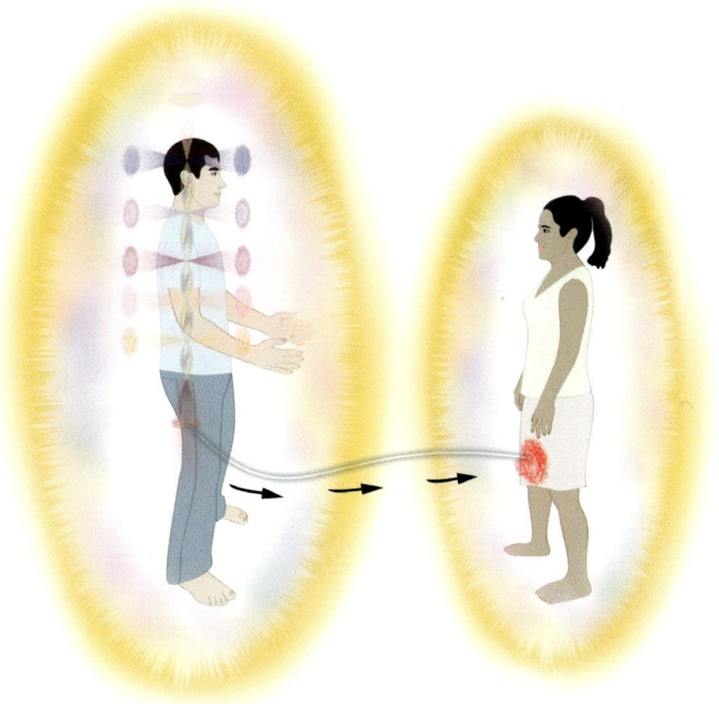

FIGURA 6-3b
Curador Usa PSS Através do Pseudópodo para se Conectar com Cliente
Correto

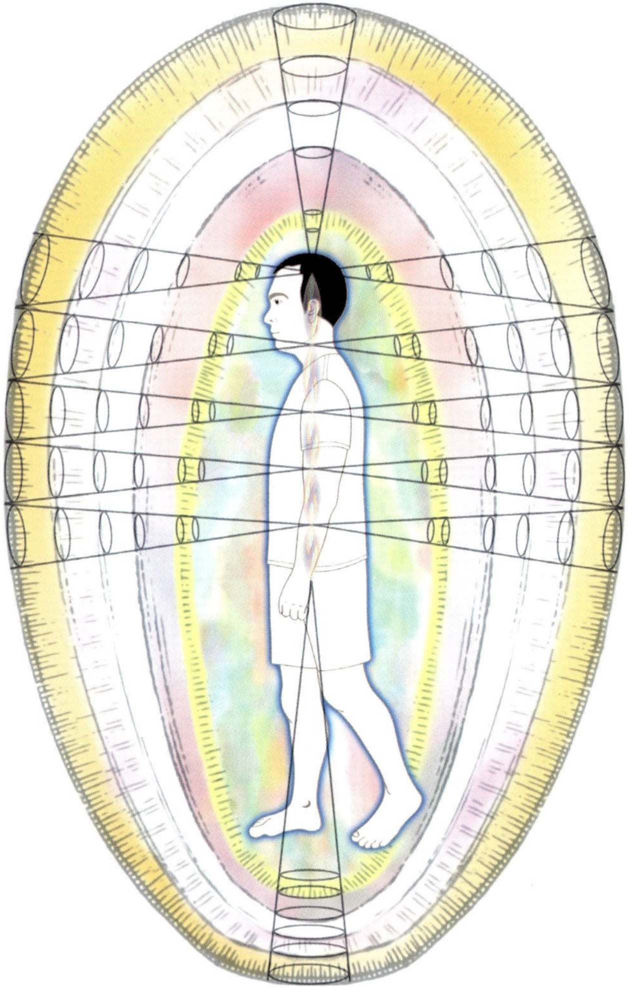

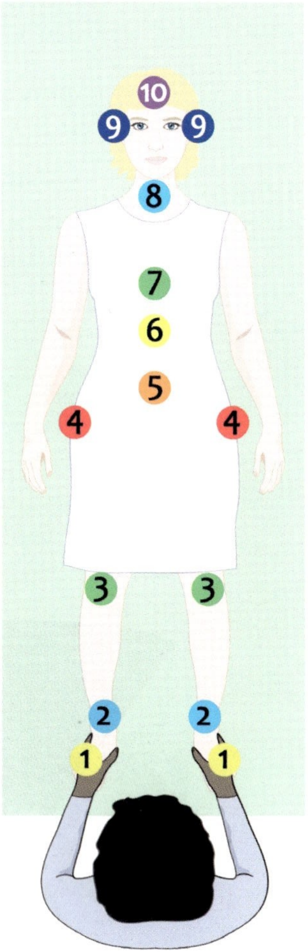

FIGURA 14-2
Posição das Mãos para Quelação

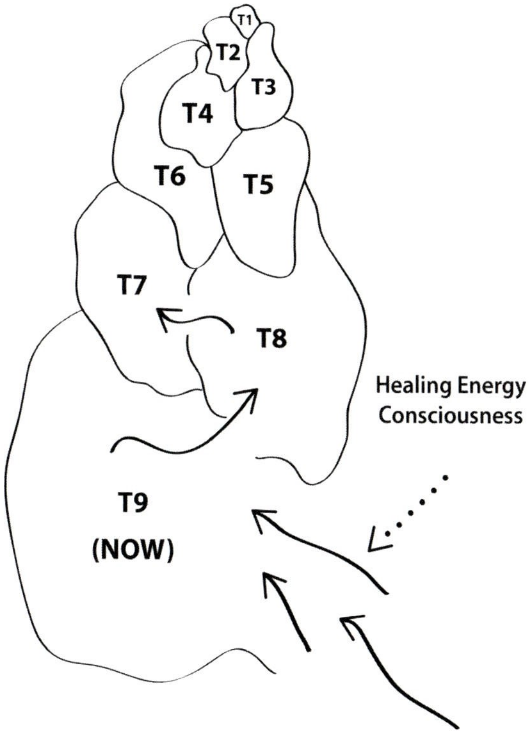

FIGURA 14-1
Anatomia de uma Cápsula do Tempo

FIGURA 6-4
Diagrama de um Campo Coerente

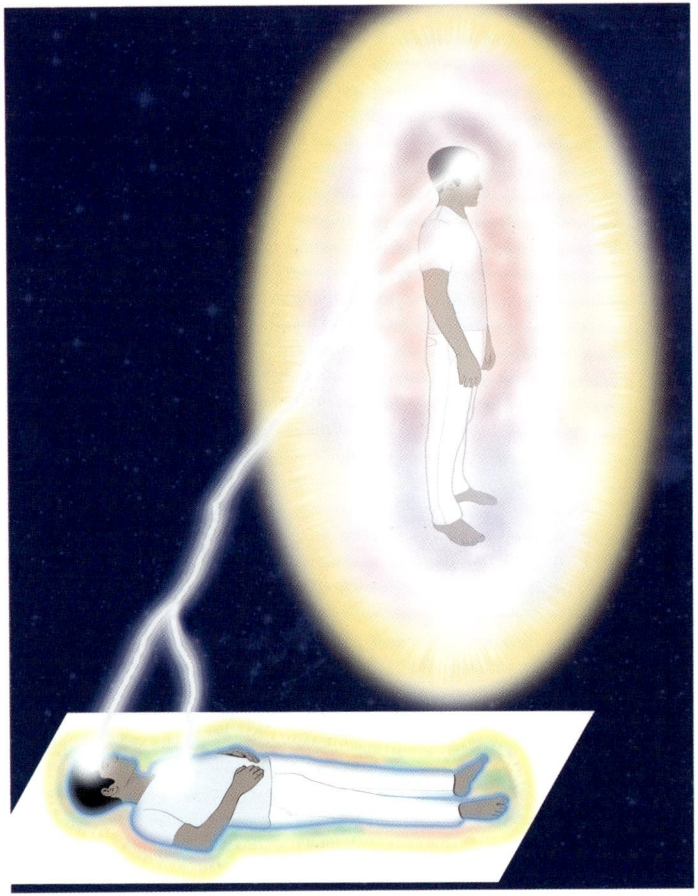

FIGURA 15-1
Viagem astral

O Cordão de Prata Mantém a Conexão Entre o Corpo Físico e o Corpo Astral que Viaja

FIGURA 15-2
Circulação do CEH na Morte

FIGURA 17-1
Conexões por Cordões entre a Pessoa Que Quer Nascer e a Mãe

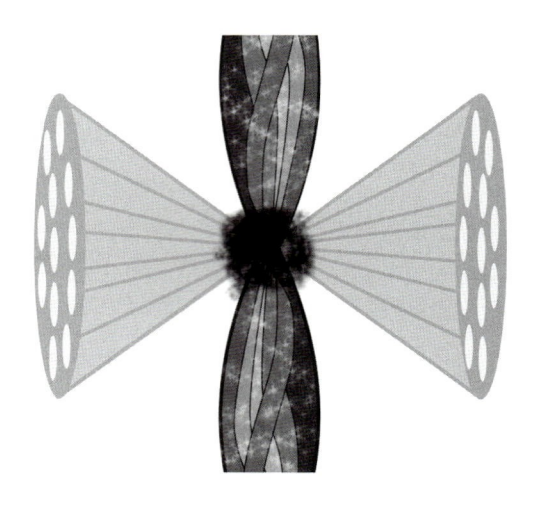

FIGURA 17-2
Um Bloqueio Denso e Escuro no Interior do Chakra do Coração Impede a Concepção

FIGURA 17-3
Conexões por Cordões Relacionais entre Filho e Pais

FIGURA 17-4a
Distorções de Cordões entre Donald e Sua Mãe

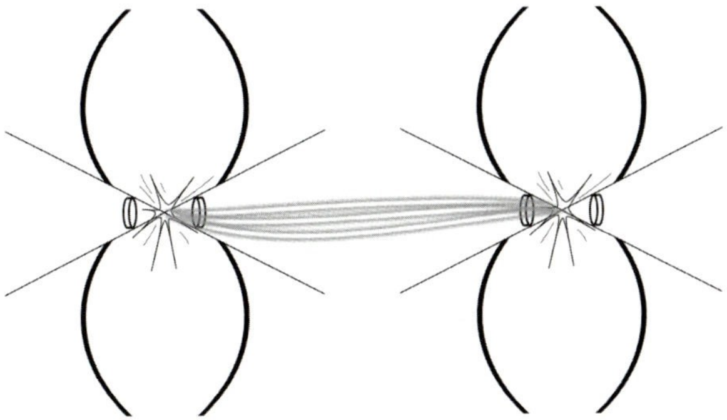

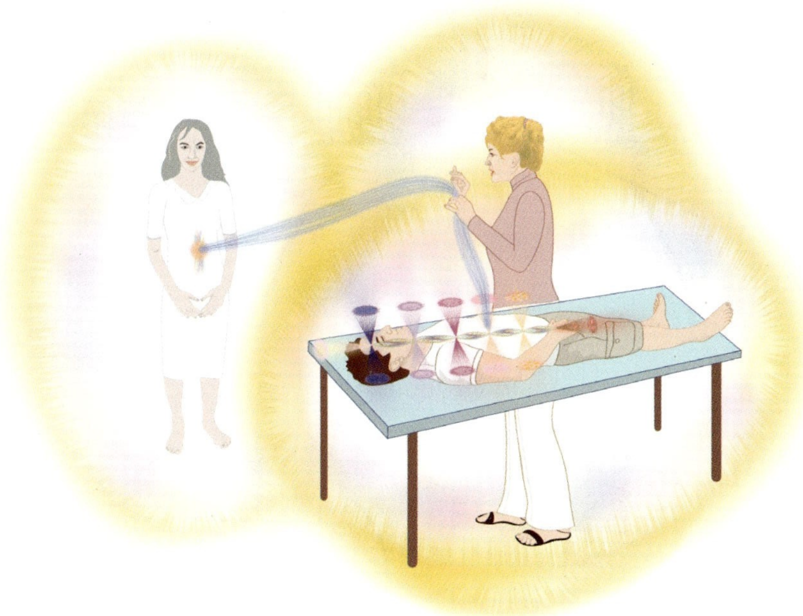

FIGURA 17-4b
Alívio nos Campos de Donald e Sua Mãe após a Cura

FIGURA 17-5
Anatomia Saudável de Cordões e Selos

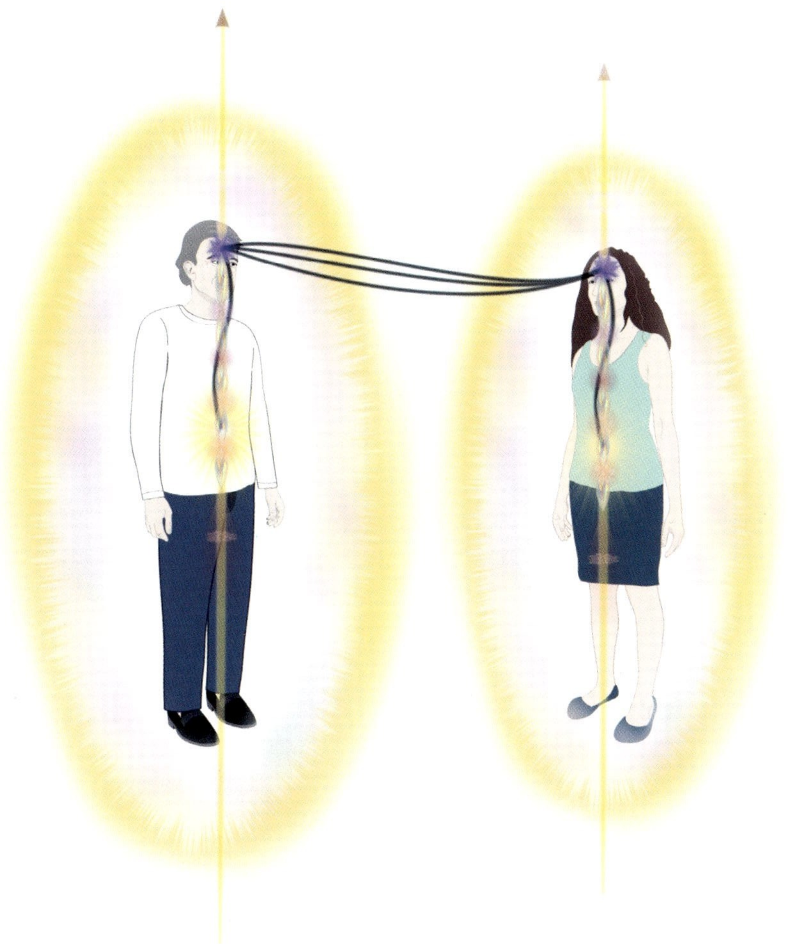

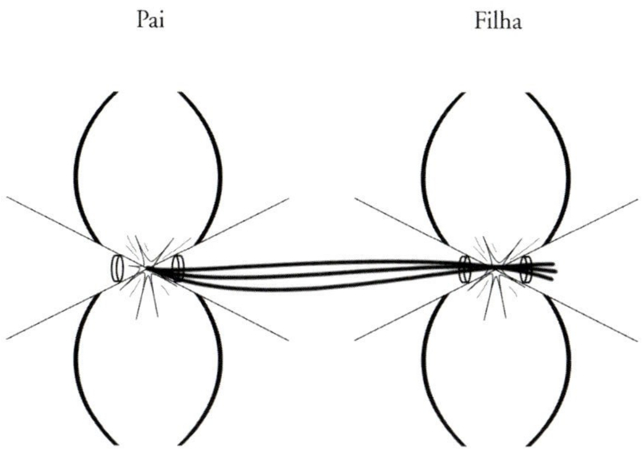

FIGURA 18-1b
RAT Penetrando os Selos do Chakra

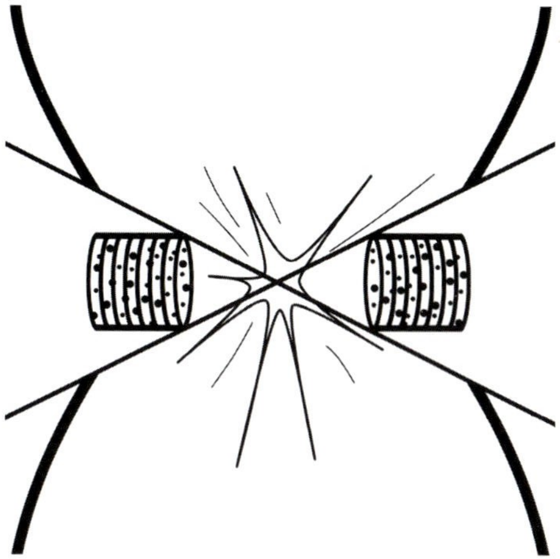

Pai   Filha

FIGURA 18-1c
Pontos Cegos nos Selos

FIGURA 18-1a
Danos no Sexto Chakra por RAT Impedem
Uma Clara Percepção da Realidade

FIGURA 18-2a
Passos na Cura das RAT
Começo da Cura Para Remoção das RAT

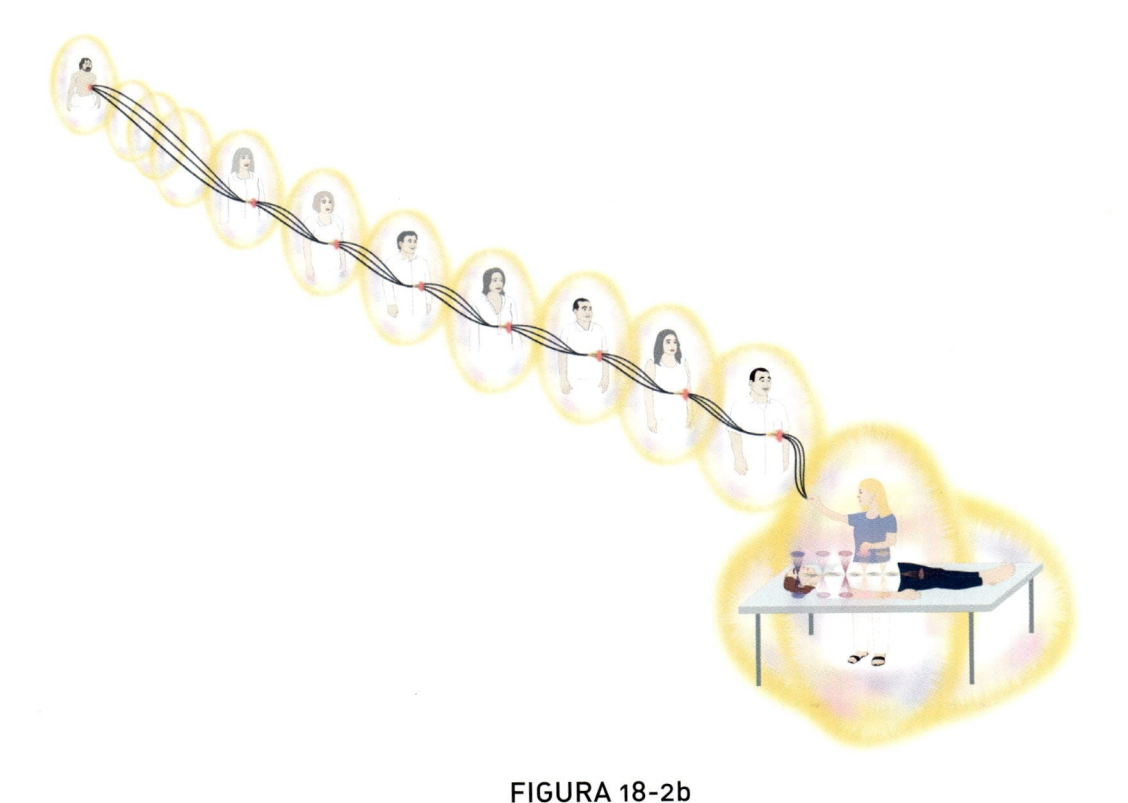

FIGURA 18-2b
Passos na Cura das RAT
Desemaranhando as RAT

FIGURA 18-2c

Passos na Cura das RAT

Todas as Gerações Recebem Cura

Capítulo 7

COMO ENTRAR NAS REALIDADES DO QUARTO NÍVEL

....

*Nada é criado fora da criação conjunta.
Não existe criação individual,
a menos que você leve em conta seu relacionamento
com o universo inteiro, manifesto e não manifesto.*
– Heyoan

Do que trata a realidade do quarto nível? **A realidade do quarto nível é o mundo dos relacionamentos. É o aspecto da energia-consciência dos nossos relacionamentos com a família, os amigos e todos os outros.** Como mundo da energia-consciência, o quarto nível contém objetos e formas-pensamento, como também seres diversos, de anjos a demônios.

Acompanhe-me nesta fascinante jornada de exploração das realidades do quarto nível.

Planolândia

Existe um pequeno livro interessante intitulado *Planolândia*, escrito pelo matemático Edwin A. Abbott. No mundo chato, bidimensional de Planolândia, só existem as coordenadas X e Y, como numa folha de papel (a coordenada da direita para a esquerda é X, a de cima para baixo é Y). Desse modo, só seres bidimensionais podem viver ali, já que esse mundo é semelhante a uma folha de papel. Em Planolândia, as criaturas não têm uma coordenada vertical Z ou terceira dimensão.

Na história, duas criaturas bidimensionais levam sua vida cotidiana normal e tudo está bem, até que, um belo dia, um ser tridimensional desce da terceira dimensão (a coordenada vertical Z) e faz um toque na confusa criatura bidimensional dentro da barriga. A princípio, a criatura bidimensional ignora o toque. Mas este continua. Então ele, sendo um matemático de Planolândia, examina o problema e descobre que a única maneira de ter sido tocado dentro da barriga é por uma criatura tridimensional. Fica extremamente animado com sua descoberta e conta aos amigos sobre a existência de seres tridimensionais. Em seguida, *sustenta* que um desses seres o está tocando dentro da barriga! Ninguém, é claro, acredita nele e todos acabam declarando-o louco. Quanto mais fala das estranhas criaturas tridimensionais, mais os amigos se convencem de sua loucura. O homem então percebe que é melhor não falar sobre o assunto.

Temos um problema similar quando falamos aos outros sobre realidades do quarto nível. Considero *Planolândia* um ponto de partida útil para começar a examinar a possibilidade dessas realidades, entendê-las e, por fim, aceitá-las, ou seja, reconhecer a existência de mundos do quarto nível. Nós, curadores que lidamos com as realidades do quarto nível, enfrentamos um problema semelhante para explicar algo que, aparentemente, está além da nossa experiência de vida. Mas será assim mesmo?

A Teoria dos Mundos Múltiplos na Cura

O treinamento para ser curador inclui a experiência de outras dimensões da vida ou "outros mundos". A informação sobre esses mundos acompanha a humanidade desde tempos imemoriais. Com o progresso da ciência e da experimentação, tais ideias deixaram de ser aceitáveis porque não há provas de sua *existência*, isto é, de sua *vivência*. A ideia de existirmos em outras dimensões começa agora a ser trazida de volta à nossa consciência, para ser reconsiderada como fonte de dados capaz de ampliar a compreensão de nós mesmos e de nossa vida, e de aprimorar nossa capacidade de nos tornarmos mais saudáveis e mais felizes; essa ideia já não é descartada como mera superstição antiga. A pergunta com que nos defrontamos é: *Como a moderna compreensão do mundo natural pode nos ajudar a enxergar os chamados "outros mundos", que têm estado em nossa psique há milhares de anos?* Muitas pessoas não vão mais longe por causa do medo desses outros mundos, medo que nossas atuais tradições nos insuflaram. Esqueçamos nossos terrores e lancemos um olhar ao passado distante e a outras possibilidades, para descobrir se há ali alguma informação valiosa.

Os Xamãs dos Índios Americanos

Os xamãs dos índios tanto da América do Sul quanto do Norte afirmam que essas experiências ocorrem no "tempo do sonho" ou nos "mundos oníricos". Recorrem à meditação e ao ritual, em grupo ou individual, para ir até lá e obter informação sobre, por exemplo, os hábitos dos animais selvagens que vivem em seu território, a fim de tornar a caça mais fácil. Usam essa prática para fins religiosos e para manter o equilíbrio entre os homens e o mundo natural, que consideravam e ainda consideram sagrados. Com efeito, essa tradição persiste até hoje.

As Religiões da Deusa Antiga

As religiões que cultuam uma deusa reinaram na Terra por milênios, antes do advento das modernas doutrinas de cunho masculino. As mulheres eram veneradas como receptáculos entre o mundo inefável e o mundo físico, dentro dos quais o homem plantava sua semente para perpetuar a vida na Terra. Muitas estátuas antigas de sacerdotisas tinham serpentes enroladas em seus ombros, braços e pescoço. A serpente é o símbolo imemorial da kundalini, a força da energia luminosa que percorre a coluna vertebral a fim de limpar o corpo e a mente para a iluminação. Muitas práticas de meditação são ensinadas com o objetivo de promover a iluminação por meio do movimento ascensional da kundalini.

Mais tarde o cristianismo, avançando para o norte, desembarcou nas Ilhas Britânicas e encontrou a antiga religião da deusa, praticada pelos povos nativos que viviam em estreito contato com a terra. Eles viviam de acordo com os ciclos naturais de vida, como também todas as outras criaturas. O ritual fazia parte de sua existência e eles saudavam cada estação do ano com uma cerimônia. Tudo era considerado vivo, isto é, provido de energia vital. Em Avalon (hoje, Glastonbury), as sacerdotisas aperfeiçoaram métodos de cura usando energia vital e ervas. Subiam ao topo de seu monte sagrado, o Tor, para penetrar o véu que separa os dois mundos. Era uma coisa natural.

Ignorando o que realmente faziam as sacerdotisas da religião da antiga deusa, em Avalon, os invasores acusaram-nas de feitiçaria e chacinaram-nas. A caçada às bruxas e seu extermínio continuaram na América, em Salem, Massachusetts. Essa época ficou conhecida como "o tempo das fogueiras". Os caçadores de bruxas não sabiam que a palavra inglesa *witch* (bruxa) significa "mulher que cura com ervas".

Enquanto isso, no entanto, aqueles cristãos acreditavam em outros mundos, que chamavam de Céu e Inferno! Mas, devido às profundas diferenças entre as duas religiões, os cristãos viam as mulheres do culto da deusa como pagãs e condenavam-nas à fogueira. Péssima coisa tanto para as "bruxas" quanto para os cristãos que faziam isso. É uma vergonha que pessoas de um determinado sistema de crenças julguem e condenem aquelas que não partilham dessas mesmas crenças.

Visões Culturais Modernas de Outros Mundos

Na cultura americana dos descendentes de europeus, persiste o apego a antigas tradições religiosas, mas eles começaram a rotular as experiências de outros mundos como entrar em estados alterados de consciência – sobretudo desde a era *hippie*, nos anos 1960! Fizeram-se algumas pesquisas sérias que mapearam as ondas cerebrais e as correlacionaram com tipos de experiências em estados alterados. Vejamos então o trabalho atual de exploração de outros mundos ou estados alterados de consciência. Nas pesquisas de Robert Monroe, do Instituto Monroe em Virginia, perto de Charlottesville, não há traços de preconceitos.

O Trabalho de Robert Monroe

Robert Monroe fez extensas pesquisas com aquilo que chamou de "territórios de sistemas de crenças", que ele e seus colegas vivenciaram ao penetrar em diferentes estados, ou níveis, de consciência. Robert conseguiu relacionar esses estados a certos padrões de frequência medidos no centro do cérebro de praticantes de meditação de longa data, como os monges tibetanos. E desenvolveu o Hemi-Sync, um modo simples de recriar essas frequências de meditação na mente de qualquer pessoa. Usando fones para dirigir uma frequência ligeiramente diferente a cada ouvido, Monroe conseguia controlar a entrada de frequência no centro do cérebro. Podia, assim, duplicar as várias frequências que correspondiam a diferentes estados ou profundidades de meditação que os monges tibetanos praticavam.

Os monges tibetanos têm muitas razões para praticar meditação regularmente: para acalmar a mente, para conseguir serenidade, para ter acesso a outros mundos e, ainda, para se preparar para a morte. *Poha* é o estudo da meditação com o objetivo de adquirir a capacidade de atravessar esses outros mundos ou estados pela prática de focar a percepção na luz clara dos níveis mais sutis de consciência. Segundo a tradição budista, após a morte, a pessoa vai para outros mundos, chamados *bardos*. Esses mundos são vistos também como estados de consciência pelos quais a alma viaja e é tentada. Contudo, as tentações não passam de projeções das partes mais sombrias da psique do morto.

Basicamente, cada cultura na Terra tem seu próprio modo de trabalhar com a ideia de mundos além do físico. Em minha jornada para me tornar curadora, e desde então, tive muitas experiências transcendentais. Essas experiências me levaram passo a passo, às vezes com delicadeza – outras, nem tanto –, à compreensão dos mundos além do físico.

O CEH e os Mundos de Energia-Consciência

Os mundos além do físico correspondem aos níveis superiores do campo de energia humano (CEH), enquanto a construção de um corpo físico e da vida física está associada aos três primeiros níveis do campo. Os níveis superiores (do quarto ao sétimo e mais além) constituem uma parte muito importante do eu vinculado à vida além da matéria, mas têm também impacto na vida física.

Quando aprendemos a perceber o quarto nível do CEH, conseguimos perceber igualmente o mundo desse nível. Ele existe para além do mundo físico tridimensional; no entanto, em certo sentido, também o circunda. O mundo do quarto nível possui uma frequência superior, igual e inferior à do mundo físico.

Depois que você aprende a observar e a penetrar no mundo do quarto nível, precisa de algum tempo para se familiarizar com ele. O mundo do quarto nível não é como o mundo físico. Não funciona como o mundo físico. Depois de penetrá-lo nas primeiras vezes, naturalmente esperamos que ele funcione de acordo com as leis físicas do mundo físico. Mas não. A princípio, isso parece bastante confuso e, não raro, muito amedrontador. Entretanto, após cuidadosa observação, descobrimos algumas leis básicas que presidem ao funcionamento do mundo do quarto nível. Embora ainda desafiador para nós, penetrar no mundo do quarto nível já munidos desse conhecimento é um grande alívio.

Abertura de sua PSS, Sua Jornada Pessoal

Conforme descrevi no Capítulo 6, para entrar no mundo do quarto nível você precisa primeiro abrir sua Percepção Sensorial Sutil (PSS) no quarto nível do seu CEH. Para tanto, é importante primeiro abrir a PSS nos níveis de um a três do seu CEH. Isso lhe proporcionará boa orientação quando penetrar no quarto nível.

Em geral, as primeiras experiências com a PSS são muito simples. Você pode, por exemplo, ter um sonho com um significado especial sobre algo que vai lhe acontecer. Pode ter uma visão ou ouvir palavras dentro de sua cabeça. Por outro lado, se estiver numa situação muito difícil ou perigosa, as experiências de PSS serão provavelmente bem mais intensas.

No começo, o sentido da PSS que se abre primeiro determinará o tipo de experiência que você vai ter. Se sua audição se abre primeiro, então você ouvirá sons, música ou informação. Se for a visão, você verá coisas além do alcance normal desse sentido. À medida que você for abrindo mais sentidos, suas experiências passarão a incluir informações oriundas desses sentidos. Você então conferirá as informações combinando os diferentes sentidos, tal como fazemos todos no mundo físico. Por exemplo, você pode ouvir um barulho forte e grave, sentir o chão tremer de leve, erguer os olhos e ver um caminhão se aproximando. Você já esperava ver o veículo com base na informação recebida dos dois primeiros sentidos e, é claro, de sua experiência anterior com caminhões pesados e barulhentos.

Se você permitir que suas experiências se revelem, sem tentar interpretá-las imediatamente, sua PSS se desenvolverá. Reserve algum tempo para colher as informações e não opte pelas respostas singelas, instantâneas. Deixe-as se juntarem num sistema que funcione para você com facilidade.

Vivenciar o Mundo do Quarto Nível por Meio da PSS

Depois que sua PSS se desenvolver e você for capaz de regulá-la no quarto nível do CEH, começará a perceber seres do quarto nível. A princípio, isso talvez ocorra em sonhos, podendo ser integrado mais facilmente ao seu sistema de realidade.

Os sonhos são, sem dúvida, a experiência do quarto nível mais comumente aceita. Por exemplo, as pessoas sonham com anjos ou coisas que talvez venham a acontecer, como acidentes de carro. A precognição e os sonhos são veiculados por quaisquer sentidos da PSS listados no Capítulo 6. Mas, como você está dormindo, diz a si mesmo que tudo está bem, que não ficou louco, que aquilo é apenas um sonho. Às vezes até deseja continuar sonhando. Em nossa sociedade, os anjos têm permissão de nos visitar em sonhos. Os sonhos são bons. Todo mundo sonha. Mas isso pode ser apenas o princípio.

Quando comecei a ver anjos, não disse nada a ninguém e passei a me censurar: "Quem você pensa que é? Só pessoas especiais veem anjos". Mais tarde, tendo continuado a vê-los, julguei que aquilo eram visões. Uma visão é quase tão segura quanto um sonho. Todas as religiões falam de pessoas visionárias. Chamar esse acontecimento de visão é, no fundo, uma maneira de fugir à necessidade de saber se ele é *real*, isto é, tão real quanto o que acontece no mundo físico. Uma visão é algo vago, ao mesmo tempo real e irreal.

Se você continuar a ter visões, acabará alcançando um patamar que desafiará sua interpretação da realidade. Eis como isso funciona. Digamos que, primeiro, você tem a visão de um ser espiritual, talvez um anjo ou um guia.

Depois, ouve-o falando com você. Ouvir um anjo ou um guia falar é comum em visões, de sorte que sua interpretação da realidade como visão persiste.

Em seguida, você faz à visão uma pergunta e o anjo/guia/ser responde! Agora você já deu um passo para se distanciar da visão como explicação satisfatória. Bem, talvez as visões respondam a perguntas, embora isso pareça um tanto estranho para algumas pessoas.

Dando o próximo passo, você provavelmente sentirá a presença do anjo/guia/ser. Agora, você já está se distanciando da visão. Vê o ser e ele fala com você. Faz uma pergunta e ele responde. Você sente sua presença; ele o toca e você sente seu toque. Está além do conceito de visão, que já não funciona para você. *A interação passou a ser relacional.* Você percebe até o tipo de sentimentos em relação a você e a intenção do anjo/guia/ser. Pode mesmo sentir o ambiente do ser à sua volta. Agora, você cruzou em definitivo os limites e está vivenciando o mundo do quarto nível.

Examinemos essa experiência em retrospecto para descobrir o que acontece no CEH correspondente a ela. Primeiro, você *vê* uma visão. Esse dado vem do seu sexto chakra que se abre numa frequência mais elevada do quarto nível do CEH. Lembre-se: o quarto nível corresponde ao mundo do quarto nível, que é um mundo de banda larga capaz de se expandir para baixo e para cima dos sistemas vibracionais do mundo físico da Terra. O mundo do quarto nível está repleto de seres que vão desde os altamente evoluídos, portanto, muito luminosos, brilhantes e angélicos, até os menos evoluídos que os seres humanos normais.

Depois de ver o anjo/guia/ser, você o ouve *falar*. Você acabou de abrir seu quinto chakra no quarto nível, na mesma faixa de frequência. Quando faz a pergunta, usa também seu quinto chakra. Quando experimenta algum sentimento em relação a você, como amor e dedicação, é porque abriu seu quarto chakra no quarto nível do seu CEH. Quando sente a presença e o toque do ser, é porque abriu seu primeiro chakra no quarto nível do seu CEH. Se entende a interação e a comunicação, é porque abriu seu terceiro chakra no quarto nível do seu CEH. Se tem sentimentos em relação a si mesmo com respeito a essa interação, é porque abriu seu segundo chakra no quarto nível do seu CEH. Portanto, em essência, todos os seis chakras estão abertos e funcionando no quarto nível do seu CEH, que corresponde à esfera do quarto nível. Desse modo, você também está experienciando seu próprio corpo do quarto nível. Se continuar tendo essa experiência, abrirá seu chakra da coroa no quarto nível do seu CEH. Você então se sentirá dentro do mundo do quarto nível, como parte dele, no lugar onde se encontra o anjo/guia/ser, e não no mundo do quarto nível fora de você, como se estivesse num filme interativo.

Como as Experiências da Infância Influenciam a Percepção Sensorial Sutil

Não me dei conta, por muitos anos, das primeiras vezes em que visitei mundos além do físico. Não compreendi que penetrava espaços de experiência de vida além das três dimensões às quais todos estamos acostumados. Porém, depois de estudar durante muito tempo esses fenômenos aparentemente inexplicáveis, comecei a perceber que todas as minhas experiências podiam ser entendidas muito melhor do ponto de vista das realidades do quarto nível. Estas são bem diferentes do nosso mundo físico normal, de três dimensões.

Todos nós, quando crianças, vivenciamos os mundos situados além do físico. Algumas experiências da infância são pura fantasia; outras são experiências da realidade do quarto nível, como os amigos invisíveis que a maioria dos adultos não vê, mas as crianças veem. Eis algumas das minhas experiências infantis da realidade do quarto nível. Você teve experiências parecidas?

Como as Experiências da Infância Influenciam Nossa Visão do Mundo da Realidade do Quarto Nível

Certa manhã, às cinco horas, meu pai me levou para pescar. Recomendou que eu remasse em silêncio, para que os remos não fizessem nenhum barulho ao entrar e sair da água. Eu era boa nisso. Gostava do silêncio, cortado de vez em quando pelo som de um peixe que saltava na superfície do lago calmo para apanhar algum inseto. Eu sentia nitidamente a tensão superficial da água sendo rompida. De manhã, sempre havia flutuações de bruma ou névoa aqui e ali, sobre o lago. Eu podia ouvir as brisas leves encrespando a água de vez em quando, criando aqui e ali pequenos redemoinhos. Quando voltamos, o sol já estava alto no céu.

Tudo isso funcionou como treinamento para a Percepção Sensorial Sutil. Eu passava horas sentada em silêncio no barco, sem me mover, com todos os sentidos atentos ao mundo natural que me cercava. Nunca encarei isso como uma forma de meditação; eu apenas ficava quieta. Agradeço muito a meu pai por isso.

Já minha mãe me influenciava de outro modo. Existe uma longa tradição de "sexto sentido" na família dela; aparentemente, minha avó usava-o o tempo todo, assim como minha mãe. Na família do meu pai, os antepassados eram todos membros da Maçonaria, a sociedade secreta que ajudou a formar e edificar os Estados Unidos.

Para eles, os "outros mundos" não tinham nada de "especial". Eram apenas parte natural da vida. Mamãe tinha fé inabalável em Deus, *a fé do grão de mostarda*. Essa fé nunca vacilava. Anos mais tarde, quando ela passou por uma cirurgia para implantar quatro pontes de safena, viu anjos em volta da mesa de operação. Sempre sabia o que estava para acontecer. Sabia quando o telefone ia tocar e se as notícias seriam boas ou más. Apenas intuição, dizia ela. Às vezes, vinha-lhe a sensação de que alguém ia morrer. Ignorava de quem se tratava, mas a morte ocorria. Algumas de suas irmãs, minhas tias, se consultavam com curadores regularmente.

O Efeito das Experiências Negativas da Infância na Percepção Sensorial Sutil

Quando eu era "má", minha mãe me castigava. Punha-me no colo e batia-me. Doía bastante. Meu pai, porém, era mais ameaçador. Se, voltando para casa depois do trabalho, mamãe lhe contava que eu e meu irmão havíamos nos comportado mal, ele ficava furioso e nos agredia.

Já mais velha, meu irmão me atormentava o dia inteiro, dizendo que eu *não tinha nascido, mas fora encontrada por meus pais debaixo de uma pedra*. Irritada, eu "perdia a cabeça" com ele por causa disso. Com base nessas experiências, aprendi a usar minha PSS para determinar *de onde o próximo golpe viria*. Assim, minha PSS se desenvolveu de duas maneiras: a do mundo natural, tranquilo e meditativo, que eu percebia no lago ou brincando nos campos e bosques, e a que eu usava para evitar qualquer embate negativo com meus pais. Creio que esses embates negativos foram uma das razões pelas quais eu gostava de ficar sentada sozinha nos bosques, quando era um pouco mais velha.

Esse é um problema com que todas as pessoas dotadas de PSS se defrontam, *pois a maioria a desenvolve para se defender.* Elas tendem a procurar o perigo e aquilo que está errado, *não o que existe.* Por exemplo, quando uma de minhas clientes era criança, sua mãe sempre a trancava num armário. Lá dentro era escuro e amedrontador, exceto pelos raios de luz que entravam por baixo da porta. Ela me confidenciou que aprendeu (mental e emocionalmente) a sair por aquela fresta de luz e passar os dias "flutuando" pelos lugares aonde queria ir. *Ela sentia muito medo e usava sua PSS para alertá-la da próxima coisa ruim que poderia lhe acontecer.*

Na BBSH, somos muito cuidadosos ao ensinar a PSS, pois nossos alunos devem conhecer a diferença entre procurar o que está errado e simplesmente observar o que existe. Procurar o que está errado poderá facilmente distorcer a PSS para o lado negativo e o aluno terá uma visão incompleta daquilo que observa. Desenvolvemos métodos especiais de ensino para que o aluno detecte suas divisões internas que afetam não apenas sua PSS, mas também sua capacidade de trabalhar profissionalmente como curador.

Minhas Primeiras Experiências da Interface entre os Mundos

Houve outra forte influência negativa no desenvolvimento da minha PSS quando eu era jovem: o fato de ter presenciado a morte de muitos animais, da fazenda ou nos bosques, que meu pai caçava para nos alimentar. Eu observava cuidadosamente o processo da morte, enquanto o animal passava de um mundo a outro. Via as energias vitais sendo puxadas para dentro e depois saindo para cima, no processo de transição. Era fascinante e educativo observar – além, é claro, de assustador, pois eu sabia que aconteceria comigo algum dia. Em resultado dessas experiências, fiquei curiosa para entender a interface entre os mundos físico e espiritual. Perguntava-me como seria deixar esta vida por outra, no mundo espiritual. E até imaginava como seria estar morta, não existir.

Às vezes, ficava acordada quase a noite inteira, tentando fazer a transição. Mas isso não dependia da minha vontade.

À noite, quando havia lua cheia e estava muito frio no meu quarto, eu me projetava pela janela até à lua. Sonho? Quem sabe? Eu "sonhava" frequentemente estar flutuando no meu quarto.

Meu maior problema à noite era ter de me levantar para ir ao banheiro, que ficava no andar de baixo. Não raro, acordava de manhã com a cama molhada. Isso me deixava chateada, pois tinha a nítida lembrança de ter descido para o banheiro. Por fim, mamãe me levou ao médico por causa do incômodo. Ele a aconselhou a me dar uma surra toda vez que eu acordasse com a cama molhada. Mamãe obedeceu. Acho que sua atitude me motivou a encontrar um meio de parar com aquilo. Fiz um grande esforço. Concluí que sonhava toda vez que descia para o banheiro. Por fim, encontrei uma maneira de não molhar mais a cama. Notei que, no "sonho", descia as escadas como se esquiasse por uma encosta abaixo. Assim, toda vez que, à noite, "esquiava" em direção ao banheiro, sabia que precisava fazer alguma coisa para voltar ao quarto, ao meu corpo. Precisei de alguma prática, mas finalmente consegui parar, virar-me e levar meu corpo escada abaixo da maneira normal. Nunca mais fiz xixi na cama.

Tive também outra experiência interessante quando frequentava o sétimo ou oitavo ano da escola. Lembro-me de estar sentada num balanço no quintal de casa e chorar profundamente por longos períodos de tempo, porque o amor da minha vida ainda não tinha nascido. Há poucos anos, lembrei-me dessa experiência e concluí que tinha sido verdadeira. Meu marido, o amor da minha vida, de fato ainda não havia nascido!

Juntar todas essas experiências para lhes dar algum sentido, enquanto crescia, apenas me tornava ainda mais curiosa.

Algumas de Minhas Primeiras Experiências Espontâneas de Quarto Nível Quando Adulta

Devo esclarecer, antes de qualquer coisa, que nenhuma das experiências descritas neste livro ocorreram sob o efeito de álcool ou drogas. Não bebo álcool e nunca usei drogas recreacionais. Jamais fumei cigarros. Essas coisas são terríveis para o corpo físico e para o SECH. Perturbam a saúde natural do campo, diminuindo sua frequência e coerência. Aqui vão as minhas primeiras experiências de quarto nível. Citarei outras no Capítulo 10.

O Teste do Túnel: Durante minha transição de terapeuta bioenergética para curadora, tive algumas experiências inusitadas que ocorreram no meio da noite. Por duas noites seguidas, senti alguma coisa tentando me arrancar do corpo enquanto eu dormia. Eu resisti. Na terceira noite, acordei e vi um ser no centro do quarto, que pensei ser um anjo.

Eu disse: "Olá, anjo!" e em seguida adormeci de novo, para ter uma experiência profunda que começou como um sonho:

Levantei-me para ir ao banheiro, no meio da noite, e estava sentada no vaso sanitário olhando meu rosto refletido numa placa metálica em volta do trinco da porta. Enquanto olhava, meu cabelo se transformou, de loiro, em preto, com um corte afro. Depois, meu rosto se transformou no de um homem de pele escura.

De repente, eu estava de novo na cama e já não sonhava; mas dois seres tentavam me tirar do corpo. De um lado, vi o homem de cabelo afro com roupas vermelho-alaranjadas e, do outro, o anjo. Por mais que eu resistisse, não conseguia permanecer em meu corpo. Sentia e ouvia algo como um vento muito forte soprando através do meu centro, que criava uma grande força de sucção interna que me sugava para fora do corpo. Meus tímpanos vibravam como se um vento interior os atravessasse.

Enquanto me tiravam do meu corpo, disseram: *"Vamos testá-la para saber se você pode seguir a vontade de Deus e tornar-se curadora. Concorda?"*

"Sim!"

"Vejamos se consegue atravessar essa parede de concreto de 60 centímetros de espessura."

"OK!", respondi, lembrando-me de que existem vastos espaços entre as moléculas. Obedeci e atravessei a parede. Em seguida, voltei ao meu corpo.

"Muito bom. Agora vai ser um pouquinho mais difícil. Pronta?"

"Sim", concordei acenando minha cabeça energética.

Eles me levaram para um túnel profundo e escuro. Tudo ficou preto. A pressão era enorme e parecia que eu estava sendo esmagada. Finalmente, avistei uma luz no fim do túnel. Não chegamos até a luz, voltamos antes disso. Mais tarde, descobri que era o túnel entre a vida e a morte. (Ver o Capítulo 15 para a descrição do CEH da morte.)

Na época, enquanto treinava para ser curadora, estava fazendo sessões de cura com um professor em Nova York. Na semana seguinte, ao entrar, meu professor perguntou: "Muito bem, como você está?"

"Enquanto eu dormia, alguma coisa tentava me tirar do meu corpo, mas eu resistia. Então vi um anjo no canto do quarto."

"Era eu. Você me chamava de anjo. Sim, tentei tirá-la do seu corpo e você resistiu."

"Ah, então era você?"

"Sim. Mas, como você resistisse muito, chamei Sai Baba para me ajudar."

"Hum, o sujeito com cabelo afro! Vocês dois me levaram pelo túnel da vida e da morte para ver se eu obedecia à vontade de Deus para me tornar curadora. Certo?"

"Certo."

"Passei no teste?"

"Sim, você se saiu muito bem."

Três meses depois que me submeti ao teste do túnel, choviam pedidos de novos clientes para sessões de massagem, Bioenergética e Core Energetics. E eu não tinha feito propaganda nenhuma! As pessoas vinham, melhoravam e contavam para os amigos. Eu não conseguia atender a todos os chamados nem fazer a contabilidade, por isso contratei uma secretária e um contador. Transferi para outros profissionais todos os clientes de terapia Bioenergética e Core Energetics. Meu trabalho de cura prosperava.

Anjos e Guias! São tantos!

Tenho visto muitos anjos e guias há anos. Aparecem em vários tamanhos. Todos os anjos que vi tinham asas. Os guias, geralmente, não. Estes aparecem em diferentes tamanhos e formas, segundo a cultura e o sistema de crenças das pessoas com quem desejam se comunicar. Heyoan me contou que os guias assumem a forma de que precisamos para reconhecê-los e aceitá-los. Seu objetivo principal, ao se comunicar conosco, é nos ensinar e nos ajudar na jornada rumo à plenitude. Segundo Heyoan, guias são seres que encarnaram várias vezes e, portanto, não se relacionam com a vida terrena da mesma maneira que os anjos.

Os anjos vivem na esfera da vibração mais sutil do mundo do quarto nível e também nos mundos espirituais superiores acima desse nível. Nem sempre entendo o que eles fazem. Muitos arcanjos compareciam às sessões de cura que eu ministrava no Pathwork "City Center" em Nova York. A razão disso, ignoro. Eu era tímida demais para mencionar tais coisas. Nunca falei nesse assunto, exceto quanto o próprio cliente o trazia à tona.

Por exemplo, certa vez o forte e viril arcanjo Miguel irrompeu pela sessão e brandiu sua espada formando diferentes desenhos geométricos sobre a cabeça da cliente!

"O que está fazendo? Tome cuidado!", exclamava eu, telepaticamente. Mas ele não parava. E não havia nada que eu pudesse fazer para detê-lo.

Logo no dia seguinte, quando eu entrava no carro para voltar para casa, nas Catskill Mountains, o motorista perguntou: "Quer um marcador de páginas?" E passou-me um marcador com a imagem do arcanjo Miguel. A imagem era idêntica ao anjo que viera à sessão de cura no dia anterior. O arcanjo Miguel continuou aparecendo nas sessões de cura da cliente semana após semana, sempre brandindo aquela enorme espada sobre a cabeça dela. Por fim, desisti de tentar detê-lo e compreendi que aquele era o seu trabalho. A cliente melhorou. De fato, ela foi uma das poucas pessoas que não sentiram os efeitos colaterais da quimioterapia. Ela colocou um rótulo em cada frasco dos remédios com as palavras "Puro Amor". Mais tarde, disse-me que rezava para o arcanjo Miguel diariamente. Por isso, sem dúvida, ele sempre aparecia.

O arcanjo Gabriel também veio a uma sessão de cura, de outra cliente. Soprou sua trombeta o tempo todo. No início gostei, mas depois quis que ele parasse. O som era tão alto que comecei a perder a concentração. Ainda não sei por que ele fez aquilo. Sem mencionar o que eu via e ouvia, perguntei à cliente se ela tinha algum conhecimento sobre os arcanjos. E ela prontamente revelou que se sentia muito ligada ao arcanjo Gabriel.

Achei os arcanjos Rafael e Ariel bem menos invasivos. O arcanjo Rafael apareceu com muita doçura e amor, e inúmeras cores. O arcanjo Ariel era efêmero, a atmosfera da sala ficou iluminada como se o ar se tornasse cristalino, brilhando suavemente através de mim e do cliente.

Eu esperava que os arcanjos fossem bem maiores, mais resplandecentes, poderosos e impressionantes. Heyoan, porém, me lembrou que os seres espirituais se mostram de qualquer forma que desejam e do jeito que consideram mais adequado para o cliente em processo de cura.

Segundo o Guia do Pathwork, os anjos jamais encarnaram. Não apresentam, portanto, o mesmo tipo de individualização de um ser que já encarnou. O Guia do Pathwork afirma ainda que, para ter livre-arbítrio, é necessário encarnar. Sem a encarnação, não existe sequer a ideia de livre-arbítrio ou mesmo de vontade individual. É, pois, natural que os anjos sigam a vontade de Deus sem hesitar ou supor que poderiam agir de outra maneira.

Existe a crença comum de que, quanto maior for o ser de luz, o guia ou o anjo, mais evoluído ele será. Isso nem sempre é verdade. Vi alguns bem pequenos, mas ainda assim bastante eficientes para ajudar as pessoas que guiavam. Mas, certa vez, vi um anjo realmente *grande*. Lembrou-me o formidável Buda de Nara, Japão. Aconteceu na Casa Comunitária de Bridgehampton (Nova York), onde uma das semanas de aula da BBSH estava acontecendo. Na época, era difícil fazer o trabalho administrativo; a escola estava ficando grande demais para o espaço disponível. Eu sofria enorme pressão e ainda por cima enfrentava dificuldades com uma pessoa que estudava ali. Às vezes, quando muito pressionada, eu me rebelo contra os guias espirituais encarregados da BBSH. Dessa vez, ameacei (psiquicamente, para os guias) largar tudo se as coisas não melhorassem um pouco. Pedi que os guias e os anjos nos ajudassem a resolver os problemas ou, pelo menos, confirmassem que eu estava no caminho certo.

Com a PSS, intimei-os: "Ou recebo um sinal de que devo continuar e de que estou mesmo cumprindo a tarefa da minha vida ou desisto!" (Talvez não desistisse de fato, mas aquela era a única maneira que eu conhecia de pedir ajuda nos primeiros tempos da escola.)

Na semana de aula seguinte, durante a meditação de abertura, um anjo enorme apareceu, ocupando todo o espaço da entrada. Quero dizer enorme, mesmo. O teto do saguão tinha quase oito metros de altura, com uma galeria em todo o perímetro. A veste do anjo ocupou o saguão todo. Sua túnica era tão alta quanto o teto. *Apenas a túnica tinha quase oito metros de altura!* A luz era tão intensa que cegava.

"Está bem, está bem, entendi!", exclamei com a PSS para os guias e o anjo gigantesco.

Tentando Projetar, num Livro, Minha Percepção Consciente

Anos depois, em East Hampton, Nova York, eu estava lendo um livro sobre Edgar Cayce e o modo como ele projetava sua consciência em livros para aprender o conteúdo enquanto dormia ou meditava. Assim, uma tarde, tendo me deitado para descansar, coloquei o livro de Cayce sob a cabeça e projetei nele minha consciência. De repente, vi-me flutuando fora do corpo e por cima da casa. Isso foi desconcertante, pois a ideia era não ler o livro e mesmo assim obter toda a informação nele contida.

No dia seguinte, ao tirar um cochilo, decidi usar a mesma técnica para sair do corpo e ir a Nova York, onde meu marido estava trabalhando, para saber se conseguia vê-lo. Ainda morávamos numa pequena casa alugada em East Hampton, no leste de Long Island. Nova York ficava a 145 km de distância, a oeste. Saí do corpo, mas, quando tentei ir a Nova York, tomei outra direção. Insisti várias vezes e em todas acabava voando para Block Island, a leste. Não conseguia. Como minha cabeça estava pousada no travesseiro, virada para o sul, ao sair do corpo eu me voltava para a esquerda e supunha estar me dirigindo para oeste. Era a direção errada. Não consegui ir a Nova York dessa maneira. Fiquei transitando entre leste e oeste. Isso aconteceu porque viajar no mundo do quarto nível não é como viajar no mundo físico. O desafio da viagem astral é focalizar a mente, isto é, saber por quanto tempo se é capaz de deixá-la concentrada numa coisa. O objeto da concentração determina para onde se vai. Tão logo você muda o foco mental, muda também o que chamaremos de "direção" na Terra e acaba indo para outro lugar. De modo que, talvez, eu não conseguisse manter minha mente focada. Discutirei no próximo capítulo como o quarto nível funciona.

Confusão no Mundo do Quarto Nível

Uma vez que você faz a travessia com a PSS, e entra em contato com seu corpo e o mundo do quarto nível, a confusão começa. Você sem dúvida leva consigo o pressuposto de que o mundo e o corpo do quarto nível funcionam como o corpo e o mundo físicos. Isso, pura e simplesmente, não é verdade. Além de tudo, como explicado no Capítulo 6, a PSS também não funciona como os cinco sentidos normais.

Prepare-se para uma montanha-russa que pode levá-lo a algumas experiências bizarras, nem lógicas nem fáceis de entender no princípio! No próximo capítulo, vou ajudá-lo a orientar-se na viagem pelo mundo do quarto nível, dando-lhe algumas dicas que funcionaram para mim e são fruto de informações adquiridas durante minhas experiências.

Revisão do Capítulo 7:
Explorar os Fundamentos de Sua Relação com a PSS e o Desconhecido

Passe brevemente em revista as experiências de sua infância para esclarecer a atitude básica em relação ao desconhecido que caracterizou seus antepassados maternos e paternos. Eis algumas boas perguntas que deve fazer a si mesmo:

1. Que experiências inusitadas, no começo da infância, você não pode entender nem explicar com o raciocínio "normal"? Como as encarou? O que despertou sua curiosidade? E o que o torna curioso atualmente?
2. Quais eram as atitudes não faladas em cada uma de suas linhagens familiares diante do seguinte:
   A) Realidades ou mundos além do físico.
   B) Espiritualidade pessoal em relação às religiões organizadas.
   C) Natureza do mal e sua relação com mundos não físicos e PSS?
3. De que modo sua atitude em relação aos fatos acima e à PSS se desenvolveu como resultado dessas experiências?
4. Quais são os seus medos sobre experienciar o mundo do quarto nível?

Capítulo 8

MUNDOS, OBJETOS E SERES DA REALIDADE DO QUARTO NÍVEL

*Todos os mundos,
físicos ou não,
todos os níveis do céu e do inferno
estão sempre sendo criados conjuntamente.*
– Heyoan

Neste capítulo, descreverei o mundo da realidade do quarto nível e falarei de vários objetos e seres que o habitam.

Passeio pela Realidade do Quarto Nível

Ao entrar no mundo da realidade do quarto nível, a princípio, talvez você não o ache muito diferente do mundo físico. Na verdade, até pensará estar ainda no mundo físico, pois o cenário é muito parecido. Entretanto, depois de alguns minutos, você notará a diferença, pois o mundo da realidade do quarto nível não permanece o mesmo por muito tempo. Há boas razões para que ele se pareça com o mundo físico. **Uma delas é que nós somos cocriadores da realidade do quarto nível.** Explicarei mais adiante como isso acontece. Mas, primeiro, descreverei os diversos objetos e seres que constituem o mundo da realidade do quarto nível.

Existem **objetos da realidade do quarto nível.** Eles incluem tudo o que você viu ou sonhou, e também coisas irreconhecíveis que nunca viu e em que não pensou antes – coisas criadas por humanos e outros seres vivos que também criam conjuntamente os mundos das realidades do quarto nível.

Há também **seres da realidade do quarto nível**, que assumem as mais diversas formas, tamanhos e aparências. Podem parecer animais, pássaros, répteis, anfíbios, peixes e criaturas humanas normais. Podem se apresentar como personagens de mitos e fábulas, céus e infernos. Podem, em suma, ser qualquer coisa, mesmo aquilo que os homens jamais imaginaram – ou, também, que a mente humana já concebeu. Surgem como criaturas antigas ou novas; são às vezes irreconhecíveis, algo além da nossa compreensão.

Além de objetos e seres, existem também na realidade do quarto nível formas-pensamento. **Formas-pensamento são, na verdade, uma combinação de emoções e pensamentos, que prefiro chamar de formas psiconoéticas ou, abreviando, FPN.** As FPN não são, em geral, muito grandes ou bem-formadas, pois são constituídas principalmente de emoções negativas e pensamentos irracionais informes e mal-organizados. Podem encerrar em si muita energia e intenção de natureza dualista negativa. AS FPN são criadas por homens e outros seres vivos criadores. Todos criamos FPN.

Todos esses objetos, seres e FPN da realidade do quarto nível podem também ser encontrados no quarto nível do CEH. Estão quase sempre ligados a bloqueios ou feridas no CEH que contêm experiências não resolvidas desta e de outras existências. Esses objetos, feridas e FPN são tratados, no quarto nível do CEH, com técnicas de cura do quarto nível que serão descritas no Capítulo 14.

Objetos nas Realidades do Quarto Nível

O quarto nível do CEH tende a guardar muitos tipos de armas de antigas batalhas, como espadas, lanças, escudos, flechas e projéteis. Há também ali punhais cravados nas costas – literal e figurativamente – e outros tipos de feridas provocadas por várias causas, como ataques de animais, veneno e instrumentos de tortura. Os homens fazem essas coisas horríveis uns aos outros há séculos, por mais inacreditável que pareça! No Capítulo 11, descrevo alguns objetos que removi dos campos das pessoas.

Até que sejam solucionadas, não importa quando tenham ocorrido, essas experiências continuam de algum modo encravadas no CEH. Geralmente, quanto mais longe remontam, mais comprimidas se acham no CEH. Às vezes diminutas, não são fáceis de ver até começarem a se expandir e se revelar, quando são ativadas. Isso pode acontecer caso o sistema energético da pessoa seja desafiado por uma poderosa energia externa ou causas internas, como uma doença.

Além dessas lesões típicas, encontramos maldições, ou feitiços, colocados no CEH nesta ou em vidas passadas, quando não transmitidos por um ancestral a futuras gerações. Podem se apresentar sob várias formas e exigem técnicas de cura adicionais por envolverem certos tipos de ritual ou cerimônia que se valem da intenção concentrada do indivíduo ou indivíduos responsáveis pela maldição/feitiço. Esses indivíduos utilizam técnicas e conhecimentos secretos, às vezes passados de geração em geração.

Tais técnicas não são limitadas pela passagem do tempo. Coisas como maldições e feitiços antigos podem às vezes ser encontradas no CEH de pessoas doentes ou perturbadas. Embora raramente, é possível que antigos conhecimentos e técnicas continuem ativos no mundo da realidade do quarto nível e sejam usados para acumular poder para ser usado "contra" os outros.

Embora essas coisas possam não ser aceitáveis hoje em dia para as mentes educadas, ainda assim é necessário entender como o mundo do quarto nível funciona caso se deseje a cura de condições semelhantes. Ele funciona movido pela *intenção negativa de prejudicar*, induzindo medo na pessoa contra quem a "maldição" é lançada. Falarei sobre isso mais detalhadamente no Capítulo 12.

Lista de Objetos do Mundo da Realidade do Quarto Nível:

- Experiências não resolvidas da vida presente.
- Experiências não resolvidas de outras vidas.

- Maldições, feitiços ou objetos cerimoniais como brasões ou símbolos, colocados no CEH na vida presente ou em vidas passadas, ou no CEH de antepassados e transmitidos a gerações futuras.
- FPN criadas pela pessoa ou por outros.

Seres da Realidade do Quarto Nível

Os seres da realidade do quarto nível são os que aí vivem. Sua natureza varia, de anjos e guias, passando por criaturas desencarnadas entre vidas físicas (como humanos e animais), até monstros e demônios. O mundo da realidade do quarto nível abarca uma ampla faixa de frequências vitais. Nas altas frequências, encontramos luz, coerência, sincronia e seres amistosos, gentis. Quanto mais alta a frequência, mais forte a luz e mais desenvolvidos os seres. Esses são os territórios ou esferas de sistemas de crenças que os humanos chamam de "céu". Quanto mais baixa a frequência, mais escura e nefasta é a esfera. São os níveis do purgatório e dos infernos, sobre os quais tanto ouvíamos falar quando nos comportávamos mal! Ninguém, na verdade, quer ir para esses territórios de sistemas de crenças. Há muitos outros para escolher quando deixamos o mundo físico, desde que saibamos como agir, regulando a luz e a clareza do nosso CEH! Falarei mais sobre isso mais adiante. Voltando aos seres, eis uma lista dos não físicos que encontrei:

Lista dos Seres do Mundo da Realidade do Quarto Nível:

1. Arcanjos: Os arcanjos estão acima da realidade do quarto nível, nos níveis mais elevados do CEH, isto é, do nível sete para cima. No entanto, podem ir para onde quiserem.
2. Anjos: Os anjos também podem ir aonde quiserem, como os seres humanos altamente desenvolvidos que atingiram o nível de bodhisattvas. Muitos deles existem nos níveis espirituais do CEH (cinco, seis e sete), chegando aos níveis bem mais elevados do CEH sobre os quais ainda não falei. Os anjos são seres que jamais encarnaram. Seguem, naturalmente, a vontade de Deus. Jamais ocorreria a um anjo agir de

forma contrária a isso. Como nunca encarnaram, nunca tiveram livre-arbítrio. Todos os anjos que vi, inclusive os da guarda, possuem asas. Mas isso talvez ocorra apenas *para que eu possa reconhecê-los como anjos*. Se um deles me aparecesse sem asas, eu provavelmente o colocaria em outra categoria, pois fui educada como cristã. É dessa maneira que *devem ser* segundo o cristianismo. Outras religiões e culturas talvez não concordem. Para mim, está tudo bem... afinal, agora somos apenas criaturas humanas.

3. Guias: Os guias são seres que passaram por muitas encarnações e alcançaram um nível de plenitude que os qualifica como mestres para nos orientar pelo caminho da nossa encarnação. Os que vi não tinham asas. Aparecem em diversos tamanhos, formas e tipos, comunicando-se conosco por meio de formas-pensamento ou formas-sentimento. Com a PSS, podemos ver, sentir, ouvir e tocá-los. Temos muitos guias: um principal e outros que vêm nos ensinar várias coisas em várias épocas de nossas vidas encarnadas.

4. Devas: Os devas se parecem muito com os anjos, mas estão encarregados de certos aspectos da esfera física, como as necessidades das pessoas que vivem em lugares espirituais específicos. Havia um deva no Centro para a Energia da Vida (Center for the Living Force – comunidade do Pathwork em Phoenicia, NY); esse "deva do santuário" flutuava pelo centro quando eu vivia ali. Outros cuidam de determinadas espécies.

5. Espíritos da natureza: Os espíritos da natureza estão conectados aos diferentes aspectos da natureza, como plantas, árvores e flores.

6. Outros seres que nunca encarnaram e por isso mesmo são difíceis de reconhecer; outros que não encarnaram na Terra, mas talvez em outros sistemas físicos do universo.

7. Seres humanos desencarnados: Pessoas entre vidas. Vão a vários lugares no mundo da realidade do quarto nível, para aprender enquanto estão entre uma vida física e outra. Algumas se perdem e ficam vagando após a morte. Há grupos, sobretudo os budistas e em especial os budistas tibetanos, que meditam para ajudar essas almas desgarradas. O grupo Monroe também faz o mesmo. Falaremos mais a respeito no Capítulo 16.

8. Subpersonalidades não integradas ao eu: São partes de seres que se desligaram do todo e perambulam em busca desse eu.
9. Animais (pássaros, peixes, quadrúpedes etc.) desencarnados (isto é, sem corpos físicos): Incluem seres entre vidas, às vezes perdidos e vagando.
10. Seres da realidade do quarto nível em separação profunda: Estão geralmente no ponto mais baixo da realidade do quarto nível. Parecem quase sempre muito grotescos e tentam nos amedrontar, na maioria das vezes para se proteger do próprio medo. Como se encontram em separação profunda, alimentam algumas fortes crenças e sistemas de valores negativos: por isso podem abrigar a intenção negativa de nos prejudicar, já que encontram prazer nisso. Alimentam também uma forte crença dualista na separação e temem os contatos. Ferir-nos é provavelmente a única forma de contato que toleram. Às vezes, assumem a forma de diabos pequenos ou de tamanho médio. Sua aparência de "diabo" depende da forma que eles mesmos acreditam que o diabo tem, de acordo com a cultura onde viveram em sua última encarnação.

Formas Psiconoéticas

Formas psiconoéticas são criadas por nós e outros seres criadores. Podem assumir qualquer forma, integral ou parcial, pois nem sempre são plenamente concebidas. Quanto mais nos concentramos nelas e as visualizamos, mais bem formadas se tornam. Ou então, da perspectiva negativa, quanto mais remoemos ou ficamos obcecados por ideias e emoções negativas, mais claramente definidas e vigorosas são as formas negativas. Sua clareza, frequência e intenção dependem das nossas no momento em que as criamos. Por isso estão espalhadas pelos vários níveis de frequência da realidade do quarto nível. Essas formas desempenham um papel negativo no mundo da realidade do quarto nível.

Os Mundos da Realidade do Quarto Nível e Seus Habitantes

Os mundos da realidade do quarto nível podem ser vivenciados como espaços cuja natureza é determinada pelos sistemas de crenças dos seres que

os habitam. Esses espaços – ou territórios de sistemas de crenças, ou ainda bardos – vão de céus a infernos e tudo que está no meio. Há uma grande diferença entre a visão ocidental dos territórios de sistemas de crenças e a tradição oriental dos bardos. A visão ocidental encara esses espaços como existentes fora de nós; para a visão oriental, eles existem apenas em nossa psique e não são lugares reais para onde possamos ir! Assim, na concepção oriental, eles existem unicamente dentro de nós, devido à nossa falta de clareza e capacidade para regular nosso estado de consciência. São, pois, estados de consciência que devemos aprender a eliminar e dissolver por meio da meditação.

Os Territórios de Sistemas de Crenças: Os territórios de sistemas de crenças são divididos em mundos que podem ou não ter relação entre si. É possível entendê-los melhor graças à teoria dos conjuntos. A matemática da teoria dos conjuntos consegue determinar como esses territórios funcionam. Por essa teoria, definimos a natureza de um conjunto limitado e determinado por certos parâmetros. Estes se combinam para constituir a natureza do espaço. Dados os parâmetros, obtêm-se equações que explicam como as coisas funcionam dentro do conjunto. Primeiro, o matemático estabelece os parâmetros e em seguida deriva deles, solucionando-as, equações que descrevem o modo como as coisas interagem dentro do conjunto. Essas interações vão então esclarecer a natureza do espaço, descobrindo-se por fim como as coisas se comportarão no interior desse tipo de espaço.

Territórios de sistemas de crenças não existem necessariamente em dimensões espaciais porque são criados e mantidos pelas crenças dos seres que neles vivem. Um território de sistema de crenças não existe até que seres de mesma intenção e sistema de crenças se juntam graças a essa similaridade. Assim, para que um território de sistema de crenças se torne um território espacial, seus habitantes precisam acreditar que ele é um território espacial. Este – ou a dimensão em que os seres acreditam – é criado por sua crença! O espaço territorial passa a existir em virtude da crença num espaço territorial por parte do ser que o cria. Eis uma das leis básicas da constituição do mundo da realidade do quarto nível.

Esses mundos são criados e mantidos pelos sistemas de crenças dos seres que os habitam. Os seres continuam a manter seus territórios enquanto vivem neles.

Como nos identificamos muito com nossos corpos físicos, que acreditamos existirem no espaço tridimensional, achamos difícil imaginar que algo exista sem esse espaço. Nós certamente imaginamos os anjos como seres tridimensionais! Serão mesmo? Quem realmente sabe? A meditação pode nos ajudar a superar essas limitações.

Contudo, se conseguirmos renunciar à ideia dos anjos como seres tridimensionais, ficaremos com o problema da comunicação. A maior parte de nossas comunicações está repleta de referências tridimensionais, tanto quanto da flecha linear do tempo. Se as removermos, imediatamente encontraremos dificuldades de comunicação. De certa maneira, a expressão "território de sistemas de crenças" é ilusória, já que a palavra "território" implica espaço tal qual o definimos em nosso mundo de três dimensões. Arrisquemos, portanto, outro termo provisório:

Mundos de sistemas de crenças

Isso deixa claro que a crença desempenha um enorme papel em sua existência. "Intenção" também tem grande importância na criação desses mundos, porquanto a intenção brota sobretudo das crenças.

Com base em minhas informações, parece que os mundos de sistemas de crenças existem na faixa de energia-consciência do quarto nível, do campo de energia humano.

A Lei do "Semelhante Atrai o Semelhante"

A lei do "Semelhante Atrai o Semelhante" no Mundo Astral: Os mundos ou submundos da realidade do quarto nível atraem seres de crenças e intenções semelhantes. Esses seres são atraídos para lá, tenham ou não consciência de suas crenças. Eis aí, talvez, o aspecto mais confuso dos mundos astrais, uma vez que as crenças e intenções que os criam podem ser inconscientes!

*A natureza de um mundo de sistema de crenças
é determinada pelas crenças e intenções*

dos seres que criam esse território
ou são conduzidos a ele
pela lei do "semelhante atrai o semelhante".

A Lei do "Semelhante Atrai o Semelhante" no Mundo Físico: Muitas pessoas simplificam a lei do "semelhante atrai o semelhante" no mundo físico e, assim, confundem-na, especialmente no caso da dualidade. Esta torna a lei do "semelhante atrai o semelhante" mais complicada, pois, se alguém estiver na dualidade de um sistema de crenças negativo, outro aspecto dessa lei entrará em cena.

Em primeiro lugar, os sistemas de crenças se associam no mundo físico pela lei do "semelhante atrai o semelhante". Por exemplo, duas pessoas diferentes que acreditam em violência serão com toda a probabilidade reunidas. No entanto, como a crença na violência é dualista, ela conterá também uma crença nos opostos. Na dualidade, os opostos se atraem, pois cada um é uma metade do todo. Assim, no jogo da violência, a pessoa desempenhará metade do papel, isto é, o de vítima ou o de agressor. Agressor e vítima poderão mesmo, às vezes, trocar de papel. As características particulares de cada papel dependerão do sistema de crenças de cada indivíduo, que contém medos e exigências. Isso leva a um círculo vicioso entre as pessoas envolvidas. Um círculo vicioso típico é este: recuar, omitir-se e depois exigir, seguindo-se uma resposta nada satisfatória às exigências. Vêm depois mais omissão e recusa, seguidas de exigências mais enfáticas, que conduzem a novo recuo, e tudo termina em abuso, que leva a mais separação e omissão. Esse círculo vicioso pode começar em qualquer ponto. O resultado é que nenhuma exigência pode ser cumprida, pois sua própria natureza é dualista no sentido de que exige satisfação da outra parte. Portanto:

Satisfação só pode vir
de dentro daquele que o está exigindo
de outra pessoa!

*Assim, se você se surpreender
pedindo alguma coisa a alguém,
tente obtê-la sozinho
para você mesmo!*

Por isso, no processo de cura, o autoconhecimento, e sobretudo a compreensão de sua psicodinâmica pessoal, é tão importante em se tratando do quarto nível do CEH e do mundo da realidade do quarto nível, ou astral.

A Lei do "Semelhante atrai o Semelhante" e como o Astral Influencia o Mundo Físico: Dado que o quarto nível do nosso campo existe e funciona no mundo astral, nós somos, em contrapartida, diretamente influenciados pelo mundo astral por meio do nosso quarto nível pessoal. Essa influência desce do quarto nível até o físico e influencia vigorosamente nossa vida. **Qualquer sistema de crenças que adotarmos será alimentado e desenvolvido pelos mundos astrais acima descritos, bem como pela lei do "semelhante atrai o semelhante".** Essa lei transfere para nós influências tanto positivas quanto negativas do mundo astral.

Portanto, se forem dualistas e doentias, nossas crenças serão alimentadas e desenvolvidas por seres do mundo astral que cultivam essas mesmas crenças doentias e dualistas. Então, se tivermos uma reação emocional (RE), os seres astrais que cultivam a mesma crença dividida virão até nós para verificar a dualidade à qual nossa RE esteja ligada! Em tais circunstâncias, esses seres constatarão e fortalecerão nossos julgamentos negativos sobre o eu e os outros – o que piora as coisas para todos os envolvidos.

Conforme descrito no Capítulo 7, depois que você abre sua PSS ao quarto nível, percebe também o mundo das realidades do quarto nível e tem de lidar com ele, esteja ou não consciente de sua intenção e do sistema de crenças que adotou, bem como do sistema de crenças dos seres do quarto nível com os quais interage. Caso não esteja consciente do seu sistema de crenças negativo ou de sua intenção negativa, você suporá que, se algo de ruim lhe acontecer, a culpa será de outra pessoa! É possível; mas, como você acredita nisso inconscientemente, atrai isso para si, graças à lei do "semelhante atrai o semelhante", a partir tanto do mundo físico quanto do mundo astral. A lição a aprender é parecida com os passos que você deu no Capítulo 4 para interromper o círculo vicioso.

Os mundos físico e astral continuam a interagir mesmo depois da morte. Por exemplo, se você acreditar que é mau e irá para o inferno, imaginando este lugar como cheio de labaredas e diabos, é lá que acabará em virtude de suas crenças e intenções. Você irá para lá pelo menos por um tempo, até ter uma ideia/crença/intenção melhor. Se alimentar outras crenças sobre a vida após a morte, são elas que provavelmente experimentará. Você irá para esses lugares, localizados em vários níveis do mundo astral, por causa de sua crença e intenção. Esses lugares do mundo astral são criados por seres – humanos ou não – que acreditam neles. Então, cuidado com aquilo em que acredita!

Sua crença/intenção mais forte, consciente ou inconsciente, é que prevalecerá.

Como essas crenças são suas,
você pode optar por mudá-las
se delas tomar consciência
e não gostar dos resultados delas.

Se estiver inconsciente de suas crenças
e pensar que o mundo é assim mesmo,
então terá menos chance
para mudar seu resultado.

É, pois, extremamente importante
clarear sua intenção,
desenterrar e compreender
suas crenças inconscientes
e seus efeitos em sua vida,
fazer seu processo pessoal
para descobrir como elas surgiram
e depois fazer o trabalho de mudança
para substituir as que não gosta por
aquelas que funcionam para você!

A Lei do "Semelhante Atrai o Semelhante" e como Nossos Níveis Físico e Astral Produzem Efeitos Globais: Toda vez que temos uma RE ou RI, criamos formas de vida dualistas negativas na realidade do quarto nível, que em seguida atingem a pessoa a quem são dirigidas. Essas formas geralmente permanecem grudadas no campo, caso este seja receptivo a elas. Formas psiconoéticas (FPN) geradas por nossas ações RE/RI estabelecem e sustentam uma ligação negativa com a pessoa a quem as dirigimos. Em outras palavras, se você continuar com raiva de alguém do seu passado, estará se mantendo negativamente conectado a ele por meio desse sentimento. Desista da raiva e você pode dissolver a ligação negativa.

As formas-pensamento negativas que criamos ficam também no quarto nível do nosso CEH, ainda que as enviemos a outras pessoas. Além disso, como os seres mencionados antes, as formas que criamos têm a capacidade de viver por conta própria no mundo da realidade do quarto nível. Juntam-se de acordo com seus sistemas de crenças no nível de energia-consciência onde se encontram, geralmente uma baixa vibração das realidades do quarto nível.

Esse tipo de processo inclui até suas emoções/pensamentos negativos não expressos em voz alta! Toda vez que repetimos uma RE/RI, carregamos essas formas de vida dualistas, que crescem e se tornam mais fortes. Elas ganham vida própria de acordo com a energia-consciência negativa com que as nutrimos. Agregam-se para constituir grupos criadores de intenções semelhantes. Nós as atraímos sempre que temos uma RE/RI. Elas acorrem para apoiar a reação e se juntam à criação negativa.

Elas simplesmente empreendem o processo de criação, como outros seres que criam, mas do ponto de vista dualista negativo, pois é isso que sabem fazer. Assim funciona o universo criador. O mesmo ocorre conosco. Atraímos formas-pensamento/emoção negativas do tipo que tendemos a criar. O negativo constrói a si mesmo segundo as leis da criação do universo. Esse processo é idêntico ao holístico. As formas de vida dualistas apenas criam de acordo com suas crenças, tal como os seres que alcançaram a plenitude.

A Concha de Ruído em Volta da Terra

Agora que você entendeu o processo, reflita sobre o efeito que ele tem na humanidade. **Todas essas formas de vida de energia-consciência dualista nas**

realidades inferiores do quarto nível criam uma concha em volta da Terra. É conhecida como "concha de ruído em volta da Terra", mas se trata na verdade de uma camada de formas de vida de energia-consciência dualista que cerca o planeta. No espaço, o ruído de agonia, dor, súplica, raiva, tristeza, medo e terror proveniente da Terra soa altíssimo. Muitos de nós que estamos encarnados fomos chamados aqui atendendo a um chamado. Nosso desejo de ajudar e curar nos atraiu a este mundo de dor e sofrimento. Absorvemos a dor e o sofrimento em nosso ser e corpo quando encarnamos, como uma maneira de curá-los. Também fomos atraídos para cá, obviamente, pela necessidade de curar nossas próprias dualidades pessoais. A concha de ruído em volta da Terra pode ser vista igualmente como o inconsciente coletivo, dualista e negativo, da humanidade.

Mau Uso da Concha de Ruído para Propaganda

Infelizmente, a concha de ruído tem outro aspecto, dos mais perturbadores: seu uso negativo, por boa parte da humanidade, para propaganda. Os publicitários sabem utilizar nossas reações emocionais e irracionais para nos induzir a comprar o que querem. O mesmo se aplica à propaganda política.

*Vocês já notaram que,
quando um grupo político qualquer
deseja fazer algo questionável,
ele justifica seus planos insuflando primeiro
medos nas realidades do quarto nível
da população
que pretende convencer?*

*Francamente, isso é perigoso.
Assim se justificam e se começam guerras.
Quando a energia-consciência,
na realidade do quarto nível,
atinge a massa crítica,*

*ganha força suficiente
para se precipitar no mundo físico
como um acontecimento materializado!*

Como você certamente observou, há muita retórica emocional e irracional nos dois lados de qualquer debate político nacional ou internacional, desacordo ou briga. A rede global de comunicação, de todos os tipos, está cheia disso. Ela propicia aos homens a capacidade de precipitar o negativo ou o positivo no mundo físico em ritmo vertiginoso, por causa das inúmeras pessoas que podem ser arrastadas nesse processo criativo. Todo discurso, todo exagero e toda acusação acrescentam mais energia dualista ao aspecto dualista da realidade do quarto nível. O problema é que, quando a energia-consciência no quarto nível atinge a massa crítica, precipita-se no mundo físico com a mesma força. Essa é a finalidade da retórica dualista negativa: acumular energia-consciência suficiente para levar o que cada lado deseja à manifestação física. Como cada antagonista suscita a maior quantidade possível de medo e raiva ao acusar o outro, aumenta a probabilidade de a energia-consciência se precipitar no mundo físico. Sempre que alguém repete essa retórica, ela cresce em força e determinação, fortalecendo a energia-consciência dualista na realidade do quarto nível. Ela é repetida vezes sem conta, sobretudo nos noticiários de horário nobre da televisão – apenas para vender notícias! Pergunto-me: será que eles sabem o que fazem? Duvido. Cada indivíduo que repete os eventos negativos enche ainda mais o caldeirão da divisão. Vêm em seguida a agressão física, o terrorismo, a guerra... ou a paz? Torna-se o que o "nós" coletivo queremos que aconteça.

Nossa Responsabilidade Individual nas Criações Globais

Independentemente da forma como mantemos qualquer energia-consciência dualista em nosso quarto nível, nós automaticamente nos conectamos com a concha de ruído em torno da Terra e ajudamos a mantê-la no lugar. Você mesmo pode avaliar quanto, pessoalmente, contribui para essa concha, ajudando-a a ficar onde está. Quais são suas crenças dualistas que ajudam a deixar essa parte da concha de ruído em torno da Terra e, assim, ameaçam a paz do mundo? De qual processo de cura você precisa para dissolver suas crenças negativas a fim de se desconectar da porção de crenças negativas que ajuda a manter no sistema de crenças inconsciente, dualista e coletivo, da humanidade? Você poderá descobrir ao fazer o processo todo descrito neste livro.

Mundos e Seres da Realidade do Quarto Nível Criados pelos Humanos

Nos anos em que canalizei Heyoan, em estado de expansão, tive muitas experiências do tipo "eureka" com palavras e conceitos que saíam da minha própria boca. Durante uma canalização, Heyoan discorria sobre o medo que a humanidade tem das realidades do quarto nível. Ele proferiu uma palestra cujo título era *Jornadas pela Realidade do Quarto Nível – Amigos, Inimigos ou Seus Filhos*. Explicou que nós, humanos, somos cocriadores dos mundos da realidade do quarto nível e não temos motivo para temer nossas próprias criações: Heyoan disse que muitos dos seres no mundo da realidade do quarto nível são, na verdade, nossos filhos, ou seja, nós os criamos. Esse comentário me surpreendeu e perturbou, para dizer o mínimo. Heyoan tinha falado sobre o assunto há algum tempo, conforme descrevi em *Mãos de Luz*. Mas, primeiro, devo lembrar o leitor de que todos nós já participamos e continuamos participando da criação, além de ajudar a preservar os mundos da realidade do quarto nível.

O Futuro dos Mundos da Realidade do Quarto Nível

O futuro dos mundos da realidade do quarto nível depende da nossa capacidade de aprender a regular e depois corrigir nossas imagens e sistemas de crenças errôneos referentes ao que é real. Ele depende também de nossas reações emocionais e irracionais, já que estas desempenham um papel importante em nossas criações negativas, com as quais contribuímos para os aspectos negativos inferiores dos mundos da realidade do quarto nível. Felizmente, à medida que a humanidade vai aprendendo essas técnicas e as usa para a evolução psicológica e espiritual, menos energia-consciência negativa colocamos na realidade do quarto nível e naquelas que se precipitam nos mundos físicos.

Revisão do Capítulo 8:
Aperfeiçoe Sua Compreensão das Realidades do Quarto Nível

Você acha que já teve experiências do quarto nível envolvendo objetos, seres ou formas psiconoéticas? Como se saiu? Gostou delas? Teve medo?

1. O que você aprendeu a partir da experiência?
2. Que região do mundo do quarto nível você percebe: superior, média ou inferior?
3. Que estado de consciência o levou a esse nível?
4. Por que você percebeu essas regiões?
5. Você desenvolveu algum plano para enfrentar a situação caso ela se repita?
6. De que modo sistemas de crença negativos ajudaram a manter o mundo da realidade do quarto nível?

Capítulo 9

A FÍSICA DA REALIDADE DO QUARTO NÍVEL

O mundo astral é o que se situa além do físico.

*As fronteiras do mundo astral
não são as mesmas do mundo físico.
A física do mundo astral
também é diferente.*

*Quando você entra no mundo astral,
começa a perceber mundos não físicos e a interagir com eles.
Esse processo se torna mais claro
à medida que você aprende novas maneiras de estar na realidade do quarto nível.*
– Heyoan

Depois de muitos anos observando e explorando a realidade do quarto nível, além de canalizar informações de Heyoan sobre ela, reuni o que considero dados importantes sobre como funciona a realidade do quarto nível do CEH. Essa informação pode ser um bom guia para elucidar sua experiência e ajudá-lo a funcionar com mais eficiência no mundo do quarto nível.

Infelizmente, o termo "astral" passou a ser associado a experiências negativas. Isso se deveu à falta de compreensão da estrutura básica do mundo astral e de como ele funciona. A estrutura básica do mundo astral é que o faz funcionar tão diferentemente do mundo físico. Muitas pessoas, ao entrar no mundo astral, esperam que ele funcione como o mundo físico, mas isso não acontece. O fato surpreende e chega a assustar, até que a pessoa aprende a estar no mundo astral segundo seu funcionamento. Assim, para prosseguir em nossa aventura, é melhor e absolutamente necessário entender como o mundo astral funciona.

A Estrutura Básica do Mundo Astral

Quando tentamos observar ou entrar no mundo astral, nós automaticamente esperamos ver as coisas nas coordenadas do tempo e do espaço, bem como os três estados da matéria: sólido, líquido e gasoso. Mas a realidade do quarto nível não funciona como o mundo físico do espaço e tempo, com seus três estados da matéria. Às vezes tentamos interpretá-lo recorrendo ao que sabemos a respeito do mundo atômico ou subatômico, mas nenhum desses métodos é eficaz. A estrutura básica, no aspecto da forma, não é nem rígida nem fluida. Não se comporta como gás, molécula ou partícula atômica. Seu comportamento não é compreensível de nenhuma dessas perspectivas. Na verdade:

A estrutura básica do mundo astral
não é forma, em absoluto!
Objetos e seres não são sólidos!
Eles não preservam necessariamente
a mesma aparência,
tamanho, forma ou cor!
Então isso é diferente!

É preciso nos familiarizarmos um pouco com isso se quisermos aprender a trabalhar com o mundo astral.

A Física do Mundo da Realidade do Quarto Nível ou Mundo Astral

Vejamos agora como funciona o mundo da realidade do quarto nível e em que ele difere do mundo físico. O que se segue é uma lista da física do mundo da realidade do quarto nível. Aplicando-a às suas experiências da realidade do quarto nível, você achará mais fácil orientar-se no mundo da realidade do quarto nível e entender suas experiências. É importante conhecer e entender a fundo como o mundo astral funciona. Se você for lá, precisará saber como agir. Lembre-se: correr não ajudará em nada, pois no mundo astral não existe chão sólido para pisar!

Seguem-se 27 aspectos principais para descrever o mundo astral:

1. A estrutura básica do mundo astral é constituída por eventos psiconoéticos que ocorreram no mundo físico ou foram imaginados.
2. Um evento psiconoético inclui tempo, localização, cenário de fundo, objetos e seres.
3. Todos nós cocriamos no quarto nível para precipitar coisas no mundo físico, individual ou coletivamente. O que é criado no mundo físico tem de passar primeiro pelo quarto nível; a isso denominamos processo criador.
4. Eventos imaginados são eventos futuros possíveis que se encontram em processo de criação. Quando muitos humanos se concentram – sobretudo emocionalmente – em alguma coisa, a probabilidade de essa coisa se precipitar no mundo físico aumenta. Se, no mundo físico, nós produzimos muita energia emocional e a acionamos poderosamente, iniciamos o processo de visualização que criará o evento imaginado no mundo físico. Volte à concha de ruído no Capítulo 8. Muitos desses eventos imaginados estão sem solução, aguardando dissolução – eles serão transformados graças a um processo individual ou grupal, ou adquirirão massa suficiente para se precipitar no mundo material.

5. O processo de visualização dos eventos imaginados é específico e usado intencionalmente a fim de criar massa crítica suficiente para precipitá-los no mundo físico. Eventos imaginados podem ter intencionalidade positiva ou negativa.
6. O evento, para se materializar, precisa atingir a massa crítica no inconsciente coletivo de todos os seres que estão no ato de criar um mundo da realidade do quarto nível ou um submundo astral.
7. A natureza do espaço, na realidade do quarto nível, é determinada pela energia-consciência e intenção do evento que constroem o espaço e a localização na qual o evento ocorre ou é imaginado.
8. Segundo o princípio do "semelhante atrai o semelhante", os eventos se solidificam em torno de arquétipos de sistemas de crenças e intenções. É isso que estrutura o mundo da realidade do quarto nível. Cada arquétipo pode ser considerado um submundo em si.
9. A física de qualquer submundo da realidade do quarto nível se define pelas crenças que a energia-consciência desse mundo e seus habitantes mantêm. Por exemplo, num mundo astral pode existir o que chamamos de "gravidade", onde todos estão postados da mesma maneira e são puxados para baixo. Em outro mundo astral, desprovido de gravidade, todos flutuam. Em todo mundo ou submundo astral, a luz e as cores podem ser diferentes.
10. O tempo astral é muito diferente do físico. Neste, principalmente do ponto de vista dos estudos científicos, há o que os físicos chamam de "flecha do tempo". Ela se projeta incansavelmente para o futuro, sempre para o futuro. Também temos nossa experiência pessoal do (s) momento (s) do tempo. Às vezes, achamos que este avança muito depressa (quando nos divertimos); outras, muito devagar (quando estamos entediados, por exemplo). O tempo pode mesmo parecer estático, sobretudo quando sofremos um choque, como um barulho ensurdecedor ou um acontecimento amedrontador repentino. Lembre-se daqueles episódios em câmera lenta em que você pisou no freio para evitar um choque com o carro da frente, que parou de súbito quando você, por um instante, desviou os olhos dele. O tempo astral

não é necessariamente linear nem se dirige sempre para o futuro. O tempo, em qualquer mundo astral, depende das crenças dos seres que o criaram e o preservam. Por exemplo, o tempo pode ir para a frente, para trás ou permanecer estático. Se os seres de um determinado mundo astral não souberem nada sobre o tempo ou nunca pensaram nesse assunto, eles não o criarão!

11. O tempo astral está intimamente ligado ao espaço porque o mundo astral é constituído de eventos psiconoéticos. No mundo físico, percebemos nosso espaço como encapsulado no tempo, que se move para a frente. No mundo astral, o tempo é determinado e encapsulado no espaço. Por exemplo, minha melhor amiga e eu estávamos em Atenas. Contemplávamos um muro da Acrópole e, de repente, começamos a chorar juntas ao ver hordas de soldados prestes a destruir o local. É terrivelmente doloroso ir a esses lugares porque o evento não resolvido continua ali, encapsulado no espaço.

12. Eventos físicos passados, encapsulados no espaço astral, podem ser diluídos graças a processos pessoais ou grupais. Quando isso acontece, a energia-consciência no acontecimento se integra à grande unidade, que pode ser vivenciada como um vasto oceano de vida colorido e agradável. Termina então, mediante o processo criativo, em essência interior e na criação de mais essência desse tipo.

13. O lugar onde você se encontra no mundo astral é aquele para o qual foi automaticamente atraído por sua intenção, concentração e emoção – que podem ser inconscientes. Quando há um elevado nível de inconsciência ou falta de clareza mental e emocional, você será inexoravelmente atraído para um espaço que condiz com sua situação. Se sair do corpo e quiser viajar, irá para o território astral com o qual sintoniza. É o que acontece quando alguém tem uma overdose de drogas e vai para o mundo astral. O estado mental da overdose é o lugar, no mundo astral, para onde a pessoa irá após a morte.

14. Movimento e viagem são governados pela concentração da mente e pela intensidade ou poder das emoções ou sentimentos. Se você pretender viajar no mundo da realidade do quarto nível, precisará alinhar

sua intenção, concentrar-se e permitir que seus sentimentos para com o lugar fluam em direção a ele. Se quiser ir a alguma parte, imagine que está num foguete espacial. Os sentimentos são seu combustível, a mente é seu sistema de orientação. Se não sentir intensamente que deseja viajar, será bem difícil chegar aonde quer. A concentração determina o destino final. Eis o desafio da viagem astral: manter a mente concentrada numa só coisa. Se desviar o foco, mudará a direção. Quanto mais limpar seu campo, quanto mais regular seus sentimentos e sua mente, melhor se sairá no mundo astral, pois ali não haverá mundo físico para desacelerar as coisas. Ali tudo acontece instantaneamente, de sorte que causa e efeito são mais lentos.

15. A intenção pode mudar instantaneamente seus sentimentos. Querer ir a algum lugar nem sempre funciona, pois o que a maioria de nós chama de "vontade" é, no fundo, uma corrente dualista coercitiva. Ela pode conduzi-lo a um território de sistema de crenças povoado por seres tirânicos, que insistem em controlá-lo e coagi-lo a fazer o que eles querem.

16. Os limites são flexíveis no mundo astral e não estruturados como no mundo físico. Não se parecem com os daqui – exceto se você *acreditar* que se pareçam, pois nesse caso parecerão.

17. Forma e aparência são determinadas pela visão da pessoa, momento a momento, e podem mudar a todo instante. Quando iniciei minha atividade de cura, via muitos e diferentes seres astrais nas pessoas. Eu entrava no CEH dos clientes e tentava tirar essas aderências astrais do campo, mas eles mudavam de forma e sumiam. É estranho lidar com os seres astrais porque, no mundo físico, estamos acostumados a ver as pessoas com a mesma forma o tempo todo.

18. A energia-consciência pode ser expandida infinitamente ou condensada num espaço mínimo. Isso dá às vezes a falsa impressão de que mais de uma energia-consciência pode ocupar o mesmo lugar no espaço. Aqui, no mundo físico, as pessoas têm uma forma fixa. No astral, um ser pode realmente ser grande ou pequeno, já que não é feito de substância material.

19. A percepção depende da lucidez e da frequência da energia-consciência do observador. Um ser astral assumirá determinada forma a fim de entrar em contato com você ou de acordo com o que ele pensa de si mesmo.
20. Feito o contato, você permanece sempre conectado. Isso tem diversas consequências, sobretudo se a ligação é com um ser com quem você não se dá bem!
21. No mundo astral, a luz se irradia do objeto ou ser – ao contrário do que ocorre no mundo físico, onde a luz é refletida do sol. Essa luz autogerada dá muito mais informações sobre a verdadeira natureza do objeto ou ser do que a luz refletida. Isso é especialmente relevante nas esferas inferiores do inferno, que são muito escuras porque seus habitantes não geram nenhum tipo de luz.
22. A energia-consciência do quarto nível pode ser infundida em objetos físicos, que lhe servem de receptáculo.
23. *Para cima* e *para baixo* podem ser definidos, espacialmente, por frequência de vibração e intensidade da luz. Quanto mais rápida é a vibração, mais intensa é a luz – e mais alto você está.
24. *Bom* e *mau* podem ser definidos por vibração, luminosidade e intencionalidade, não por tamanho (como tamanho dos seres).
25. O poder pode ser definido por frequência, intensidade, claridade, coerência e foco.
26. O poder, na realidade do quarto nível, é criado pela concentração da mente, que determina sua natureza (clareza mental); pelo acúmulo de energia emocional direcionada àquilo em que a mente está concentrada e que dá consistência ao objetivo mental; e pela precisão da vontade. Isso pressupõe o uso dos três aspectos de nossa natureza: razão, vontade e emoção, bem como o equilíbrio entre eles, que reflete e pode também determinar o alinhamento de intenção da pessoa. Quanto mais clara for a intenção, mais equilibrados serão a razão, a vontade e os sentimentos – e mais óbvios, sólidos, holísticos e saudáveis serão os resultados.
27. Muitos sonhos são experiências da realidade do quarto nível, como voar ou flutuar por uma escadaria.

Maneiras de Sair da Realidade Inferior do Quarto Nível

Pode acontecer, em sonho ou exploração de realidades do quarto nível, que você se encontre num mundo inferior dessas realidades. Isso acontece, com mais probabilidade, quando você decide aprender a fazer processos de cura da realidade do quarto nível e, portanto, começa a ter contato com seus mundos inferiores. Não tente aprender sem um professor experiente. Por isso, é bom saber como sair dos mundos da realidade do quarto nível. Infelizmente, nas primeiras experiências, esses mundos parecem bastante assustadores. As práticas seguintes como um todo, ou aquelas que mais lhe convierem, serão de grande valia para ajudá-lo a subir a um nível superior da realidade do quarto nível.

1. Medite para construir uma ponte entre o terceiro e o quinto níveis do seu CEH, que é o mesmo que uma ponte entre o terceiro e o quinto níveis espirituais. Faça isso regularmente, antes de iniciar os trabalhos. Primeiro sinta, veja e conheça o terceiro e quinto níveis, depois pratique para transitar entre eles. Este é, provavelmente, o item mais difícil da lista.
2. Siga a luz. Entre na luz.
3. Use um mantra, o nome de um líder espiritual, o nome de Deus usado em sua religião ou uma figura religiosa a quem você se sinta mais ligado. Todos eles existem nos mundos espirituais divinos.
4. Invoque seus guias, seu guru ou um líder espiritual.
5. Faça um escudo branco de proteção no sétimo nível do seu CEH. Isso implica a superação do medo e é difícil de fazer na primeira vez. Exige prática.
6. Ordene: "Em nome de Cristo/Buda/Alá/Jeová, saia!" (Use o líder religioso/espiritual a que você esteja ligado.)
7. Use a "Prece Noturna", de *João e Maria, de Hansel e Gretel*.

Conclusão

Na realidade do quarto nível, nossas crenças e pensamentos fortes realmente tomam forma. Um dos meus filmes favoritos, que mostram esse processo, é uma película antiga intitulada *Planeta Proibido*. Um grupo de viajantes espaciais chega a um planeta distante, onde encontram um velho cientista e sua bela filha, os únicos sobreviventes de uma expedição anterior. Tudo parece bem até os recém-chegados descobrirem que o lugar é na verdade perigoso; à noite, todos precisam se refugiar por trás de grossas paredes de aço, do contrário um monstro desconhecido ou um poder inconcebível os atacará e matará.

À medida que o filme avança, um dos recém-chegados e a jovem se apaixonam, e a ameaça do monstro fica pior. Depois, os recém-chegados descobrem uma grande máquina/computador subterrânea. O cientista idoso demonstra orgulhosamente que o aparelho funciona por controle direto de sua mente. Todos ficam impressionados. Mas os ataques do estranho monstro invisível continuam. Depois de muita luta e mais ataques, torna-se claro que o monstro é criado pelo id do cientista, isto é, seu inconsciente profundo, do qual ele não se dá conta. "Monstros do id!", exclamam todos. Depois que o cientista idoso morre na luta, o monstro desaparece e a máquina se quebra.

Coisa semelhante ocorre na realidade do quarto nível, mas sem o envolvimento de máquinas ou computadores. É apenas o modo como essa realidade funciona, sobretudo a partir do nosso inconsciente, pois dele não temos consciência. Uma vez conscientes do que existe em nosso inconsciente, e também do modo como ele funciona por meio dos processos criativos normais em nossos CEHs, graças aos quais engendramos nossa experiência da realidade, podemos igualmente nos tornar conscientes da maneira como criamos nossos próprios problemas.

Revisão do Capítulo 9:
Aperfeiçoe Sua Compreensão do Mundo da Realidade do Quarto Nível

1. Estude os principais pontos listados, que descrevem como o mundo da realidade do quarto nível funciona. Compare-os com sua primeira interpretação das experiências que teve nesse mundo. Em seguida, reinterprete suas experiências usando as informações contidas na seção "A Física do Mundo da Realidade do Quarto Nível ou Mundo Astral".

2. O que você aprendeu com cada uma de suas experiências?
3. Registre quaisquer experiências desconfortáveis ou assustadoras que teve no mundo da realidade do quarto nível.
4. Se você precisasse sair do mundo da realidade do quarto nível, que pontos listados acima, em "Maneiras de Sair da Realidade Inferior do Quarto Nível", acha que seriam mais úteis?

Capítulo 10

OUTROS FENÔMENOS DA REALIDADE DO QUARTO NÍVEL: ADERÊNCIAS, IMPLANTES E EXTRATERRESTRES

*Observem que o desafio
de dissolver objetos e seres astrais
é preservar amor incondicional o tempo todo,
sem interromper ou perder contato com ele
um segundo sequer.*

*Essa é uma tarefa difícil
porque, se você entrar num estado de medo,
toda a configuração volta a ser o que era
e você terá de recomeçar o processo de cura!*
– Heyoan

Agora que você compreende como a realidade do quarto nível funciona, vou discutir, neste e no capítulo seguinte, os vários tipos de fenômenos da realidade do quarto nível ou astrais que você encontrará mais cedo ou mais tarde nos processos de cura. Comecemos pelos mais simples, as aderências astrais.

Aderências Astrais no/ao Campo

Ao tratar desse tema, é importante lembrar primeiro que o mundo astral é composto de energia-consciência. É preciso ter muita consciência disso enquanto se explora o mundo astral.

Lembre-se de que, no mundo astral, a lei do "semelhante atrai o semelhante" é bem mais forte e opera mais rápido que no mundo físico. **Você atrairá objetos ou seres que são impelidos em sua direção por causa de seus pensamentos, emoções e crenças. Eles vão se aderir a seu campo e tentarão fomentar as crenças que ambas as partes dividem. Essas *aderências*, como são chamadas, geralmente aderem ao quarto nível, ou astral, do seu CEH.** Às vezes, são até mesmo encontradas aguardando do lado de fora do seu sétimo nível. Nunca os vi em outros níveis. No entanto, eles afetam os outros níveis do campo apenas por estar no quarto nível. O quarto nível afeta os outros, especialmente o segundo.

Se você tem um relacionamento difícil, com muitas brigas, como eu já tive, atrairá essas aderências em grande quantidade. Eles tentarão forçá-lo a brigar ainda mais, alimentando a energia negativa gerada pelos dois parceiros. A energia negativa é liberada durante o desentendimento, estimulando-o e aumentando a probabilidade de mais conflito porque sempre há um resto dela por perto para alimentar a próxima briga!

Essas aderências de energia negativa são fáceis de remover do campo do cliente. Basta nutrir amor incondicional em você mesmo e em sua mão, pegar a aderência gentilmente e erguê-la para a luz. Ela se transformará ao ter contato com a luz. As aderências podem ser seres ou objetos, como vários tipos de armas deixadas por vidas passadas.

A Natureza do Poder Astral

Conforme discutimos no Capítulo 9, o poder astral é criado pela atenção da mente, que nele se concentra; pela força de vontade, que mantém seu objetivo; e pela geração de energia emocional, ou sentimento intenso, que lhe dá consistência – em suma, pelo uso dos nossos três aspectos, razão, vontade e emoção.

Esse tipo de poder pode ser usado com resultados positivos ou negativos, pode ajudar ou ferir e até dominar os outros. O poder astral, tanto positivo quanto negativo, funciona segundo as mesmas leis.

O poder astral negativo pode ser dirigido por (ou para) um indivíduo ou grupo. Objetos podem ser saturados com ele. Na verdade, fazemos isso o tempo todo, às vezes inconscientemente, outras semiconscientemente e outras, ainda, de propósito. Você já não discutiu com alguém pelo telefone e interrompeu a ligação batendo o aparelho no gancho? Sabe para onde foi a raiva? Não apenas para a pessoa com quem você se indispôs, mas também para o telefone. Você sabe quem vai absorvê-la? A próxima pessoa que usar o telefone! Como estão suas orelhas? Você já difamou alguém intencionalmente? Nesse caso, para onde foi a energia-consciência raivosa? Sim, acertou: direto para a pessoa difamada, independentemente de onde ela estiver no planeta (ou fora). Quanto mais você faz isso, mais a energia se fortalece. É como qualquer hábito. Você abre caminho para a energia-consciência – não apenas através do seu próprio sistema, mas também em direção às pessoas que repetidamente difama. Para cada ação, há uma reação igual e oposta! Elas, mais cedo ou mais tarde, reagirão! Já se postulou que esse tipo de energia-consciência não enfraquece com a distância, como ocorre com os campos eletromagnéticos.

O Poder Astral, para Dualidade ou Unidade, Depende da Intenção

O poder astral se origina do poder emocional. No entanto, para utilizá-lo, precisamos também focalizar um alvo. Dirigir o poder astral a um alvo exige clareza mental. O alvo pode ser uma pessoa ou uma coisa! E, se juntarmos o poder da intenção do hara, o poder fica muito maior.

Quando alguém acredita que pode lutar contra alguma coisa, opera-se uma divisão de intenções: a pessoa se vê como possuidora de uma intenção positiva, atribuindo à outra uma intenção negativa. Sempre que você cultiva a ideia de bem contra mal, está promovendo dualidade. A intenção dualista não é tão forte quanto a intenção positiva, clara e ajustada.

Talismã: Por exemplo, um talismã é um objeto que foi imbuído de poder astral e intencionalidade. Qualquer objeto pode ser transformado em talismã. Uma vez criado, o talismã pode ser usado como fonte de onde se extrairá o poder astral que o alimenta. Ele pode também ser feito para você se proteger de alguém ou de alguma coisa. Os talismãs são, em geral, criados numa cerimônia; podem ser feitos para você ou para outros; e podem ser dotados de intenção positiva clara e coerente para ajudar ou de intenção negativa dualista para ferir.

Uma típica cerimônia "positiva" seria aquecer um cristal no fogo ao nascer do sol para uma determinada meta positiva, como permanecer no caminho da cura interior. A intenção determina se ela é positiva ou negativa. O aquecimento do cristal é uma antiga cerimônia dos índios americanos. Você se alinha com uma intenção ou criação positiva e, quando o sol aparece, passa o cristal pela chama três vezes, entoando seu objetivo. Fiz isso há algum tempo, com alguém que me orientava. Achei muito emocionante.

Contudo, na época, não pensei que naquela cerimônia eu iria ter adversários no meu caminho. Esses adversários eram vistos fora de mim. Hoje sei, é claro, que qualquer adversário aparentemente fora de mim é, na realidade, um desafio para eu externar meus adversários interiores – as partes do meu eu que mantenho separadas de "mim" e com as quais me identifico! Só com essa verdade profunda a cerimônia funciona: os adversários estão dentro de nós, não fora! Depois que você se despojar e se integrar com seu interior, poderá enfrentar aquilo que vem de fora.

Se nos lembrarmos de que nossa cura básica é a cura da divisão interior, o mundo exterior dualista se tornará aos nossos olhos um mero reflexo da nossa própria dualidade.

Minha Experiência com Objetos Astrais

Cerimonial de Empoderamento e Implantes do Presente e do Passado: Fiquei muito surpresa quando vi o primeiro implante numa cliente. Mais uma vez, questionei-me sobre o que estava vendo. Era um escudo sobre o coração. Heyoan me disse que fora colocado ali no tempo das antigas religiões da deusa na Terra, quando Deus era visto como entidade feminina. O objetivo do escudo era ajudar aquela mulher a manter seu juramento de fidelidade à deusa. Ela jamais deveria se apaixonar por um homem. Deveria permanecer uma guerreira virgem e guardar o templo.

Foi uma série interessante de curas. Eu apenas segui as instruções de Heyoan, que me explicou como remover o escudo; como limpar o muco que se acumulara em volta dele, oriundo de várias experiências dolorosas; como cauterizar a ferida com prata e depois com luz platina; como reconstituir as áreas destruídas de todos os sete níveis do campo; e, por fim, como integrá-las ao resto do campo em todos os níveis.

Mais tarde, algum tempo depois da cura, lembrei-me de que a queixa da cliente era em relação a problemas com homens. Ela havia se divorciado mais de uma vez e não conseguia manter um relacionamento com um homem há muito tempo, embora já tivesse cinco filhos crescidos. Eu soube então que ela se casara de novo, um ano após a cura.

Removi vários outros tipos de implantes feitos em épocas remotas para finalidades específicas, como escaravelhos numa cerimônia do antigo Egito e insetos em tempos mais recentes na África, e ainda outros feitos por índios americanos. A finalidade deles foi dar poder ou ferir. Vi implantes de cristal, imbuídos com poder para ajudar, capacitar ou causar danos, feitos no país conhecido como Atlântida.

Cheguei a ver a forma de uma adaga cerimonial usada no terceiro olho de discípulos de um guru jovem que se dizia nascido no Tibete. Ele não pretendia deixar essa forma astral no terceiro olho dos discípulos, mas fez isso por ignorância. Nunca o encontrei, mas ele era conhecido por rodar de motocicleta em Washington, D.C., em meados da década de 1970. Dava *shaktipat* a um grande número de pessoas, a fim de abrir seu terceiro olho, e o fazia com uma adaga cerimonial. Infelizmente, no processo, abria o terceiro olho (sexto chakra) das pessoas e danificava o selo interno. Como os alunos não podiam controlar sua PSS nem os níveis astrais que ele abria, sua visão astral se tornou distorcida! Tiveram então algumas experiências psíquicas terríveis.

Assim que ouviram falar de mim, uma verdadeira procissão dessas pobres almas assustadas me procurou. Eu apenas reparei o sexto chakra e seu selo.

Depois, fechei o selo do sexto chakra para impedir novas visões aterradoras. Fiz isso porque eles não conseguiam regular seus campos, seus chakras ou a energia que flui pelo sexto chakra. Agora não absorviam energia suficiente pelo sexto chakra para reabrir o selo. Isso tornava sua visão mais saudável e apropriadamente concentrada no plano físico. O processo de cura detete automaticamente suas distorções erráticas e desreguladas da visão astral, pois reparei seus chakras e os selos dentro deles.

Em outros clientes que entraram em contato com o mundo astral antes de vir para sessões comigo, vi numerosos objetos astrais em vários pontos do campo de energia. Esses objetos haviam sido, sem dúvida, postos ali para fins cerimoniais, tanto em tempos remotos quanto, mais ainda, nos atuais.

Minha Experiência com Seres Astrais

Seres Autocriados Atraídos por uma Necessidade Não Satisfeita: Uma das primeiras vezes em que encontrei um ser da realidade do quarto nível foi durante uma sessão de cura, quando tentava curar o pâncreas de uma mulher. Ela tinha dor crônica nessa área do corpo. Ao limpar o CEH no quarto nível dentro do pâncreas, deparei-me com um ninho de filhotes de harpias! Fiquei surpresa, é claro, e procurei a ajuda dos meus guias. Eles me instruíram a pegar cada filhote com cuidado, tirá-lo do CEH da cliente e erguê-lo na luz. Ao fazer isso, um filhote bicou meus dedos! Os guias sugeriram que eu pusesse energia de amor incondicional nas mãos e dedos, enquanto trabalhava. Isso funcionou melhor. Os filhotes não queriam sair do ninho. Depois de tirá-los com o máximo cuidado e erguê-los na luz, removi também o ninho e fiz o mesmo com ele. Então, suas formas se diluíram. Livres da distorção, os filhotes se transformaram em pombos brancos.

Fui então instruída pelos guias a limpar o pus e outros venenos que haviam se acumulado na ferida. Depois, eles me ensinaram como recarregar o quarto nível com energia-consciência apropriada. Continuei limpando o campo através dos níveis restantes, até completar a cura.

Depois que a cliente descansou, eu lhe contei o que tinha visto. Como ela própria era curadora, senti-me à vontade para discutir esse assunto incomum.

Nas semanas que se seguiram, ela sentiu bem menos desejo por açúcar e trabalhou em suas sessões substituindo o açúcar pelo amor da mãe. Os filhotes de harpia da realidade do quarto nível representavam essa necessidade e, também, sua frustração e raiva por não ter recebido atenção suficiente na infância. Lembre-se: os seres da realidade do quarto nível assumem a forma que julgam ser a sua e se aproximam dos outros em virtude da lei da atração, isto é, "o semelhante atrai o semelhante". Foi assim que encontraram abrigo no pâncreas da minha cliente.

Quando eu contava a ela como as harpias haviam se transformado em pombos brancos depois que os limpei, Heyoan se inclinou para mim e disse:

Eram pombos o tempo todo!

Assim, as harpias no pâncreas daquela mulher surgiram de uma necessidade inconsciente e de sua raiva por não ter tido o carinho que desejava da mãe. Cabe dizer, então, que ela as criou ou atraiu. As duas coisas podem ser verdadeiras. Note que isso não significa que sua mãe tenha ou não feito o bastante por ela. No caso, o importante foi a conclusão tirada por seu inconsciente, não a opinião da terapeuta/curadora. Esta precisou reconhecer o que a cliente julgava ser verdadeiro, induzindo-a a encarar o fato e resolvê-lo dentro de si mesma com seu apoio. A curadora também incluiu no trabalho o poder do processo de cura e a reconstituição do CEH para solucionar o problema. O resultado foi uma recuperação mais rápida. A cliente aprendeu a cuidar de si mesma e a esquecer suas dúvidas sobre a própria capacidade, juntamente com os sentimentos subjacentes de não ter valor e ser "má".

Formas astrais relacionadas a problemas psicológicos não são mero produto da imaginação. São formas de energia-consciência reais que bloqueiam o campo e eternizam padrões de vida negativos, além de interferir nos processos criativos de nossa vida.

Fantasia: Um dos problemas relacionados aos fenômenos do mundo da realidade do quarto nível é distinguir entre guias de ajuda verdadeiros e seres da realidade do quarto nível que não são tão evoluídos, mas fingem sê-lo, ou, ainda, que desejam fazer contato com uma criatura humana. A esse respeito, tenho um caso interessante. Uma mulher sem vida social e pouco integrada interiormente atraía alguns seres da realidade do quarto nível que se passavam por seus guias espirituais. Ela chegou à sessão de terapia muito animada com o fato de, finalmente, ter conhecido seus guias! Mas, durante o trabalho, constatei que eles eram pouco evoluídos: escuros, malformados e com a intenção negativa de enganar. Fiquei muito preocupada com a incapacidade da cliente de ver com clareza a realidade. Enviei os seres para a luz e expliquei-lhe a situação. Prosseguimos então com as sessões "normais" de terapia, ignorando fenômenos psíquicos. Isso ajudou bastante, pois ela precisava reconstruir sua vida normal e não se envolver com tais fenômenos. Depois que a convenci a permanecer no mundo físico em vez de se entregar à fantasia, ela reconstruiu sua vida no mundo físico.

Aderências da Realidade do Quarto Nível – Kali Negra: Durante uma de minhas últimas sessões após quinze anos de prática de cura em Nova York, antes de me entregar ao ensino em tempo integral, vi uma Kali Negra pela primeira vez. Eu trabalhava numa cliente que tinha esclerose múltipla. Lá pelo fim da sessão, vi uma grande Kali Negra com unhas retorcidas e dentes afiados dilacerando seu campo no sétimo nível. Num primeiro momento, tentei removê-la. Não era coisa fácil. Percebi que aquilo estava além das minhas possibilidades e contei isso à cliente, sugerindo que ela procurasse alguém familiarizado com o budismo tibetano, algum oriental mais qualificado que eu. Não sei se ela fez isso. Mudou-se para um outro lugar e não a vi mais.

Sessões Conjuntas com Seres Humanos e Seres Astrais: Depois que me acostumei a lidar com os seres da realidade do quarto nível, comecei a fazer sessões conjuntas de terapia/cura com seres da realidade do quarto nível e seres humanos do mundo físico. Eram mais ou menos como as sessões para duas pessoas em nosso mundo. Eis dois exemplos desse tipo de cura. Em geral, quando um ser da realidade do quarto nível ronda uma pessoa encarnada, ele quer alguma coisa dela. E, quase sempre, é algo que desejava realizar enquanto vivia no mundo físico, mas não conseguiu. Não raro, trata-se apenas da vontade de fazer contato com uma pessoa amada, ainda no mundo físico, para assegurar-lhe que o "morto" na verdade não morreu, mas se encontra agora na realidade do quarto nível. Às vezes, a pessoa não conseguiu esquecer um relacionamento no mundo físico depois de deixá-lo e ir para a realidade do quarto nível. Eis um exemplo interessante desse caso.

Quando eu ainda morava no Pathwork Center (então chamado Centro para Energia da Vida), fui à Holanda para fazer sessões intensivas de Core Energetics para membros do *Pathwork* que viviam naquele país. Uma das clientes estava com problemas sérios. Não muito antes da minha chegada, ela quase morrera em duas ocasiões dentro de poucas semanas. Vou chamá-la de Clara. Clara me contou uma história muito interessante sobre sua avó, que morrera algumas semanas antes do início dos episódios. Clara tinha sido criada pela avó e era bastante ligada a ela. Sofreu muito e sentia muita saudade da falecida. Clara conseguiu fazer contato com ela, mas agora tinha um problema: a avó insistia em que a neta passasse para o outro lado. Duas semanas antes da minha chegada, a avó já a tinha convencido a subir à janela do terceiro andar e pular! Clara passou algum tempo no peitoril, mas voltou para o quarto. Estava desesperada. Sentia saudade da avó, mas não queria morrer. Outro episódio ocorreu na véspera da minha chegada. Enquanto tomava um banho quente, Clara quase morreu asfixiada. (Eu nunca soube como a torneira do gás foi aberta, mas foi.) E, segundo Clara, a avó continuava chamando-a para o outro lado.

Felizmente, Clara marcou uma semana de sessões intensivas comigo. Comparecia diariamente. Todas as sessões eram conjuntas com sua avó do outro lado do véu que separa os dois mundos. As sessões começavam com uma conversa entre as duas, por meio das PSSs minha e de Clara, cada qual dizendo as coisas que precisavam dizer para completar seu relacionamento nesta vida. Aos poucos, dia após dia, tudo foi se resolvendo. Por fim, na última sessão, a avó se foi. As duas concordaram em se separar e a avó subiu pelo raio de luz que aparecera no canto da sala. Depois disso, Clara não teve mais problemas com a falecida.

Participei de muitas sessões similares desde então. Em geral, as situações não eram tão dramáticas quanto a de Clara. Quase sempre, não passavam de contatos breves nos quais a pessoa supostamente morta deixava bem claro à que se encontrava no mundo físico que ela estava bem, ainda viva, mas numa realidade diferente. (Muitas preferem ficar lá do que aqui.)

Crianças da Realidade do Quarto Nível: Um dos tipos mais comuns de relacionamento duradouro entre humanos na realidade do quarto nível e humanos no mundo físico é a que se arrasta, por anos, entre crianças mortas e seus pais – principalmente as mães. Essas crianças da realidade do quarto nível permanecem membros da família, crescendo nela como quaisquer outras crianças. Quase sempre, as mães têm consciência disso. Comunicam-se com os filhos na realidade do quarto nível, mas não falam a respeito com outras pessoas. Comigo, sim.

Outro fenômeno parecido é o caso comum de crianças no mundo físico que brincam com amigos da realidade do quarto nível. Muitas têm esses amigos, em geral considerados fruto de sua imaginação. Entretanto, qualquer pessoa com visão da realidade do quarto nível – como essas crianças – podem vê-los. Isso é comum entre filhos de curadores.

Ligações da Realidade do Quarto Nível com a Vida Física: A experiência mais curiosa que tive envolvendo pessoas da realidade do quarto nível e pessoas do mundo físico ocorreu um dia em que uma cliente nova, estrangeira, me procurou para fazer sessões. Na época, eu já havia me habituado à aparição de guias e outros tipos de seres nas sessões com meus clientes. Dessa vez, porém, foi um pouco diferente. A mulher entrou na sala e fechou a porta. Minutos depois, três homens da realidade do quarto nível, trajando elegantes ternos pretos, atravessaram a porta fechada e irromperam na sala, olhando para todos os lados com uma expressão muito séria. Pareciam muito confusos, sem saber bem o que fazer ali com uma curadora. Achei aquilo estranho, pois quase todos os auxiliares de curadores que eu já tinha visto sempre vinham para participar da sessão, para ajudar de alguma maneira (na qualidade de líderes espirituais ou gurus dos clientes) ou como parentes que queriam fazer contato. Aqueles homens eram diferentes. Pareciam fortes, poderosos, muito sérios. Continuaram examinando a ampla sala. Depois de algum tempo, ignorei-os, já que não pareciam dispostos a fazer contato com minha cliente, mas permaneci alerta. Depois que terminei a sessão, eles partiram com a mulher, que não se dera conta de sua presença. Não mencionei o fato a ela.

Anos depois, eu conversava com uma amiga terapeuta de outro país, a quem chamarei de Sally. Ela quis saber se a mulher que havia encaminhado ao meu consultório aparecera. Perguntei o nome e descobri que era a cliente na sessão com os três homens de terno preto. Contei a Sally sobre os estranhos rapazes que de algum modo haviam passado pela porta fechada e entraram na sala com ar constrangido. Sally riu e contou que a tal mulher era esposa do chefe do serviço secreto daquele país! Nós duas rimos muito. Creio que esse foi um dos eventos mais bizarros da minha carreira de curadora. Aparentemente, os rapazes de terno preto eram uma espécie de guarda-costas – ou queriam ser! Quem sabe?

Gostaria de dizer que
você pode entender as experiências
que descrevi do jeito que quiser!
– Barbara Brennan

Algumas talvez façam sentido para você, outras não. Para mim, foram uma grande aprendizagem. Elas *libertaram meu cérebro* das ideias rígidas sobre o que é ou não realidade. Eu quis compartilhá-las com você para arejar sua mente, caso você queira – mas a decisão é sua. Não faço julgamentos de nenhuma espécie!

Os Chamados Extraterrestres, Popularmente Conhecidos como ETs

O assunto ET é tabu, mas ainda assim tentarei abordá-lo. Como física pesquisadora, tendo trabalhado no Centro de Voo Espacial Goddard da NASA, não consigo imaginar um universo tão limitado a ponto de não criar seres inteligentes pelo menos iguais a nós e, com toda probabilidade, mais evoluídos. Nosso sistema solar é muito jovem, tanto quanto nossa galáxia de tamanho médio. Porém, continuamos pensando que somos a melhor espécie, a mais evoluída. Não, sem dúvida não estamos sozinhos. Como é triste limitar nossa visão do futuro dessa maneira! A probabilidade é que, algum dia, encontraremos vida inteligente lá fora. Ou seremos encontrados – se é que já não fomos!

Primeiro, pensávamos ser a espécie superior num planeta que era o centro do universo. Galileu acabou com essa ideia: a Terra não era sequer o centro do sistema solar! À medida que a ciência se desenvolve, vamos descobrindo coisas maiores e melhores o tempo todo.

Você consegue imaginar um encontro com extraterrestres mais evoluídos que nós? De que maneira enfrentaremos essa situação em termos psicológicos? No entanto, a probabilidade é de que teremos de enfrentá-la. Afinal, existimos num pequeno planeta que gira em torno de uma das modestas estrelas do tipo G3, nem especial nem única num universo cheio delas. Nossa galáxia nem sequer é antiga – muitas são vários anos-luz mais velhas que ela.

Tem sido difícil encontrar planetas iguais ao nosso em outros sistemas solares porque ainda não aperfeiçoamos as ferramentas necessárias para conseguir isso. Mas isso não quer dizer que eles não estejam lá. Outra coisa: o fato de nossos corpos estarem adaptados ao ambiente terrestre não implica que outros sistemas de vida sejam como o nosso. Ao contrário, segundo as evidências colhidas até hoje, a vida tem a capacidade de se adaptar a todos os tipos de ambiente que consideramos hostis. A vida engendra ecossistemas nos quais consiga prosperar. Um bom exemplo disso é o ecossistema biológico encontrado nos respiradouros termais superaquecidos do fundo do oceano. Antes de sua descoberta, ninguém supunha que pudesse existir vida em temperaturas tão elevadas. Mas existe!

Se os ETs tão populares nas comunidades da Nova Era existem ou não, ignoro. Nunca vi um, pelo menos não no mundo físico. Por outro lado, vi ETs em mundos não físicos. Estive em suas espaçonaves nesses mundos. Minha casa em Montauk está localizada bem perto da torre do radar em que uma grande entidade ET teria aparecido como resultado do Experimento Filadélfia. Assisti a demonstrações na Área 51, uma instalação da Força Aérea Americana em Nevada que, segundo consta, é onde o governo americano esconde tecnologia e visitantes alienígenas. Lembro-me da época em que os ETs eram o máximo para alguns dos meus alunos mais "pra frente" (como se diria na década de 1960). *Mas, eu mesma nunca vi nenhum!* Talvez eu gostasse de encontrar um ET real – isto é, na forma física –, desde que ele fosse amistoso, de aparência aceitável, reservado e não quisesse me transformar em refeição; mas, até o momento, não tive nem um pingo de sorte nesse departamento!

Ainda sobre ETs, certa vez dei uma palestra no Instituto Ômega, ao mesmo tempo que um professor muito conhecido estava dando a sua na outra metade de um chalé dúplex onde estava hospedada para dormir. Naquela tarde, o chalé estava uma balbúrdia, com ele de um lado e eu do outro. Às vezes, eu pensava que o chalé fosse decolar. Uma das coisas interessantes que notei em Whitley foi que ele andava como Jeff Bridges no filme *Starman – O Homem das Estrelas*: nas pontas dos pés, cabeça erguida e para a frente, o corpo inteiro inclinado para diante como se sustentado e movido por uma cordinha que o levantava do chão. Eu estava com um grupo de professores da BBSH, que me assistiam. Quando Whitley saiu para almoçar, todos usamos nossa visão de raio X para observar um objeto bastante curioso que nos pareceu implantado em sua cabeça. Tinha uma frequência elevada, que mantinha seu cérebro em frequências mais altas que os dos seres humanos normais. E não apenas isso: era também um aparelho de observação conectado a uma "espaçonave" numa realidade do quarto nível diferente. Por meio desse aparelho, "eles" (os seres do quarto nível) podiam observar a nós e às nossas atividades. Queríamos perguntar a Whitley como ele se sentia com aquilo, mas estávamos muito constrangidos e tímidos para fazer isso. Eu nunca soube quem eram os tripulantes da espaçonave.

Encontros Imediatos com Elisabeth Kübler-Ross

Isso me leva a algumas experiências interessantes com Elisabeth Kübler-Ross, uma mulher maravilhosa que dedicou a vida a curar seus semelhantes, nunca desistiu, foi uma grande líder do nosso tempo e abriu inúmeras portas para muitos de nós.

Minha história começa quando tive a ideia de pedir a Elisabeth que recomendasse meu livro, *Mãos de Luz*. Primeiro, mandei-lhe um exemplar, perguntando se ela o recomendaria. Depois, telefonei-lhe.

Elisabeth disse: "Este é um livro bem incomum! Que tal se você viesse à minha casa em West Virginia?"

Fui o mais rápido que pude. As longas horas ao volante foram pontilhadas por um fenômeno que durou a viagem inteira. Parecia que, não importava para onde a estrada virasse, o aglomerado de estrelas, conhecido como Plêiades estava sempre à vista no claro e misterioso céu noturno. Eu sempre senti uma grande atração pelas Plêiades e acho que tenho uma ligação pessoal com elas. Talvez mesmo haja descido à Terra de lá, há muitos éons atrás. Às vezes, sinto saudade das Plêiades; acordo no meio da noite e vou à sacada para contemplá-las, premida por uma vontade inexplicável de regressar à sua beleza e sociedade evoluída. Sei que elas não são nem mesmo um grupo de estrelas próximas umas das outras, apenas parecem ser quando vistas da Terra. Isso, porém, não diminui minha nostalgia.

Quando cheguei, Elisabeth veio até o alpendre para me receber. Mostrei as Plêiades no belo céu noturno e ela disse: "É dali que viemos! Mas entre e coma alguma coisa".

Na cozinha, deparei-me com uma série impressionante de sobremesas frescas, caseiras, como nunca tinha visto antes. O balcão e a mesa estavam cheios delas. Havia tortas, bolos, petiscos com recheio de frutas, biscoitos, pães de frutas e outras guloseimas. Era como passear por uma confeitaria europeia.

"Vamos, coma. Deve estar faminta depois de uma viagem tão longa", convidou ela, enchendo um prato para mim. Fiquei com vergonha de dizer que não como doces. Por isso, empanturrei-me com gosto.

"Seu livro é impressionante", disse ela. "Mas me conte tudo o que sabe!"

"O que quer saber? Por onde devo começar?"

"Ensine-me a ver auras!", exclamou Elisabeth, com uma xícara de café numa das mãos e um cigarro na outra.

Tentei ensinar, enquanto ela tomava mais café e fumava mais cigarros. Sem dúvida, Elisabeth não iria mudar seu estado de consciência, um pré-requisito para a PSS. Procurei uma maneira gentil de direcionar a conversa para o lado da recomendação do meu livro. Isso significaria muito para mim, pois eu era uma autora desconhecida na época. Prossegui:

"Para ver auras, você precisa acalmar a consciência e, ao mesmo tempo, aumentar o fluxo de energia por seu corpo. Respire fundo e concentre-se".

"Por que não consigo ver auras, mas vi ETs?", perguntou ela, ignorando minhas instruções.

"Eu nunca vi ETs", declarei, na tentativa de evitar a lição infrutífera sobre PSS. "Ou melhor, só os vi na realidade do quarto nível. Os grandes e os pequenos, de cor azul. Como eram os seus?"

"Esses aí eu vi também, mas eram reais (isto é, físicos). Fizeram uma cadeira levitar bem na minha frente. E me levaram para sua espaçonave."

"Uau! E como era lá dentro? Eu já estive numa espaçonave da realidade do quarto nível", contei, sustentando a conversa da melhor maneira que podia.

"Era como uma sala de controle, com mesas em volta do círculo externo. Tudo cinza-claro ou branco. Estavam mexendo em pessoas", lembrou ela.

"Sim, havia mesas", repliquei. "Tudo cinza-claro, realmente. As mesas tinham cobertas mais claras, quase brancas. Vi um grande espaço no centro da espaçonave, como um portal bem alto. Era por ali, sem dúvida, que eles traziam coisas para dentro da espaçonave; flutuando, pois não vi nenhuma escada. Gostaria de saber como fazem isso, como levitam. Deve ter algo a ver com a inversão do giro dos campos magnéticos. Acho que foi assim que entrei lá, mas não me lembro de ter levitado. Tudo parece um sonho e, ao mesmo tempo, realidade. Você entende o que quero dizer?"

"Não foi sonho", declarou ela em tom peremptório.

"O lugar parecia um hospital ou laboratório. Mas não havia ninguém lá", continuei.

No decorrer da conversa, as coisas foram ficando estranhas. Era como se entrássemos e saíssemos do "outro mundo".

Elisabeth então perguntou:

"Você canaliza?"

"Sim."

"Ótimo. Então canalize para mim."

"Está bem", concordei, continuando a expandir meu estado de consciência. Esperava que apenas umas poucas perguntas fossem respondidas, mas a coisa não parou por aí. Lembro-me vagamente de ver ETs da realidade do quarto nível entrando na sala logo no início da canalização. Nós duas os vimos. Depois o assunto mudou e, pelo resto da noite, canalizei sobre inúmeras coisas, como a origem e a cura da AIDS. Vi um inseto na África que lembrava um pouco um louva-a-deus, um livro de entomologia na biblioteca de Harvard que mostrava aquele bichinho em particular e mesmo, supostamente, uma cura para a AIDS com a filtragem do sangue do paciente por uma espécie de substância parecida com o carvão, que o limpava e o reconduzia ao corpo. Canalização e perguntas se sucederam noite afora. No fim, nove horas haviam se passado.

Quando saí, quase ao amanhecer, perguntei-me se aquilo tinha sido real. A canalização tinha sido boa? Ou tudo se resumira à noite misteriosa e bela, e à impressionante experiência de conversar com uma mulher tão famosa? No entanto, parecia que nós duas nos conhecíamos há décadas. Mas talvez fosse o jeito de Elisabeth. Eu realmente não acreditava na canalização nem no episódio com os ETs. Mas, como sempre, disse a mim mesma: "Espere para ver o que sairá daí. Por ora, Barbara, usufrua do êxtase".

Gravamos toda a canalização. Deixei as fitas com Elisabeth, mas não sei o que aconteceu com elas. Já não me lembro o que mais elas continham. Nem procurei, em Harvard, encontrar o inseto na enciclopédia de entomologia. Fui embora com uma certeza: havia encontrado uma colega e amiga para a vida inteira, a quem amava e respeitava de fato, alguém que não tinha medo de revelar sua verdade, sem se importar com a opinião alheia ou as possíveis consequências de falar (uma médica!) sobre coisas como ETs.

Fui ver Elisabeth em outra ocasião, acompanhada de uma aluna que queria conhecê-la. Grande expectativa. O encontro foi muito parecido com o primeiro, mas sem ETs nem canalizações. Elisabeth retraiu sua energia e não pareceu ligar muito para a pessoa que eu havia levado comigo. Confessou-me, da próxima vez que nos encontramos, que não havia confiado naquela mulher porque ela não fazia um trabalho pessoal consigo mesma. Ainda assim, tivemos uma reunião maravilhosa. Para coroar a visita, durante as três horas de viagem de volta ao Centro do Pathwork, na Virgínia, um arco-íris se encurvava no céu bem à frente do meu carro. Magnífico!

Depois, só vi Elisabeth mais umas poucas vezes. E, sempre que me encontrava com ela em alguma conferência, ela me acolhia com carinho e me perguntava se eu continuava fazendo meu trabalho no mundo. Isso, geralmente, significava indagar se eu estava me dedicando o bastante, sabendo quem era, o que via e o que *de fato* realizava. Devo admitir: fiquei com receio de escrever este livro por muito tempo. Mas a verdade é sempre melhor e estou gostando de escrevê-lo!

Revisão do Capítulo 10:
Como Explorar Suas Experiências com Outros Fenômenos Astrais

1. Você já teve experiências com aderências? Enumere-as.
2. Como lidou com elas?
3. Qual é o seu sistema de crenças com relação aos ETs?
4. Você já teve experiências com ETs? Enumere-as.
5. De que modo conciliou os ETs com seu sistema de realidade?
6. Você passou a entender melhor os fenômenos astrais depois de ler este capítulo?

Capítulo 11

DUALIDADE EXTREMA NOS MUNDOS ASTRAIS INFERIORES

*O chamado "inferno" ou "mundos inferiores"
será explicado e esclarecido.
Pois, o que é o inferno senão um esquecimento profundo?*

*As almas que se concentram no inferno
sofrem muito.
Estão lá simplesmente porque
não vivenciaram sua luz
e não têm amor por si mesmas.
Não conhecem sua pureza.
Não vivenciam sua vida.
Esse é o grande sofrimento do inferno ou os chamados Infernos.*

*Se um ser não tem amor por si mesmo,
ele se perde nas trevas
e é difícil de alcançar com o amor
porque o amor e a luz o assustam.
Assim, quando a luz desce sobre ele,
ele se defende e ataca.*

*Considere a possibilidade
de os seres conhecidos como "demônios"
estarem mergulhados em profundo esquecimento.
Sim, eles perturbam e magoam,
mas o fazem por causa do esquecimento e da separação,
de sorte que, quando a luz aparece,
sua defesa é violenta.*

*Todos vocês sabem o que é a defesa agora.
Quando vocês se defendem,
ficam assustados e coléricos.
Podem usar sua energia
ou conservá-la para nova explosão.
Podem, verbalmente, atacar alguém
ou dizer-lhe coisas negativas,
o que é o mesmo tipo de defesa em menor escala.*
– Heyoan

O que estou tentando fazer neste livro é apresentar um quadro mais compreensível de certos mundos que, segundo a comunidade intelectual, não são reais ou não existem. Em nossa cultura, por uma lei tácita, eles devem ser considerados perigosos e só acessíveis mediante um contexto religioso "aceito" ou um tratamento psiquiátrico que os rotula como alucinações devidas à psicose, imaginadas e projetadas no mundo exterior ao eu – ou seja, *não são reais.*

Tendo eu mesma conhecido esses mundos, não posso concordar com muitas das interpretações religiosas das experiências associadas a eles, nem com o uso da palavra "mal". É uma atitude que torna essas experiências ruins ou mesmo arriscadas (sobretudo as referentes à parte inferior da realidade do quarto nível). Além do mais, rotula a pessoa que a tem como possuída pelo diabo ou psicótica. Nenhum desses rótulos ajuda muito. Tais atitudes, bem como os atos a elas associados, levam a mais sofrimento, tanto para o indivíduo que vivencia o mundo inferior da realidade do quarto nível quanto para aqueles que o habitam ou são seus prisioneiros. Depois de ter contato com esses mundos, é fácil detectar a origem das palavras "céu", "inferno" e "purgatório". Infelizmente, a interpretação religiosa provoca o abandono dos seres aprisionados nos mundos inferiores da realidade do quarto nível, enquanto a psiquiatria descarta essas experiências como fantasias e tenta suprimir as "alucinações" com drogas. Nenhuma dessas abordagens é respeitosa.

Na qualidade de curadora, trabalhei com algumas pessoas consideradas "psicóticas" e concordo que muitas necessitam de medicamentos para sua própria segurança. É preciso muito tempo e trabalho de cura, juntamente com um psiquiatra que aceite reduzir aos poucos a medicação, para, com cuidado, restaurar no cliente a harmonia consigo mesmo. Jamais tente isso sem um aconselhamento médico apropriado. Em muitos casos, há não apenas causas fisiológicas básicas nos problemas psiquiátricos, mas também fortes distorções no campo de energia.

Neste capítulo, tentarei descrever a natureza dos níveis de energia-consciência mais extremos, em termos de dualidade, das realidades do quarto nível do CEH ou mundos astrais inferiores. Esses são os territórios de sistemas de crenças com energia-consciência muito negativa, escuridão profunda, sofrimento psicológico e frio intenso, tortura, confusão, ódio a si mesmo, autoflagelação e desvario. São os territórios dos sistemas de crenças do mundo astral inferior que as religiões chamam de "inferno" e "purgatório". Muitas religiões ensinam que o inferno é o lugar para onde Deus manda as almas condenadas a pagar por seus pecados. Palavras em outras línguas para designar tais lugares são: *Annwn, Diyu, Duat, Geena, Hades, Johannam, Naraka, Sheol, Tártaro* e *Yomi*.

Esses são mundos de consciência dividida. **Os seres que os habitam se esqueceram por completo do seu eu verdadeiro.** Fazem autojulgamentos extremamente negativos e padecem profunda dor pessoal. Heyoan diz:

*Nos mundos espirituais de Deus
não existem julgamentos negativos!*

*Existem apenas
bondade amorosa e aceitação
das limitações dos seres humanos
que empreendem uma difícil jornada em espiral
para seu interior,
onde a chamada luz e a chamada treva
se unem na transparência
da verdade, sabedoria e integridade!*

Muitas religiões pregam sobre a luta entre as forças da luz e da escuridão. Segundo Heyoan, isso é puro pensamento dualista: nosso hábito de pensar desse modo é que nos traz problemas. O pensamento dualista leva à necessidade de escolher um lado. Heyoan diz:

*Escolher um lado
significa fomentar a dualidade.*

*Escolher um lado
aprofunda a divisão e torna-a pior.*

Uma Maneira Nova de Penetrar na Escuridão da Realidade Astral Inferior do CEH

Devemos aprender a pensar holisticamente, sem a tensão dos opostos, conforme expliquei em capítulos anteriores. Os seres que criaram os territórios astrais inferiores e neles vivem se esquecem completamente da sua própria totalidade. Estão desconectados da bondade inata que existe em seu interior e por isso sofrem terrivelmente.

Como Saber Quando uma Intenção Negativa é um Esforço para Fazer Contato

Quando você fizer uma curta viagem para a realidade astral inferior a fim de encontrar as chamadas entidades das trevas, procure manter sua ligação pessoal com a totalidade – sua bondade interior, a base do seu ser – porque, depois de penetrar nos territórios sombrios, você ficará cercado, influenciado, pela energia-consciência negativa dualista que lá está. Esse mundo de energia--consciência negativa, bem como os seres que estão nele aprisionados, fruindo prazeres negativos, também terão intenções negativas (isto é, dualistas) de envolver você nas intenções dualistas (negativas) que você mesmo alimentar. Serão atraídos para aquilo que, dentro de você, tiver o mesmo tipo de dualidade que eles.

Vão querer tirá-la de você como um meio de fazer contato. Ou seja, vão querer, de propósito, trazer à tona a dualidade (a divisão) que há em você para fortalecê-la. O desejo deles é levá-lo de vez para seu mundo dualista. Farão de tudo para aprofundar sua divisão dualista e trazer à tona o lado negativo dela, que você foi instruído – como ocorre com os seres humanos – para manter oculto. Você pode encarar essa atitude como uma intenção extremamente negativa ou interpretá-la de outra maneira:

Essa pode ser a única maneira que eles conhecem
de fazer contato!

Tenho certeza de que você também já fez isso, embora, provavelmente, em escala menor. Mas esse é um processo normal quando conhecemos uma pessoa nova. Sempre que queremos fazer contato com uma pessoa da primeira vez que a encontramos, procuramos encontrar um terreno e interesses comuns, certo? Assim, uma outra maneira de encarar *as manobras aparentemente maliciosas* dos seres astrais é reconhecer que eles apenas querem fazer contato. Você não faria o mesmo se estivesse preso a essa condição negativa?

Outra forma de considerar o fenômeno é que *os seres presos na realidade do astral inferior gostam de prazeres negativos*. Portanto, tentarão nos atrair descobrindo, fortalecendo e retirando nossas partes que também gostam desses prazeres!

Isso pode ser considerado
apenas outra forma de fazer contato!

*Ou
talvez seja a única maneira
de fazer contato que eles conhecem!*

Portanto, se você entender a psicologia dos seres do astral inferior, terá uma boa arma para enfrentar seus próprios medos e impulsos negativos! Afinal, você encarnou com eles para trazê-los à totalidade!

Assim, em sua profissão de curador, quando penetrar na realidade do astral inferior, em vez de adotar o "método fácil" de chamar de "inferno" essa realidade e considerar "malvados" os seres que a habitam, você terá de enfrentar o desafio de encarar seus próprios prazeres e intenções negativas para curá-los. Só assim se empreende a cura astral – tal como eu própria tive de fazer há muitos anos, quando, no meio da noite, seres do astral inferior, as chamadas entidades das sombras, apareceram para me assombrar. Eu, porém, me apeguei à fé nos mundos divinos, que já vivenciara diretamente, e forcei as entidades das sombras a partir, usando minha forte e luminosa energia-consciência. Rezei por ajuda, é claro. E a ajuda veio primeiro sob a forma do grupo de meditação de Edgar Cayce e depois do Centro do Pathwork, nas Montanhas Catskill do Estado de Nova York, onde morei e trabalhei durante anos em meus problemas. Serei eternamente grata por essa ajuda.

Eis uma de minhas primeiras histórias de encontro com uma pretensa entidade do mal.

A Entidade "Maligna" Escura

Meu grupo de estudos Edgar Cayce praticava meditação uma vez por semana. Conheci ali várias pessoas ótimas, algumas das quais eram Quakers. Estudávamos, discutíamos e meditávamos sobre as obras de Cayce. É uma obra maravilhosa, que fornece uma ideia clara dos mundos espirituais e ensina como trabalhar com eles de uma forma positiva, eficaz, a fim de melhorar a vida no mundo físico. Uma de minhas amigas no grupo Cayce, Iris, estudava o budismo tibetano. Meditara por vários anos. Fui até sua casa para algumas meditações privadas com ela. Durante essas meditações silenciosas, ambas tivemos as mesmas visões simbólicas. Eu, com minha formação científica, sempre lhe perguntava o que ela estava vendo, em vez de lhe comunicar primeiro minhas visões. Esse tipo de confirmação era muito útil e me encorajou a continuar buscando clareza na PSS e compreensão dos mundos espirituais.

Anos depois, quando eu estava no último ano do meu treinamento na bioenergética, aconteceu algo que me ensinou que há diversas maneiras de interpretar a experiência psíquica e que é imprescindível saber fazer isso de maneira positiva, eficaz. Ficou claro que um dos pré-requisitos mais importantes para se aprender a apurar a PSS é um conhecimento profundo, bem fundamentado — conhecimento dos nossos processos psicológicos, conhecimento de como funciona nosso sistema de energia-consciência e a maneira de regulá-lo. Tudo isso, na verdade, exige muito treinamento e processo pessoal.

Um cliente do terapeuta na clínica onde eu estava treinando, a quem chamarei de Bud, se enforcara. Não sei o motivo nem as circunstâncias de sua vida. Bud foi cremado e suas cinzas trazidas à sala do nosso grupo de meditação para uma cerimônia. Não conheci Bud, apenas o vira quando ele comparecia às suas sessões. Também não conhecia muito o seu terapeuta. Durante a cerimônia, minha curiosidade sobre a morte realmente se aguçou. Eu queria saber onde Bud estava. Depois da meditação, pus as mãos na urna das cinzas e projetei nelas minha consciência.

"Bud, onde você está?"

Pude sentir a energia aguda, agitada, incoerente e inflamada das cinzas — uma espécie de consciência esforçando-se para se libertar. Foi tudo o que senti.

No dia seguinte, eu estava sozinha em casa quando bateram à porta. Eram minha vizinha bibliotecária e a senhora que morava no andar de baixo. Disseram ter pensado que minha casa estava pegando fogo e que eu devia sair dali. Respondi que talvez fosse culpa das vidraças embaçadas! Elas me convidaram para o chá. Aceitei. Tão logo nos sentamos, uma delas me perguntou: "Alguma vez você já saiu pela porta através de sua testa?

"Não, mas gostaria de tentar!"

Assim, noite afora, tentamos sair pelas portas através de nossas testas. Uma das mulheres não conseguia. Vi a bibliotecária se transformar num ponto dourado de luz e sair pela porta. Eu também me transformei num ponto dourado de luz. Dirigi-me à porta e parei. Estava à beira de um abismo – um nada infinito e escuro que parecia repleto de vida indiferenciada. O medo me impedia de pular no abismo, de modo que continuei ali parada e chamei Bud. Duas horas depois, tudo começou a ficar muito estranho. Uma das mulheres decidiu tentar a escrita automática. Estava rabiscando quando, de repente, parou, apontou para alguma coisa que desenhara no papel e exclamou: "Essa é uma entidade muito maligna!"

O cachorro começou a latir na cozinha e nós três ficamos aterrorizadas. Procuramos nos acalmar. Continuei ali por mais algum tempo e depois fui embora. Então, comecei a ver a grande entidade negra que me seguia. Eu não sabia o que fazer. Felizmente, estava sozinha em casa, de modo que ninguém mais se envolveu. Caminhei ao redor da casa, tremendo e com uma Bíblia na mão. Tracei cruzes com água nas paredes. Não funcionou. Passei as noites seguintes mergulhada no terror.

Alguns dias depois, encontrei-me com uma curadora da Europa. Ela tentou remover a entidade, mas não conseguiu. Por fim, disse: "Essa entidade maligna tem perseguido você por várias existências! Vamos, reúna suas forças e lute! Faça de tudo para vencer. Mas não se preocupe: se perder, só perderá seu corpo!" Isso, é claro, não me fez sentir melhor! Só serviu para aumentar o meu terror.

Por fim, chegou a hora da sessão regular com meu terapeuta bioenergético. Ele não pareceu muito preocupado nem interessado. Não podia ver a entidade negra, mas podia ver meu terror. Ajudou-me a trabalhar o medo do desconhecido; a entidade negra, porém, não se afastou.

O terapeuta disse: "Você precisa trabalhar mais esse problema. Posso lhe reservar mais sessões. Ainda bem que não foi a um psiquiatra, pois ele lhe daria drogas e internaria você".

Marquei mais sessões bioenergéticas pessoais, durante as quais consegui encarar meus medos e acalmar-me até certo ponto. A entidade continuava ali e eu a temia. Como nenhuma das pessoas que eu conhecia podia vê-la, comecei a questionar minha sanidade mental.

Lembrei-me então de Iris, do grupo Cayce, e liguei para ela. Não lhe falei sobre a situação, apenas perguntei: "Posso meditar com você de novo?"

"Sim. Venha às três da tarde."

Quando cheguei, Iris não me convidou para entrar, como sempre fazia. Em vez disso, levou-me para o jardim. Sentamo-nos debaixo de uma macieira e ali ficamos meditando em silêncio. Começamos e encerramos a meditação ao mesmo tempo, sem dizer palavra, tal como havíamos feito antes.

Íris disse: "Você está sendo invadida por uma entidade muito escura. Sua aura está negra do peito para baixo. Só o que tem a fazer é expelir a entidade do seu corpo com luz branca, superar o medo e enviar a ela amor incondicional a fim de conduzi-la para a luz. Eu ajudarei. Essa 'entidade escura' enfrentou-me antes da sua chegada, mas não permiti que me invadisse."

A parte do "superar o medo" é que não parecia tão fácil. De novo, eu me sentia aterrorizada. Tentei me acalmar ao máximo e voltei a meditar em silêncio com Iris.

Comecei a expulsar a "entidade" do meu corpo com luz branca que puxei do chakra da coroa e a mantive junto ao intruso com amor. Esforcei-me para vencer o medo e sentir amor incondicional. Era realmente difícil. Concentrei-me na luz e no amor, continuando a expulsar a entidade do meu corpo com luz branca. Podia ver (de olhos fechados) Iris enviando também luz e amor ao intruso. Ele saiu do meu corpo e pôs-se a andar na minha frente e na direção de Iris. Então um pensamento engraçado cruzou minha mente:

Se você acha que está na pior, pense nele. Ele nem sequer tem um corpo!

Ri por dentro e senti amor incondicional por aquela pobre criatura que estava perdida sem um corpo físico. Enquanto eu o inundava de amor, ele foi passando de um cinza-marrom-preto sujo para cinza, para cinza mais claro e, por fim, luz branca. Vi-o aproximar-se de Iris e ficar ainda mais luminoso. Depois, quando Iris e eu o preenchemos com amor incondicional, seu CEH foi aos poucos se transformando em luz branca e a criatura se libertou de vez. Quando Iris e eu encerramos nossa meditação silenciosa, ela descreveu exatamente o que eu tinha visto.

Iris disse: "Mandei-lhe luz e amor, mas ele não se moveu até você também lhe mandar luz. Então, depois que finalmente superou seu medo, você o tirou do seu corpo com amor incondicional. Ele caminhou à sua frente e veio até mim. Suas cores ficaram mais claras. Quando chegou perto, enviei-o para uma luz com brilho cintilante. E ele se libertou na luz".

Voltei para casa em paz. Nunca mais vi a criatura.

Uma Interpretação Mais Pertinente da Experiência com a "Entidade Maligna": Passado algum tempo, percebi que a experiência com Bud estava ligada à que tive com a "entidade escura". Essa perspectiva tornou mais fácil para mim lidar com o episódio. Depois de trabalhá-lo durante certo tempo em minhas sessões, e encarar o meu medo, ficou claro para mim que Bud *era* a entidade escura. Depois dessa experiência, vi vários suicidas que ficaram muito escuros quando perceberam o que haviam feito. Ou seja, matar-se não ajuda em nada. Depois que a pessoa desencarna, descobre que continua como antes, afligida pelos mesmos problemas e inquietações, mas já não tem um corpo físico para estabilizar suas emoções, medos e autojulgamentos. Na verdade, autojulgamentos e medos aumentam e ela não tem a capacidade de regular suas experiências ou percepções.

Numa situação como a de Bud, uma vez no mundo astral, a pessoa tende a ficar perdida. A curadora europeia, que aprendera cura na velha tradição do seu continente, e Iris, treinada na tradição tibetana, chamavam Bud de entidade escura porque o CEH dele estava muito escuro. Nenhuma das duas tinha a informação que adquiri depois, ao adotar a perspectiva de uma terapeuta bioenergética/física para reinterpretar, de um ponto de vista mais ocidental, esse fenômeno observado. O CEH de Bud estava escuro devido a seu desespero e culpa por ter se suicidado. Ele já sofria muito antes de se suicidar. Não sei a causa do seu estado porque não era sua terapeuta e, na época, não a investiguei com a PSS. Mais tarde, como acontece à maioria das pessoas que se suicidam, ele se sentiu muito culpado pelo que tinha feito, pois o problema não só não desaparece após o suicídio como pode piorar. Depois de deixar o corpo, a pessoa não conta mais com sua proteção para evitar ou regular o grau de sentimentos negativos sobre si mesma e seu desespero pelo que fez.

Eu, primeiro, havia me projetado nas cinzas de Bud e depois, à beira do abismo entre os mundos, chamara por ele. Vendo as coisas sob uma nova perspectiva, Bud veio a mim em busca de ajuda, pois eu o invocara; pude vê-lo e fazer contato com ele, naquelas condições. Outros, exceto a curadora europeia e Iris, não poderiam. Agora sei que Bud se agarrara desesperadamente às minhas pernas no esforço de não se perder no astral. Isso é comum quando as pessoas cometem suicídio. Depois, há tanto sofrimento e culpa que elas mergulham numa depressão ainda mais profunda que antes. Também costumam ficar perdidas, pois não sabem como viver no mundo astral.

Pode-se ver isso de duas maneiras: da perspectiva dualista, dividida, dessa entidade maligna escura tentando me destruir ou considerando que Bud, depois de se enforcar, mergulhou numa escuridão profunda e real. E quem invocou Bud? Eu!

Como disse Heyoan,

A escuridão, olhando através da escuridão,
Vê escuridão.
Mas, se você estiver na luz,
luz olhando através da escuridão,
verá o que ela é.

Portanto, olhei e vi o que a experiência realmente era. Bud estava de joelhos, agarrando-se a mim para fazer contato, pois se perdera. Nós o ajudamos a se libertar na luz.

A moral dessa história é: quando você tem medo, vê monstros. A maioria dos ensinamentos no mundo reflete o dualismo do bem *versus* o mal. Existem monstros negros e anjos grandes, maravilhosos. Quase todos os ensinamentos são assim, em lugar de "eis aí uma pessoa que decaiu muito e teve grandes tribulações na vida". Bud se sentiu tão mal consigo mesmo que se suicidou; chamei-o e ele veio em busca de ajuda. É bem diferente.

Essa experiência teve um profundo impacto no modo como passei a interpretar os fenômenos psíquicos do astral. Boa parte dos ensinamentos no mundo é muito negativa, como rotular "seres do astral inferior" como maus ou malignos e enviá-los para lugares ainda mais inferiores, como o inferno. Francamente, não se deve fazer tal coisa. Essas pessoas/seres necessitam de ajuda. A última coisa de que precisam é de mais energia negativa projetada ou impingida neles. Os seres que vivem na escuridão se esqueceram totalmente de sua verdadeira natureza divina. Necessitam de ajuda tanto quanto todos nós com nossas próprias áreas sombrias da psique. Como disse Carl Jung: "Não nos iluminamos imaginando figuras de luz, mas tomando consciência das trevas".

O esquecimento profundo é uma cisão drástica na psique, que separa a realidade entre o bem e o mal. Numa cisão profunda, o mal é realmente mal (isto é, maligno), enquanto o bom é angélico. Infelizmente, o indivíduo dividido tende a se identificar com o lado negativo da cisão a maior parte do tempo. Quando a personalidade se volta para o lado positivo da cisão, esse lado é em geral excessivo, pouco realista, não dura muito nem tem fundamento na realidade física e espiritual. A manifestação mais comum desse tipo de cisão é expressa em um indivíduo com síndrome bipolar. Há sempre, é claro, um componente fisiológico em semelhante cisão, como também um que aparece no campo de energia humano: quanto mais profundo for o esquecimento, mais escura, densa e negativa será a energia. Outra maneira de dizer isso é que o ser em cisão profunda tem baixíssima opinião sobre si mesmo.

Essa grande lição é essencial para todos que
trabalham com a cura astral.
É muito fácil observar os mundos astrais escuros
e neles ver o mal.
Não é disso que precisam os que lá estão!
Eles já lutam contra
fortes autoimagens negativas.
Não precisam que outros os amedrontem.
Podem tentar assustar você,
mas o fazem porque o temem!
Precisam ser aceitos com brandura e amor,
precisam ser reconhecidos pelo que são:
seres a caminho da iluminação!
– Barbara Brennan

Gradativamente, minha vida começou a se transformar em algo mais maravilhoso do que eu jamais havia sonhado. Depois de algum tempo de preparo e estudo, eu estava pronta para encarar de novo o "inferno", mas de um modo diferente. Estava pronta para entrar na escuridão e desespero já familiares – dessa vez, porém, como curadora. Estava pronta para ministrar cura aos pobres seres apanhados nas trevas e no sofrimento do astral inferior. Eis minha história.

Minha Primeira Viagem ao "Inferno" como Curadora

Como descrevi em *Mãos de Luz*, da primeira vez que desci ao inferno fiquei muito surpresa, pois foi durante uma sessão que estava fazendo em meu consultório em Nova York. Já no fim da sessão de cura, coloquei as mãos sobre o sexto chakra do cliente, enviando-lhe amor e paz para que ele se alçasse a um estado superior de consciência. Aquele homem de 40 anos sob as minhas mãos viera até mim porque seu corpo não havia completado o desenvolvimento da puberdade à maturidade. Eu já havia lhe proporcionado várias sessões para acelerar o desenvolvimento do seu sistema endócrino e ele se sentia melhor.

Inesperadamente, caí no inferno! Passei do êxtase do sexto nível do campo para a escuridão do aspecto inferior do quarto. Estava chocada. Não sabia como aquilo havia acontecido. Comecei a pensar que tinha feito algo terrível. Relembrei o passado recente, mas não encontrei nada. Depois de lutar com minhas dúvidas por algum tempo, olhei em volta. Estava tão escuro que não enxergava nada! Por fim, lembrei-me das várias maneiras que aprendera, há pouco, de como sair do inferno e comecei a aplicá-las. A primeira consistia em olhar para a luz e ir em direção a ela. Mas ali não havia luz em parte alguma. Não havia "mais claro" nem "mais escuro": as trevas não tinham gradações. Eu não sabia para onde ir, já que procurar luz seria inútil. Ouvia obscenidades, mas não via nada. Escuridão total. Então, comecei a orar por ajuda. Isso também não pareceu funcionar. Assim, concentrando-me em minha formação cristã e combinando-a com ritmos hindus, comecei a cantar internamente (sem sons), pois não queria perturbar o cliente, que permanecia descansando tranquilamente.

"Jesus Cristo, Jesus Cristo!"

Pelo que percebi, isso também não funcionou, mas continuei tentando. Então, para minha surpresa e desalento, ouvi vozes na escuridão:

"Quem é ele?"

Isso realmente me assustou. Segundo o que aprendera, Cristo havia descido ao inferno, feito contato com todos e tirado dali quem se dispôs a segui-lo. Todos, naquele lugar, deviam então conhecê-lo. MAS NÃO O CONHECIAM!

"*Por que não conhecem o Cristo?*", exclamei para mim mesma.

"*Silêncio, Barbara! Acalme-se!*", murmurei para me tranquilizar. E cantei de novo.

"*Jesus Cristo, Jesus Cristo!*", repeti várias vezes.

Depois de algum tempo, notei que estava clareando um pouco acima da minha cabeça e me senti subindo pela luz. Vi-me então num pátio muito claro, que parecia ser de um mosteiro. Alguns monges, de mantos marrons, aproximaram-se. Pegaram minha mão direita e disseram:

"*Vamos ficar com isto.*"

Olhei para baixo e avistei um pedaço da alma do meu cliente na minha mão direita. Em seguida, apontando para outra direção, eles prosseguiram:

"*Você vai ser aconselhada.*"

Virei-me e flutuei para a esquerda. Detive-me no meio das patas dianteiras de uma esfinge. Uma porta secreta no peito dela se abriu e vi-me numa câmara interior. (Tudo isso ocorria psiquicamente, pois no mundo físico eu continuava com as mãos sobre a testa do cliente, trabalhando seu sexto chakra.) Dentro da câmara, avistei Heyoan, sentado num trono de ouro. Ajoelhei-me diante dele. Heyoan me submeteu a uma iniciação de luz dourada brilhante. Depois, disse:

Eis o segredo
que, conforme prometi, eu lhe revelaria
quando você estivesse pronta.

Você e eu somos um.
Sou sua superalma.
Temos a mesma estrela do âmago.

Você, Barbara,
é minha encarnação nesta vida.

Não compartilhei essa experiência com ninguém durante anos, já que era muito pessoal e, conforme concluí, talvez egoísta. Hoje sei que é verdadeira para todas as pessoas. Todos temos, em vida, guias que são nossas superalmas. Outros guias ficam conosco por algum tempo, para nos ensinar coisas específicas, como técnicas de cura. Depois de aprendermos o que eles têm a ensinar, esses guias se vão. Portanto:

> *O guia que acompanha você a vida inteira*
> *é sua superalma.*
> *O guia e você*
> *compartilham a mesma estrela do âmago!*

O episódio também marcou uma reviravolta na vida do cliente. Ele integrou uma porção de sua alma que, de algum modo, estava separada dele há anos, talvez vidas. Não sei como ocorreu essa separação. O tratamento levou muito tempo e muitas sessões, mas ele de fato melhorou bastante. Seu sistema endócrino despertou e ele desenvolveu sua masculinidade.

A Tarefa Deste Novo Milênio

Neste novo milênio, a dualidade que os homens conservaram durante milhares de anos está vindo à tona para ser curada e reunificada. Os extremos do que chamamos de luz e trevas estão voltando a ser uma totalidade. As religiões oficiais se veem confrontadas por suas dualidades internas e seu controle doutrinário sobre as pessoas.

Como diz Heyoan,

> *Você não acredita realmente*
> *que deva ser punido*
> *para se comportar bem, acredita?*

Revisão do Capítulo 11:
Como Explorar Suas Experiências Dualistas

1. Faça uma lista das experiências de vida que considera da ordem do dualismo extremo.
2. Como as encarou quando ocorreram?
3. Como, depois, as resolveu para a evolução do seu ser interior?
4. O que aprendeu sobre sua força interior e quanta confiança tem hoje em relação ao quanto consegue dar conta?

Capítulo 12

INTENÇÃO NEGATIVA E O MUNDO ASTRAL

> *O que chamamos de Mal
> pode ser visto como dualidade extrema,
> que é simplesmente esquecimento profundo.*
> – Heyoan

Vejamos agora o que acontece quando uma intenção negativa tem o propósito de ferir alguém de fato.

Feitiços, Maldições e Entidades

Feitiços e maldições podem ser muito perigosos. E ainda mais perigosos quando as culturas negam sua existência, pois assim vão causar todos os tipos de doenças, dores físicas, medos, comportamentos estranhos e mesmo morte sem que ninguém descubra a causa. Não estudei esse assunto com ninguém e, portanto, o que tenho a dizer se baseia unicamente nas observações da minha PSS e em minhas experiências como curadora. Também não sei se há alguma diferença semântica entre as palavras "feitiço" e "maldição". Talvez sejam apenas termos diferentes para coisas iguais em diferentes culturas. Maldições e feitiços simplesmente usam as leis que funcionam na realidade do quarto nível, que já expliquei. Cada cultura cria seus próprios feitiços e maldições. E os entendem e interpretam de acordo com seus próprios sistemas.

O Que é Magia Negra e Por Que ela é Tão Poderosa?

A magia negra é um sistema organizado que usa informação da energia-consciência para prejudicar ou controlar outras pessoas, tirando vantagem de sua fraqueza e falta de compreensão desses fenômenos. Usa os mesmos princípios e leis que regem o funcionamento da realidade do quarto nível do CEH empregado na cura. Contudo, na magia negra, essas leis são usadas de um modo bem específico, em rituais com objetos e símbolos, e incluem o emprego do poder criativo das energias sexuais. Esses rituais vêm sendo repetidos há séculos por sociedades secretas. Conforme foi dito no Capítulo 10, objetos e símbolos podem ser dotados, dessa maneira, de energias dualistas e intenções negativas. Toda vez que um ritual é repetido, acrescenta energia-consciência negativa, poder e intenção negativa às formas astrais e territórios de sistemas de crenças negativas contra os quais se dirige. Isso pode ser muito poderoso e perigoso, pois se alimenta do terror. Não é algo com que se brinque. Está conectado com grandes reservatórios de energia-consciência negativa e escura formados ao longo de séculos da existência humana.

O fato de permanecer secreta confere poder à magia negra. Muitas pessoas não acreditam nesse fenômeno ou nem querem saber se existe – mas o temem. Se acreditam que existe, então a magia negra se aproveita de seu terror para intimidá-las. Conclusão: fique longe dela ou descubra como funciona. Um bom livro para você aprender mais sobre o assunto é *A Lança do Destino*, de Trevor Ravenscroft. É a história da busca de Hitler pela lança que feriu o flanco de Cristo. Conta o que aconteceu com ela após a morte de Jesus.

Minha Experiência com Magia Negra, Feitiços e Maldições

Uma Cliente com um Problema Raro – Possessão: Pouco depois da minha primeira viagem ao inferno, uma cliente me ligou para dizer que precisava me ver com urgência. Ela parecia tão desesperada que a encaixei na minha agenda. A mulher apareceu com seu fusca no Centro para Energia da Vida (Center for the Living Force), local onde eu morava na época, e estacionou diante do meu jardim. Desci a escada da frente para recebê-la. Ela saltou do carro e tentou, desesperadamente, contar sua história, às vezes falando de maneira irracional. Procurei acalmá-la e levei-a para a sala de terapia. O CEH dela estava uma bagunça, para dizer o mínimo. Eu nunca tinha visto uma configuração daquelas antes – e não vi depois. A mulher havia sido invadida e controlada por outro indivíduo. E esse indivíduo tinha muito poder. Ele a havia invadido e a controlava através do seu chakra da coroa, que estava totalmente aberto e destroçado, sem as telas protetoras. Avistei grandes tentáculos grossos, sólidos e negros, parecidos com raízes, penetrando seu chakra da coroa. Os tentáculos, lá dentro, se enroscavam em sua corrente vertical de energia, descendo até o terceiro chakra. Aparentemente, eram mantidos ali por alguma força que eu desconhecia por completo. Esse poder não se originara localmente, vinha de alguma cultura distante. Por mais que eu me esforçasse, não conseguia arrancar os tentáculos, ali entranhados e sustentados por uma força tremenda, desconhecida para mim. Eu nunca me vira às voltas com uma força tão formidável e imperturbável. Concluí que não conseguiria nada. Então, interrompi o trabalho energético e tentei acalmar a cliente, pedindo-lhe que me contasse sua história, pois assim talvez encontrasse um meio de arrancar aquelas raízes. Logo percebi por que não teria êxito. Eis a história que ela me contou.

"Quando eu estudava o budismo, conheci um monge budista do Tibete. Apaixonei-me por ele e nos casamos. Mas não deu certo. Ele só queria me controlar. Sugava minha energia. Não suportei mais e disse-lhe que queria o divórcio. Ele se recusou. Então lhe comuniquei que entraria com o processo – afinal, estamos na América. O controle piorou. Pouco depois, descobri que ele não era monge budista coisa nenhuma! Era um praticante de magia negra! E estivera usando essa magia em mim o tempo todo, para sugar minha energia. Não consigo me libertar e não encontro ninguém que me escute. Todos pensam que estou maluca. Por favor, me ajude! Por favor, por favor! Você precisa me libertar!

LIBERTE-ME! NÃO AGUENTO MAIS! VOU ENLOUQUECER", gritava ela, dando pulos!

"Sinto muito, mas não posso fazer isso. Não sei como proceder, não tenho força suficiente. Eu me esforcei de verdade. Você precisa de um exorcismo! Procure um monge tibetano. Encontre um. Tente a Casa do Tibet. Ou então descubra um padre exorcista. Ouvi falar de um em Nova York. Ele talvez consiga ajudá-la. Entre em contato com ele."

Escrevi o nome do padre num pedaço de papel, levei-a para fora da sala de cura e coloquei-a à força no Fusca. Ao descer a escada na direção do carro, ela começou a pular, contorcendo-se e gritando como uma louca. Tentei acalmá-la de novo. Levou algum tempo para que ela estivesse em condições de dirigir. Repeti-lhe que ela precisava ver um padre exorcista. Por fim, ela desceu a rua e fiquei admirada ao ver que dirigia muito bem. Minhas preces a seguiram, para que se curasse do seu infeliz estado. Eu ainda não estava apta para lidar com aquele grau de magia negra.

A Ética de Lidar com as Maldições: No início da minha carreira, conheci um homem (vou chamá-lo de Peter) que veio estudar comigo em Nova York. Notei que seu terceiro chakra estava terrivelmente danificado. A tela se rompera, os selos tinham sido perfurados e, no meio, via-se um orifício largo e profundo. Percebendo a extensão do dano, mas sem dizer nada a Peter, perguntei-lhe sobre sua história. Ele me contou que havia estudado com um xamã por três anos. Tornara-se um aprendiz e sua função consistia em assistir o mestre na remoção de maldições e entidades. Funcionava assim: a vítima da maldição que devia ser removida era levada para o centro de um círculo formado por pessoas de mãos dadas, que mantinham energia protetora em redor. A finalidade desse círculo era garantir proteção contra a maldição ou entidade. O xamã retirava a maldição ou entidade da aura da pessoa amaldiçoada e atirava-a para o terceiro chakra do aprendiz (Peter). Quando isso acontecia, Peter caía ao chão, gemendo de dor e confuso. Retiravam-no então do círculo, enquanto o xamã continuava atendendo o paciente, cuja aura estava protegida da volta da maldição/entidade pelas pessoas de mãos dadas. Peter me contou que, muitas vezes, continuava se revirando no chão por mais três horas, até que as convulsões cessavam. Ficava então doente e só se recuperava depois de duas semanas. Segundo ele, o xamã havia ajudado muitas pessoas dessa maneira.

Fiquei preocupada com Peter e com o que poderia lhe acontecer em longo prazo, devido aos danos em seu chakra. Trabalhei com ele em quase todas as aulas e também quando ele estudou para se tornar professor na minha escola. Quando ele finalmente parou seus estudos com o xamã, seu chakra conservou as curas que eu lhe ministrava.

Peter me contou também que havia estudado com muitas pessoas daquele tipo. A norma era remover entidades e maldições presas ao campo e colocá-las em coisas como ovos, galinhas ou, como no seu caso, mesmo aprendizes! Era norma também devolver as maldições à pessoa que as enviara. Questionei a moral dessas duas técnicas e procurei uma maneira mais ética de aplicá-las.

"Maldição" por Transferência: Pouco depois, fui novamente desafiada, dessa vez por transferência. Uma das coisas mais difíceis de ser líder é a transferência recebida dos estudantes, enquanto estão no caminho sagrado de cura para sua essência. "Transferência" é um termo da psicologia. A transferência "positiva" ocorre quando um cliente ou estudante transfere seus bons sentimentos para o líder, isto é, o professor, curador ou médico. Nesse caso, a princípio, o líder é considerado inteiramente bom, pronto para ministrar ao aluno/cliente cuidados que ele nunca recebeu, mas queria receber na infância. Em geral, o líder é visto pela ótica da transferência positiva como um professor maravilhoso que mudará a vida do aluno. Até certo ponto isso pode ser verdadeiro, mas a causa é em grande parte a transferência positiva. Mais tarde, quando o aluno encontra determinada dificuldade em seu processo de autotransformação e, para isso, um trabalho mais profundo se faz necessário, a transferência "negativa" brota do seu íntimo. Ele constata então que o líder é um professor, não um salvador!

A certa altura, durante o curso de estudos de uma de minhas alunas, ela entrou numa transferência bastante negativa comigo. Em vez de trabalhar esse problema com um terapeuta, procurou um paranormal, ouvindo de sua boca que eu a tinha amaldiçoado em outra vida e que ela devia "mandar a maldição de volta"! Eu nunca amaldiçoei ninguém, é claro. O desfecho foi que a aluna me amaldiçoou sem nenhum motivo. Bem, não funcionou muito. Era apenas transferência. Foi então que descobri um dos muitos problemas de "devolver a maldição".

Heyoan me ensinou a curar o processo todo, inclusive as turbulentas vidas passadas da mulher. Coloquei amor incondicional nas mãos, removi a maldição do meu campo e dissolvi-a. Acompanhei-a por todo o caminho de volta, eliminando-a por completo. A cura voltou à aluna, depois ao paranormal que a tinha aconselhado a enviá-la para mim e, por fim, a um indivíduo que eu não conhecia. Eliminei a coisa toda, para que ninguém se machucasse.

Férias do Sonho... ou Não: A primeira vez que presenciei acidentalmente uma maldição foi na sala de cura. Uma mulher me procurou porque sentia que estava morrendo aos poucos. Vou chamá-la de Pat. Sua saúde vinha se deteriorando havia dois anos e ela não sabia o motivo. Disse ter consultado vários médicos, que não conseguiram chegar a um diagnóstico e cujos remédios não funcionaram. Quando comecei a carregar e limpar o campo de Pat, durante a primeira parte da sessão, vi uma forma astral presa a ela e literalmente sugando sua energia vital. Examinando Pat, notei que a forma estava conectada não apenas a seu campo, mas ao de outra pessoa bem distante do lugar em que nos achávamos, no Estado de Nova York.

Segui a conexão até o Caribe. Achei isso bastante curioso, pois nunca vira coisa igual. Continuei lendo o campo no nível astral. Ele estava ligado a uma mulher nativa, naquela região. Mas então percebi que a origem do fenômeno não era de fato aquela mulher, ele apenas revestia a parte externa do seu campo e continuava até um homem de aparência assustadora, trajando o que na época eu chamaria de "roupa de feiticeiro", com máscara, penas, escudo e objetos esquisitos em volta do pescoço, da cintura e da mão. Ele era a origem da forma energética que sugava a energia vital de Pat.

Continuei tentando remover aquela energia-consciência negativa, espessa, pegajosa e tenaz. Não foi fácil. Tentei mandá-la de volta a seu criador, mas isso não funcionou. Então me concentrei, mergulhei num estado de amor incondicional e preenchi todo o meu campo com ele. Depois, focalizei minhas mãos, que trabalhavam para limpar o campo de Pat, e certifiquei-me de que estivessem cobertas por amor incondicional. Aos poucos, lentamente, comecei a transformar a energia hostil negativa em amor. Isso exigiu muito tempo e muita concentração.

Depois de transformar toda a energia que estava dentro e em volta de Pat, passei a dissolver o fio comprido, espesso e viscoso que a conectava com a mulher da ilha. Quando cheguei ao campo dela, pedi-lhe psiquicamente permissão para eliminar a ligação e transformá-la em amor. A mulher concordou. Transformei toda a parte do fio pegajoso que estava dentro e fora do seu campo e continuei seguindo-o até o "feiticeiro". Ao chegar à parte externa do seu campo, pedi-lhe permissão para dissolver o fio em seu benefício. Ele não quis. Assim, deixei-o intacto. Retomei e completei a cura de Pat, fechando normalmente seu campo.

Depois disso, Pat se recuperou rapidamente. Eu a vi mais umas duas vezes. Cada sessão de cura consistia em recuperar e fortalecer os vários níveis do seu campo, enquanto ela ia se recuperando. Durante uma dessas sessões, perguntei-lhe se já estivera no Caribe. E ela me contou sua história:

"Há dois anos, fui à Jamaica de férias e ali conheci um homem, Jeremy. Apaixonamo-nos. Foi maravilhoso, combinávamos muito um com o outro. Íamos nos casar. Ele disse que viria comigo para os Estados Unidos. Mas certa manhã, já no fim das férias, uma nativa furiosa apareceu no quintal da minha casa. Gritava furiosamente alguma coisa para mim. Eu não entendia seu dialeto. Então, vi a faca. Quando a mulher se precipitou em minha direção, alguns rapazes locais que tinham ouvido os gritos vieram me ajudar, seguraram-na e tiraram-lhe a faca. Levaram-na embora, censurando-a em altos brados. Mais tarde, voltaram e me disseram que aquela era a companheira de Jeremy há anos. Tinham vários filhos. Assustada e com o coração partido, saí dali o mais depressa que pude!"

Fiquei sentada em silêncio, enquanto Pat derramava lágrimas de tristeza. Quando ela se recompôs, contei-lhe o que tinha visto em seu campo e o que havia acontecido durante a cura. A mulher nativa tinha contratado um *obi-man* (feiticeiro) para matar Pat com energia psíquica negativa, de modo que ela nunca mais voltasse à Jamaica a fim de tirar Jeremy dela e dos filhos.

Semanas depois, como é comum em minha vida, alguns clientes novos apareceram em busca de cura. Um deles era do Caribe. Eles haviam escrito um livro sobre os feiticeiros da região e me trouxeram um exemplar. Não sabiam da cura de Pat. Foi então que vi pela primeira vez o nome *obi-man*. A tradição desses feiticeiros do Caribe veio com os escravos africanos. Eram os médicos das antigas culturas da África. Eles curam de acordo com suas tradições culturais.

A Maldição do Fogo: A próxima vez que ouvi falar de maldição foi apenas um mês e pouco depois. Uma mulher, que chamarei de Jean, veio a mim para uma sessão. Depois de se apresentar, disse-me: "Meu namorado está tentando me matar com magia negra! Estou apavorada. Procuro deter suas maldições meditando e rezando, mas receio que isso não esteja funcionando".

"O que você quer dizer com isso?", perguntei, procurando me manter séria. "O que ele tem feito para você pensar dessa maneira? Como ele está fazendo isso?"

"Vou lhe mostrar", disse ela, tirando a camisa de mangas compridas e as luvas. Não consegui disfarçar o choque. As mãos e os braços de Jean tinham sido queimados a tal ponto que a pele toda, e o tecido por baixo, estavam queimados. Ela tinha enxertos de pele que cobriam suas mãos e braços até quase o bíceps. Os enxertos eram mais finos que a pele normal, que no espaço entre as manchas tinha ficado contraída e avermelhada. Todo a região estava com manchas roxas. Jean continuou com sua história:

"Ele fez isso com magia negra. Quer me matar, estou lhe dizendo! Certa vez, quando voltei do trabalho, chamei-o e ele não respondeu. Descobri então que estava no andar de cima da casa, executando um ritual. Fiquei muito assustada. Desci imediatamente para o porão, onde costumamos meditar, acendi uma vela e iniciei uma meditação para me proteger do que ele fazia. Mas estava amedrontada demais para me concentrar e por isso comecei a orar o mais fervorosamente possível. Quando abri os olhos, a parte superior da casa estava em chamas! A causa não fora a minha vela. Apaguei-a depressa e corri para o andar térreo, a fim de escapar pela porta. Estava trancada. Corri para a porta dos fundos. Trancada também. Fui até as janelas: trancadas. Ele havia posto fogo na casa e me trancado dentro! Ninguém, entretanto, acreditaria nisso. Cobri o rosto com os braços e as mãos para poder respirar. Por fim, consegui quebrar uma janela e sair!"

Parou, respirou fundo e começou a chorar. "Fiquei no hospital por meses."

Prossegui na cura de Jean para reparar os níveis do seu campo nos braços e no resto do corpo. Havia muito trauma para remover do campo, lágrimas nos níveis estruturados e nuvens escuras caóticas nos níveis não estruturados. O fogo não apenas deixara várias manchas avermelhadas nos níveis não estruturados do campo como havia danificado e desgastado os níveis estruturados do CEH nos braços e nas mãos, onde ela se queimara gravemente.

Usando minha PSS, concluí que o namorado havia tentado usar magia negra ritualística contra ela, mas não sei como, pois esse é um assunto sobre o qual não li muita coisa. Tudo indicava que o incêndio fora intencional, mas eu não tinha provas "concretas". Porém, o mais importante era que a cliente estava agora protegida de quaisquer outros ataques psíquicos. Certifiquei-me disso ao limpar, fortalecer e proteger seu campo, ajudando-a a revigorar seu centro. Depois que ela recobrou as forças, resolveu fazer mais cirurgias para eliminar as cicatrizes e recuperar a textura normal da pele.

Uma Maldição Africana Nove Gerações Depois: Eis uma experiência que foi outra surpresa para mim. Na ocasião em que testemunhei essa maldição, a BBSH havia se tornado um programa de quatro anos e ensinava aos estudantes como remover, de seus campos, objetos e seres da realidade do quarto nível, no segundo ano de treinamento. Espantei-me ao constatar por quanto tempo e com quanta força uma maldição pode permanecer no campo. Nove gerações é um período bem longo.

Primeiro, um lembrete: a grande diferença entre um objeto e um ser astral no campo é que este tem livre-arbítrio e não quer sair. Resiste caso você insista em removê-lo, como a ninhada de harpias que tentou morder meus dedos enquanto eu a arrancava do pâncreas da cliente. Portanto, remover seres é um pouco mais difícil do que remover objetos grudados ao campo; estes não lutam para ficar. Os seres são instalados por outras pessoas ou pelos próprios clientes, nesta ou em outra vida. Além do mais, a vontade dos responsáveis por colocar no campo a maldição ou feitiço que precisam ser curados conserva-os ali, caso subsistam.

Mas voltemos ao que eu vivenciei enquanto ensinava cura astral aos alunos do segundo ano, que faziam curas nas mesas de massagem. Eles estavam aprendendo a remover objetos e seres da realidade do quarto nível. Enquanto eu caminhava pela sala, dando atenção aos alunos, notei que um deles tinha dificuldades. Fui verificar qual era o problema. O aluno "cliente", deitado na mesa para receber a cura, era de origem africana. A aluna "curadora" não conseguia manter o campo estável porque, no seu próprio campo, não tinha energia suficiente. Ela nem sabia ao certo o que tentava remover e isso também é consequência de energia insuficiente para a cura. Observei o campo no quarto nível do aluno "cliente" e constatei que sua corrente vertical de energia estava repleta de pequenas cobras pretas, de aparência sinistra. Bem, aquilo explicava por que não havia energia suficiente para completar a cura: a aluna "curadora" não tinha força para remover as cobras que abrigavam intenções malévolas (nem era de se esperar que tivesse um bom controle da energia ainda em seu nível de estudo). Por isso, assumi a tarefa e pedi que ela me ajudasse. Comecei a remover as cobras – primeiro uma por uma, depois muitas ao mesmo tempo. Isso exigiu um bom tempo. Depois de remover as cobras, eu as levava para níveis superiores do campo, onde elas reassumiam sua forma original, não dualista, de cobras normais (sem intenções malévolas). Também rastreei a energia negativa da maldição até a origem e a dissolvi. Remontando no tempo e nas gerações, acompanhei a energia-consciência, eliminando-a no caminho, até chegar à África, onde ela havia se originado, há nove gerações! Eu estava perplexa. Não sabia que tais coisas podiam persistir por tanto tempo!

Sempre tive um bom relacionamento com cobras; quando criança, costumava apanhá-las e brincar com elas. Mais tarde, aprendi que a antiga religião da deusa, espalhada pela maior parte do globo, usava a serpente como símbolo da kundalini, a força vital da sobrevivência/cura/transformação. Já tinha visto cobras em pessoas antes, mas não tantas nem tão antigas! A queixa atual do aluno "cliente" à aluna "curadora" era de dor crônica nas costas. Essa dor desapareceu após a cura.

Revisão Básica de Seres/Objetos e Maldições/Feitiços no Quarto Nível do CEH

1. O mundo da realidade do quarto nível existe na mesma faixa de frequência que o quarto nível do CEH.
2. Objetos podem ser carregados com energia-consciência da realidade do quarto nível para beneficiar ou prejudicar. Eles transmitem essa energia-consciência a humanos. Alguns são chamados de talismãs. Nas cerimônias, são imbuídos de poder da realidade do quarto nível.

3. Maldições/feitiços são postos dentro ou junto do campo por outra pessoa. Esta aprendeu ou tenta praticar algum tipo de xamanismo, bruxaria ou vodu.
4. Sociedades secretas que usam esses poderes existiram e ainda existem por todo o planeta.
5. Se a pessoa responsável pela maldição ou feitiço não tem poder suficiente, a maldição ou feitiço não são introduzidos no campo, mas ficam perto, à espera de que a vítima tenha uma reação emocional (RE). Quando isso acontece, o campo enfraquece o bastante para que a maldição penetre.
6. Maldições/feitiços podem durar gerações se partirem de uma pessoa poderosa, com conhecimento do assunto. A intensidade de uma maldição ou feitiço depende da capacidade do responsável de regular e controlar seu CEH com foco (razão) e força (vontade) alimentados pelas emoções.
7. Maldição ou feitiço devem ser eliminados, não devolvidos, pois isso seria amaldiçoar a pessoa que os recebe de volta.
8. Objetos da realidade do quarto nível presos ao campo são levados para o quinto nível, o divino, que é o molde (e a forma) de todas as coisas, para readquirir seu propósito original.
9. Depois de criado, um ser da realidade do quarto nível continua a existir e se desenvolve como todos os outros.
10. Seres da realidade do quarto nível são conduzidos para a luz a fim de recuperar seu estado normal, equilibrado e saudável.
11. O melhor instrumento de cura para a realidade do quarto nível é o amor incondicional. Ele brota esfericamente do centro do chakra do coração quando o CEH está limpo e equilibrado. Para alcançar esse estado, deve-se ir à estrela do âmago e depois ao nível do hara, passando-se a um estado de intenção clara e sem esforço.
12. O emprego da força de vontade na cura astral geralmente conduz à dualidade, que fere ou tenta prevalecer sobre os outros.
13. Não tente fazer isso sozinho. Você precisa que alguém o ensine a controlar o medo do desconhecido e aquilo que está em seu subconsciente.

14. Seu relacionamento com o mundo da realidade do quarto nível é afetado por seu passado ancestral.
15. Seus relacionamentos importantes, como o casamento, incluem o passado astral da família para a qual você entrou.
16. Todos os sistemas de crenças negativos estão ligados aos mundos da realidade do quarto nível que preservam essas crenças e sofrem sua influência.
17. Uma cura completa do CEH precisa incluir a cura astral, a cura da cápsula do tempo e a cura relacional, bem como outros tipos de curas avançadas, algumas das quais são discutidas neste livro. Uma cura completa deve incluir pelo menos sete níveis do CEH, bem como todos os aspectos do SECH.[3]
18. O quarto nível do CEH é aquele graças ao qual todos os relacionamentos funcionam.
19. A base do quarto nível do campo é o coração, o sagrado coração humano do qual e pelo qual o amor flui.
20. Lembre-se: o amor incondicional é imprescindível para a cura da realidade do quarto nível.[4]

Karma

Essa é uma área de trabalho que não deve ser encarada de modo irrefletido nem negada, como os humanos "modernos" costumam fazer. Já vi pessoas à beira da morte ou quase insanas por causa dessas coisas. Os meios antigos e tradicionais de combatê-las apenas geram mais conflito. Heyoan ensinou outras técnicas, que não as combatem. Em vez disso, usamos o amor incondicional a fim de dissolver a negatividade desses seres e objetos, para em seguida devolvê-los à

---

[3] Ver *Mãos de Luz*.

[4] Esclarecimento ao leitor: não inseri neste livro todas as técnicas de cura da realidade do quarto nível, como a que promove a cura das aderências e implantes do campo, pois elas exigem muito treinamento. Isto inclui processo pessoal, para que o praticante enfrente seu medo do desconhecido, oriundo das profundezas da psique, e apoio pessoal para que ele se acostume aos mundos da realidade do quarto nível.

luz. Podemos também remover o chamado "karma negativo" daqueles que põem em ação sua dualidade e prejudicam as pessoas.

O karma deve ser visto como uma oportunidade
de resolver conflitos
ou esclarecer
qualquer mal-entendido sobre a realidade
que você tenha dentro de você.
– Heyoan

Toda experiência de vida não resolvida, oriunda de qualquer existência, permanecerá no campo até que seja resolvida. Mas há numerosas oportunidades no CEH da maioria das pessoas! A encarnação, por exemplo, é uma oportunidade para eliminar de vez o chamado "karma". Continuamos recriando as mesmas experiências negativas na vida atual até resolvê-las. Essas recriações, embora bastante desconfortáveis, oferecem as oportunidades de cura e são, até mesmo, um dos objetivos da encarnação.

Revisão do Capítulo 12:
Como Explorar Suas Experiências Dotadas de Intenções Negativas

1. Quais foram suas experiências da realidade do quarto nível que envolveram intenção ou prazer negativos?
2. Descreva-as.
3. Eram assustadoras? Nesse caso, como você enfrentou seu medo?
4. O que aprendeu com elas?

Capítulo 13

VISÃO GERAL DA CURA DE "VIDAS PASSADAS"

....

*Para se individuar, vocês iniciaram as espirais de cura
pelo processo do que chamam de encarnação ou reencarnação.*

*Vocês criaram esses termos – encarnação e reencarnação –,
separando-os com a ideia de algo chamado tempo.*

*Deram a si mesmos, inúmeras oportunidades e inúmeras "vidas"
com as quais poderiam criar.
Usando uma escala de tempo linear, podem voltar no tempo
e recordar experiências de outras vidas.
Todas essas experiências são ferramentas para o reconhecimento do eu.*
– Heyoan

O grande psicoterapeuta Stanislav Grof disse:

"Cada um de nós pode manifestar as propriedades
de um campo de consciência que
transcende o espaço, o tempo e a causalidade linear".

O dr. Grof percebeu os benefícios de vivenciar os acontecimentos inconscientes, não resolvidos e penosos de nossa existência, que mantemos imobilizados dentro de nós. Fazer isso num ambiente de terapia nos dá a chance de vivenciá-los e dissolvê-los. Ou, como dizem alguns terapeutas, *deixá-los morrer para nós*. O trabalho do dr. Grof inclui o processamento de experiências não resolvidas desta e de vidas anteriores ou "passadas". Muitos psicoterapeutas corporais fazem esse trabalho porque ele é eficaz. Essa tarefa requer um profundo processo pessoal com um curador/terapeuta bem treinado e experiente, que fez o seu trabalho pessoal. Utilizar a PSS e saber como o SECH funciona aprimora e encurta o processo de cura, tornando-a mais direta, pois a configuração energética do trauma pode ser trabalhada e removida sem obstáculos do SECH. Feito isso, o corpo físico se recupera rapidamente.

A terapia de "vidas passadas" é um tema muito vasto. Aqui, darei uma visão geral e algumas informações básicas sobre essa terapia. Depois de discuti-la neste capítulo, abordarei uma maneira nova de encarar o fenômeno chamado "vidas passadas". Desenvolvi essas técnicas novas observando que o SECH retém experiências não solucionadas de todas as experiências de vida, tanto da atual quanto das anteriores.

Duas coisas importantes se destacam com relação à experiência de vidas passadas:

1. O sentimento premente de que estamos tentando resolver um problema de uma vida anterior, de que ainda há algo a aprender e que nos escapa, até fazermos a cura de vidas passadas. Em certos casos, uma existência inteira parece sempre às voltas com decepções provocadas pelos pensamentos finais de uma vida anterior.
2. Personagens de vidas passadas podem ser reconhecidas como outros eus ou parte do próprio eu que ainda remói problemas à espera de solução.

Como Usar o Relaxamento Profundo para Seguir o Corpo até o Passado

Primeiro, aprendi terapia de vidas passadas com o uso de relaxamento profundo e regressão, no Instituto para Síntese Psicofísica, em Washington, D.C.

Durante o curso, éramos instruídos a evitar, com o máximo cuidado, conduzir o cliente a uma visão específica de uma vida passada ou a uma determinada emoção. Ao contrário, com calma, conversando e aplicando ocasionalmente um toque suave, devíamos induzi-lo a um relaxamento profundo em cada parte do seu corpo físico, a começar pelos pés. Esse trabalho era feito com o cliente deitado numa cama dura e estreita ou numa mesa de massagem. Uma vez relaxadas todas as partes do corpo, a visualização orientada conduzia o cliente, nos níveis mental e físico, numa regressão no tempo. Feito isso, o terapeuta massageava a área do corpo físico do cliente relacionada ao trauma.

Esse método faz a mente e o corpo do cliente remontar, passo a passo, no tempo. Ajuda-o a vivenciar os antigos traumas que forçaram seu corpo a se bloquear numa determinada região. É repetido em todas as sessões com o cliente. A terapia continua até o cliente vivenciar e liberar todas as manifestações do trauma, inclusive sua primeira ocorrência, o que pode ter acontecido numa das vidas passadas. O CEH só ficará totalmente limpo dos bloqueios de origem traumática quando o primeiro trauma desaparecer por completo. Em geral, o campo libera primeiro o trauma mais recente da mesma natureza. A cura seguinte, com toda a probabilidade, liberará o segundo trauma mais recente da mesma natureza e assim por diante, remontando no tempo.

Quase sempre, praticamente todos os grandes problemas da vida atual foram causados por experiências não resolvidas em vidas passadas. Algumas destas resultam em traumas na vida atual, logo ao nascimento. Por exemplo, uma cliente tinha dores crônicas no pescoço. O cordão umbilical se enrolou nele durante o parto em casa. Ela tinha permanecido com a pele azulada (e em silêncio) por vários dias após o nascimento. Mais tarde, sofreu várias lesões na mesma região do pescoço, durante a infância. Aos 5 anos de idade, subiu na estátua de um leão na frente do Field Museum, em Chicago. O irmão mais velho puxou-a e ela caiu de cabeça no concreto. Depois, sentada no banco do passageiro de um carro, sem cinto de segurança, bateu a cabeça contra o para-brisa quando o motorista se chocou com o veículo à frente. O resultado foi outra lesão crônica. Toda vez que ela exigia um pouco mais dos músculos do pescoço, como pegar alguma coisa muito pesada para a fragilidade desses músculos, o pescoço estalava, provocando fortes dores. Problemas crônicos como esses são difíceis de curar. Exigem cuidados permanentes e cautela para que a lesão não reapareça. Portanto,

> *Problemas crônicos oferecem à pessoa*
> *um meio de aprender a se cuidar*
> *e aceitar com serenidade*
> *as próprias imperfeições.*

Quando confrontada com sua vida passada, causa da condição presente, ela se lembrou de ter sido queimada numa fogueira, presa a uma estaca com uma corda ao redor do pescoço. Forcejara contra a corda para escapar, mas sem sucesso. Pedir ajuda seria inútil, pois quem assistia ao suplício teria a mesma sorte caso respondesse. Toda vez que procurava esticar a corda, estrangulava a si mesma! A situação era desesperadora e resultou em sua morte.

Agora, na vida atual, ela tinha de alimentar alguma esperança. Fez isso aprendendo a pedir ajuda de novo, quando precisava! E dessa vez a obteve.

Como Seguir a Direção do Cliente: Vale lembrar que, durante a cura, o curador deve seguir a direção do cliente. Ele vai para onde vão internamente a psique e o corpo do cliente, com relação à atual queixa deste. A cura prossegue até que a cápsula do tempo seja dissolvida por completo. Feito isso, o campo do cliente está limpo e ele não precisará mais enfrentar aquela experiência e aquele problema de novo. Ele dissolveu a crença negativa que tinha a respeito de si mesmo e de sua vida. Participou do processo de cura e ficou bem. Ganhou forças para viver sua própria vida fazendo suas próprias escolhas. É assim que os clientes adquirem autorrespeito. Sim, o curador ajuda bastante, mas é o cliente que soluciona seus problemas ao experimentar, liberar e curar a dor que eles causam.

O curador também ajuda a remover a energia-consciência traumatizada do CEH. Depois de limpá-lo, ajuda a recarregar e reconstituir o campo do cliente. A este, ensina ainda o processo psicológico de como o cliente tem compensado o trauma em seu sistema, desalinhando seu campo. Como curadores, nós simplesmente auxiliamos o cliente a controlar as emoções que o corpo libera. Estamos aqui para assisti-lo e incentivá-lo no processo. Os clientes respondem bem e progridem bastante na solução de problemas atuais que tiveram origem em suas vidas passadas. Até a cura, as experiências não resolvidas, herdadas de vidas passadas, continuam bloqueando sua energia vital nesta vida.

Meu trabalho na prática bioenergética de lidar com vidas passadas convocava ainda mais fatores psíquicos e de cura do meu íntimo. Como eu podia ver o campo, já o encarava da perspectiva dos fluxos bioenergéticos naturais de energia que o percorrem, bem como ao corpo. Estimulava os fluxos de bioenergia nos locais em que o corpo os bloqueava, removendo e limpando poças de energia estagnada nos pontos onde se acumulavam e carregando as regiões de pouca carga com energia limpa, clara e de cura. Então, minha visão se ampliou ainda mais: em vez de ver a energia-consciência do SECH como um todo, comecei a perceber os eventos que haviam ocorrido na vida do cliente durante a qual seus problemas surgiram.

Não levou muito tempo e comecei a ver as vidas passadas dos meus clientes. A princípio, isso me assustou e, mais uma vez, não contei nada a ninguém sobre o que estava acontecendo. Notei que as experiências de vida do cliente se relacionavam entre si. Experiências de vidas anteriores deixadas sem solução eram simplesmente trazidas para esta. Ficavam sepultadas profundamente no campo, sob outras atuais do mesmo tipo, também não resolvidas! Essa configuração era alarmante: revelava que morrer não tira ninguém de situações pendentes. Apenas as empurra para encarnações futuras e aumenta muito a probabilidade de a pessoa ter de enfrentar de novo o mesmo problema em situações pessoais similares na Terra – porém, mais tarde.

Ver uma Vida Passada do Cliente

Quando comecei a ver as vidas passadas dos meus clientes, mantive uma atitude discreta e, durante anos, não mencionei a ninguém o que via. A primeira vez foi memorável, pois me pôs imediatamente em confronto com a questão de trabalhar as informações psíquicas que eu recebia.

Quando minha cliente, que chamarei de Sarah, se deitou na mesa para a regressão a vidas passadas, eu logo tive uma visão: estava junto ao mar da Galileia, perto de um barco no qual fora estendido o manto de Cristo. Ao longe, sobre as águas, avistei uma luz brilhante e dourada avançando para a margem.

Quando a luz se aproximou, tornou-se maior e mais brilhante. Reconheci então que era Cristo andando sobre a água em minha direção! Eu não sabia o que fazer com essa visão, pois minha cliente era judia, de modo que me calei.

Todas as visões que tive durante as curas se referiam ao cliente, não a mim. Mas, por ter sido criada como cristã, talvez aquela fosse direcionada a mim. No entanto, sempre que Sarah vinha para uma sessão, a visão ressurgia. Pensei se tratar de uma vida passada no tempo de Jesus e na qual o conhecera. Mas nunca disse nada a ela. Talvez a visão se referisse a mim, talvez não. Contudo, essa é uma ótima dica para não compartilhar coisas quando não estamos bem certos de que a informação pertence mesmo ao cliente. Mais tarde, já mais consciente do meu trabalho, quando não tinha certeza a quem a informação se referia, eu simplesmente me calava e consultava Heyoan.

Como Agir ao Ver as Vidas Passadas dos Clientes

Desde essa época, fiz muitas curas de vidas passadas. Quase sempre, percebo as experiências de vidas passadas antes dos meus clientes, mas sempre espero até que eles a encontrem. Assim, posso confirmá-las. Isso é importante para trabalhar a informação obtida em relação a vidas passadas. Há, todavia, um problema: se o curador conta o que vê, o cliente talvez não ache a informação autêntica, podendo a partir daí surgir dúvidas. Se, por outro lado, ele entra em contato com a vida passada – sentindo-a, sobretudo, no próprio corpo, sem nenhuma informação direta do curador –, essa experiência lhe parecerá autêntica e, portanto, com grande poder de cura. O cliente a usará para resolver problemas atuais oriundos de outras vidas, empregando para isso a experiência conquistada no passado. Esse é o poder da cura de vidas passadas. Ele leva a pessoa a resolver, de uma vez por todas, problemas que não poderiam ser resolvidos apenas com as informações da vida atual.

Uma Visão Mais Ampla de "Vidas Passadas"

Depois de anos trabalhando com "vidas passadas" e observando fenômenos dessa natureza, concluí que temos diferentes tipos de vidas relacionadas entre si pelos problemas pessoais não resolvidos que levamos para experiências de vida subsequentes. Quando, enfim, rompemos os padrões que repetimos ao longo de numerosas "vidas passadas", nossa vida atual se transforma rapidamente numa experiência bem mais rica.

Visão Geral dos Fenômenos de Vidas Passadas

Há quatro maneiras principais de trabalhar com fenômenos de vidas passadas. São estas:

1. **Psíquica:** Leituras ou canalizações de informação de vidas passadas.
2. **Parapsicológica:** Pesquisa científica ou experimental de alegações sobre vidas passadas a fim de provar ou negar a existência delas.
3. **Religiosa:** A reencarnação é ou não um artigo de fé ou doutrina. Muitas religiões, no mundo inteiro, pregam a doutrina reencarnacionista. Diz-se que essa doutrina foi eliminada do cristianismo pelo Primeiro Concílio de Niceia, em 325 a.C. (Vários livros confirmam essa tese, mas o *website* católico oficial a nega.)
4. **Psicoterapêutica/Cura:** Trabalho terapêutico para aprimorar a experiência de vida e cura energética, que abordarei neste capítulo.

Líderes no Campo das Experiências de Vidas Passadas

Dr. Ian Stevenson: Em seu trabalho como psiquiatra, o dr. Stevenson notou que crianças pequenas costumavam fazer declarações do tipo "quando eu vivia antes" ou "da outra vez quando eu morri". Na época, o dr. Stevenson foi chefe do departamento de Psiquiatria da Universidade da Virgínia e, mais tarde, diretor da divisão de Estudos da Personalidade na mesma instituição. Ali, investigou indícios da existência de vidas passadas pesquisando antigos registros que davam respaldo a lembranças dessas vidas, sobretudo de crianças. O dr. Stevenson faleceu em 2007, mas seu trabalho continua sendo um presente para todos nós. Eis o que ele fez:

Devotou cinquenta anos de sua vida à documentação científica de lembranças que crianças do mundo inteiro tinham de vidas passadas. Estudou crianças que espontaneamente (sem hipnose) recordavam uma vida passada. Sua metodologia incluía os seguintes passos:

1. Documentar meticulosamente as declarações da criança.
2. Identificar o morto que a criança se lembrava de ter sido.
3. Verificar os fatos da vida do morto que corroboravam as recordações da criança.
4. Comparar marcas e malformações de nascença com ferimentos e cicatrizes do morto, verificados em prontuários médicos.
5. Descartar quaisquer explicações "normais" possíveis para as recordações da criança.

Resultados Obtidos pelo dr. Stevenson: Ele chegou a acumular mais de 3 mil casos de resultados comparados em seus arquivos e escreveu um livro de 2.200 páginas correlacionando marcas de nascença com lesões de vidas passadas, intitulado *Reincarnation and Biology*.

O dr. Harold Lief, no *Jornal de Doenças Mentais e dos Nervos*, disse o seguinte a respeito do dr. Stevenson: "Ou ele está cometendo um erro colossal ou será conhecido como o Galileu do século XX".

A Visão de Carl Jung dos Fenômenos de Vidas Passadas: Em vez de tentar descobrir se as vidas passadas ocorrem ou não, o dr. Jung utiliza os fenômenos dos arquétipos para fins terapêuticos. Ele explica que os arquétipos – formações de caráter antigas e universais – são as estruturas básicas de nossa psique. Nossa disposição a encenar heróis, vilões, amantes e déspotas em nós mesmos deriva da função arquetípica. Na terapia junguiana, esses arquétipos são trazidos à luz para que o paciente reconheça, compreenda e solucione os problemas de sua personalidade.

Jung explicou: "Ninguém se torna iluminado por imaginar figuras de luz, mas sim por tornar consciente a escuridão".

Ele afirmou que a terapia de vidas passadas consiste numa tela em branco (a vida passada) sobre a qual se projetam arquétipos entranhados na psique.

Esse tipo de trabalho se dividiu em várias especialidades e tornou-se conhecido, em geral, como Trabalho com a Sombra, pois consiste em observar características muitas vezes negativas e desagradáveis no âmago da psique do paciente, e não em reprimi-las ainda mais.

Outros métodos foram desenvolvidos para tratar os pacientes, muito importantes porque possibilitam explorações profundas da psique humana. Por exemplo, no processo psicodinâmico, a verdade se torna *aquilo que é real para o paciente*. Assim, a busca da verdade se transforma na *busca de significado*. Um dos aspectos de destaque dessa busca é a *importância da sincronicidade na vida do paciente* (sincronicidade é uma coincidência com *significado pessoal* para além dos fatos imediatos da situação).

Os Guardiões do Umbral: Relativamente ao mergulho nas regiões sombrias da psique, há o problema de determinar até onde se deve ir e quando isso é conveniente. Como pode o terapeuta saber, uma vez que as profundezas da psique não são óbvias como nossa consciência diária comum? Ela não funciona em sincronia como a consciência do dia a dia. Ao contrário: é simbólica, ilógica, arquetípica, imprevisível e, às vezes, sórdida.

Uma ideia comum sobre o trabalho com a psique é que todos nós temos nossos *guardiões do umbral* para nos impedir de ir muito fundo e muito rápido. Esses guardiões parecem monstros assustadores postados às portas de um templo ou bordejando uma mandala sagrada, como a Kali Negra de garras e dentes cravados no sétimo nível do campo do cliente que mencionei no Capítulo 10. Essas são imagens do próprio medo do cliente e estão ali para impedir que ele penetre nas esferas da psique nas quais ainda não está preparado para penetrar.

A terapia de vidas passadas, se não for conduzida corretamente e não levar em conta os sérios efeitos que pode provocar na vida do cliente, será como abrir a Caixa de Pandora. Poderá libertar forças poderosas, sobre as quais o cliente não terá quase nenhum controle. A busca, em vidas passadas, por respostas para os problemas atuais só deve ser empreendida com a assistência de um profissional experiente. Revelar uma "vida passada" não raro é chocante. Nela, o cliente talvez tenha tratado de forma desumana seus semelhantes, como assassino, estuprador ou soldado violento. Uma informação desse tipo pode se tornar um problema moral capaz de abalar toda a personalidade. O cliente se julgará ainda mais implacavelmente, usando a vida passada para se denegrir ou mesmo se mutilar. Informações de vidas passadas podem até mesmo induzir um cliente a tirar vantagem de outros que, supostamente, o magoaram no passado. Vi isso certa vez, num grupo que estava monitorando. Uma das integrantes do grupo disse se lembrar de alguém ali que a prejudicara na chamada "vida passada": por isso, segundo sua lógica, agora tinha o direito de se vingar da pessoa a quem acusava. Esse foi, talvez, o episódio mais chocante que presenciei em minha carreira de monitora de grupos de terapia. Por fim, tive de pedir a ela que deixasse o grupo.

No entanto, as vidas passadas não devem ser lembradas e postas de lado. São energias vivas que devemos harmonizar umas com as outras e com o ego para, potencialmente, integrar num senso do eu mais novo e mais amplo.

Algumas pessoas afirmam que, depois de explorar toda uma série de vidas passadas, algo de surpreendente acontece: inicia-se um processo constante de reversão de um tipo de personalidade para seu oposto. Eu não constatei isso. Na verdade, o que constatei foi o contrário. As pessoas tendem a viver vidas que repetem experiências similares – em longas séries, mas em cenários diferentes. É como se repetíssemos o problema até aprender a solucioná-lo.

Obstáculos Que o Curador Pode Encontrar Trabalhando com o Quarto Nível

Projeção é um dos primeiros obstáculos que devemos enfrentar ou com os quais devemos lidar no mundo da realidade do quarto nível. É muito fácil projetar nossa dualidade naquilo que percebemos, quando ignoramos como o mundo da realidade do quarto nível funciona. Se olharmos através de um vidro escuro, veremos a escuridão projetada do eu, não a realidade. Conforme mencionei no Capítulo 7, sobre a PSS, buscamos o que existe, não o que está errado. Os medos que o observador tiver sobre o mundo da realidade do quarto nível resultarão em três fenômenos:

1. **As projeções do observador nascidas do medo se manifestarão bem diante dos seus olhos.** O que acontece aqui é que o medo do observador

se torna a força criadora do evento a ser temido, isto é, a projeção se torna criação.

2. **O medo do observador, composto de energia-consciência, atrai energia-consciência semelhante.** Ou seja, atrai para o observador exatamente o que ele receia encontrar no mundo da realidade do quarto nível. É imprescindível fazer um trabalho de processo pessoal para descobrir e enfrentar os medos.

3. **O observador demanda ter percepção sutil.** Outro obstáculo com que me deparei muitas vezes ao treinar curadores na BBSH foi a demanda do aluno em ter percepção sutil AGORA! O medo subjacente é que ele seja de todo incapaz de aprender a usar a PSS. Forçar a PSS apenas leva à projeção e à fantasia complicada, que confunde o aluno e entrava o progresso. Paciência, humildade e trabalho voltado para o processo pessoal, bem como a prática de habilidades, é que levarão longe o aluno no aprendizado da PSS.

Os Maus Usos dos Fenômenos da Realidade do Quarto Nível e como Evitá-los

Há vários usos equivocados dos fenômenos da realidade do quarto nível, muito graves, que testemunhei.

Uma das formas mais comuns de agressão psíquica que muita gente pratica, até sem saber, é a difamação! Muitos de nós somos afeitos a isso, mesmo sem gostar. Eu sou capaz de ver os fluxos e as emissões sutis de energia negativa que escapam dos difamadores em direção aos difamados – não importa o quanto longe, no mundo físico, estejam essas vítimas!

Como Enfrentar uma Agressão Psíquica: A maioria das pessoas ignora que está enviando fluxos negativos a outras, magoando-as e ferindo-as. Dependendo do seu relacionamento com a pessoa que está difamando alguém, você pode, de maneira direta, dizer a ela quais são os efeitos dessa prática. Diga-lhe que não se sente bem falando sobre pessoas ausentes – ou, então, mude de assunto. Você pode, também, colocar um escudo diante da pessoa que esteja sendo difamada.

A intenção negativa nos curadores é também uma forma de agressão psíquica. Tem um enorme efeito negativo. Presenciei muitas dessas agressões. Todos os exemplos seguintes ilustram fluxos de energia-consciência e aderências direcionados aos clientes com os quais eles trabalhavam. Esses curadores pareciam ignorar por completo o que estavam fazendo. Vi alguns que:

1. Era óbvio, não tinham treinamento suficiente, fazendo exigências pouco éticas a seus clientes, como agir de maneiras que nada tinham a ver com sua cura ou condição.
2. Tinham treinamento insuficiente (se é que tinham algum) em sua própria psicodinâmica e pouco autoconhecimento do que estavam fazendo, ignorando também os motivos subjacentes de alguns dos seus atos. Conheci uma curadora que me pediu para ser submissa e não avançar no meu próprio processo de crescimento. Ela queria que eu permanecesse jovem e servil, e insistia em me chamar de garota. Mencionei esse fato durante uma cura; e, ao final da sessão, quando eu estava saindo, ela de novo me chamou de garota, em tom sarcástico. Resolvi não voltar mais.
3. Rebaixavam, difamavam e se diziam melhores que os outros curadores. Pareciam não saber que estavam criando formas terríveis no campo e enviando-as para as vítimas de suas difamações.
4. Num grupo de um curso de apenas um fim de semana, proclamavam curada uma pessoa com tumor letal no cérebro, depois de uma curta sessão de grupo. Disseram ao paciente para que não procurasse um hospital. Ele morreu pouco tempo depois.

Como Lidar com uma Intenção Negativa Inconsciente: Se seu cliente tem uma doença grave, peça-lhe que procure um médico. Se ele se recusar, sugiro que você o chame para uma conversa, explicando-lhe que precisa procurar um médico de sua confiança, além do curador de sua escolha. Durante minha prática, muitas pessoas gravemente enfermas me procuraram como uma maneira de não ir ao médico. Eu não as tratava sem saber quem era seu médico e pedir-lhes permissão para conversar com ele.

Lembre-se: a negação pode ser uma força muito poderosa para encobrir um medo profundo.

Etapas de Reações ao Astral Que Devem Ser Trabalhadas num Processo Pessoal Terapêutico

Os alunos que estão aprendendo a cura da realidade do quarto nível devem passar por várias etapas. Cada etapa precisa ser analisada com cuidado, apoio e amor.

1. **O fascínio** é a primeira etapa. Ir à realidade do quarto nível é ir a um mundo inteiramente novo, que existe em volta e dentro de nós. Parece fascinante a princípio porque as pessoas são curiosas. Elas ouviram histórias de viagens à realidade do quarto nível, que lhes permitem entrar e sair do corpo à vontade para visitar amigos próximos ou distantes, mesmo em outros países, percorrer o sistema solar e ir até mais longe. Ficam ansiosas para explorar mundos novos. Muitas presumem que o mundo da realidade do quarto nível funciona como o físico, exceto por ser mais divertido. Vamos lá, dizem elas. Mas, como bem sabemos, a realidade do quarto nível é diferente do mundo físico! E às vezes, como vimos, não é nada divertida! Por outro lado, muitas pessoas nunca ouviram falar nessa realidade e não acreditariam em sua existência caso ninguém lhes falasse sobre ela!
2. **O medo** é a segunda etapa. Depois que a pessoa ouviu falar nessa realidade e concluiu que ela pode mesmo existir, sua primeira reação é de medo. Em seguida, como vimos, a realidade do quarto nível se torna um tabu: é perigosa e sua exploração contraria algumas religiões. Portanto, não convém se envolver com ela. Talvez seja melhor assim. É uma aventura que leva anos, exige muito trabalho psicológico pessoal e pressupõe enraizamento sólido no mundo físico.
3. **O terror** pode ser a terceira etapa para muitas pessoas. Depois de ter algumas experiências boas no quarto nível, com um anjo ou um guia espiritual, por exemplo, elas provavelmente não sentirão mais medo de penetrar no quarto nível. Contudo, cedo ou tarde, num mau estado

mental ou num sonho ruim, o terror aparece! Então, elas constatam a extensão do mundo do quarto nível e alguns de seus conteúdos. Com os céus, tudo bem. Mas com os infernos! Ah, não! Descobrem ainda que podem se perder ou ficar presas nas realidades do quarto nível (o que às vezes acontece), especialmente em se tratando de esquizofrênicos. Receber um diagnóstico desses é assustador!

4. **A criação de um sistema de realidade aceitável.** A quarta etapa do relacionamento com a realidade do quarto nível acontece quando o aluno se torna capaz de estudar e enfrentar psicoterapeuticamente seu medo a fim de criar, em seu sistema de realidade básico, um espaço onde cabem suas experiências da realidade do quarto nível. Estudando a física do mundo da realidade do quarto nível (Capítulo 9) e vivenciando diretamente esse mundo, que funciona do modo descrito, ele se torna um lugar que funciona de maneira compreensível. É diferente do mundo físico, mas pode-se compreendê-lo. O aluno agora sabe que há uma maneira de navegar pelas realidades do quarto nível. E navegará com sucesso se aprender a controlar suas reações emocionais, rompendo o círculo vicioso dos padrões negativos repetidos. Terá também de se livrar do medo oculto ao desconhecido, que esteja dentro ou fora de si mesmo, aprendendo a não se descontrolar diante do que lhe acontecer. Todos, é claro, temos nossos limites. A tarefa de trazer para o centro todas as peças do eu espalhadas pelo tempo e o espaço, integrando-as num todo, continua ao longo de numerosas vidas.

Transferência e Projeção no Processo Pessoal

No processo pessoal, em se tratando do trabalho com a realidade do quarto nível, é muito importante saber o que é *transferência* e *projeção*, bem como seus efeitos na experiência da realidade.

Também é importante aprender a fazer contato profundo com o ser. A *transferência* ocorre quando uma pessoa projeta as características de um indivíduo psicologicamente distinto (em geral, uma autoridade da infância) em outro. Diz-se que essa autoridade é "transferida".

A *projeção* também diz respeito ao fenômeno psicológico no qual um indivíduo projeta seus próprios sentimentos em outro, como se este, e não ele, é que os tivesse. Um exemplo comum é o da pessoa que tem medo de alguém por estar convencida de que esse alguém está com raiva dela, quando na verdade o contrário é que acontece. A pessoa tem medo devido à sua própria raiva! Compreendendo essas coisas, e dissolvendo o medo que está por trás delas, a pessoa vê com mais clareza a realidade tal como ela é! Passei vários anos em terapia, além de treinar para ser uma terapeuta bioenergética, o que me ajudou a situar esses fenômenos no meu próprio processo pessoal. Ainda realizo trabalho em mim mesma com a ajuda de outra pessoa.

Muito processo pessoal é necessário para a pessoa que deseja mergulhar nos mundos da realidade do quarto nível e, ali, ministrar curas. É bem mais difícil resolver problemas psicológicos relacionados a experiências inusitadas no mundo astral.

Quando comecei a ter essas experiências, não possuía nenhum mapa para me ajudar, conforme descrevi no Capítulo 7. À medida que minhas experiências com a realidade do quarto nível aumentavam, criei meu próprio mapa. O que se segue é uma descrição dos vários tipos de experiências na realidade do quarto nível com vários seres que ali habitam, os quais me ajudaram a entender os acontecimentos e como encará-los. Primeiro, citarei algumas experiências astrais que ocorreram em minha vida pessoal; depois, as que tive tanto na terapia quanto nas sessões de cura que ministrava.

Eu já tinha ouvido falar de alguns desses tipos de experiências. Algumas, surpreendentes, ensinaram-me que talvez não haja limites para aquilo que se pode vivenciar. Ajudaram-me a ter uma visão mais ampla de como o mundo astral funciona e dos seres que ali habitam. Foi graças a essas experiências que aprendi a lidar com os seres astrais, a me comunicar com eles e, por fim, a ajudá-los.

Maus Usos, pelo Cliente, do Trabalho com Vidas Passadas

Observei três modos principais, equivocados, de usar o trabalho com vidas passadas, por parte do cliente. São estes:

Fuga a Problemas Nesta Vida: O cliente se concentra em outras vidas para escapar dos problemas da atual. Quase sempre, acha que nas "outras" vidas ele foi poderoso, rico e/ou famoso.

Projeção e Censura: Voltadas contra pessoas, nesta vida, por danos que você sofreu em outras vidas. É como se elas o houvessem tratado mal em outra vida, devendo pagar por isso agora! Podem até ter vivido nessa outra vida, e podem até tê-lo tratado mal nessa outra encarnação, mas focar nelas não o ajudará a se curar de modo algum. A criação incompleta é sua, não delas!

Negócios Inacabados Não Concedem Privilégios: Usar negócios inacabados em vidas passadas para adquirir privilégios indevidos nesta vida. O exemplo mais gritante dessa situação que já vi foi num grupo de vidas passadas. Um aluno cuja esposa também estava presente começou a dizer às outras mulheres que tinham sido casadas numa vida anterior e enfrentaram problemas sexuais. Por isso, agora, precisavam fazer sexo com ele para solucionar esses problemas! Algumas mulheres do grupo agiram como se acreditassem em suas palavras ou, talvez, apenas usaram aquilo como um bom pretexto. As aulas estavam sendo dadas no campo. Mais tarde, descobri que ele tinha uma cabana na mata, usada para esse fim. Infelizmente, descobri tudo só quando o ano letivo já havia terminado. Quem entrava no grupo devia se comprometer a não praticar nenhuma atividade sexual com outros membros, a menos, é claro, que fossem um casal. Essa atividade muda a dinâmica de grupo.

Revisão do Capítulo 13:
Como Explorar Suas Vidas Passadas

1. Faça uma lista de suas experiências de vidas passadas ao longo de um determinado tempo.
2. De que modo elas influenciaram sua vida atual?
3. Quais imagens e crenças você ainda conserva, ligadas a experiências que não resolveu em outras vidas?
4. O que aprendeu sobre você mesmo com as experiências de vidas passadas?
5. Já reconheceu alguém de uma vida anterior? Como reagiu?

Capítulo 14

CURA DA CÁPSULA DO TEMPO: COMO LIBERAR AS AMARRAS DO PASSADO

....

*Depois de penetrar numa antiga ferida e sentir a dor,
você descobre ali porções de sua força criativa
que ficaram presas dentro da ferida desde que esta foi criada.*

*Assim, o que você chama de passado,
preso numa cápsula do tempo quando a força criativa foi capturada,
não é na verdade um passado no tempo.*

*Ao contrário, é sua energia de luz criativa,
mantida pela densidade da ferida, que curva a luz.*

*Sua ilusão de um passado
é na verdade sua energia criativa mantida em estagnação.*

*Ela não continuou se movendo e fluindo
segundo seu pulso criativo normal.*

*Sem dúvida, você usa os conceitos de tempo
para entender aquilo que chama de memória.
Mas considere a possibilidade de que a memória*

> *seja a ideia congelada de uma experiência*
> *que na verdade ficou presa dentro de uma espécie de cápsula*
> *que preferimos chamar de cápsula do tempo.*
>
> *Trata-se simplesmente de uma energia criativa estagnada*
> *que não mais se move pelo pulso criativo de vida.*
> – Heyoan

Todos temos construtos internos de realidade sobre nós mesmos, nossa vida e outras pessoas.

Alguns desses construtos são holísticos e integrados aos nossos egos adultos saudáveis. Nas partes de nossa vida em que os construtos de realidade holísticos funcionam, somos saudáveis e sábios – talvez até mesmo ricos! Esses sistemas de realidade saudáveis funcionam muito bem para criar as vidas felizes, cheias de amor e plenas que desejamos. Partilhamos nossa sabedoria lúcida e integrada com os amigos. Fruímos essas amizades e até ajudamos os amigos na cura de si mesmos e de suas vidas. Eles fazem o mesmo por nós.

Então, por que nem todos os aspectos de nossa vida são perfeitos? Não conseguimos criar vidas perfeitas porque alguns de nossos sistemas de realidade interiores não são saudáveis. De fato, estão separados em partes que entram em conflito umas com as outras. Em geral, dividem-se em duas partes e são, portanto, dualistas. Todos temos sistemas de realidade dualistas pouco saudáveis, baseados nessa dualidade interior.

Nossos Dualismos Internos

Nossos construtos de realidade doentios são, ao mesmo tempo, indistintos e inconscientes. Esses construtos de realidade dualistas engendram nossos *sistemas de crenças pouco saudáveis* com os quais criamos problemas e sofrimentos para nós mesmos. Criamos problemas até na vida dos outros, especialmente quando eles têm crenças dualistas semelhantes. Em suma: até certo ponto, ajudamos nossos amigos a dificultar suas vidas da mesma forma que dificultamos as nossas! *Conscientemente*, não sabemos nem temos intenção de ajudar a provocar um resultado negativo! Não temos consciência de que o resultado dos nossos conselhos ou ações será indesejável, tanto para nós quanto para aqueles que aconselhamos! Assim,

É importante tomar ciência de nossas
crenças dualistas inconscientes,
ou de nossa energia dualista inconsciente,
ou de nossas intenções dualistas inconscientes.

Para isso, devemos ir fundo dentro de nós mesmos, recorrendo à poderosa técnica da cura da cápsula do tempo, a fim de detectar:

1. Nossas crenças dualistas ou divididas, bem como sua origem.
2. Nossas intenções dualistas ou divididas, originadas dessas crenças.
3. Como nossas intenções dualistas ou divididas lutam entre si.
4. Que resultado unificador nós realmente queremos alcançar.

Lembre-se, conforme dissemos no Capítulo 3, a energia bloqueada tem intenções divididas e é dualista.

A energia-consciência dualista
é composta de dois construtos de realidade incompletos,
não resolvidos, e opostos.

Resultam em duas intenções contrárias
que, simplesmente, bloqueiam qualquer ato criativo
que tentamos realizar, relacionado a elas.
A energia-consciência dualista
não consegue criar aquilo que de fato queremos,
pois não possui energia alinhada
suficientemente clara
para criar.

Cada lado se mantém graças a uma poderosa *força de vontade* que pede passagem para, supostamente, nos proteger do nosso resultado *temido*. Essa *força de vontade* desponta – automaticamente e, em geral, inconscientemente – quando acontece uma determinada situação de vida similar a algo muito doloroso que já vivenciamos antes.

*Ela continua dolorosa
porque não foi resolvida.*

A situação pode ter ocorrido na juventude ou numa vida – ou vidas – passadas. A repetição da experiência imediatamente evoca em nós um medo similar ao que foi anteriormente sentido, bem antes nesta vida ou numa vida "anterior". Não raro, o medo é inconsciente: foi relegado ao inconsciente ao tentarmos superar uma situação (ou sobreviver a ela) que não tínhamos forças para mudar quando ocorreu da primeira vez ou, quem sabe, muitas vezes antes disso.

Para se obter sucesso num propósito criativo, esse propósito tem de estar unificado e alinhado. Um propósito vago é também, usualmente, dividido. Divididos ou dualistas são, para mim, "propósitos cruzados". Nesse caso, não existe suficiente energia criativa alinhada para se alcançar o propósito criativo. Na medida em que a energia-consciência criativa esteja associada a um determinado objetivo criativo dualista, ela interferirá em sua capacidade de completar a criação, *não importa qual seja*.

O Propósito da Cura da Cápsula do Tempo

O propósito da cura da cápsula do tempo é conseguir mais energia criativa na vida e curar problemas antigos que talvez não façam nenhum sentido para nós quando procuramos suas causas na vida atual. **Essa cura libera energia-consciência criativa que permaneceu num estado de estagnação dualista, imóvel, por talvez centenas – ou mesmo milhares – de anos.**

O processo de cura da cápsula do tempo devolve nossas energias criativas dualistas a seu estado holístico original, para que alcancem seu propósito inicial. Assim, graças a essa cura, você poderá recriar sua vida do

modo que deseja! Por quê? Porque, quando sua energia-consciência criativa holística voltar ao seu SECH, você terá muito mais energia criativa para curar condições crônicas, mudar o que deve ser mudado, viver e gozar sua vida, e criar o que você deseja.

Descrição de uma Cápsula do Tempo

As cápsulas do tempo são conglomerados de acontecimentos de vidas passadas e desta vida não curados, ainda não resolvidos. Incluem lesões físicas que reaparecem como marcas de nascença, problemas de comportamento emocional ou irracional e sistemas de crenças dualistas que, apesar de conflitantes, são mantidos juntos em virtude do princípio do "semelhante atrai o semelhante". Tudo dentro do mesmo ser humano! Como somos complicados!

As cápsulas do tempo se consolidam em volta de arquétipos. Ou, em termos mais simples, acumulam-se ao redor de uma ideia, crença ou sentimento errado sobre a vida e o que somos no mundo. Isso, por fim e repetidamente, culmina numa lesão no lugar do nosso corpo físico que corresponde à localização da cápsula do tempo no nosso campo de energia. O processo de remover uma cápsula do tempo é parecido com o processo de remover um bloqueio descrito na sequência de cura do Capítulo 3.

Sete Aspectos Importantes das Feridas de Vidas Passadas: Às vezes, ostentamos problemas não resolvidos e feridas de vidas *anteriores* como marcas de nascença na vida seguinte. O que se segue são sete aspectos importantes dessas feridas de vidas passadas:

1. Ocorrem em consequência de traumas semelhantes e aparecem nos mesmos lugares em nosso corpo.
2. Possuem energia-consciência parecida, que as atrai uma para a outra. Assim, num ponto do corpo, podemos encontrar numerosas feridas de vidas passadas semelhantes às que apareceram nesta.
3. Não estão inseridas numa linha do tempo, mas encapsuladas no CEH em energia-consciência similar e isoladas do resto do campo.

4. As pulsações e o fluxo de energia-consciência do CEH simplesmente circulam em torno delas.[5]
5. A grande diferença nessas feridas é que não se originam na vida atual.
6. Tradicionalmente, são chamadas de traumas de vidas passadas. No entanto, neste capítulo, vamos reexaminar esse termo e ir além dele. Conforme descrito no Capítulo 9, as experiências no mundo da realidade do quarto nível não se organizam no tempo linear.
7. Nossas experiências dolorosas são mantidas juntas de acordo com a semelhança. Experiências dolorosas semelhantes se acumulam nas áreas do corpo físico onde temos dificuldades ou ferimentos físicos.

Precisamos nos lembrar da não linearidade do tempo e sua ligação com os bloqueios agora mantidos especificamente no quarto nível do CEH. No mundo da realidade do quarto nível, a informação existe num campo de quatro dimensões; mas, de nossa perspectiva física tridimensional, ele *parece* um mundo de três dimensões porque essa é a maneira como vemos as coisas!

Porém, dentro de um bloqueio,
o tempo não é mais uma flecha
apontada apenas para o futuro,
como ocorre no mundo físico.

Dentro de um bloqueio,
o tempo se congelou
a partir do momento em que o bloqueio aconteceu.
Esse tempo está encapsulado
dentro da energia-consciência no bloqueio,
no espaço que o bloqueio ocupa
no quarto nível do CEH!

---

[5] Veja no Capítulo 3 a descrição de como um bloqueio é criado.

Em outras palavras:

Dentro de um bloqueio mantido no quarto nível do CEH, o tempo se congelou no momento em que o bloqueio aconteceu. Assim, o bloqueio está separado da pulsação normal de energia que flui pelo CEH. Essa separação permite ao indivíduo que criou o bloqueio agir na vida cotidiana, em vez de ficar preso à dor profunda de alguma época anterior em sua vida.

Por isso, fazemos uso de *um novo tipo de tempo* como meio de cura. Descobrimos então que

*O tempo, no quarto nível do CEH,
está encapsulado na experiência,
em vez de a experiência
estar encapsulada no tempo,
como no mundo físico!*

A Anatomia de uma Cápsula do Tempo

Uma cápsula do tempo contém um tipo especial de ferida proveniente de muitas existências, cada uma ocorrida num determinado tempo e lugar do mundo físico. Elas não se dispõem numa linha reta do tempo, como se poderia esperar. Ao contrário, localizam-se em certas áreas do CEH, tanto dentro quanto fora do corpo físico, onde a tendência da pessoa é se ferir repetidamente. Aparecem em locais, partes do corpo, aos quais você não consegue devolver a saúde completa, e podem apresentar dores crônicas.

A Figura 14-1 é o diagrama de uma cápsula do tempo. Numerei cada "vida passada" na ordem do tempo linear, conforme aconteciam no mundo físico. Por exemplo, T1 (Tempo 1) é a primeira vez que esse tipo de ferida aconteceu, muitas existências atrás. Para fins didáticos, mostro nove existências para esse determinado tipo de ferida. O Tempo 9 (T9) é a última vez que essa ferida aconteceu. Pode ter sido nesta ou numa vida anterior. Observe que as vidas na

Figura 14-1 não são necessariamente consecutivas. Pode haver muitas outras entre elas, nas quais o cliente não se feriu dessa maneira. As cápsulas do tempo se coagulam em torno de um dado arquétipo que possui, associado a ele, um determinado sistema de crenças dualistas. Cápsulas do tempo semelhantes em geral estão agrupadas e compactadas numa área específica do corpo físico, com a primeira experiência sendo a mais profunda (T1). A próxima experiência similar que ocorre é o Tempo 2 (T2). (Por isso digo que não estão numa sequência temporal linear.)

Outro ponto importante a respeito das cápsulas do tempo é que, quanto mais permanecem no campo, mais fundo se comprimem dentro dele, tornando-se cada vez mais compactadas. Cheguei a ver algumas delas bem entranhadas na corrente vertical de energia e, de tão compactas, do tamanho de um ponto no fim de uma frase.

As Principais Áreas Onde a Cura da Cápsula do Tempo é Eficaz

1. Qualquer tipo de medo crônico ou irracional, como de afogamento, espaços fechados, altura, insetos, cobras etc.
2. Insegurança.
3. Depressão crônica e baixa energia.
4. Fobias.
5. Problemas de comportamento sadomasoquista.
6. Complexo de culpa e de mártir.
7. Insegurança material.
8. Distúrbios alimentares.
9. Acidentes.
10. Violência e brutalidade física.
11. Brigas de família constantes.
12. Dificuldades sexuais.
13. Comportamentos sexuais agressivos, negativos.
14. Grandes dificuldades matrimoniais.
15. Problemas físicos crônicos.

O Processo de Cura da Cápsula do Tempo

O Processo Geral de Cura da Cápsula do Tempo: A cura da cápsula do tempo integra o Trabalho de Cura Brennan (Brennan Healing Work) e os fenômenos do campo de energia com a terapia de vidas passadas e as técnicas de regressão. As cápsulas do tempo podem afetar todos os níveis do CEH bem como todo o Sistema de Energia-Consciência Humana (SECH). O curador se concentra sobretudo em liberar a cápsula do tempo do quarto nível do campo, acompanhando em seguida as respostas naturais do CEH ao longo de todos os seus níveis, à medida que o CEH vai reorganizando a si mesmo. Por várias semanas – talvez meses – após a cura de uma cápsula do tempo, o SECH inteiro continua a se reorganizar num estado muito mais saudável. Durante esse período de tempo, o cliente integra a energia criativa recém-liberada, bem como a nova liberdade que experimenta na vida. Com o prosseguimento do processo de cura, sua vida se transforma, às vezes de maneira surpreendente, naquilo a que ele precisa se ajustar. Sente-se então mais dono de sua vida.

Depois de um período de mudança rápida, o novo desenvolvimento se estabiliza e é hora de o cliente marcar outra cura de cápsula do tempo. O prazo varia de acordo com o indivíduo, dependendo do sistema de apoio e da capacidade do cliente para mudar sua vida.

Às vezes, o cliente vem várias vezes por semana para a cura de cápsulas do tempo. No entanto, o normal é uma ou duas vezes por semana, dependendo da capacidade do cliente de se ajustar às mudanças resultantes da cura.

PSS durante a Cura da Cápsula do Tempo: A cura da cápsula do tempo começa pela leitura do SECH com a PSS para descobrir as configurações das chamadas vidas passadas mantidas dentro das cápsulas e determinar quais experiências precisam de cura. O curador não usa informações da PSS para programar a cura nem para conduzir o cliente nesta ou naquela direção durante o processo. O curador usa a informação da PSS para estar mais presente com o cliente. Ele só lhe transmite essa informação após a sessão e quando ele falar sobre sua experiência (se quiser). O curador, então, relata a informação da PSS para confirmar a experiência do cliente ou, em alguns casos, dar mais informações do que as obtidas pelo cliente, a fim de ajudá-lo a compreender melhor o processo do qual participou ao se dispor a vivenciar o passado, a fim de curá-lo.

O Controle da Energia Que Sai das Mãos do Curador: Há várias técnicas que os curadores formados na BBSH aprendem para curar cápsulas do tempo, técnicas que estão fora do escopo deste livro, mas o controle do fluxo de energia que sai das mãos é necessária em todos os tipos de cura. Nós a ensinamos no primeiro dia às pessoas que participam de nossos seminários e, também, aos nossos alunos do primeiro ano. Chamamos as mais simples dessas técnicas de *Enviar, Puxar, Parar, Fluir* e *Neutra*, pois é isso mesmo que são. Os curadores principiantes aprendem a enviar energia para fora das mãos. Aprendem a interromper por completo o fluxo de sua energia e a permitir que ela flua naturalmente. Aprendem a direcioná-la para onde desejam. Aprendem a puxar energia nociva do campo do cliente, com a energia de suas mãos. Não se preocupe: eles aprendem também a pará-la, limpá-la e enviá-la para a luz, antes que fique presa a seus pulsos e braços!

Na cura de cápsulas do tempo, usamos as quatro primeiras técnicas de regulação da energia (enviar, puxar, parar e fluir) de acordo com as pulsações de campo do cliente e com o que é necessário para a técnica de cura. Os alunos aprendem a controlar a cor da energia que sai de suas mãos e do seu campo, e a direcioná-la para o campo do cliente.

Durante qualquer sessão de cura, o CEH naturalmente pulsa em seu ciclo de quatro fases: expansão, repouso, contração, repouso. No processo, o curador está sempre consciente da fase em que o ciclo pulsa e regula a cura de acordo com esse dado. Com isso, a cura é bem mais eficaz. Há alguns anos, os alunos de segundo ano chamavam essa técnica de "Siga a Onda"! (Na BBSH, a cura da cápsula do tempo é ensinada no segundo ano de treinamento.)

À medida que o treinamento progride, já no terceiro ano, os alunos se tornam mais eficientes em igualar a frequência de energia que flui de suas mãos para qualquer parte ou qualquer coisa encontrada no campo (qualquer campo) do cliente ou determinada frequência de um órgão do corpo. A equiparação de frequências, feita no modo neutro, é muito eficaz.

Técnicas de Cura Usadas na Cura de Cápsulas do Tempo

Quelação: Depois de ler o campo com a PSS, o curador procede a uma limpeza geral do CEH do cliente, a qual denomina quelação. O curador empreende essa poderosa tarefa de limpar, carregar e equilibrar o campo do cliente ao carregar e abrir, primeiro, o seu próprio campo, "permitindo" depois que a energia de cura do universo simplesmente flua dele para o cliente. O curador, com cuidado, põe as mãos nos pés do cliente e vai subindo pelo corpo.

Enquanto o curador trabalha, o campo do cliente passa por sua pulsação normal de expansão, repouso, contração e repouso. Primeiro, o curador coloca uma mão em cada pé, *deixando que a energia flua*. Depois (se for destro), passa para o lado direito do cliente. Então põe a mão direita na sola do pé direito do cliente e a esquerda no calcanhar, para permitir que sua energia passe para essas regiões. Em seguida, faz o mesmo do outro lado. Depois que essa região estiver carregada, o curador sobe para o calcanhar e o joelho direitos do cliente, e assim por diante, até chegar aos chakras. Subindo pelos chakras, deixa que a energia flua naturalmente pelo corpo do cliente.

Veja a Figura 14-2 para a posição das mãos na quelação. (Se o curador é canhoto, em geral trabalha no lado esquerdo do corpo, com a mão esquerda mais embaixo do que a direita.) Qualquer que seja a posição – lado direito ou esquerdo –, o curador sobe pelo corpo no modo "fluir", limpando e carregando o campo. E o faz simplesmente mantendo seu próprio corpo carregado e no modo "fluir". Assim, a energia flui do universo para o curador e do curador para o cliente. O campo deste aceita a energia de cura segundo suas necessidades. Determina como, quando e onde recebe a energia emanada do curador. O campo do cliente também movimenta a energia que recebe, ao longo de suas linhas, para a área mais necessitada.

Visão Geral da Onda: O curador usa a PSS, além de técnicas gerais e especializadas da Ciência de Cura Brennan (Brennan Healing Science), para remover o lixo da cápsula do tempo e liberar a energia-consciência criativa original do cliente que ainda estiver presa nessa cápsula. O curador concentra-se e acompanha o desdobramento e retração do CEH com o pulso criativo de vida. O CEH se expande, do interior do corpo, por todos os níveis do campo, chegando ao quarto nível (onde estão as cápsulas do tempo), aos níveis superiores e, por fim, aos níveis externos do campo. Atinge o repouso, detém-se e depois se contrai para os níveis inferiores, para de novo atingir o repouso no interior do corpo.

O Processo Rítmico de Expansão e Contração na Cura da Cápsula do Tempo: Durante esse processo, o cliente experimenta as expansões e as contrações do pulso criativo enquanto este se move pelo CEH.

Se o curador continuar concentrando energia de cura suficiente na cápsula do tempo (por exemplo, na 9/T9 [AGORA], conforme mostrado na Figura 14-1), ela se abrirá e liberará sua energia-consciência ali capturada. Quando isso acontece, o cliente revive o acontecimento que provocou a ferida. A ferida pode se originar numa época anterior desta vida ou numa vida passada.

Com mais energia-consciência fluindo para a cápsula do tempo, a próxima cápsula (por exemplo, T8) se abrirá, dependendo de qual já se abriu e foi esvaziada. A cada esvaziamento de uma cápsula do tempo, mais energia-consciência é liberada no pulso criativo de vida, ajudando assim a abrir a próxima. Esse processo continuará recuando no tempo, na existência atual. À medida que recuamos no tempo, por fim alguma coisa estranha pode acontecer. O cliente se vê de súbito numa época anterior na Terra, talvez mesmo em outro continente.

Durante a cura, o pulso de expansão, repouso, contração e repouso afeta a corrente vertical de energia (CVE). Quando a onda criativa se expande, a energia estagnada é empurrada para cima da CVE; quando a onda se contrai para baixo, ao longo dos níveis, a energia estagnada pode recuar, descendo pela CVE para se compactar de novo, a menos que o curador impeça esse movimento. Cabe ao curador impedir a recompactação da energia estagnada e removê-la durante a fase de expansão do pulso. Para tanto, é necessário saber a diferença entre a energia-consciência estagnada que procura se recompactar e a contração natural, saudável, das energias criativas em sua volta para a essência. É esse o papel tanto da prática quanto de uma clara PSS. Felizmente, existe uma enorme diferença entre a energia saudável e a energia bloqueada, estagnada, que precisa de cura.

*A energia estagnada é escura,
densa, fraca e dualista.*

*A energia criativa é clara,
holística, vibrante, viva e curativa.*

A onda completa continua se movendo durante o processo de cura, enquanto cada vez mais energia-consciência estagnada e dualista vai sendo liberada, tornando-se plena. O curador usa técnicas de cura específicas, mais avançadas (ver a seção seguinte), para dissolver a cápsula do tempo e liberar, revigorar o pulso criativo original. Cada técnica de cura é empregada pelo curador em consonância com as necessidades do CEH no momento. O CEH muda a cada expansão, à medida que a energia-consciência desnecessária, estagnada e velha vai sendo limpa e liberada.

Técnicas Avançadas para a Cura da Cápsula do Tempo: O curador emprega técnicas mais avançadas para carregar o lixo estagnado, às vezes tóxico, que se acumulou em volta e no interior da ferida original, dentro da cápsula do tempo. Isso ajuda a soltar e liberar o material tóxico. O curador então remove o lixo segurando-o (no modo "puxar") com dedos energéticos, tirando-o do campo e mandando-o para a luz. Quando o curador o faz passar pelos níveis superiores do CEH, tirando-o do campo, transforma-o em luz. Isso é feito tanto na fase de expansão quanto na estática-expandida dos pulsos de onda. Na parte contraída da onda, o curador entra no modo "fluir" e simplesmente a acompanha em sua volta para o interior do corpo para recolher mais resíduos.

Entenda o Que é Energia Criativa Liberada: Durante a cura, uma grande parte da energia-consciência aprisionada é limpa e liberada dos bloqueios presos no campo. Uma vez livre, a energia pode dar sequência à tarefa criativa que iniciou, talvez há muito tempo. Ela pode agora se reintegrar ao pulso de vida criativa do cliente ao longo de todos os níveis do CEH, bem como das quatro dimensões do SECH.

No presente, ela será uma criação mais apropriada à vida atual. Corresponderá às necessidades do cliente nesta vida, necessidades similares às que ele teve numa existência anterior. Agora, nesta, o cliente talvez seja capaz de completar a criação bloqueada há muito tempo. Ele tem, hoje, as mesmas necessidades da época em que o pulso criativo foi bloqueado.

*Se a energia-consciência criativa
for suficientemente forte,
a intenção criativa original
poderá ser realizada.*

Como existem muitas feridas parecidas em cada cápsula do tempo, na mesma área do corpo e oriundas do mesmo tipo de experiências repetidas em inúmeras existências, são necessárias várias sessões para removê-las. Todas precisam ser limpas e o campo deve ser completamente restaurado nas áreas dos bloqueios principais, crônicos. Assim, o processo de onda continua ao longo de diversas sessões, até o campo ficar livre do problema que precisava de cura.

Ao realizar esse trabalho, o curador deve permanecer ao lado do cliente, para apoiá-lo com amor e dedicação, fazendo-o sentir-se seguro durante a cura, ainda que ele não se sinta assim diante dos eventos que se apresentam na cápsula do tempo. (Durante a sessão, o corpo do cliente reage a esses eventos como se eles estivessem ocorrendo naquele instante.)

Curadores iniciantes devem ficar ao lado do cliente durante toda a sessão, para lhe dar apoio. Caso tenham medo, talvez se afastem e deixem de apoiá-lo. Isso comprometerá a cura e o cliente se sentirá abandonado quando mais precisa. O processo de cura será interrompido e o curador terá de recomeçar tudo – caso o cliente se disponha a isso e caso o curador esteja preparado.

Se o cliente se recusar, o curador deverá respeitar sua vontade e encerrar de maneira conveniente a cura inacabada. Sem isso, a situação se tornará bem difícil para o cliente, que poderá levar a cisão do trauma para suas circunstâncias de vida até a próxima sessão. Se isso acontecer, recomendo ao curador que tente marcar outra sessão para a data mais próxima possível. Além disso, é importante que o curador se livre do medo, através de processo pessoal e/ou receber uma sessão de cura, antes de se encontrar de novo com o cliente.

*É responsabilidade do curador
permanecer limpo e íntegro.*

Depois que o cliente passar por todas essas ondas de cura, estará livre e limpo – sentindo-se, em geral, mais jovem.

> *A energia-consciência*
> *liberada durante a cura*
> *tem a mesma idade que tinha*
> *quando a ferida foi criada.*
> *Desde então, foi mantida*
> *em animação suspensa!*
> *Por exemplo, se uma ferida ocorreu*
> *quando você tinha 5 anos,*
> *essa é a idade da energia-consciência*
> *agora liberada!*

> *Precisa de algumas semanas para crescer,*
> *para se integrar ao cliente*
> *em sua idade atual.*

Eis por que a cura prossegue ao longo do campo por várias semanas após cada sessão. Em geral, isso leva duas ou três semanas. As energias criativas recém-liberadas percorrem o resto do campo e todas as chamadas vidas futuras, a menos que sejam detidas novamente.

Resultados da Cura da Cápsula do Tempo: Toda vez que uma ferida no interior de uma cápsula do tempo é curada, mais energia criativa é liberada para o processo criativo da pessoa. Assim, as tarefas criativas que a pessoa não conseguiu completar reaparecem na vida para serem concluídas. Esse processo libera forças de energia criativa tremendas no CEH para recriar a vida do modo que a pessoa deseja. Sem dúvida, a cura da cápsula do tempo também altera o conceito que a pessoa tem sobre como sua vida deve ser. Abre maiores oportunidades e revela mais paixões para o gozo da vida, pois revela os desejos mais íntimos, que ficaram presos ao passado como experiências valiosas não digeridas, não integradas e não utilizadas.

Minha Experiência com Curas da Cápsula do Tempo

O Cliente com uma Distensão na Perna: Um cliente chegou ao meu consultório para sua primeira cura. Acabara de se ferir novamente ao distender uma perna. O acidente aconteceu porque ele continuava remoendo seu eterno problema com o chefe e não viu o buraco na ciclovia. Voltou para casa mancando, agarrado à bicicleta e recriminando-se pela queda. Pensava também na maratona próxima. Por isso, marcou uma sessão extra. Durante a primeira parte da sessão, ficou bem relaxado, pois primeiro limpei e carreguei seu campo. Continuou assim enquanto eu concentrava a energia-consciência de cura diretamente em sua lesão. Tão logo a energia penetrou na ferida, ele começou a reagir, pois foram liberadas as lembranças e as emoções que tinham ficado presas dentro da região lesada durante anos. Apoiei-o com energia amorosa de cura, ao mesmo tempo que ele penetrava em sua cápsula do tempo e vivenciava de novo os eventos penosos que dividiram sua energia-consciência, capturaram e a congelaram naquela cápsula. O aumento de energia no local reúne algumas das peças fragmentadas da cápsula, e elas se tornam novamente inteiras e limpas.

Agora meu cliente está pronto para a próxima onda. Sua experiência se aprofunda, com todos os sentidos se aguçando à medida que sua força criativa inicia a fase de expansão a partir de dentro. Como curadora, devo enviar mais energia seguindo a onda. Na expansão, seu corpo reage quando o passado revive nele. O que foi deixado no campo agora intensifica a experiência. O tempo é liberado de sua clausura e de novo flui pelo sistema, tão logo a experiência completa que ele interrompeu há séculos é liberada da prisão encapsulada em seu interior. O homem mal pôde acreditar! Sente, ouve e vê como se tudo estivesse acontecendo no momento, dentro e em volta do corpo. Fecha os olhos. O que vê não é o conhecido: é um mundo antigo ao seu redor. Reconhece-o então como a antiga Roma. Sua voz interior geme baixinho:

Estou no chão ... Não consigo me mover ... Quebrei a perna. Fui pisoteado por um cavalo! Tenho medo. É uma guerra ...

Continuo bombeando energia de cura em seu sistema na quantidade que este e o cliente possam absorver sem que o campo se rompa ou ele próprio detenha o processo. A porção da cápsula do tempo na vida que ele vivencia se integra por completo a uma totalidade e é liberada para cima e para fora do campo.

Sobrevém então uma pausa e sua força criativa atinge o máximo da expansão, entrando em repouso. Interrompo imediatamente o fluxo de energia para dentro da ferida e passo para o modo "fluir", continuo completamente na presença, mantendo a sustentação necessária para o cliente em sua cura. Nesse caso, a sustentação que o cliente precisa é a de aceitação e entrega pacífica. Tudo fica em silêncio por um instante. Depois, quando o campo inicia a contração para dentro, o cliente relaxa profundamente, iniciando outro período de paz profunda. Eu, como curadora, acompanho-o e confirmo essa paz transformando-me nela, no silêncio interiorizado em centramento imediato. Espero a seu lado – sem me mover, apenas ficando ali, com minhas mãos amorosamente quietas.

Em seguida, o campo do cliente inicia automaticamente sua fase de expansão. Acompanho-o, entrando no modo "enviar" bem atrás da onda e, de novo, projetando energia de cura na ferida. Sigo o fluxo de energia que se reúne em totalidade, solta-se e sobe pela CVE! Outro aspecto da experiência antiga é liberado juntamente com outra porção de tempo. De novo o cliente vê, sente, ouve e vivencia em sua plenitude o evento dentro e em volta do corpo. Este reage com dores e contrações, como se tudo estivesse acontecendo naquele instante. De novo, seu monólogo interior é ativado:

Oh, não! Meu Deus! Não posso acreditar nisso. Não pode ser... Estou, ahhh... estou, ahhh... estou num corpo de mulher!

Resumindo, o curador deve permanecer sempre ao lado do cliente enquanto trabalha a cápsula do tempo do seu CEH. Vai passando pelos ciclos com o cliente e este, conscientemente, regula o fluxo da energia de cura em cada fase dos pulsos de cura do CEH. O cliente não precisa dizer nada em voz alta. O curador escuta tudo e vê a cena que se desdobra enquanto segue os pulsos da onda criativa do cliente ao longo de suas quatro fases (expansão, repouso, contração e repouso). Isso prossegue durante vários ciclos completos. Cada ciclo libera um pouco mais da energia-consciência e do tempo presos dentro da ferida provocada numa determinada existência. Boa parte da liberação acontece durante o crescendo da parte expansiva da onda. No início da cura, cada ciclo completo atinge um crescendo expressivo, às vezes mesmo uma sensação de pânico, pois o cliente sente e expressa o acontecimento penoso tal qual aconteceu. Em seguida, o crescendo começa a estabilizar-se no meio da cura. E, quase no fim, essa progressão de sentimentos – embora muito profundos – se acalma. À medida que a cura avança, o cliente vai obtendo mais totalidade, integração, luz e amor. Por fim, as ondas do crescendo simplesmente cessam. O cliente fica em paz e harmonia – "exausto" no bom sentido. O corpo e o SECH encontraram um novo estado de equilíbrio. O cliente é agora capaz de guardar e disponibilizar uma quantidade maior de energia criativa por meio do seu pulso criativo de vida. Ele permanecerá num estado vulnerável e profundamente contemplativo durante algum tempo após a sessão, em geral horas, às vezes dias. A cura prossegue por várias semanas.

A Cliente Que Não Conseguia Pedir Ajuda: A queixa atual dessa cliente era que não conseguia pedir ajuda em nada na vida. Não fazia ideia do motivo desse medo. Durante a sessão da cápsula do tempo que lhe ministrei, ela voltou ao tempo das grandes caravelas. Vivenciou-se novamente como marinheiro num mar tempestuoso, a caminho das Américas. O corpo dela (dele, na época) sentiu a experiência toda. Durante a cura da cápsula do tempo, seu corpo físico e o CEH lutavam contra o navio balouçante e as ondas enormes que varriam o convés. Então, tudo aconteceu como na época. Ela (ele) foi subitamente atirada ao mar. Gritou várias vezes por socorro, mas nenhum de seus camaradas podia ouvi-la. Afundou, sentindo que não adiantaria continuar pedindo ajuda. Ao final da cura, estava tranquila, ainda integrando tudo o que havia acontecido. Voltou para casa num profundo estado contemplativo.

Na semana seguinte, ao retornar, perguntei-lhe: "Como se sente ao pedir ajuda?"

"Ótima, até agora. Toda vez que precisei, pedi e fui atendida! Ah, e também superei o medo de me afogar!"

"Você não mencionou isso antes."

"Sim, ignorava que as duas coisas tivessem alguma ligação. Fui à piscina e diverti-me muito. Vou tomar lições de natação."

Uma Cliente com Claustrofobia: Essa cliente me procurou dizendo que se sentia mal em espaços pequenos. Não os tolerava e evitava-os. Durante a cura da cápsula do tempo, vivenciou-se de novo como um homem acorrentado à parede de uma prisão, na Europa medieval, onde por fim morreu. Depois da cura, passou a tolerar os espaços pequenos, embora ainda não gostasse deles. Comentou também: "Agora sei por que não gosto de quartos mal iluminados. Na rua, de noite, tudo bem; mas, odeio quartos escuros!"

O Cliente com Consciência de Pobreza: Esse cliente era muito pobre e morrera várias vezes na miséria, de modo que economizava centavos. Mas começa a aprender a aproveitar o dinheiro que ganha.

O Cliente de Pernas Fracas: Durante a cura da cápsula do tempo, esse homem caiu de cara no chão. Ali permaneceu, sem poder movimentar as pernas. Sentiu fogo à sua volta e percebeu que uma coluna desabara sobre suas pernas, quebrando-as. Ficou preso sob o enorme peso da coluna. Estava angustiado porque não conseguiria correr para casa e ajudar sua mulher e filhos a sobreviver ao terremoto. Após a cura da cápsula do tempo, passou a se sentir bem melhor ao sair de casa para trabalhar. As pernas também ficaram mais fortes.

Pontos Importantes sobre a Teoria das Vidas Múltiplas da Existência Humana e a Cura da Cápsula do Tempo

Os talentos com os quais nascemos podem ser vistos como habilidades aprendidas em experiências de vidas anteriores. Nossas qualidades inatas são os princípios elevados pelos quais vivemos naturalmente. Passamos pelo longo processo de aprimorá-las em outras vidas e as trouxemos para esta. Nossas feridas são meras criações inacabadas do nosso pulso criativo de vida. A cura da cápsula do tempo é uma maneira de retomar essas criações e completá-las. Julgamos poder evitar a repetição de experiências inacabadas desta e de outras vidas se não sentirmos mais nossas feridas. Não é verdade.

Evitar nossas feridas é manter a dualidade ali preservada. Isso simplesmente leva ao surgimento de mais dualidade, que causa mais confusão, dor, aflição, baixa energia, criatividade bloqueada e ferimentos. Criamos completos estilos de vida ao redor dos nossos medos sem explicação, mantidos dentro de nossas cápsulas do tempo.

Liberar o processo criativo exige que mergulhemos bem fundo em nossas feridas a fim de completar a experiência inconclusa. Se ficarmos presentes nelas – isto é, se sentirmos nossas emoções e permitirmos que os pensamentos ali bloqueados fluam –, reuniremos de novo os dois aspectos de nós mesmos que haviam sido separados. Assim, liberamos a energia-consciência criativa que, então, retoma sua onda criativa original até a completude.

É desse modo que recriamos nossa vida do jeito que queremos.

Em vez de considerar o karma como uma punição por nossos "pecados", podemos vê-lo, primeiramente, como meras reações de nossas criações antigas. Dando um passo a mais na compreensão das implicações das cápsulas do tempo, o karma pode ser apenas a série de criações dualistas/insatisfatórias que continuamos a empreender porque ainda não totalizamos a dualidade sediada dentro das cápsulas do tempo, de sorte que elas continuam não fazendo parte do nosso processo criativo saudável. Como ainda se mantêm em dualidade, prosseguem criando dualisticamente, de modo que o produto de suas criações é dualista, não holístico, portanto doentio e dividido em "bom" e "mau".

Por Que a Cura da Cápsula do Tempo é Melhor Que a Cura de Vidas Passadas

A cura da cápsula do tempo nos liberta do hábito fictício e doentio da vitimização. Quando não existe uma explicação clara para o nosso caso, que motive uma mudança, nós facilmente nos sentimos vítimas. E nos sentimos vítimas indefesas porque não sabemos como nos curar e transformar nossa vida. Culpar outras pessoas, nesta ou em outra vida, não ajuda, pois *parece lhes dar poder sobre nós*. Isso na verdade é impossível, mas, se agimos como se fosse, tornamo--nos vítimas. Por quê? Porque não entendemos os processos descritos neste capítulo. A cura da cápsula do tempo muda tudo isso. Elimina a culpa que atribuímos aos outros por nosso estado de inadequação. Problemas surgidos durante o relacionamento com uma pessoa não dependem dela.

Nossos problemas, nossas feridas são perpetuadas por nós mesmos! Permanecem em nossas experiências incompletas, dentro das feridas. Permanecem na dualidade presa nas feridas. A cura depende de eliminar a dualidade em proveito da totalidade, de regenerar nosso anseio criativo original, que depois se junta ao pulso criativo de vida. Feito isso, o processo criativo se liberta para completar os desejos criativos primordiais.

Durante toda a vida, ansiamos por criação. É nossa responsabilidade descobrir e completar nossas experiências inacabadas, ainda presas dentro das feridas. Daí surgem os obstáculos à criação em nossa vida: eles não se devem a alguém, em alguma parte, no passado próximo ou distante, que nos prejudicou!

*Nesse processo, realizamos nossos desejos,
construímos nossa vida e, assim fazendo,
completamo-nos!*

*Compreender e vivenciar isso
nos dá grande liberdade!*

Bem-vindo à sua nova vida!

Revisão do Capítulo 14:
Como Reinterpretar "Vidas Passadas" como Cápsulas do Tempo

1. Encare suas feridas e experiências de vidas passadas como cápsulas do tempo. Reserve alguns minutos para escrever a respeito disso em seu diário.
2. Enumere as principais cápsulas do tempo em seu campo que precisam de cura, bem como sua intenção criativa original.
3. Que dualidade básica, em sua cápsula do tempo, impede que sua criação se complete? Essa dualidade, muito provavelmente, porá a culpa nos outros. Por trás dela há o medo de não conseguir criar o que deseja. Isso o impede de ir adiante em sua criação. Como poderá fazer isso agora, nesta vida? Que forma ela assumirá? (Talvez seja a mesma, talvez seja diferente. A oportunidade está aí, à espera.)

Capítulo 15

O CEH NA MORTE

----

*Você não é escravo das três dimensões
nem da chamada flecha do tempo,
que avança interminavelmente para a frente,
rumo à sua "morte".*

*A morte é simplesmente uma mudança de forma,
uma jornada
para a expansão do ser.*
– Heyoan

No Ocidente, parece que a maioria das pessoas deseja uma morte rápida e indolor, para tudo acabar logo. Não queremos estar presentes – por ela ou nela. Pensamos que não precisaremos lidar com ela se não estivermos presentes e se acontecer rápido. Entretanto, a partir de minhas observações do CEH durante e após a morte, isso não é verdade.

Diz-se que, no Oriente, as pessoas rezam por uma morte lenta, talvez porque isso lhes dê tempo para ajustar-se ao processo. Faz sentido. Contudo, há mais.

Outro motivo para o ajustamento do tempo à morte é o que acontece no campo nesse momento. Falarei sobre isso mais adiante. Primeiro, porém, eis aqui algumas de minhas experiências de PSS com a morte que me abriram os olhos.

Visitas Pós-Morte

Uma das minhas primeiras experiências de observação de eventos do CEH relativos à morte de alguém ocorreu no escritório da BBSH, em East Hampton, Nova York. Eu estava sentada em minha escrivaninha, organizando papéis, com uma mulher que trabalhava comigo, sentada atrás, em sua mesa. Vou chamá-la de Carol. Era um dia de trabalho perfeitamente normal até que a mãe de Carol, recém-falecida, subiu as escadas e entrou no escritório. Ergui os olhos e a vi se dirigindo para a filha. Tentava chamar a atenção dela, mas sem sucesso. Perguntei-me se devia ou não dizer a Carol o que estava vendo, enquanto aguardava o desfecho. Não queria agravar o sofrimento da jovem em seu período de luto. Então, percebi que sua mãe tentava fazer contato por meio de seus cordões relacionais. Percebi também que a intenção da mãe era transmitir conhecimento vital à filha por meio desses cordões. Tratava-se de uma forma sutil de conhecimento que a falecida aprendera em sua vida mais recente. Concluí, pois, que devia contar à jovem o que estava acontecendo.

Carol imediatamente se mostrou agradecida e começou a meditar para estar presente e reconectada por inteiro com a mãe. Abriu-se para receber o que a mãe viera lhe dar. Era como se uma límpida consciência fluísse pelos cordões do coração da mãe para o coração da filha. Depois que terminou, a falecida beijou Carol, despediu-se e foi embora – desceu as escadas e saiu pela porta! Deduzi que usar a porta e a escada era uma questão de hábito. Aparentemente, ela nem se deu conta de que poderia entrar flutuando na sala, sem a necessidade de subir escadas e atravessar portas.

Ficamos sentadas em atitude de reverência e gratidão: eu, pelo que havia testemunhado; Carol, pelo que havia recebido. Derramando lágrimas silenciosas, continuamos mantendo o espaço sagrado. O amor envolveu o escritório inteiro.

O Último Adeus do Meu Pai

Há anos, minha mãe compareceu a um seminário que eu estava ministrando em Boston. Era a primeira vez que ia a um seminário meu. Tudo correu normalmente. Na manhã de domingo fizemos, como sempre, a meditação de cura da deusa. (Todos me perguntam, mas não sei por que essa meditação ficou conhecida como "cura da deusa". Eu não lhe dei nenhum nome.) Durante aquela cura, fiquei andando no meio dos alunos que meditavam, canalizando altas energias espirituais, algo como o Espírito Santo ou Shekinah. Ia de um em um, banhada na luz branca que fluía sobre mim e entrava em cada aluno. Quando cheguei perto de minha mãe, notei que meu pai estava inclinado sobre suas costas, sem querer sair. Ele sofria de mal de Alzheimer há muito tempo e minha mãe estava exausta. Tirei-o de lá e concentrei-me na luz branca que fluía através dela.

No seminário seguinte, dado pouco depois em Long Island, NY, de início tudo também correu normalmente. Na hora do almoço, no sábado, fui para o meu quarto no hotel e recebi um telefonema do meu irmão contando que papai acabara de falecer. Entrei imediatamente em meditação ali mesmo, no quarto, pois precisava ajudá-lo caso ele ficasse desorientado ao sair do corpo. Eu já tinha feito isso muitas vezes por outras pessoas, logo depois da morte. Mas não foi o que aconteceu. Ao contrário, meu pai entrou no quarto e começou, com firmeza, a me transmitir a sabedoria que acumulara em vida. No fim, pediu-me que a canalizasse no seminário em vez de fazer minha palestra normal, pois nunca me vira canalizar.

Quando voltei à sala, após o almoço, contei chorando, aos alunos, o que havia acontecido.

"Meu pai acaba de morrer. Minha irmã, Sandy, e meu irmão, David, estavam com mamãe no hospital a seu lado. Formaram um círculo, de mãos dadas, em volta do leito. Mamãe segurou uma das mãos de papai e David, a outra. Disseram que foi uma morte suave. Dave perguntou: 'Como está se sentindo, paizinho?' E, dando o último suspiro, papai respondeu: 'Muito bem'."

Um aluno tomou a palavra, em nome do grupo. "Você não quer ficar um pouco sozinha? Nós entendemos. Não precisa continuar a aula."

"Oh, não! Falei há pouco com papai e ele me pediu um favor especial. Quer que eu canalize, pois nunca teve a chance de me ver fazendo isso."

"Tem certeza? Se é assim, então tudo bem!", disseram os alunos, perplexos.

A canalização de Heyoan foi maravilhosa. Explicou que a morte, assim como a vida, pode ser bela e que nós sempre permanecemos conectados aos nossos entes queridos depois de morrer – em alguns casos, até com mais intensidade.

A canalização mal começara quando avistei papai entrando na sala. Vinha com minha tia Grace, sua irmã falecida vários anos antes, e tive uma surpresa. Papai trazia também sua mãe! Aquilo era um verdadeiro presente para mim. Não conheci minha avó, que morrera quanto papai estava com apenas 8 anos de idade. Ele parecia tão feliz ao vê-la de novo! (Ela é bonita. Lembra um pouco minha prima Jane.)

A princípio, envolvi-me a tal ponto em minha experiência pessoal que não prestei atenção às outras pessoas presentes na sala. Depois, voltando a atenção para os alunos, percebi que o recinto inteiro estava cheio de ancestrais de todos os participantes. Alguns destes notavam a presença de seus ancestrais; outros, não. Continuei canalizando Heyoan, que dizia a todos o que estava acontecendo ali. Ele liderou em seguida uma cura entre cada participante e seus parentes mortos. O ato incluía cura e retomada dos cordões de relacionamento, bem como liberação de raízes ancestrais entre parentes no mundo físico e no espiritual. (Ver Capítulos 17 e 18 para maiores informações sobre cura de cordões e raízes.)

Finda a sessão daquele dia, todos tiveram uma bela noite, deliciando-se no amor familiar. Anos depois, descobri que uma mulher tivera de cancelar sua participação no seminário de Boston porque sua mãe havia falecido, esteve presente no de Long Island. Viu a mãe entrar na sala durante a cura/canalização de Heyoan e pôde se comunicar com ela. Decidiu então frequentar também o treinamento e acabou se tornando uma professora da BBSH.

A Mãe Espera a Chegada das Irmãs

Minha mãe morreu lentamente, começando pelos pés. Dia após dia, minha irmã e eu permanecíamos a seu lado. Pessoas vinham lhe dar amor, respeito e gratidão. Ou apenas visitá-la. Algumas observavam enquanto minha irmã e eu cuidávamos dela; outras mantinham distância. E todas apenas esperavam.

Mamãe era a mais nova de sete irmãs. Tinha também sete irmãos. Todos morreram antes dela. Ela pretendia viver até os 100 anos e faltavam apenas dois para isso.

Esperamos. Ela suportava a dor, ficando um pouco aqui, um pouco lá, entrando e saindo do corpo. Acordava assustada, olhando de vez em quando para nós. Enfermeiros entravam e saíam. O tempo passava mais devagar a cada momento. Minha irmã e eu nos sentíamos honradas por trocar suas fraldas, lembrando-nos de que ela fizera o mesmo por nós. Sua respiração mudou para a Cheyne-Stokes.*

Eu ficava perguntando: "Onde estão suas irmãs? Por que ainda não vieram?" Esperava que aparecessem e flutuassem em torno do leito. A demora estava me deixando com raiva delas. Mas pensei: como todas morreram há muito tempo, talvez, por alguma razão, vão demorar para se reunir.

Então mamãe se virou para nós, fitando Sandy e eu sentadas ali, cabeças se tocando, nossas mãos sobre ela emitindo amor e encorajando-a a partir. Olhou-nos fixamente, uma lágrima brotou de cada um de seus olhos, escorreu pela face e caiu no travesseiro. Virou-se para o céu e partiu, enquanto as irmãs desciam sobre ela para ajudá-la. Quando começou a deixar o corpo, trabalhei com seu SECH e projetei luz branca em sua corrente vertical de energia, a fim de garantir-lhe uma jornada fácil.

Sobreveio então o silêncio profundo.

Ficamos ali sentadas em silêncio, reverenciando e tocando seu corpo com amor e gratidão. Mais tarde, chamamos os enfermeiros. Eles entraram e, respeitosamente, levaram seu corpo para o crematório. Conforme desejo dela, meu irmão espalhou suas cinzas em vários lagos da região norte-central de Wisconsin, onde ela fizera o mesmo por meu pai. Todos havíamos passado muitos verões acampando juntos ali.

---

* Um tipo de apneia central do sono em que a respiração assume um padrão instável durante toda a noite. (N.T.)

Marjorie

Quando Marjorie entrou para a BBSH como aluna, eu vinha canalizando a meditação de cura da deusa, sozinha, há vários anos. Durante essa meditação, uma parede de luz branca surge na sala. É sempre pelo menos tão grande quanto a parede às minhas costas, dependendo do tamanho desta. A maior tinha cerca de doze metros de altura por nove de largura. Muitos seres espirituais comparecem à sala para participar das curas da deusa.

Quando Marjorie entrou, o teto inteiro da sala se abriu acima de nós. Vi falanges e falanges de anjos, subindo pela hierarquia até uma luz branca ofuscante no alto. Era maravilhoso e iria ficar mais ainda!

Marjorie tinha frequentado a Juilliard e tocado na Orquestra Sinfônica de Atlanta. Quando ainda era aluna na BBSH, eu a convenci a trazer sua harpa para a escola. Na época, ela era muito tímida para tocar na frente dos colegas. Mas eu tinha um plano secreto para induzi-la a canalizar a harpa. Eu sabia que Marjorie poderia fazer isso, mas ela, não – isto é, no início. Só tocava para os colegas músicas com partitura. Então, eu lhe preparei uma armadilha. Numa cerimônia semanal de abertura da escola, pedi-lhe que tocasse as quatro direções (um antigo ritual dos índios americanos), com um aluno representando cada direção, empunhando um cristal. Finalmente, Marjorie se sentiu livre e canalizou as quatro direções. Foi muito bonito.

Depois que ela tocou as quatro direções algumas vezes, pedi-lhe que subisse ao palco comigo para fazermos a cura da deusa. Testemunhamos então um belo milagre. Milagre que, felizmente para nós, durou anos. Daquele dia em diante, Marjorie canalizou sua linda música de harpa para a deusa por anos a fio. Toda vez que canalizava a harpa, era como se os céus se abrissem. *E, de fato, se abriam!* A música do coração, a música das esferas, a música dos mundos espirituais descia à terra para nos abençoar. Eu me sentia muito abençoada. Estava vivendo o céu na Terra sempre que canalizava com ela! Quando fazíamos a cura da deusa juntas, mais seres espirituais apareciam. Minha colega Rosanne juntava-se a nós no palco, postando-se à minha esquerda e segurando um raio de luz cilíndrico que alicerçava todo aquele processo sagrado.

Depois que Marjorie começou a canalizar a harpa, ela e meus colegas Rosanne, Michael e Levent viajavam comigo para promover seminários. Foram nada menos que doze num ano, por todos os Estados Unidos, além do treinamento de residentes na BBSH, então de seis semanas. Era muito divertido e tornamo-nos grandes amigos platônicos. Ríamos e jogávamos como crianças numa loja de doces. Marjorie se sentava à minha direita e Rosanne à minha esquerda durante as curas da deusa. Depois de algum tempo, Marjorie começou a se queixar de que não conseguia tirar notas suficientes da harpa. (Nessa época, ela levava para a escola a maior harpa que existia.) Ela queria notas mais altas. Dizia que seus braços subiam até bem acima da harpa – mas ali não havia mais cordas para tocar!

Pedi a Marjorie que gravasse suas apresentações, mas ela não quis. Pedi-lhe depois que instalasse um microfone dentro da harpa e me permitisse gravar a execução. Por fim, e infelizmente só depois de muitos anos, instalou o microfone e deixou que eu a gravasse tocando no equipamento da escola. Mas isso só no final, de modo que só umas poucas gravações foram feitas.[6]

Depois de maravilhosos anos trabalhando juntas, Marjorie descobriu um nódulo no seio. Nunca me ocorrera examiná-la com a PSS. Ao fazê-lo, descobri imediatamente que era câncer. Infelizmente, com a PSS, eu soube também que não conseguiria deter a doença, que já se apossara dos nódulos linfáticos. Os procedimentos médicos normais foram adotados. Eu estava com Rosanne quando o médico deu o diagnóstico. Ela continuou a tocar durante a maior parte do ano seguinte. Depois, resolveu passar o tempo que lhe restava com seu querido Rob e sua filhinha, a quem amava muito.

O funeral aconteceu numa grande igreja de Nova Jersey, perto de Nova York. Sentei-me no corredor, de onde poderia ver com a PSS o que Marjorie iria fazer durante a cerimônia. Trouxeram o caixão para a igreja coberto com um manto púrpura decorado com uma cruz dourada. Eis o que vi com a PSS:

> Marjorie trazia uma esfera de ouro na mão esquerda. Vestia um traje imaculadamente branco. O cabelo era tão branco quanto a roupa. Via-se

---

[6] Arquivos das canalizações de Marjorie e Barbara estão disponíveis no website da escola.

uma auréola dourada em torno de sua cabeça e, acima dela, estrelas de ouro. A parte inferior do corpo flutuava com as roupas, estreitando-se até a extremidade do caixão. Ali, seu corpo espiritual se conectava com o corpo físico.

A própria arquitetura da igreja tem a forma de uma cruz. Acerca de três quartos do comprimento, os braços e o eixo vertical da cruz se encontram. Os carregadores depositaram o caixão sobre essa cruz. O padre veio pelo corredor até onde estava o caixão e, cantando algumas palavras em latim, borrifou água benta sobre ele. Imediatamente, o corpo espiritual de Marjorie se desligou por completo do corpo físico. Flutuando em direção ao teto alto da igreja, ela começou a assumir sua forma mais normal, mas, é claro, conservou sua consistência espiritual. (Não sei por que isso aconteceu. Foi inesperado. Talvez tenha sido consequência das preces proferidas em latim.)

A princípio, ela observou a cerimônia das vigas, flutuando de uma para outra com suas vestes brancas, e respondendo ao que estava sendo dito. Em seguida, quando seu irmão mais novo começou a falar a respeito dela, Marjorie reassumiu sua aparência e roupas normais. Desceu e parou ao meu lado no corredor. Fico feliz por ter me sentado ali, deixando mais espaço para ela. Marjorie me disse que estava muito orgulhosa do irmão e ao mesmo tempo nervosa porque, sem dúvida, ele se sentira acanhado ao saber que teria de fazer o discurso fúnebre. Depois, começou a rir e a brincar com o que estava acontecendo. Estava animada por ver todos ali: não esperava que tanta gente comparecesse. Riu também do padre, que parecia muito sério. Disse: *"Ele sempre foi assim! Fala muito e ninguém consegue acompanhar. Mas é boa gente! Todos o amamos do jeito que ele é"*.

No final da cerimônia, ela se foi com seus parentes.

A Presença Contínua de Marjorie

Por muitos anos, Marjorie continuou vindo e tocando durante as curas da deusa. Era grande o seu entusiasmo, pois, conforme dizia,

*Finalmente, tenho as notas altas que sempre desejei!
Você consegue ouvi-las?*

Em muitas aulas, Marjorie subiu os níveis da hierarquia que surgem acima de nós durante as curas da deusa. Não sei o que esse movimento significa. Toda vez que eu ensinava, via-a se aproximando cada vez mais do teto alto da sala de aula. Talvez estivesse se preparando para partir. Então, vários meses depois, ela me contou que logo iria embora. E foi.

Como a Morte Aparece no CEH

Durante meu teste do túnel,[7] aprendi por mim mesma como é deixar o corpo. Mais tarde, trabalhando com pessoas em estado terminal, esse conhecimento se revelou muito oportuno porque eu podia descrever a eles o que lhes aconteceria.

Durante o teste do túnel, senti uma força poderosa agindo sobre meu corpo enquanto meu professor de cura e Sai Baba me tiravam dele. Subi pela corrente vertical de energia (CVE). Eu conseguia sentir/ouvir o vento soprando dentro de mim à medida que abandonava o corpo físico. Ele repercutia dentro dos meus tímpanos, mas era diferente de um vento normal porque

*Eu era o vento
que soprava em meus tímpanos
a partir de dentro de mim!*

---

[7] Ver Capítulo 7.

Eu também canalizava regularmente Heyoan para meus clientes que estavam à beira da morte. Em geral, a conversa entre o cliente e Heyoan versava sobre as experiências de morte que eles logo teriam, bem como detalhes finais de seu amor pela família e amigos.[8]

O Cordão de Prata: Viajar no mundo astral é, na verdade, bem diferente de morrer, mas pode ser útil para nos acostumarmos a estar fora do corpo físico e aprender a agir na realidade do quarto nível do CEH sem um corpo físico.[9] Um "cordão de prata", como é chamado, liga a realidade do quarto nível do CEH e os níveis espirituais superiores do CEH ao corpo físico. Na viagem à realidade do quarto nível do CEH, os três níveis inferiores deste permanecem em seu lugar normal, como parte de cada aspecto da estrutura celular do corpo físico, enquanto o corpo da realidade do quarto nível do CEH viaja por este. O cordão de prata mantém o corpo da realidade do quarto nível do CEH conectado ao corpo físico durante a viagem por essa realidade. Poderíamos vê-lo como um cordão umbilical ligando o corpo físico ao corpo da realidade do quarto nível do CEH, bem como aos corpos superiores da realidade do quarto nível. Como o cordão de prata não existe na dimensão física, não devemos recear que ele se estique muito em viagens longínquas por outras realidades do CEH! Esse cordão é muito flexível e pode se esticar facilmente pelas realidades do CEH do quarto nível. Na morte física, o cordão rompe suas inserções no corpo físico.

Quando vi o cordão de prata pela primeira vez, fiquei surpresa ao notar que ele se bifurcava (se dividia em dois) a cerca de trinta centímetros de distância da pele. Uma das pontas se insere no cérebro (no centro, onde as extremidades do sétimo e sexto chakras se juntam no terceiro ventrículo); a outra, no meio do chakra do coração, na área superior posterior desse órgão, perto da cruz. A Figura 15-1 mostra o cordão de prata e suas duas inserções no corpo físico.

O quarto nível do CEH, ou astral, é comumente chamado de *corpo astral*. Nosso corpo astral é aquele que temos quando estamos despertos e conscientes

---

[8] Na época em que escrevo isso, eu não tenho mais um consultório particular. Eu o fechei há anos. E não ministro atualmente curas individuais, pois muitos praticantes formados na BBSH fazem isso. Consulte o website da BBSH para encontrar alguém perto de você.

[9] Para uma descrição da realidade do quarto nível do CEH, ver Capítulos 8 e 9.

no mundo astral. Este se parece muito com o conteúdo dos sonhos. O corpo astral é o corpo no qual sonhamos. Ele vivencia a realidade astral.

Observei que, durante a cirurgia de transplante do coração, o cordão se desconecta apenas na extremidade do coração. É preciso que um curador o reinsira da maneira correta, após a cirurgia de substituição. (Fiz isso quando necessário. O processo encurta o tempo de recuperação.) Não tenho bem certeza do que fazer quando há substituição por um coração mecânico. Mas Heyoan me disse que

Temos de reconstituir o CEH de um coração normal no mesmo lugar, inserir nele o cordão e depois sincronizar as batidas do coração do CEH com as do órgão mecânico. Há mais alguns procedimentos minuciosos que é preciso seguir para garantir a sincronia, mas estão além do escopo deste livro.

O CEH Muda na Morte Física: Na morte física, os três níveis inferiores do CEH se dissolvem e se dissipam. Quando a pessoa morre lentamente, em virtude de doença, é possível notar os três níveis inferiores do CEH abandonando devagar o corpo, sob a forma de vapor. Segue-se a descrição do processo que ocorre no CEH.

No processo da morte, o CEH inteiro circula em todas as direções pelo campo e sua energia-consciência sobe depois pela CVE. Em seguida, mas nem sempre, sai pela coroa. A Figura 15-2 mostra a circulação do CEH por ocasião da morte. Isso pode desorientar muito na morte súbita, pois, enquanto o campo circula, todos os bloqueios, feridas, equívocos e dualidades que não se integraram nesta vida passam pela CVE e, é claro, pela psique! Em suma, todas as defesas desmoronam imediatamente, e a pessoa vivencia os medos e as feridas que fluem pela CVE. É muita coisa para ela enfrentar no momento e pode deixá-la bastante confusa. Se resistir, a pessoa pode ser afetada por formas-pensamento negativas, RE e RI, tendo uma morte dolorosa. Conforme mencionei no Capítulo 11, é o que infalivelmente acontece com as pessoas que abusam das chamadas drogas recreativas. Muitas delas morrem em grande desorientação, horror e terror abjeto, que as deixam presas no quarto nível inferior do

CEH (ou nas esferas astrais inferiores) após o falecimento. Não é nada bonito de se ver.[10]

No momento da morte, o cordão de prata se desprende por completo do corpo físico e, pelo que sei a partir de minhas próprias observações, dissolve-se. A pessoa estará então livre do seu corpo físico, caso assim o desejar. Posso dizer, pelo que vi nos funerais de Marjorie e de outras pessoas, que elas não estavam presas pelo cordão de prata, mas, de algum modo, flutuavam energeticamente para cima e para baixo da área do plexo solar do corpo físico. Ainda não entendo bem isso. Preciso fazer mais observações desse fenômeno especial. Pode ser uma maneira de permanecer em contato com o mundo físico durante o funeral, uma oportunidade para um derradeiro adeus.

Um dos possíveis motivos pelos quais, no Oriente, as pessoas oram por uma morte lenta é que, durante esse processo, como vimos, elas têm a chance de concluir assuntos pendentes, atar pontas soltas e dizer um adeus afetuoso. Doenças longas às vezes oferecem essa oportunidade; o tempo e o espaço que restam permitem a eliminação de bloqueios desta vida que termina. É como se deixassem para limpar a casa no último instante. Assisti a esse processo quando atendia pessoas que morriam lentamente de uma doença incurável. Muitos amigos e familiares aparecem para dar seu amor, prestar as derradeiras homenagens, dizer as últimas palavras de apreço. Isso é muito bom para a pessoa que está morrendo. Mas, nos últimos dois dias, convém que só compareçam os mais íntimos: marido, esposa, mãe, pai, irmãos e outros parentes próximos.

Testemunhei a dissolução dos seus bloqueios que se liberavam do campo, quando as pessoas, movidas pela urgência, enfrentavam os problemas cruciais, não resolvidos, e mergulhavam profundamente em amor incondicional com parentes mais próximos e amigos que tinham vindo para dizer o último adeus. Assim, abandonando esta vida, elas dispuseram de tempo para receber ajuda, quebrando com isso a resistência à morte e deixando serenamente o corpo físico.

---

[10] Já vi numerosas pessoas sofrendo por ocasião das minhas muitas jornadas aos mundos inferiores que chamamos de Inferno. Durante a meditação de cura da deusa em todo o tempo da escola, eu regularmente acompanhava os anjos àqueles lugares sombrios, para ajudar as pobres almas, presas ali, a subir para esferas mais elevadas, onde poderiam entrar em contato com seus guias.

Preparação para a Morte à Maneira Oriental

Outro motivo pelo qual os orientais tradicionalmente meditam para se preparar para a morte é aprender a regular e limpar a mente, de modo a se tornarem um *vazio luminoso* e preservarem uma *verdadeira clareza* nos momentos finais, evitando com isso as armadilhas da experiência de morte.[11] O *Livro Tibetano dos Mortos* é um guia que ajuda a pessoa que está morrendo a não ficar preso na dualidade, enquanto atravessa as etapas da morte. Foi escrito para ser estudado durante a vida física e, em voz alta, recitado durante o processo da morte, por alguém ao lado da cama. Ouvindo, a pessoa é direcionada a níveis de existência superiores ao mundo físico ou mesmo a mundos sem dualidade; dependendo da pessoa, se move para melhores circunstâncias de reencarnação. O estudo chamado Poha é também uma forma de meditação budista tibetana para aprender a evitar a volta ao mundo físico e passar para um estado de existência em esferas espirituais mais elevadas.

Todo esse conhecimento está agora disponível para os ocidentais que queiram adquiri-lo, graças ao Dalai Lama e a vários outros lamas tibetanos.

Como Encarar a Morte de um Ente Querido, para Benefício Seu e Dele

1. Não presuma que será incapaz de contatá-lo.
2. Acredite quando ele fizer contato com você. Ou tente imaginar que o contato será feito (ou já está sendo feito).
3. Quando você sentir uma presença, acalme-se e aja do mesmo modo como se estivesse diante de um ente querido. Acalmar-se o ajudará a sentir a presença dele.
4. Ouça o que ele quer lhe dizer, sentando-se e permanecendo receptivo às suas palavras.

---

[11] Ver *Luminous Emptiness: Understanding the Tibetan Book of the Dead*, de Francesca Fremantle, Shambhala, Boston, 2001.

5. Mostre-se agradecido por tudo o que ele lhe deu em vida. Concentre-se nele. Se achar conveniente, diga-lhe qual é o motivo de sua gratidão.
6. Reverencie a vida do ente querido. Deixe que a gratidão por sua presença flua através de você, enquanto recebe o que ele veio lhe dar.
7. Você pode ou não sentir a presença, ou saber do que se trata. Tudo bem. Você recebeu. *Lembre-se: pode se tratar de sabedoria pura, não de palavras.* Você talvez se dê conta do que aconteceu alguns dias depois, inesperadamente, quando nem estiver pensando no ocorrido. Tudo bem. É assim mesmo.

Luto pela Morte de um Ente Querido

Não há absolutamente nada que se possa fazer para trazer de volta um ente querido. Nós, humanos, gostamos de nos imaginar mais poderosos do que de fato somos, mas às vezes temos de admitir que isso não é verdade. O luto é uma parte importante e natural da vida. No luto por um ente querido, esteja simplesmente presente na dor e com todo afeto por ele. Talvez sinta, vez ou outra, sua presença na forma espiritual. Ou talvez não. Aceite o luto. Não se apresse. Deixe que o luto seja o que é. Receba-o, usufrua o presente de ter conhecido aquela pessoa. Esse presente jamais desaparecerá. Estará dentro de você para sempre.

É bom ter um ou dois amigos íntimos por perto, que se disponham a dividir a dor com você com sua presença afetuosa. Mas ninguém poderá fazer nada para trazer seu ente querido de volta à forma física.

Um bom Praticante de Cura Brennan graduado numa de minhas escolas poderá lhe ministrar uma cura da estrela do âmago, que o ajudará bastante. Em essência, esse tipo de cura limpará e carregará seu CEH, reestruturará seus chakras, alinhará e fortalecerá seu hara, e expandirá sua estrela do âmago para todas as suas células e para o ser, enchendo-os de amor incondicional. Isso o deixará mais forte e relaxado para enfrentar a dor. Disponha-se a conversar com seu ente querido a qualquer hora. Converse em pensamento ou em voz alta, se quiser.

Revisão/Recapitulação do Capítulo 15:
A Morte Vista com Clareza

1. Relembre o que vivenciou com a morte de seus entes queridos. Quais foram as suas experiências?
2. Você consegue entendê-las melhor depois de ler este capítulo?
3. Como enfrentou o luto por um ente querido?
4. Sentiu alguma vez que o ente querido tentava fazer contato com você?

Capítulo 16

VIDA APÓS A MORTE

*Qual é a sua experiência pessoal do chamado "nada"?
O que existe entre o físico e o energético?
Nada. Coisa nenhuma.
A humanidade definiu o nada como um Vazio, equiparando-o à ausência de vida.
Mas você descobriu que o chamado "vazio"
pode ser equiparado ao campo do ponto zero,
repleto de vida e energia –
mais vida e energia do que
a soma de todo o universo manifestado.*

*Portanto, o que chamamos de nada
está, na verdade, cheio de vida.*

O problema maior e mais profundo da humanidade é sua crença na morte.

*A humanidade acredita que a morte realmente existe!
Mas o vazio, Brahman, é tudo o que há:
você, o conhecimento, a sabedoria,
o todo unificado que é a base e a substância de tudo
e preenche o chamado "espaço" entre todas as coisas.*
— Heyoan

Depois da morte de Marjorie, decidi aprender mais sobre o processo que ocorre após a morte para ajudar as pessoas a empreender essa transição. Eu sabia por onde começar. Já tinha lido alguns livros de Robert Monroe.[12] Consultei a literatura do Instituto Monroe. Lá havia tudo de que eu precisava e no momento certo, por isso me matriculei. Meu principal objetivo era aprender o sistema que haviam criado e desenvolvido para viajar para outras realidades (isto é, viajar fora do corpo) e também, uma vez adquirida suficiente proficiência, ajudar pessoas a se orientar depois de deixarem seus corpos na morte.

O Trabalho de Robert Monroe

Robert Monroe contribuiu em muito para esclarecer como se sai do corpo e se viaja pelos mundos não físicos. Com o uso do sistema sonoro Hemi-Sync descrito no Capítulo 7, Robert pôde ensinar as pessoas a entrarem em estados profundos de meditação em pouquíssimo tempo. Nesses estados, elas conseguem aprender a viajar pelos mundos não físicos, como fazem os tibetanos e xamãs há séculos.

Robert descobriu que alguns estados cerebrais correspondem à experiência de diferentes mundos não físicos. Ele aplicou números aos níveis de um mundo não físico, cada qual relacionado a um diferente estado cerebral/mental. Dentro de alguns desses níveis encontra-se o que chamamos de *territórios de sistemas de crenças*.[13] Robert também desenvolveu várias técnicas para ajudar pessoas durante o processo de morte e guiá-las até um local de passagem depois da morte.

Nas quatro seções seguintes, descreverei minhas profundas experiências pessoais do que aprendi no Instituto Monroe.

Experiência de Meditação no Instituto Monroe: Há vários anos, participei, durante duas semanas, de seminários no Instituto Monroe. O que aconteceu comigo foi impressionante. Eu não esperava isso de modo algum. Tudo

---

[12] *Journeys out of the Body, Far Journeys* e muitos outros livros.
[13] Ver Capítulos 7, 8 e 9 para uma descrição dos *territórios de sistemas de crenças* e da natureza da realidade do quarto nível do CEH.

começou com um simples exercício em grupo, na aula de desenho criativo/intuitivo. Depois de uma curta meditação, pediram-nos que desenhássemos algo significativo para nós. Desenhei um pequeno círculo negro, com o diâmetro de uma moedinha. Era só o que se via no papel. Trabalhávamos em duplas. Os parceiros deviam nos ajudar a entender nossos desenhos. Perguntei ao meu o que era aquele círculo.

Ele disse: "Ora, é um *bindu*!"

"O que é um *bindu*?", perguntei.

"Você passa por ele." Essa foi a única explicação.

Meditei por algum tempo, concentrando-me no *bindu*, e passei por ele. O que se segue é minha experiência durante essa meditação:

> Vi-me flutuando em meio a nuvens nas cores rosa e laranja. Alguns anjos revoavam por ali em grupo. Conversavam, mas eu não os entendia.
>
> "*Aonde vão?*", perguntei.
>
> "*Vamos ao trovão, para ver a criação. Quer ir conosco?*"
>
> "*Sim!*". Com grande curiosidade, juntei-me a eles.
>
> O trovão era ensurdecedor, como várias bombas-H detonando ao mesmo tempo. Eu avistava todas as cores imagináveis e até mais. No entanto, tudo era suave, doce e muito seguro. Eu não sabia o que os anjos estavam fazendo ali. Observavam apenas ou procuravam alguma coisa?
>
> O que em seguida observei foi que eu era um menino de mais ou menos 10 ou 12 anos, no Himalaia. Minha mãe subia comigo a montanha até um mosteiro. Eu estava com medo. Ignorava o que iria acontecer. Ela me deixou lá.
>
> O tempo passou.
>
> Agora, eu era um pouco mais velho. Os monges me confinavam numa caverna. Barravam a entrada com tijolos feitos de argila, palha e seixos. A caverna era bonita. Eu já tinha ido lá muitas vezes. Havia um fio de água que escorria aos fundos e uma borda ao longo de um dos lados. Achei que o lugar já tinha sido utilizado para a mesma finalidade antes. Os edifícios do mosteiro erguiam-se de ambos os lados da caverna, a cerca de quatrocentos metros de distância, projetando-se dos paredões.

Senti-me ao mesmo tempo excitado e aterrorizado quando o último tijolo foi posto. Restou apenas uma pequena fenda no alto, de mais ou menos treze centímetros de largura. Diariamente, os monges colocavam uma tigela de mingau na fileira de tijolos que formava a beirada da fenda.

O tempo passou.

Eu continuava na caverna, registrando a informação obtida durante as meditações. Havia uma fileira de livros junto à parede que eu mesmo havia escrito. Minha pena parecia uma simples haste de bambu chanfrada na ponta. A tinta era feita de um pó preto, em parte cinzas, em parte terra negra ou carvão, misturadas com algum tipo de óleo, sangue de vaca e um pouco de água. Aparentemente, os monges me haviam dado aquilo, pois eu não dispunha de faca nem de outras ferramentas. Meu manto era cor de açafrão, sobre roupas marrons. Eu tinha um cobertor para o inverno.

O tempo passou de novo.

Eu era um velho. E continuava na caverna. Logo morreria. Estava pronto para deixar o corpo. Olhei outra vez em volta. Queria me lembrar da beleza do local quando voltasse. Os livros já eram uns quinze. As páginas pareciam de livros, mas estavam dentro de largas folhas dobradas, não enroladas. Eram diários de minhas experiências de meditação. Nos primeiros anos ali, eu tinha aprendido a sair do corpo e correr mundo. Fiquei muito interessado pelo Ocidente e fui lá várias vezes. Deixei facilmente o meu corpo, quando ele morreu.

Mas a tradição exigia que eu permanecesse na caverna até que ele se deteriorasse e se transformasse em pó. Esperei.

O tempo passou.

Esperei anos e anos, junto ao crânio do esqueleto sem carnes. Fiquei estendido no chão da caverna. Esperando.

Finalmente, saí. Uma vez fora, orientei-me pelos dois picos que se erguiam de cada lado, como sempre fizera. Virei à esquerda, depois novamente à esquerda, rumando para o Ocidente a fim de encontrar um novo corpo.

Encontrei uma mulher numa cabana que fora originalmente um abrigo de cabras. Ela estava dando à luz com dificuldade. O bebê ficara entalado no canal. O cordão umbilical estrangulava a menininha. Esta se esforçava para sair do corpo e conversar com seus guias para saber se devia ou não renunciar àquela oportunidade de nascer, abandonando o corpinho que sufocava.

Na vida anterior, ela morrera num lugar chamado Irlanda, com apenas 10 ou 12 anos de idade. Um carro de bois, atulhado de palha, derrubara-a e passara por cima dela. O condutor não notou nada a princípio. Órfã, a pequenina estava desesperada, sem coisa alguma para comer. Não notara a aproximação do carro. Seu vestido fora feito de dois retalhos de saco de estopa mal costurados, era verde e com manchas de grama.

Aproximei-me dos guias no cenário do parto. Aquela era uma oportunidade para curar e renascer. Sugeri entrar no corpo do bebê e nascer com a menina. Poderia usar o poder que adquirira durante minhas longas meditações e completar o nascimento. A menina poderia viver alguns anos enquanto eu esperasse. Depois, eu me fundiria com ela – que sabia da minha presença ali, embora isso a confundisse. Então, aos poucos, eu começaria a ensinar o que escrevera em meus livros, que ainda estavam na caverna. Ela pensou um pouco e perguntou:

"*Você quer dizer que eu nunca mais ficarei sozinha?*"

"*Sim, é como vai ser.*"

"*Está bem.*"

Entrei no corpo com ela. Após o nascimento, ficamos deitadas juntas por três dias. Tornei-me a voz íntima silenciosa, a que sabia. Ela era a que queria saber – *tudo!*

Quando contei ao meu colega da aula de desenho o que havia vivenciado, sua resposta foi: "Ótimo, então vamos pegar seus livros".

"Está brincando."

"Não, não estou brincando. Você sabe onde fica a caverna?"

"Sim. Quando olho com a PSS, posso ver o Everest à esquerda e outra montanha à direita. Vejo também dois rios embaixo. A caverna está localizada numa encosta, num monte menor. Acho que meu nome era Nyang Tsang... embora talvez eu não tivesse nome. Bem, esse devia ser o nome de algum lugar. Estou confusa. Sempre pensei que o Everest estivesse à direita, não à esquerda. Tem um mapa?"

"Não."

"Ah, espere um minuto. Sempre imaginei o Himalaia olhando para a Índia a partir do norte, não do sul. Acho que a caverna se abre para o norte!"

"Isso faz mais sentido."

E esse foi apenas o primeiro dia do seminário!

As reuniões continuaram e eu tive mais experiências "fora deste mundo".

Robert Monroe

Um dia, na segunda semana do seminário, Robert Monroe apareceu. Enquanto permanecíamos sentados em círculo, ele confidenciou que estava tendo alguns problemas físicos e perguntou se havia algum curador na sala. Todos se viraram para mim. Eu disse que ficaria feliz em ministrar-lhe uma cura e perguntei-lhe se tinha uma mesa para trabalho de cura e um recinto privado aonde pudéssemos ir.

A mesa foi providenciada em minutos. Robert não quis ir a outro lugar e eu comecei a cura ali mesmo, no centro do círculo. Em vez de mergulhar num estado profundo de relaxamento, com os olhos fechados, ele ergueu a cabeça e observou-me atentamente. Com a PSS, vi sua esposa recém-falecida entrar na sala, na forma da realidade do quarto nível, e postar-se à sua esquerda, diante de mim.

Acenando com a cabeça na direção dela, perguntei: "Consegue ver quem está aí?"

"Sim", respondeu ele.

Prossegui na cura. Robert se comunicou telepaticamente com a esposa, que tentava confortá-lo. Ele ainda estava em luto profundo por ela.

Lá pelo final da sessão, Robert se virou e me perguntou: "Você sabe que tem 500 mil anos de idade?"

"Sim!" Eu sabia disso há muito tempo, mas nunca havia mencionado o fato a ninguém porque poderia parecer absurdo. Ele continuou: "E sabe que seu nome é Chiana? (pronuncia-se "Quiana").

"Sim", respondi em voz baixa, na esperança de que ninguém ouvisse.

"Lembro-me de uma vida que vivi há 500 mil anos. O lugar também se chamava Chiana. Um belo jardim insular cheio de paz e amor. Flores por toda parte. Eu era um curador. Mas uma coisa não entendo: não havia ninguém para curar! Obrigado pela confirmação."

Robert pareceu encantado por me dizer essas coisas. A cura prosseguiu sem mais diálogos e ele continuava a observar atentamente, com o maior interesse, o que eu fazia.

Robert considerava com muita clareza sua partida. Estava com uma grave pneumonia. Confessou-me que não viajava mais fora do corpo porque temia não voltar. E sentia muita saudade da esposa.

A Morte Extraordinária de Robert Monroe: Findo o seminário, permaneci por mais algum tempo para ministrar outra cura a Robert. Dessa vez, a sessão foi em sua sala de visitas. A filha de Robert, Laurie Monroe, e vários outros membros da família observavam e tomavam notas. A esposa (na forma da realidade do quarto nível do CEH) também estava lá. Canalizei Heyoan durante a cura. Esta foi, em grande parte, uma longa conversa entre Heyoan e Robert sobre o trabalho deste, que consistia em construir pontes entre os mundos físico e espiritual, e sobre como esse trabalho continuaria nos mundos espirituais. Avistei então o Instituto Monroe no mundo espiritual, num lugar que Robert chamava de "nível 27". Já vira um ponto de acesso no nível 27, mas não reparara que havia também um Instituto Monroe ali. Este é bem maior que o do plano terrestre.

A esposa de Robert, novamente presente, postou-se a seu lado esquerdo. Robert foi ficando cada vez mais entusiasmado à medida que a conversa com Heyoan prosseguia. Não me lembro de muita coisa dessa conversa porque estava canalizando. Não foi gravada e não cheguei a ver as anotações que Laurie Monroe e outros fizeram.

Mais tarde, lá pelo fim da sessão de cura, Heyoan contou a Robert sobre a grande recepção que haviam planejado no Instituto Monroe do nível 27. Com a PSS, vi os convidados, com chapeuzinhos de festa, confetes e um formidável bolo de chocolate.

No final da cura, aconteceu algo que eu jamais tinha visto. Fiquei impressionada. A esposa de Robert, na realidade do quarto nível do CEH, aproximou-se dele pela esquerda e distendeu o corpo como se fosse deitar a seu lado – embora, na verdade, flutuasse. A seguir, com um rápido giro para a direita, entrou em seu corpo. Eu nunca tinha visto duas pessoas num só corpo! Perguntei-me se eles teriam espaço suficiente ali, mas logo notei que estavam muito felizes juntos!

Quando eu saía, Robert gritou (da realidade do plano físico): "Adeus, Chiana!"

"Até logo, Ashanee!", repliquei, lembrando-me do seu nome em Chiana, onde havíamos nos conhecido há 500 mil anos. Ele gostou disso e sorriu compreensivamente.

Nossa curta religação nesta vida foi ótima e confirmou muita coisa. Fazia bastante tempo – inúmeras vidas – que não nos víamos.

Voltando rapidamente à realidade do plano físico, percebi que estava atrasada para o meu voo. Corri até o carro que iria me levar ao aeroporto. Bem a tempo. No avião, a caminho de casa, eu saí parcialmente do meu corpo pelo meu lado esquerdo; só com grande esforço me recompus. Parecia que eu ia morrer. Mas já tivera essa experiência antes, depois de trabalhar com pessoas que estavam morrendo. Toda vez que um deles morria, eu o acompanhava, achando que também estava morrendo; ficava muito confusa. Contudo, dessa vez, sabia que não era eu: era Robert.

Chegando em casa, pude ver com a PSS o desenrolar da festa no Instituto Monroe, no plano espiritual do nível 27. Robert comemorava com a esposa. Tudo estava bem. Todos pareciam felizes. Liguei imediatamente para o Instituto Monroe para confirmar minha PSS: Robert fez a transição enquanto eu estava no avião. O pessoal do instituto também estava conformado, mas, é claro, em luto pelo grande pai que tanta coisa fizera na vida.

Robert Monroe foi um homem de mente aberta, capaz de enfrentar com coragem novas experiências. Ajudou muitas pessoas. Levou todos nós a um nível mais amplo e mais profundo da verdade. Envio meu amor e minha luz a todos os que seguiram com seu trabalho no Instituto Monroe.

Depois de Robert Monroe: Depois de integrar as experiências com Robert, procurei um mapa do Himalaia no meu atlas da National Geographic. Fiquei impressionada com o tamanho da região onde recordava ter vivido. Não encontrei os nomes Nyang ou Tsang em lugar algum do mapa.

"Esqueça, Barbara", disse a mim mesma. "Isso é ridículo. Você não vai ao Himalaia procurar uma caverna onde viveu no passado!"

Meses depois, recebi uma carta do homem que tinha sido meu parceiro na aula de desenho intuitivo. Ele havia encontrado um mapa antigo que mostrava o Everest e outros montes altos exatamente onde eu os tinha visto com a PSS. Mostrava também dois rios no mesmo lugar em que me haviam aparecido na meditação. Chamavam-se Tsangpo e Nyang-Chu. Corriam entre duas cidades de nome Lhasa e Kathmandu. O mapa mostra ainda outros dois rios chamados Nyang e Tsang. A correlação me fez sentir melhor. Quem sabe algum dia eu consiga ir ao Tibete!

Esqueça a Morte

Heyoan ensina que nosso conceito de morte provém da dualidade e que pensamos erroneamente sobre ela. Isso provoca em nós um grande medo, sobretudo quando não conseguimos perceber os mundos que existem para além do físico.

Seu Conceito Errôneo de Não Vida

A não vida não existe.
Considere a possibilidade de que o tudo
e o nada estejam vivos.
Seu medo existencial é gerado por sua crença
persistente na morte,
algo que você extraiu
de sua dualidade.

Isso não é verdadeiro de forma alguma.
Trata-se apenas da dualidade dentro de você,
que leva à ideia equivocada da morte.
Só o que morre é a dualidade,
quando se funde
na unidade da vida eterna.

A Vida na Linha do Tempo Não Funciona

Sua dificuldade é que você se instalou numa linha do tempo. A vida não é isso, sobretudo a que você vivencia a partir de dentro. O tempo é um dispositivo baseado na observação da mudança. Mas boa parte dessa mudança ocorre apenas do ponto de vista físico. O tempo não passa de uma ferramenta que você criou em sua mente. Na verdade, nem é uma boa ferramenta quando usada fora do mundo físico.

O tempo é uma tentativa de explicar o fluxo. Muitas ilusões brotam da ideia do tempo, com a qual você procura dar conta da experiência de mudança constante em si mesmo e nas pessoas à sua volta, bem como no mundo inteiro. O tempo é uma ferramenta oportuna de cooperação, talvez um nivelador de mudanças, uma maneira de comunicação com outro ser também sujeito ao fluxo perpétuo.

O tempo se baseia no que está fora.

Sua ideia do tempo é uma tentativa
de conseguir alguma estabilidade
baseada num ponto de vista exterior ao eu.

Ou seja, você tenta se estabilizar
graças ao que está fora de você,
em vez de estabilizar-se
a partir de dentro.

Considere a possibilidade de ter existido sempre, de o tempo linear ser uma ilusão e de você se encontrar numa fase evolutiva da espécie humana que começa a aprimorar a capacidade de entender e vivenciar diretamente esse processo. Logo seus cientistas demonstrarão que o tempo linear (chamado pelos físicos de "flecha do tempo") não existe.

Não tempo: que conceito!
Mas ele exige um pouco mais de reflexão.

Na medida em que você permanecer na separação,
nessa mesma medida acreditará no tempo linear,
viverá o tempo linear e ficará preso nele.

Quando você fundir essas dualidades em seu íntimo,
vivenciará diretamente, talvez aos poucos, mas com certeza,
o tempo não linear, no qual penetrará.
No chamado futuro que existe agora,
você já faz isso.

Revisão do Capítulo 16:
Suas Experiências de Vida após a Morte

1. Você já teve experiências de vida após a morte? Quais?
2. Acha que elas são reais? Se não, por quê? Se sim, por quê?
3. Até que ponto essas experiências o ajudarão a enfrentar sua própria morte futura?
4. Até que ponto essas experiências o ajudarão a enfrentar sua própria morte futura nos mundos espirituais?
5. Até que ponto essas experiências o ajudarão a encarar a possibilidade da reencarnação, caso esta faça parte do seu sistema de crenças?

Capítulo 17

COMO CURAR NOSSOS CORDÕES RELACIONAIS

....

*O pulso de vida que brota e se irradia do seu íntimo,
e depois se contrai,
está até certo ponto em coerência e sincronicidade
com seus entes queridos – familiares, amigos, amores ou parceiros.*

*Eles estão envolvidos na mais profunda criação conjunta com você.
Sua família contribui muito para moldar quem você é.*

Suas escolhas pessoais de encarnação foram feitas com muita clareza e intenção positiva, para que você seja apoiado e desafiado de várias formas por sua família.

*Sua família nunca se afasta,
mesmo que alguém deixe o atual corpo físico
ou morra, como se costuma dizer.
Todos continuam presentes em sua vida.*
– Heyoan

Vamos agora para as realidades do quarto nível, onde se formam nossos relacionamentos. Essas interações são criadas no mundo astral e envolvem cordões.

Nossas Conexões Através de Cordões

Todos já ouvimos falar nos "laços do coração" e nos "laços que nos unem". Existem realmente configurações no CEH que justificam essas expressões. Elas estão presentes em todos os nossos relacionamentos. Em meus livros *Mãos de Luz* e *Luz Emergente*, discuti os nossos cordões de conexão. Retomarei aqui, brevemente, essa informação e em seguida fornecerei mais dados sobre cordões que reuni desde a redação dessas duas obras. Falarei sobre os cordões, sua finalidade saudável em nossa vida e seu mau uso, que resulta em distorções no CEH.

Em *Mãos de Luz* e *Luz Emergente*, discorri sobre três principais maneiras de nos comunicarmos uns com os outros por meio do CEH. A primeira é a indução harmônica, isto é, um CEH induz harmonicamente sua frequência de ressonância no CEH de outra pessoa (como percutir um diapasão fazendo com que outro ressoe). O segundo tipo de comunicação se faz por intermédio de correntes de bioplasma que fluem pelo ar e permitem que troquemos energia. O terceiro é comunicação e troca de energia por meio dos nossos cordões relacionais. Estes parecem tubos translúcidos, de coloração azul-clara, flexíveis e ocos, pelos quais flui nossa energia-consciência. São feitos de energia-consciência. **Os cordões relacionais transmitem nossa energia-consciência. Energia mental e emocional flui pelos cordões que ligam pessoas em relacionamentos. Elas transmitem essa energia-consciência através dos nossos selos da percepção.** Esse fluxo pode ocorrer independentemente da distância entre duas pessoas. A localização física não importa; nem a hora do dia ou da noite nem o espaço de tempo: anos ou séculos. Também não importa se a criatura amada está viva, num corpo físico, ou já o deixou. Mesmo assim a comunicação pelos cordões pode ocorrer. Quanto mais longo e íntimo for o relacionamento, mais fortes serão as ligações e mais numerosos serão os cordões. Na próxima seção, descreverei os tipos de cordões e como funcionam no SECH.

Os Cinco Tipos de Cordões

Depois de trabalhar nessa área por algum tempo, Heyoan me explicou que existem cinco tipos principais de cordões. São eles:

1. **Cordões da Alma**, que a alma atual carrega, desde sua ligação original com Deus, nos mundos espirituais.
2. **Cordões de Vidas Passadas**, obtidos das experiências na Terra e em outros lugares.
3. **Cordões Genéticos**, adquiridos por meio da ligação com os pais biológicos.
4. **Cordões Relacionais Originais**, que se estabelecem com os cuidadores primários, em geral os pais biológicos ou os pais adotivos.
5. **Cordões Relacionais**, que nascem de relacionamentos com os outros: humanos, bichos de estimação e objetos especiais com quem desenvolvemos ligações pessoais. Continuamos fazendo isso à medida que vamos incluindo cada vez mais pessoas nas nossas relações. Os cordões relacionais tendem a imitar os cordões com os nossos pais. Se temos irmãos, estabelecemos ligações com eles. E também com qualquer membro da nossa família original, além de bichos de estimação.

Cura de Cordões Genéticos e Relacionais

Cordões Genéticos e Relacionais Danificados: Os cordões genéticos e os relacionais podem ficar danificados de várias maneiras. Crianças pequenas costumam enrolar seus cordões relacionais em volta de brinquedos favoritos. Usam-nos na tentativa de compensar o que lhes falta no relacionamento com os familiares. Tirar um brinquedo à força das mãos de uma criança é muito doloroso porque rompe a ligação entre ela e o brinquedo, destruindo assim a sensação de segurança que o relacionamento substitutivo com aquele objeto lhe proporcionava. Ursinhos e outros bichos de pelúcia, com os quais as crianças dormem, ajudam-nas a sentir-se seguras quando são obrigadas a dormir sozinhas, como acontece na maioria das nossas sociedades atuais.

Minha irmã nasceu quando eu tinha 5 anos. Lembro-me de que fiquei muito abalada. Minha mãe sentiu enjoos durante os nove meses de gravidez. Ao mesmo tempo, meu pai teve um colapso nervoso por ter perdido o emprego durante uma crise econômica. Ele tinha apenas 32 anos de idade. Precisava cuidar da esposa e de três filhos pequenos. Meu irmão mais velho me importunava sem parar. Como se isso não bastasse, minha irmã recém-nascida contraiu pneumonia. Minha mãe colocava-a, toda embrulhada num cobertor, sobre a mesa da sala, para poder arrumar a casa e cozinhar sempre de olho no bebê. Eu não conseguia entender porque minha irmãzinha podia dormir ali naquela mesa. Talvez por isso eu brincasse sempre debaixo dela! Eu achava que ninguém ligava para mim e que todos só gostavam do bebê. Assim, quando lhe deram um "cãozinho" de pelúcia, eu o quis para mim: peguei-o e declarei que era meu.

Provavelmente, essa foi uma maneira de tentar conquistar o amor de que necessitava. Não funcionou, é claro. Mamãe ficou furiosa, tirou o bichinho de mim, repreendeu-me por tê-lo roubado e devolveu-o à minha irmãzinha. Fiquei arrasada. A experiência toda, na verdade, tinha pouco ou nada a ver com o modo como realmente me tratavam. Minha mente infantil, porém, não entendia isso.

Como São Criados os Cordões Genéticos

Os cordões genéticos são criados entre o chakra do coração da pessoa que quer nascer e a futura mãe. Podem surgir antes que esta conceba. A ligação dos cordões ocorre fora do sétimo nível da mãe e do filho (ver a Figura 17-1). Depois que isso acontece, a mulher pode conceber. Trabalhei com muitas mulheres que queriam engravidar, mas não conseguiam. Elas já tinham ido ao médico para exames biológicos que não mostraram nada de errado; mas não concebiam. Por isso me procuraram.

Da perspectiva da minha PSS, aquelas mulheres não conseguiam engravidar porque eram incapazes de criar a ligação do cordão do coração com a pessoa que queria nascer no mundo físico. Inconscientemente, tinham medo da gravidez e, sem saber, impediam que essa ligação se formasse. Feita a religação dos cordões numa sessão de cura, elas conseguiram engravidar normalmente apenas alguns meses depois.[14]

Os cordões genéticos se ligam também com o pai. Não sei bem quando isso acontece, já que nenhum homem me procurou por não conseguir engravidar uma mulher. No entanto, a razão sugere que os cordões entre pai e filho não se formam muito depois da concepção.

Poucos homens vinham às sessões de cura, a maioria para dar apoio às esposas. Alguns, porque as esposas os convenceram a vir, pois curar apenas os cordões do coração delas não era suficiente para garantir a gravidez. Nesses casos, eu trabalhava também nos cordões do coração dos maridos. Uma vez curados esses cordões, a gravidez acontecia. Outros apenas vinham para apoiar a cura das esposas. Então, eu podia de fato tratar de seus cordões.

Observei ainda que algumas mulheres (e homens) eram incapazes de permitir ligações profundas com seu chakra do coração vindas de uma alma ansiosa por nascer. Tanto as mulheres quanto os homens ignoravam seu medo da gravidez. Observando os campos de energia de muitas mulheres (e homens) nessa condição, encontrei deformações semelhantes em seus chakras do coração. A Figura 17-2 mostra um bloqueio denso e escuro, bem dentro do chakra do coração, que impede as ligações de se enraizarem em seu centro. Isso precisa acontecer para que ocorra a gravidez. A ligação profunda exige uma intensa e biológica entrega à vontade de Deus. Portanto, a gravidez depende de nos entregarmos à vontade de Deus, isto é, à vontade de Deus tal qual descrita na página seguinte por Heyoan.

Muitas pessoas se equivocam quanto ao que significa obedecer à vontade de Deus. São influenciadas negativamente pela disciplina do pai e de outras autoridades masculinas, bem como por ensinamentos religiosos – sobretudo os que incluem informações tradicionais sobre a cólera divina. Se você não fizer o que "ele" manda, cuidado! A incapacidade de conceber é um dos muitos erros sobre a vontade de Deus. Por isso, é tão importante este ensinamento esclarecedor de Heyoan a respeito da precisão divina:

---

14 Ver *Luz Emergente*, pp. 361-394; *Mãos de Luz*, pp. 131-132.

Contemplação da Vontade de Deus

*Medite sobre a vontade divina
como se ela fosse uma forma intricada, precisa,
e não uma força que induz você a fazer algo
ou a rebelar-se contra ela.
Assim, toda a sua experiência
da vontade divina mudará.
Onde está o Deus colérico
e obstinado que pune você
caso não obedeça à sua vontade?
Ele simplesmente se dissolve na divina
precisão de uma bela forma.
Se você sincronizar sua vida com a vontade divina,
submetendo-se à precisão
divina deste universo,
sentirá a alegria e o prazer
de estar totalmente seguro a cada momento
do agora, ao qual se submeteu.*

*A vontade de Deus é a precisa organização divina da vida.
A vontade de Deus é o modelo da precisão divina.
É o modelo para toda forma
de todas as coisas e todos os seres
manifestados no mundo físico.*

A vontade de Deus é a precisão divina com um toque sutil.
*As leis físicas deste universo
são instrumentos de aprendizado para você.
Existem dentro do padrão intricado
da precisão divina.*

*A vontade de Deus é uma brisa suave em seu rosto,
um tenro desabrochar
das pétalas de uma flor.
A vontade de Deus pode ser vista diariamente
no crescimento de uma bela árvore,
no desenvolvimento de um feto no útero.*

*A vontade de Deus pode ser vista na marcha de sua vida.
A vontade de Deus é o desdobramento preciso, delicado,
de um padrão de vida
na evolução das espécies.
A vontade de Deus é a música das esferas.*

*A vontade de Deus é um molde aberto para seu livre-arbítrio
escolher cada momento com amor
para que você ganhe equilíbrio e se submeta
à experiência plena do que existe agora:
o que vai lhe acontecer,
o que atravessa você
e o que se contrai e se expande dentro do seu ser,
desdobrando sua vida com naturalidade e beleza.*

*Que é a precisão divina,
fruto de sua força criativa do amor?
Aprenda a reconhecer seu exclusivo padrão perfeito.
A vontade de Deus tem sido encarada como
rigorosa e severa da perspectiva
da psique humana.
Ela não é isso, absolutamente.*

*A vontade de Deus não castiga.
Você é quem castiga a si mesmo*

por acreditar em dualidade e separação.
O divino molde da vontade, dentro de você,
e o universo são benignos.

Quando os cordões genéticos entre os chakras do coração da pessoa que quer ser concebida e os pais se ligam, a gravidez pode ocorrer. As ligações dos cordões genéticos dos outros chakras, entre os pais e o filho, também se formam rapidamente por ocasião da concepção. Não tive a oportunidade de observar isso por um motivo óbvio: depois que a concepção ocorria e era confirmada, os clientes não voltavam mais. Esse tipo de ligação jamais se rompe.

Se uma criança é entregue para adoção, seus cordões genéticos permanecem ligados aos pais biológicos para sempre. Quando danificados, é imperativo reconstituí-los e religá-los para garantir a saúde e a evolução da alma. Isso ficará mais claro quando eu discutir os cordões de raízes ancestrais, no próximo capítulo. Os cordões de raízes são diferentes de todos os outros.

Obviamente, durante minha prática de cura, o dano nos cordões genéticos nem sempre era a causa única da incapacidade de conceber. As outras causas principais, conforme observei, eram que o pH e os fluidos sexuais combinados do homem e da mulher nem sempre permitiam a continuação da gravidez; e que problemas no segundo chakra do marido, bem como fraqueza no campo do útero, provocavam abortos.

Desenvolvimento dos Cordões Relacionais no Útero

Enquanto o feto se desenvolve no útero, seus cordões relacionais se formam entre os chakras dele e dos pais. Isso prossegue ao longo da vida da criança após o nascimento. As ligações dos cordões da criança com os pais se tornam o protótipo para todas as outras ligações nos relacionamentos. A criança desenvolve ligações de cordões entre ela e as pessoas com quem se relaciona (ver Figura 17-3). Esses cordões relacionais com os outros serão baseados nos cordões primários formados com os pais ou primeiros cuidadores, durante a infância. Em suma, dos pais e primeiros cuidadores são construídos os cordões protótipos nos quais todos os cordões relacionais futuros serão baseados. Os relacionamentos que criamos com mulheres lembram os que criamos com nossa mãe ou primeira cuidadora. Do mesmo modo, os relacionamentos que criamos com homens lembram os que criamos com nosso pai ou primeiro cuidador.

Informação Resumida sobre Nossos Cordões

Os cordões relacionais saudáveis do primeiro chakra penetram fundo no coração da terra. Os cordões do sétimo chakra se ligam com os mundos espirituais superiores.

As ligações dos cordões relacionais se estabelecem entre os outros cinco chakras; isto é, segundo chakra com segundo chakra, terceiro chakra com terceiro chakra, quarto chakra com quarto chakra etc. Assim, cordões relacionais saudáveis ligam duas pessoas e chakras *iguais*, do dois ao seis. A energia-consciência é então transmitida entre chakras *iguais* (de dois a seis) de duas pessoas num relacionamento saudável.

Os cordões relacionais dos chakras, de dois a seis, ligam o lado esquerdo da pessoa à mãe e a todas as mulheres com quem ela tem ou teve um relacionamento; os cordões relacionais do lado direito ligam-na ao pai e a todos os homens com quem ela tem ou teve um relacionamento.

Os cordões relacionais assumem o caráter do relacionamento. Desse modo, se o relacionamento for tranquilo e reconfortante, os cordões também o serão. Se for agressivo e difícil, os cordões serão irregulares e rígidos, transmitindo energia-consciência hostil.

Os cordões relacionais são tubos ocos e flexíveis, parecendo um tanto com mangueiras de água maleáveis. Têm a cor azul. Carregam informação entre as duas pessoas que eles conectam. Essa informação deve ser considerada instintiva: não é mental por natureza. Lembra mais um senso inato de conhecimento, uma maneira básica de viver sem saber o motivo.

As ligações dos cordões relacionais são utilizadas, em todas as espécies, para os pais se ligarem aos filhos e educá-los. As ligações dos cordões relacionais (e genéticos) duram para sempre.

Os cordões relacionais doentios apresentam diversos tipos de distorção. Podem, por exemplo, estar:

1. Arrancados, emaranhados em outros e/ou flutuando no espaço.
2. Profundamente enraizados e emaranhados na pessoa.
3. Retalhados.
4. Ligados ao chakra errado.
5. Fracos, rijos, pesados, poluídos, exigentes, controladores, parasitas etc.
6. Não ligados devidamente, mas enrolados em outra pessoa.
7. Enraizados e emaranhados em outra pessoa, sem estabelecer a ligação certa.

Uma vez num relacionamento,
sempre nesse relacionamento.
Os cordões relacionais duram para sempre!

★ ★ ★

Todos os cordões relacionais doentios devem ser curados.
Até que o sejam, a pessoa que os criou
continuará criando outros igualmente doentios!

Não importa quão ruim seja um relacionamento
e, portanto, seus cordões relacionais,
estes não devem nunca, nunca ser cortados!
Devem, isso sim, ser curados.

Todo relacionamento,
não importa o quão doloroso ou "ruim",
dita lições de vida essenciais sobre o eu!

★ ★ ★

Ouvi dizer que alguns curadores cortam cordões.
Isso só resulta em maior necessidade de cura.
Os cordões seccionados devem ser restaurados.
Os cordões relacionais são para sempre.

Seus cordões relacionais originais
surgem antes do nascimento e persistem depois da morte.

Cura dos Cordões Genéticos e Relacionais

Há coisas interessantes e inesperadas, que ocorrem durante a cura dos cordões, que ninguém esperaria:

1. A cura dos cordões exige três pessoas: o curador, o cliente e a colaboração da outra pessoa que está/esteve num relacionamento com este último.
2. A terceira pessoa não precisa estar fisicamente presente na sala de cura, mas, é claro, pode estar.
3. A terceira pessoa precisa concordar com a cura e comparecer na realidade do quarto nível do CEH.
4. A cura dos cordões relacionais pode ser feita com técnicas a longa distância, além das específicas desses cordões; os clientes não precisam estar presentes na sala de cura.
5. Essa técnica funciona para todos os cinco tipos de cordões.

Cura dos Cordões Relacionais entre um Aluno e Sua Mãe Falecida: Um bom exemplo de cura dos cordões relacionais ocorreu há alguns anos, durante uma demonstração de cura em classe que fiz a alunos do terceiro ano de treinamento. O voluntário foi um jovem de mais ou menos 30 anos a quem chamarei de Donald. A mãe de Donald fora muito controladora quando ele era mais novo; e, para conquistar sua independência, o rapaz rompera os cordões relacionais do terceiro chakra com ela, enrolando-os dentro deste.

Durante a cura, fiz primeiro a preparação normal do CEH, limpando e carregando o campo. Subi cuidadosamente pelos chakras a partir dos pés, carregando-os e reparando-os até chegar ao terceiro chakra. Depois de limpar e carregar este, desembaracei e eliminei a energia-consciência estagnada nos cordões retorcidos do seu terceiro chakra.

A mãe do rapaz apareceu em forma espiritual, preparada e desejosa de receber a cura. Permaneceu a distância, de modo que seu sétimo nível do CEH e o sétimo nível do CEH de Donald não estavam em contato (ver Figura 17-4a). Depois de limpar os cordões de Donald, puxei-os para além do sétimo nível e estabilizei-os para que ficassem ali. Em seguida, fiz o mesmo com os cordões da mãe. Limpei-os e carreguei-os, puxando-os também fora do sétimo nível.

O próximo passo foi, simplesmente, religar cada cordão, ponta com ponta, entre Donald e a mãe. Fiz isso com cuidado e desvelo. Quando cada cordão era religado, uma irrupção de energia-consciência fluía de novo entre os dois. Seus campos se iluminaram, repletos de alegria. Então finalizei a sessão de modo simples. O alívio em ambos foi visível. Ver Figura 17-4b.

Habilidades Que um Curador Deve Ter para a Cura dos Cordões Relacionais

A cura acima pode parecer simples – e é. Entretanto, são necessárias habilidades especiais para realizá-la, como as seguintes:

O curador tem de manter as quatro dimensões (essência, hara, CEH e corpo físico) estáveis e limpas durante toda a sessão, para as três pessoas – ele mesmo e os dois clientes.

O curador deve ser capaz de usar a PSS para perceber e trabalhar os seguintes aspectos dos três campos ao mesmo tempo:

1. os sete níveis do CEH
2. o hara
3. os cordões

4. os chakras
5. os selos no interior dos chakras

O curador deve ser capaz também de manter um estado de amor incondicional durante a cura.

Cordões e Selos Saudáveis

A anatomia saudável dos cordões e selos é mostrada na Figura 17-5. Bem dentro do chakra estão os selos da percepção, como são chamados. Conforme descrito no Capítulo 6, os selos da percepção fazem parte do mecanismo que detecta a energia-consciência nas faixas de frequência do CEH. *Repito: o único motivo para chamá-la de energia-consciência é que, nas faixas de frequência do CEH, em se tratando de sistemas biológicos,* **o componente da consciência exerce um amplo efeito.**

Como vimos no Capítulo 6, os selos da dimensão do CEH se parecem com lentes, através das quais a energia-consciência que chega desce em espirais para os chakras (ver flecha espiral negra) para carregar o CEH (ver Figura 6-1). A energia-consciência pode ser detectada desde que os "selos da percepção" estejam funcionando e o indivíduo saiba regular seu próprio CEH. Os cordões, semelhantes a tubos compridos, flexíveis e ocos, são configurações do CEH. Têm cor azulada. Na Figura 17-5, note que os cordões avançam direto para dentro dos selos.

Podemos perceber o CEH como energia-consciência em termos de cor e forma, utilizando uma visão semelhante à do corpo físico. Portanto, podemos dizer da informação transmitida por meio dos cordões que ela é como a energia-consciência do CEH. Uma espécie de fluido carregado ou bioplasma. Quando flui pelos cordões, carrega informação que a pessoa consegue sentir, ver, ouvir, cheirar, degustar e conhecer com a PSS.

Os Selos da Percepção: Uma vez dentro do selo, o cordão deixa de existir. A informação que flui do cordão muda quando se move em outra dimensão.

Não se trata da transmissão da energia-consciência do cordão para as dimensões mais profundas, mas de uma *transmutação* da informação existente no CEH quando passa para níveis mais profundos do ser – a dimensão do hara (intencionalidade) e a da estrela do âmago (essência). Portanto, a natureza da energia-consciência se transmuta em natureza daquela dimensão. Mas é muito difícil ver dentro dos selos e acompanhar essa transmutação da informação nas duas dimensões citadas.

Quando a informação se move para a dimensão do hara, transmuta-se em nossa intenção. Quando nossa intenção se move para a estrela do âmago, transmuta-se em nossa essência, em nosso ser divino essencial. De que modo a pessoa percebe ou vivencia a essência e que tipo de informação a essência fornece? Para mim,

Vivenciar a essência de alguém é uma experiência de corpo inteiro das qualidades únicas desse alguém, seu saber mais profundo e princípios mais elevados, incorporados no amor.

Então, desenvolvemos nosso ser divino essencial por meio de relacionamentos! Estes ocorrem entre nós e as pessoas que conhecemos, com as quais nos preocupamos, as que conhecemos, mas com quem não nos preocupamos particularmente, e todos os seres humanos que não conhecemos. Nossos relacionamentos com os outros incluem todas as criaturas vivas – plantas, animais, tudo que tem vida! E incluem também, certamente, mais seres do que, na etapa atual da evolução humana, podemos imaginar!

Revisão do Capítulo 17:
Como Curar Nossos Cordões relacionais

1. Quais relacionamentos, em sua família biológica, foram mais difíceis?
2. Quais relacionamentos, em sua família biológica, foram mais fáceis?
3. Levando em conta sua resposta ao número um acima, com que membro da sua família biológica você precisa curar conexões de cordões doentias?

4. Levando em conta sua resposta ao número três acima, com que tipo de pessoa você repete conexões de cordões doentias em seus relacionamentos agora?
5. O que você precisa melhorar em si mesmo para curar seus cordões relacionais em seus relacionamentos atuais? Cite três problemas graves que você precisa resolver internamente e que ainda afetam negativamente seus relacionamentos atuais.
6. Levando em conta sua resposta ao número dois, que tipos de relacionamentos são mais fáceis de se estabelecer? O que mais aprecia neles? O que eles lhe proporcionam?

Capítulo 18

COMO CURAR RAÍZES ANCESTRAIS TRADICIONAIS

....

*Você escolheu uma família por causa de certas características
de intelecto, interesses, talentos, ambiente e desafios financeiros.*

*Seu mundo fisiológico e físico foi
cuidadosamente considerado e determinado
antes de uma encarnação.*

*Isso inclui os aspectos pessoais
que você já desenvolveu
como essência interior, ao longo de muitas gerações.*

*Você pode ter sido também seu próprio avô, sua própria mãe
em vidas remotas.*

*Ou seja, pode ter vivido a vida
de um avô ou de uma avó
e após várias gerações reencarnou, agora.*

Em geral, membros da família tendem a saltar várias gerações quando fazem essa escolha.

Assim, desse ponto de vista, considere a possibilidade de vir a ser, ou já ser, seu próprio guardião ou guia.
– Heyoan

Confusão sobre Nossas Raízes

Todos ouvimos histórias sobre nossos ancestrais. Quando eu era criança, nos frios invernos de Wisconsin, meu pai me contava histórias sobre seus ancestrais que vieram para a América no *Mayflower* a fim de desbravar o desconhecido. Segundo nossa árvore genealógica, dois ancestrais de destaque foram os dois presidentes Adams. Sem dúvida, a maioria das pessoas tem nomes de prestígio em sua ancestralidade – que podem ser modelos para nós, quando precisamos deles.

Minha mãe contava que seus pais vieram durante a corrida por terras. Moravam numa carroça coberta e se instalaram em Oklahoma, onde trocavam trigo por carne de búfalo com os índios americanos. Seus irmãos eram agricultores de trigo em Oklahoma. Alguns de seus filhos ainda são.

Todos procuramos tais coisas em nossa história familiar, pois elas confirmam nossa existência. Fazem-nos sentir seguros e mostram que nós também temos forças para criar aquilo que desejamos, por mais difícil que seja. Todas essas histórias nos ligam com nossas raízes. Nossos alicerces estão implantados na terra e no passado, nos ancestrais que nos abriram o caminho do futuro, para que o fizéssemos bom tanto para nós quanto para a próxima geração. Pelo menos, é o que tentamos fazer, embora nem sempre tenhamos êxito!

Queremos estar enraizados na terra e em nossos ancestrais. Sentimo-nos ligados a estes quando falamos de nossas raízes. Ouvimos histórias que nos fazem sentir ligados aos nossos ancestrais e orgulhosos de sua coragem em seguir seus sonhos!

Exploremos então agora as configurações saudáveis de nossas raízes ancestrais presentes em nosso Sistema de Energia-Consciência Humana (SECH):

o que fazem, como afetam nossa vida, de que modo são usadas equivocadamente, por que se desfiguram e ficam doentias, e de que maneira podemos curá-las para recuperar a saúde tanto nossa quanto dos nossos relacionamentos com eles.

Nossas Raízes

O curador consegue saber muita coisa sobre os relacionamentos dos clientes com amigos e familiares simplesmente observando seus cordões relacionais e suas raízes ancestrais. Em nosso SECH, existem raízes ancestrais tanto saudáveis quanto doentias.

As raízes ancestrais são muito diferentes dos nossos cordões relacionais, embora haja ligações entre eles. Isso pode causar uma certa confusão no início, mas, se observados atentamente, são fáceis de distinguir.

No Capítulo 17, mostrei como nossos cordões relacionais funcionam e que ocorre comunicação com nossos amigos e entes queridos por intermédio deles. Há uma enorme diferença entre cordões relacionais e raízes ancestrais. No Capítulo 17, conforme você decerto se lembrará, dissemos que os cordões relacionais são tubos ocos, compridos, flexíveis e azuis: por eles, flui a informação entre duas pessoas. Essa informação é composta por energia-consciência colorida. Contém numerosos dados sobre a natureza de cada relacionamento entre duas pessoas ligadas pelos cordões. Estes funcionam como condutos diretos pelos quais a informação flui quase instantaneamente. Quanto mais interações houver entre a pessoa e um amigo, e quanto mais informação fluir entre eles, mais cordões terão criado. Esse é um dos motivos pelos quais achamos tão doloroso romper um relacionamento. Os cordões encerram a substância fluida de nossa vida relacional.

É importante compreender as diferenças entre cordões e raízes. Não funcionam da mesma forma. As técnicas de cura empregadas na cura dos cordões e na cura das raízes diferem bastante. Para a cura das raízes, empregamos o conjunto de técnicas mais difíceis ensinadas na BBSH! A cura das raízes obriga o curador a usar todas as técnicas de cura que aprendeu na escola.

Raízes Ancestrais: As raízes ancestrais são fortes, pretas e flexíveis. Ligam-nos às nossas famílias biológicas. É difícil trabalhá-las, pois exigem

muita concentração. Estendem-se do aspecto interior dos selos, em nossos chakras, e descem pela dimensão do hara até o centro do nosso ser, a estrela do âmago.

Raízes Ancestrais Tradicionais (RAT)

Há muita confusão em torno de nossas raízes ancestrais com respeito ao nosso SECH. A fim de desfazê-la, veremos como é a anatomia dos cordões genéticos e das raízes ancestrais saudáveis. Depois, poderemos avaliar até que ponto tradições impostas chegam a causar tremendos problemas no SECH! As tradições impostas pelos mais velhos à próxima geração não apenas lhe provocam lesões como impedem o passo seguinte no desenvolvimento da cultura. O emaranhamento pouco saudável das raízes ancestrais tradicionais não salva necessariamente a cultura: ao contrário, pode liquidá-la. Assim, a compreensão de como isso acontece é extremamente importante para todos nós! Primeiro, explicarei a natureza e a função de nossas raízes ancestrais. Depois, mostrarei o dano infligido aos filhos daqueles que usam erroneamente as raízes tradicionais a fim de controlá-los e os males feitos à humanidade em geral quando essas raízes ficam a serviço de uma tradição coercitiva.

Raízes Ancestrais Tradicionais, ou RAT, são cordões genéticos distorcidos, manipulados. Foram distorcidos para preservar tradições graças ao controle dos filhos dessas tradições, para garantir que passem a outra geração. Em geral, a crença subjacente à tradição tem propósitos religiosos ou de sobrevivência, ou ambos.

Há numerosas maneiras pelas quais essas raízes podem surgir. A mais comum é a mais simples. O pai, por exemplo, que talvez não seja particularmente devotado a uma tradição, mas foi incapaz de realizar um objetivo na vida, pode fazer de tudo para que o filho o realize. Ele então arrancará os cordões genéticos do seu próprio chakra e os introduzirá nos chakras do filho através dos selos deste. Assim, os cordões genéticos do filho, saudáveis e que deveriam se conectar com o pai, são substituídos pelos cordões distorcidos, escuros, sólidos, controladores, exigentes, emaranhados e rígidos do pai; parecem mesmo com raízes pretas. Não são raízes verdadeiras. São cordões genéticos distorcidos.[15]

Embora sejam cordões genéticos distorcidos, prefiro chamá-los de *raízes ancestrais tradicionais* porque constituem os mecanismos do CEH encarregados de preservar "nossas raízes tradicionais" que controlam a prole de uma geração a outra. Com efeito, essas raízes podem avançar geração após geração no futuro, pois passam automaticamente para elas até serem curadas. Depois que um cordão genético é substituído por uma raiz ancestral tradicional, continua passando de geração em geração, pois o primeiro filho envolvido não possui cordão genético saudável para conceber seu próprio descendente. Em vez disso, o filho é concebido com uma raiz ancestral. Portanto, *a cura de raízes ancestrais tradicionais* deve remontar à raiz ancestral original que iniciou a tradição. Por isso se trata de uma cura difícil.

As raízes ancestrais tradicionais são doentias demais para uma criança. Interfere em seu livre-arbítrio. Parecem feitas de piche. Acham-se geralmente enroladas nos selos, provocando perturbações na percepção e consolidando preconceitos! Os preconceitos e tradições que engendram chegam a cegar. Eles literalmente *criam pontos cegos* no CEH, onde as raízes ancestrais tradicionais danificam os selos da percepção!

Não me entendam mal. Acho maravilhosa a variedade de culturas na humanidade. Cada uma tem sua contribuição única a dar, suas lições úteis para os outros. Cada uma desenvolveu diferentes aspectos do CEH que resultam em dons para a humanidade.

Como diz Heyoan,

A humanidade
não foi criada para ser homogênea.
Isso seria tedioso!

---

[15] Nota: Essas não são as raízes com as quais nos enraizamos profundamente na terra. Fazemos isso com os cordões relacionais que crescem de nosso primeiro chakra.

No entanto, toda cultura teme e odeia outras, com base na história passada, mas sem apoio na realidade. Na história de uma cultura, às vezes determinado comportamento foi necessário para garantir sua sobrevivência. Mas isso aconteceu há muito tempo e não mais se aplica. No fim, esses medos e ódios se consolidam em preconceitos, que se tornam *sistemas de crenças estagnadas inconscientes* nas pessoas que os alimentam. Elas, provavelmente, nem sequer se dão conta disso.

Dois Exemplos de Raízes Ancestrais Tradicionais: Certa vez, observei as RAT pouco saudáveis de uma pessoa que a meu ver seria um bom exemplo do quanto uma tradição rígida pode interferir em nosso livre-arbítrio. O caso deixou claro a dificuldade dessa pessoa de saber o que queria e que vida desejava levar; infelizmente, não tive a oportunidade de ministrar-lhe uma cura.

Neste exemplo, o homem tinha seus cordões genéticos do quarto chakra substituídos por raízes ancestrais tradicionais vindas do lado masculino da família, que remontavam a várias gerações. As raízes haviam penetrado no quarto chakra por trás, atravessaram os selos de trás e da frente, e em seguida desceram pela corrente vertical de energia (CVE), continuando a atravessar os aspectos de trás e da frente dos selos nos chakras três, dois e um. Essa configuração significa que as raízes ancestrais tradicionais controlavam o equilíbrio das funções do amor e da vontade em seu chakra do coração! Essas RAT escolhiam quem ele deveria amar e o modo como usaria sua vontade. Esta se voltava primordialmente para o ganho de dinheiro a fim de garantir a sobrevivência de sua família. Descendo pela CVE, as raízes comprometiam seu livre-arbítrio e compreensão da função de cada chakra! Em suma, ele era controlado pela *tradição*, pelas RAT instaladas em seu primeiro, segundo e terceiro chakras!

Foi forçado a se comportar da seguinte maneira. No quarto chakra, determinavam quem ele podia amar e desposar. No terceiro, como devia cuidar de si mesmo e de alguns membros da família, com exclusão de quem não o fosse. No segundo chakra, como e com quem poderia expressar e fruir sua sensualidade e sexualidade, inclusive a pessoa com quem se casaria. E, no primeiro chakra, como e com quem deveria gozar os prazeres físicos da vida.

Na frente do seu corpo, havia a raiz tradicional vinda de ancestrais femininos. Essa RAT, em especial, atravessa apenas a frente do quarto chakra. Portanto, só afeta a parte da frente do quarto chakra e seu selo de percepção, ao passo que muitos ancestrais masculinos exercem pressão bem maior nele, pois haviam penetrado os selos do quarto, terceiro, segundo e primeiro chakras.

Na próxima seção, discutirei os pontos cegos causados pela entrada da RAT nos selos da percepção.

Os Pontos Cegos nos Selos da Percepção Resultantes das RAT: Toda vez que uma RAT penetra um chakra, penetra também, com muita probabilidade, os selos da percepção. Quando isso acontece, ela cria um ponto cego na percepção no lugar onde penetra o selo. Um exemplo desse tipo de dano provocado pelas raízes está na Figura 18-1a. Observei essa mulher, mas não tive oportunidade de ministrar-lhe uma cura. Com isso, quero ilustrar os pontos cegos que as raízes ancestrais tradicionais provocam. É um desenho do sexto chakra, o chakra da visão. Os dois adultos estão de frente um para o outro: o que iniciou a raiz tradicional está à esquerda, e sua filha adulta à direita. 6A é a frente do sexto chakra. 6B é a parte de trás do sexto chakra. O pai pegou seus cordões genéticos e, primeiro, empurrou-os através do seu próprio selo em 6A, criando um ponto cego em sua percepção visual. Depois (mais tarde na vida) empurrou três vezes a raiz pela frente do sexto chakra da filha e entrou pelo seu selo de trás em 6B (três vezes), criando assim três pontos cegos nos selos da frente e de trás do sexto chakra dela. Ver Figura 18-1b. Os pontos cegos parecem manchas pretas nos selos. Ver Figura 18-1c. Eles simplesmente comprometem a clareza da percepção visual da realidade que o selo permitiria à filha caso não estivesse bloqueado. Geralmente, esses pontos cegos são criados pelos chamados tabus ou áreas proibidas da vida que não devem ser aceitas. Desse modo, os pontos cegos bloqueiam a capacidade da filha de ver uma determinada área de sua vida. A filha não *verá* a realidade de um certo aspecto de sua vida que o pai não quer que ela veja. Observe que as RAT na Figura 18-1a se projetam do aspecto interno dos selos, nos sextos chakras, e descem pela dimensão do hara até o interior da estrela do âmago.

Caso exista um ponto cego em algum dos selos, a pessoa não terá uma percepção clara dessa realidade. Simplesmente não conseguirá entender o que outra tentar lhe transmitir. Não verá a realidade até que o ponto cego seja curado. Essa é uma das razões pelas quais só com muita dificuldade as tradições se comunicam. São cegas umas para as outras. Tradições rivais criam e estimulam pontos cegos em seus defensores. Por isso, a diplomacia entre eles é tão problemática! Ainda que todos desejem o bem para o todo maior – e isso, obviamente, nem sempre é o caso –, promover a compreensão e a paz é difícil, por causa dos pontos cegos conservados ao longo dos séculos. Em vez de pregar a compreensão, a maioria das pessoas insiste em proteger suas tradições, preservando desse modo os pontos cegos!

Problemas com as Raízes Tradicionais durante o Processo de Morte

Pouco depois de minhas experiências com Robert Monroe, uma velha amiga minha, já nonagenária, estava no hospital já nas etapas finais do processo de morte. Fui visitá-la pouco antes do seu falecimento. Vou chamá-la de Ruth. Ela entrava e saía do corpo, ficando desorientada toda vez que "se ausentava". Repetia o tempo todo que ia desmaiar. Comecei usando as técnicas que havia aprendido no Instituto Monroe. Peguei suas mãos e garanti-lhe que estava tudo bem. A família chegou para lhe dar apoio. Ruth morreu logo depois que saí do hospital. Imediatamente comecei a meditar para ajudá-la no nível 27 (ver Capítulo 16). Pareceu funcionar. Ali, encontrei um chalé que o falecido marido preparara para ambos viverem durante a transição entre vidas.

Mais tarde, no funeral, percebi os campos energéticos enquanto o rabino proferia o Kadish e outras preces. Dizia-as em hebraico e depois em inglês. Quando falava em inglês, nada acontecia nos campos energéticos. Quando salmodiava em hebraico, muita coisa acontecia. Eis a sequência das mudanças no campo energético que testemunhei quando ele proferiu o Kadish e outras preces em hebraico:

1. Durante o primeiro cântico, uma cúpula de energia protetora surgiu sobre a área onde estavam todos, ladeando o caixão que encerrava o corpo. Havia também alguns túmulos que, por se acharem muito perto, ficavam sob a proteção da cúpula.
2. Os cordões relacionais da família foram desconectados.
3. O campo de energia vital do grupo dos membros da família foi separado do de Ruth e inserido em duas cúpulas protetoras separadas: a família em uma e Ruth na outra.
4. O corpo do quarto nível do CEH e os corpos espirituais superiores de Ruth foram separados do seu corpo físico.
5. Um longo corredor se abriu para outros ancestrais mortos. Chegavam agoniados. Queriam que ela se juntasse a eles e a "sugavam" em sua direção. Ruth, porém, não queria ir.
6. Quando, de novo, o rabino falou em hebraico, ela se viu forçada a ir. Foi literalmente sugada para o lugar onde os ancestrais mortos estavam.
7. O caixão foi baixado à sepultura e um selo de energia se fechou em volta do corpo, impedindo quaisquer outras conexões com ele.
8. Esse mesmo selo de energia isolou a família do corpo sepultado. A cúpula de energia protetora, que foi construída em volta do caixão no começo, o túmulo e as pessoas em volta se dissolveram.
9. Findo o Kadish, familiares e outros saíram. A família estava energeticamente desconectada de Ruth, que agora se encontrava com seus ancestrais.
10. Enquanto saíamos, os ancestrais continuavam atentos aos vivos, embora estivessem energeticamente separados deles. Pareciam querer desesperadamente a vida dos vivos. Pareciam ter sido vítimas de vários *massacres*, o último dos quais o Holocausto.
11. Outra coisa que não mencionei antes: os ancestrais estavam conectados com Ruth por meio de raízes ancestrais tradicionais.

Não falei a ninguém sobre minhas observações com a Percepção Sensorial Sutil (PSS). Receava que não recebessem bem essa informação e não queria magoar ninguém. Só muitos anos depois presenciei de novo esse fenômeno. Mas, então, num cenário diferente.

A Cura de uma Mulher com um Problema Ancestral Semelhante ao de Ruth

Passados alguns anos, ao fazer uma demonstração de cura num seminário, uma coisa inusitada aconteceu e solucionou o problema dos ancestrais que presenciei no funeral descrito anteriormente, para mim e para a pessoa que se apresentou como voluntária para me ajudar na demonstração de cura. Essa mulher era associada ao EST.* Evoluíra graças a esse treinamento e se tornara uma líder. Queixava-se de um persistente sentimento de dever. Fora apanhada na matriz de sua extensa família e não conseguia se desvencilhar. Era como se estivessem sugando sua energia. Vou chamá-la de Hanna. Eis minha experiência com esse caso:

Enquanto demonstrava a cura em Hanna, diante dos outros participantes do seminário, percebi que sua energia, de fato, estava sendo drenada. Segui o fluxo energético que saía do campo de Hanna para identificar a fonte da drenagem. De novo, avistei as hordas de ancestrais mortos, todos se aproximando de Hanna para obter vida. Estavam angustiados, incapazes de se livrar do horror e do terror a que haviam sido expostos no Holocausto, quando foram torturados e mortos.

Tentei com todas as forças desconectar as raízes ancestrais tradicionais e outros vínculos, mas sem êxito. Os ancestrais estavam literalmente grudados em Hanna, como se só ela pudesse livrá-los da agonia. Hanna era, sem nenhuma dúvida, um de seus descendentes. Por fim, depois de tentar tudo o que sabia, desisti. Entreguei os pontos e orei por ajuda. Então, as coisas mudaram.

Um alfabeto surgiu no ar, num arco que ia da cabeça aos pés de Hanna, à direita da mesa, entre ela e os ancestrais. Presumi que fosse o alfabeto hebraico, mas não tinha certeza, por isso escrevi no quadro as duas primeiras letras que avistei e perguntei aos alunos se era mesmo. Eles confirmaram que eu havia escrito as duas primeiras letras do alfabeto hebraico no quadro.

Então, Heyoan me instruiu a conduzir os ancestrais até o arco formado pelo alfabeto hebraico. Foi o que fiz. Para mim, o alfabeto hebraico representa Deus.

---

* EST – Erhard Seminars Training – oficinas criadas por Werner Hans Erhard com o objetivo de desenvolver liderança e transformação pessoal. (N.T.)

Levei algum tempo para mudar o foco dos ancestrais, contatando-os fisicamente; mas, por fim, conseguiram ver o alfabeto hebraico e concentrar-se nele em vez de só se ocupar de Hanna. Um por um, foram observando e penetrando as letras.

Quando todos estavam seguros em casa, voltei a Hanna para completar a cura. Removi as raízes ancestrais tradicionais e seu CEH ficou mais claro. Finalizei a cura reparando todos os níveis do seu campo e o hara, ajudando-a a se reconectar com a essência interior.

Estava feito. Depois de anos abatida, com a sensação de que alguém sugava sua energia, Hanna teve essa preciosa energia de volta! Ela continuou o processo de reivindicar a própria vida, sem, no entanto, deixar de reverenciar seus ancestrais.

A Cura das Raízes Ancestrais Tradicionais de Debra

Vejamos como a cura das raízes ancestrais tradicionais se relaciona com o CEH e quais são os resultados do emaranhamento dessas raízes. A Figura 18-2a mostra o começo de uma cura para remoção de uma RAT entre duas pessoas (que curei durante uma demonstração em classe, há vários anos) e alguns de seus ancestrais. Este caso é bem mais simples do que os dois discutidos anteriormente. A queixa da "cliente", que chamarei de Debra, era o excesso de cuidados exigidos por seu irmão mais novo e outros membros da família. Observando seu campo com a PSS, pude ver as raízes negras emaranhadas dentro do terceiro chakra. Quando preparava o campo para remover as raízes, limpando-o, carregando-o e equilibrando, avistei seu irmão entrando na sala em forma espiritual. As raízes o atravessavam, remontando a várias gerações de controladores. Eles mantinham a energia-consciência que exigia cuidados em extremo silêncio – isto é, Debra devia ficar em silêncio ao cuidar das pessoas. Só fui entender isso lá pelo final da cura, conforme se verá.

Enquanto afrouxava, desemaranhava e removia as RAT do terceiro chakra de Debra, eu tinha também de me concentrar nos CEH dos ancestrais. Quando uma RAT foi liberada do chakra de Debra, todos os outros campos conectados ao longo de gerações mergulharam em profundo terror. Ver Figura 18-2b.

Eu precisei envolvê-los em amor incondicional enquanto trabalhava. Isso exigiu muita concentração. Tão logo um ponto cego foi curado em Debra, pude acessar o próximo, remontando as gerações, para curar esse ponto na pessoa seguinte. Para completar a cura, todas as pessoas, até a primeira RAT, foram liberadas das raízes!

Foi necessário desenredar a RAT e eliminar cada ponto cego, um por um, começando por seu irmão. A raiz estava emaranhada nos chakras e selos de cada ancestral da mesma forma que nos de Debra. Naturalmente, pedi permissão a todos para prosseguir na cura. Embora assustados no começo, eles por fim concordaram com prazer. A cura prosseguiu, envolvendo mais indivíduos do que eu pudera esperar. Viajei ao passado para encontrar cada um e livrá-lo da raiz. À medida que a cura remontava ao longo das gerações, fui descobrindo os problemas com que cada qual se deparara em suas vidas e não conseguira resolver, por causa da RAT que o mantinha em cativeiro. Um combatia com arco e flecha; outro tiritava de frio; um se assustava com o raio; um fugia de um grande pássaro predador; um carregava um vaso de barro com ervas; outro retalhava um animal parecido com um cervo, que acabara de caçar. O último era um troglodita vestido com peles. Sua função era manter calados todos os habitantes da caverna, do contrário um urso que sempre rondava o local os atacaria. Eu jamais vira tantas gerações conectadas dessa maneira.

Depois que desemaranhei a raiz tradicional doentia do troglodita, uma coisa inesperada aconteceu. Quando a sólida raiz escura foi clareada, seus cordões relacionais azuis e ocos se liberaram dele e, automaticamente, começaram a avançar no tempo, passando de geração em geração! Cada indivíduo ia se despojando das crenças negativas em sua falta de liberdade para escolher viver da forma que queria. Ver Figura 18-2c.

Eu contemplava, admirada, as pessoas se livrando das prisões de suas raízes. Sua alegria espontânea enchia a sala! Depois que os belos cordões relacionais azuis e ocos se reconectaram, a comunicação foi passando para a geração seguinte. A dedicada e afetuosa energia-consciência de cada geração foi enviada para a próxima. Todos os descendentes foram apoiados e amados por serem quem eles eram.

Então, algo de impressionante aconteceu. Todos os que estavam presentes na sala tiveram a mesma experiência. Os cordões genéticos, passando de geração em geração, entraram na sala de aula. A sensação foi maravilhosa. A sala inteira ficou repleta de cordões geracionais ligados aos alunos! Isso eu não esperava! Foi como se todos estivessem, de algum modo, geneticamente ligados desde o homem da caverna original. O sentimento de fraternidade e família era assombroso. Experimentamos, pessoalmente, as reais ligações genéticas com os que ali se achavam. Todos descendíamos do troglodita! A sabedoria instintiva das gerações fluía pelos cordões genéticos que a todos nos ligavam! Ficamos em êxtase pelo resto da semana de aula.

Resultados da Cura da Raiz Ancestral Tradicional de Debra

Só alguns dias depois da cura é que fui conversar com Debra. Queria lhe dar tempo suficiente para absorver o que havia vivenciado. Eu estava muito curiosa para descobrir como tinha sido sua experiência – aliás, reiterada por muitos outros alunos daquela classe. Enquanto assistiam à cura de Debra, eles também passaram pelo mesmo processo de cura em seus SECH durante a demonstração!

As descrições que fizeram corroboravam minha experiência durante a sessão. Dias depois, quando Debra já absorvera a cura recebida, consultei-a sobre o que ela tinha sentido durante o processo. Conversei também com ela sobre isso anos depois, para saber se a cura fora definitiva e até que ponto sua vida havia mudado como resultado da cura. Debra explicou que haviam ocorrido mudanças profundas nela mesma e em sua vida. A cura funcionara bem nos anos que se seguiram.

Como você viu neste capítulo, os cordões persistem para além da vida presente; e, como viu no Capítulo 17, coisas muito interessantes acontecem com esses cordões após a morte.

Afinal, é a sua vida!

Revisão do Capítulo 18:
Como Descobrir as Tradições Doentias em Sua Linhagem Familiar

1. Que tradições doentias passam de geração em geração na sua família?
2. Que comportamentos pouco saudáveis resultam daí?
3. Quais dos seus chakras e selos são afetados por raízes ancestrais tradicionais? De que modo?
4. Você já identificou seus pontos cegos? Quais são eles?
5. De que lado da família esses pontos provêm? Identifique a diferença entre os pontos cegos originários do lado de seu pai e os originários do lado de sua mãe. Enumere três pontos cegos importantes oriundos de cada lado de sua família. Se achar difícil fazer isso, pense nos comportamentos tradicionais que deve seguir, oriundos de cada lado da família. Você se comporta assim ou se rebela?
6. Em que medida os pontos cegos listados no número cinco afetam *sua vida*? A que você teve de renunciar para agir de acordo com as exigências de cada lado de sua família?
7. Que cordões relacionais saudáveis você precisa colocar no lugar das raízes? *Esse é o caminho para sua cura profunda!* Sinta seus anseios. Que tipo de vida deseja viver? De que modo pretende recriar sua vida? Quais são seus anseios mais profundos? Está conseguindo êxito na tentativa de concretizá-los? (Lembre-se: curar suas raízes doentias ajudará seus familiares a se livrar das deles! Mesmo que, no começo, eles fiquem aborrecidos com suas escolhas, você poderá ajudá-los a ficar livres dando o exemplo! Depende de você; na vida, você só tem obrigações para consigo mesmo!).

Capítulo 19

CONCEITOS UNITIVOS DA ESSÊNCIA

Encerro este livro com algumas canalizações de Heyoan sobre elevados princípios unitivos, pelos quais convém vivermos. Concentrei-me nos seguintes conceitos: paz mundial, vida após a morte, cura dos nossos relacionamentos e herança familiar, ressaltando o modo como esses conceitos se conectam com a cura global e ao nosso papel de liderança individual. Concluo com uma meditação para a unidade.

Criação da Paz Mundial

Alinhe-se com sua intenção de estar aqui agora. Alinhe-se com sua intenção de viver na verdade. Em tempos que virão, você se verá às voltas com a ameaça do terror. Você já passou algum tempo enfrentando o seu terror interno; assim, está em condições de reconhecer o poder da imaginação enquanto países ameaçam uns aos outros de maneira cada vez mais agressiva. Quando ouvir essas ameaças pelas ondas sonoras, volte a seu centro e note que essa retórica evoca o terror em seu interno. Observe suas reações, tanto as fisiológicas quanto as psicológicas/emocionais. Observe as atitudes que automaticamente você toma como resultado do seu medo. O que você escolhe fazer em sua vida como resultado dessas ameaças? Suas ações se baseiam na unidade ou na dualidade?

Bem se sabe que muitos de vocês estão no processo de mudar seus sistemas de valores e já trilham o caminho de volta para seu verdadeiro eu unificado. O regresso ao lar pressupõe a reunião de famílias divididas e a retomada de laços que foram rompidos por algum tempo, pois, quando se mudam seus sistemas de valores, você entra no templo sagrado do coração.

Em seu coração, você encontrará muitas coisas.
Encontrará um templo de amor
que abrange todos os aspectos da vida,
mesmo o chamado terrorismo.

Observem como pessoas de diferentes nações, países e cargos de poder empregam uma retórica ameaçadora para induzir uma reação negativa, no nível astral, que leve as pessoas a agirem negativamente para fazer "oposição" – isto é, a "aglomerar-se no lado negativo de um arquétipo dualista". Observem o processo criativo dualista. A união de forças de oposição começa com muita retórica, muita emoção, muitas mentiras destinadas a suscitar o medo em uma consciência pouco desenvolvida, encerrada em cápsulas do tempo. A intenção oculta é induzir vocês a escolher o dualismo, um lado da luta ou uma guerra iminente.

Esse desafio tem acompanhado a humanidade há milênios. Só neste século resolvemos educar vocês na medida de nossa capacidade, utilizando todas as formas de comunicação ao nosso alcance para convencê-los de que a dualidade é uma ilusão e de que todas as necessidades humanas são as mesmas.

Um dos maiores medos da humanidade é não ter o suficiente. Isso leva ao consumismo desenfreado, que danifica o ecossistema da Terra e esgota seus recursos naturais. Sem esses excessos da humanidade, o ecossistema, por si só, mantém facilmente o equilíbrio.

Imagens e medos comuns estão profundamente enraizados em pessoas de um mesmo país. Cada país tem seu dualismo, seus medos baseados na história e transmitidos tanto pela comunicação verbal quanto pela ação. Essas histórias são escritas em forma dualista a fim de criar e manter imagens dualistas nos habitantes de cada país. Juntas, essas imagens formam sistemas de crenças que ditam o que as pessoas precisam fazer para permanecerem seguras. Assim, os problemas da humanidade são internos, havendo portanto reações grupais aos medos coletivos do grupo. No seu caso, são os medos que se perpetuam dentro de você e de sua sociedade. Essa é uma história enraizada profundamente em cada pessoa nesta sala e no mundo, sob uma ou outra forma, que temos de dissolver para resolver os problemas da humanidade, para preservar os recursos da Terra e restaurar o equilíbrio natural do planeta.

Lembre-se de que, antes de entrar no mundo físico, qualquer coisa precisa atingir a massa crítica no mundo astral. A retórica internacional de hoje, as expressões de vários medos e as ações invocadas por eles são, primariamente, baseadas em imagens e sistemas de crenças preservados nacionalmente.

Aceite-nos para que possamos conduzi-lo e estar com você nestes tempos em que o medo se agiganta. Entenda que o medo é apenas separação do amor: separação do seu eu, separação do templo do amor em seu coração. Se você sente essa separação em você, significa que você se afastou, no grau do seu medo, da Comunidade do Sagrado Coração Humano.

Na Comunidade do Sagrado Coração Humano, ora em expansão no mundo inteiro, é que a paz pode ser criada. Encarando os medos internos, constatando como são facilmente evocados e sentindo quão poderosos podem se tornar, você percebe o risco de projetá-los em um inimigo imaginário, que julga querer destruí-lo. O inimigo, porém, está em sua dualidade interna, a partir da qual você age de um modo incompatível e sem sincronia com a cura dos seres humanos. Os inimigos só existem em sua imaginação internalizada ou, podemos dizer, nos equívocos que formam seus sistemas de crenças dualistas.

Esses "inimigos" são apenas pessoas que também sentem e expressam grandes medos, comportando-se de acordo com eles. A fome no mundo pode ser vista como inimigo, mas não é: não passa de uma criação da humanidade. O medo do mundo é uma criação da humanidade. As guerras também, obviamente, como se vê estão incluídas nessas criações. Observe que essa construção dualista criativa vem em formas psiconoéticas. Alguns indivíduos, por medo, procuram criar uma massa crítica global para provocar a guerra no mundo físico. Seguem um processo criativo passo a passo; outros procuram a unidade seguindo também esse processo gradativo.

Considere a possibilidade de, neste momento histórico, sermos desafiados a prosseguir nessa comunicação através do chamado véu e a viajar pelos dois mundos. Sermos desafiados a dar nomes às emoções exageradas. Devemos nomear o processo de exagerar propositadamente as emoções negativas – raiva, cólera, medo, terror – a fim de controlar as reações e ações emocionais dos seres humanos mais vulneráveis. Vulneráveis porque não tiveram o privilégio de receber esse tipo de educação. Vulneráveis porque lhes falta o conhecimento do que está sendo dito aqui. As pessoas sabem muito bem despertar emoções negativas que atiçam uma determinada reação; mas ignoram totalmente a maneira de passar de uma reação emocional a um sentimento focado na luz, no amor e na capacitação.

Passar de uma reação emocional ao amor exige superar o medo e a dor que o acompanham. É justamente isso que a história bloqueia. A história olha para fora. A cura olha para dentro. Na jornada para a dor, entre esta e a reação emocional, há muito sofrimento expresso. No entanto, se você mergulhar fundo na dor, em comunhão com outro ser humano, ela se acalma e a luz emerge desse belo encontro. Trata-se, pura e simplesmente, de reconhecer a condição humana de cada indivíduo. O acúmulo de reações emocionais numa situação política nega a verdade mais singela, equivocando-se quanto à realidade da condição humana, que é simplesmente que todas as necessidades dos homens são as mesmas, não importam sua afiliação política ou religiosa.

Isso não se questiona quando você mergulha fundo em seu íntimo e adere à Comunidade do Sagrado Coração Humano. Na etapa atual da evolução, a história humana se baseia sobretudo em reações emocionais e exigências do superego, que induzem a pessoa a negar sua verdadeira natureza para progredir. Isso provoca forte pressão no sistema interno de qualquer ser humano, não importa onde ela esteja no caminho do progresso. Você agora enfrenta desafios maiores em relação a aspectos internos que continuam na sombra e na confusão, ainda conectados ao inconsciente coletivo da humanidade, pela maior parte dividido.

Tais coisas debilitam a humanidade, principalmente porque lhe ensinaram que você deve ser melhor e fazer as coisas de determinada maneira. Contudo, quanto mais aprende a mergulhar em seu desejo espiritual, que mantém bem no fundo do coração, mais você consegue mergulhar nesse belo e sagrado coração humano que é você, e mais se torna capaz de enfrentar esses problemas. Eles são bastante simples. É tranquilizador para você constatar, simplesmente, onde se acha agora, o que está sentindo, o que está pensando, qual é a soma total de suas experiências de vida neste momento. Quando fizer isso, verá boa parte do caos ou do caos aparente em sua vida se dissolver. O caos em seu íntimo e em sua vida é mantido ali pela negação da verdade simples de quem você é.

O perfeccionismo, por si só, já implica negação.

No entanto, a simples aceitação da condição humana lhe traz humildade. Humildade: que palavra maravilhosa!

Ser humilde significa colocar-se no lugar certo no plano divino de Deus. Na verdade, você nem precisa se colocar aí: já está. Trata-se simplesmente de permitir-se ficar nesse lugar de precisão divina com tudo o que você é.

Você possui grandes dons. Todas as pessoas têm muito a dar. Você possui também muito sofrimento, alguma confusão e áreas pouco desenvolvidas do seu ser que exigem aperfeiçoamento. Daí a confusão. Sem dúvida, em sua infância, enquanto crescia, conheceu alguns líderes considerados grandes. Tinham algum grau de perfeição; disseminavam a ideia de que você não sofreria nem precisaria lutar se fosse como eles.

Esses ensinamentos se baseavam na dualidade. Garanto-lhe que todo grande líder, espiritual ou não, sofre bastante e precisa transformar-se. Há dois grandes problemas quando você vê alguém apresentado como perfeito: o fato suscita um anseio íntimo de perfeição e gera autocrítica porque você não é perfeito da maneira como a perfeição lhe é mostrada.

Assim, você padece mais e se critica mais. Supõe, erroneamente, que se for perfeito não sofrerá. Toda vez que sofre, se critica. E a crítica preserva a dor. Saiba que a crítica é a primeira linha de defesa, que oculta seu perfeccionismo, seu anseio de não sofrer. Oculta sua vontade de ser melhor que os outros (outra maneira de evitar a dor). Por trás da crítica está o medo do sofrimento. Aqui, uso *sofrimento* em sentido geral, aludindo a qualquer tipo de dor: fome, pobreza, abuso, ridículo, isolamento etc.

Já se vê que o poder da retórica que voa pelo mundo, ecoando as razões de todos os partidos em luta, se baseia em seu medo do sofrimento e nas imagens daquilo que julga dever fazer para evitá-lo. Essas imagens insinuam que, se você sofre, é porque há algo de terrivelmente errado com você. Pense em quanto viveu, em quanto aprendeu, em quanto trabalho executou etc.

Provocar uma guerra é uma equação fácil: primeiro, induza o medo, depois o terror, depois o ódio; por fim, virão as ações belicosas. Você é o portador da luz. Você e outros como você, no mundo inteiro, levam a luz para todos os lugares. Mas não creia que, por isso, nada lhe acontecerá. Essa seria outra versão da ideia "Fiz o trabalho e agora não precisarei sofrer". Líderes que abrem caminhos, curadores que se entregam de corpo e alma, e portadores da luz de todos os tipos sofrem, não ficam livres da dor. Não há exceções na condição humana. Pode parecer que há, às vezes, na vida de certas pessoas; mas não são realmente exceções.

Viver aqui significa caminhar direto para a dor e o medo. Significa fazer o trabalho que você veio fazer nessa encarnação, e com esse trabalho você é abençoado. Uma bênção de humildade. Uma bênção da habilidade de se entregar e, apenas, ser quem você é – e isso basta. Se você for quem você é, o seu cálice transbordará. Se você for quem você é, conseguirá ver através da retórica dualista que tenta transformar as formas energéticas da consciência psiconoética, dualista e criativa, em massa crítica que se precipite no mundo físico e exploda em guerra.

Com esse autoconhecimento, essa humildade e essa autoentrega, sobrevém uma diluição na precisão divina, graças à qual você sente a ligação eterna com o divino, que proclama: "Cuide de si mesmo, inicie a comunhão com os mundos espirituais de Deus, o que quer que isso signifique para você em sua vida. Assim, você abre suas portas interiores para os grandes fluxos de percepção luminosa que ocorrem na vida mística".

Neste século, o desafio é viver uma vida mística paralelamente a uma vida mundana, sair das comunidades secretas escondidas em algum lugar das montanhas ou florestas. Sim, voltemos lá para nos renovarmos, mas continuemos vivendo entre a humanidade, a fim de lhe trazer o espírito.

O espírito se move por você segundo uma precisão divina, que você provavelmente não consegue entender no começo. O que no começo parece caos é, na verdade, a precisão divina trabalhando em cada indivíduo do planeta, não importa sua espécie. Ela trabalha para produzir sincronia, amor e luz.

Quando você está no lugar certo, sua vida mística se desenvolve para trazer paz e amor. Quando evita comungar com a escalada do medo; quando decide não participar da dualidade da consciência coletiva, que a humanidade vivencia aterrorizada; quando se dispõe a amar, deixando que a luz flua por você e seguindo-a passo a passo – então, as nuvens escuras que se acumularam desaparecem. Faça isso em comunhão com os portadores da luz no planeta.

Permita que o místico se desenvolva de dentro de você, inundando-o a partir dos mundos espirituais. O que a humanidade chama de poder é, muitas vezes, uma insistência teimosa nas próprias ideias da parte de um indivíduo, um grupo, uma nação, uma seita religiosa ou parte dela.

A humanidade identificou erroneamente poder com vontade inflexível, com desrespeito ao livre-arbítrio do indivíduo. O verdadeiro poder é sem esforço.

Isso significa, como se sabe, uma distorção no sistema da energia-consciência. Significa um fluxo de grande quantidade de energia pelos centros da vontade e o uso de uma corrente forçada.

Muito se tem feito para convencer as pessoas a adotar essa atitude de voluntariedade. Mas aqui você teve a experiência do verdadeiro poder. Ele não exige esforço. Quando seu sistema de consciência energética está alinhado, totalmente centrado, equilibrado e limpo, ele se torna mais coerente. É o seu veículo para realizar sua tarefa de vida. Funciona automaticamente, com facilidade, porque você se encontra num estado de equilíbrio de razão, vontade e emoção, e seu propósito é sólido, claro e bem enraizado. Se fizer isso, você entrará no sagrado agora, no centro do seu chakra do coração. O sistema de energia-consciência é uma boa ferramenta para se fazer isso. Mas é importante aprender como deve ser feito.

Se quisermos salvar a humanidade da autodestruição, essa é uma das maneiras de consegui-lo. Todo indivíduo pode fazer isso com sua própria precisão individual, permitindo que seu livre-arbítrio flua em comunhão com o centro sagrado do seu coração.

Do caos nasce a ordem. O que parece ser caos quando se está num estado de dualidade é precisão divina quando se está centrado.

A humanidade é conclamada a permanecer na verdade.

O caos em sua vida desafia as áreas do seu ser, do seu eu individuado que ainda não evoluíram porque você escolheu essa época para fazê-lo.

Se você tem caos em sua vida, talvez precise romper o controle sistemático sobre sua vida, que lhe traz dor e fracasso.

Dada a importância, para cada indivíduo, de aprender agora, de autoeducar-se, sua experiência do caos aumenta para quebrar esse molde doentio de comportamento ao qual está apegado há talvez muitas existências.

Agradeça a Deus pelo caos: ele lhe trará a verdade.

Descubra de que modo o caos em sua vida vem desafiando as áreas que você realmente quer mudar. Ele vem destruindo os sistemas que preservam esses hábitos em sua vida. Utilize as ameaças internacionais de guerra e terrorismo para eliminar seus modos doentios de conduzir a vida. Eles realmente funcionam para isso. Quando alguns se envolvem em guerras e outros utilizam a retórica que se ouve na televisão, você pode utilizá-los para evocar o medo em seu íntimo, que é uma linha direta para os hábitos negativos. São precisamente os seus hábitos negativos que geram a sua não realização.

Agora, portanto, juntemo-nos na poderosa força nascida de uma intenção sem esforço, a intenção da totalidade, a intenção de satisfazer a todas as necessidades neste planeta. A necessidade de uma franca comunhão amorosa; a necessidade de criar; a necessidade de amor recíproco; a necessidade de segurança; a necessidade de conforto, de alimentação, de cuidados com o corpo, de vida em comunidade; a necessidade de sermos livres, para que nosso livre-arbítrio possa nos conduzir ao longo de nossos anseios criativos; a necessidade de aceitação de nossas criações; a necessidade de reconhecimento; a necessidade de aceitar todas as pessoas, não importam as diferenças, sabendo que os desejos do indivíduo são específicos dele, que cada indivíduo é sagrado, que seu corpo é sagrado, um templo que merece zelo e reverência; a necessidade de carícia e amor; a necessidade de respeitar, amar e cuidar de si próprio; a necessidade de entender a autocrítica como defesa e pulverização das energias criativas; a necessidade de estar aqui em proveito de si mesmo e, consequentemente, para respeitar os outros.

Eis como se evita a guerra: alimentando os famintos; amando os abandonados; dando afeto e esclarecimento aos confusos, cuja dor é profunda e que estão perdidos na dualidade. Expresse esse amor. Encha com ele seu corpo; encha com ele sua vida e a vida de sua família. Faça com que ele se irradie deste planeta. Envie cura aos líderes de todas as nações do mundo, para que cultivem a lucidez, o amor, a verdade. Para curar o inconsciente coletivo mantido na dualidade, você precisa primeiro curar a sua. Ao fazer isso, você remove também aquilo que você ajuda a preservar no inconsciente coletivo. Pode, ainda, dedicar-se a eliminar o ruído psíquico do mundo astral preservado por outros. É o que deve fazer de preferência, pois está aqui e tem o privilégio de ser humano.

✫ ✫ ✫

Brilho através do Véu

Todos os que julgávamos perdidos estão aqui conosco.
Para todos os que cruzaram o véu,

o véu se dissolve e todos estão agora conosco,
sem limites, centrados no divino.

Sem o véu, nascimento e morte estão
na mesma respiração.
É simplesmente transfiguração de uma forma em outra.
Tudo é vida.
Somos vida e luz nas asas do amor.
Luz e escuridão se fundem em transparência.

✫ ✫ ✫

Jamais o Deixaremos

Estamos aqui.
Nosso mundo não existe,
como o seu,
numa moldura espacial.

Não nos procure longe – estamos aqui.
Basta que você se abra
para a verdade e o amor dentro de você.
Com isso, você atravessa o universo.

✫ ✫ ✫

Caminhando em Ambos os Mundos

Caminhar nos mundos espiritual e material pode ser muito prazeroso. Quando ampliamos nossa experiência dos dois mundos para incluir outros aspectos de nossas vidas, o processo se torna bem mais complicado, exigindo muito mais conhecimento de nós mesmos. Até conseguirmos viver nossas vidas cotidianas com lucidez, caminhar nos dois mundos será uma experiência acompanhada de imensa confusão entre nossas projeções e nossas percepções. Isso ocorre porque caminhar nos dois mundos desafia imediatamente nossos problemas mais profundos: primeiro a lucidez, depois a sanidade (o que pensamos de nossa sanidade quando ouvimos, vemos e sentimos pessoas "do outro lado"?). Então, nossos relacionamentos são desafiados – e, por fim, a morte.

Vamos resolver o problema do que sentimos em relação à morte, do que acreditamos e tememos em relação à morte do ponto de vista da nossa criação pessoal e tradicional. Isso significa encarar nossa morte futura e a dos nossos entes mais queridos. Não importa se afirmamos acreditar no outro mundo, quando sobrevém a realidade da experiência da morte, sempre sentimos um profundo terror e dor, seja a nossa própria morte ou a de outrem, independentemente de nossas crenças. Isso se deve, em parte, ao fato de o corpo físico ser preparado para resistir à morte. Lutará com ela, como também fará nossa personalidade, criada durante esta vida. As etapas da morte e do morrer, que a dra. Elisabeth Kübler-Ross delineou com a máxima clareza há décadas, ocorrem tanto na morte lenta quanto na rápida.

Temos mecanismos de defesa contra essa dor e esse medo profundos. Um dos equívocos mais comuns que as pessoas cometem com a Percepção Sensorial Sutil (PSS) é projetar uma fantasia, como uma conexão espiritual positiva, no mundo espiritual, em momentos de grande medo ou desafio. Um dos aspectos principais dessa projeção, no caso de experiências associadas à morte, é a ausência dos sentimentos profundos de perda, dor e choque quando algum ente querido se vai. Só com a entrega da pessoa ao processo de luto é que a cura pode ocorrer. Embora sinta muita dor, ela nota ao mesmo tempo a presença imediata do ente querido por meio de uma de suas PSS. A pessoa já morta pode com efeito estar em paz, mas também sentir intensamente a perda provocada pela separação física das pessoas que ama. Com base em anos de observação de pessoas que partiram, posso dizer que se sentiam como pouco antes de falecer.

Caminha-se nos dois mundos para reformular o nascimento, a vida e a morte. O medo da morte nos impede de penetrar no mundo espiritual. No entanto, para viver plenamente, precisamos integrar a existência espiritual com a física. A morte é um ato de abandono. Um ato de entrega. A chave para a integração consiste em renunciar às defesas e encarar aquelas partes de nós mesmos que não conseguem viver no agora. Isso significa experimentar as muitas e pequenas mortes dessas partes. Significa aceitar viver cada momento de nossa vida no agora. Significa entrega para a condição humana, em toda a nossa vulnerabilidade, a um grande mundo exterior.

O caminho para percorrer os dois mundos é longo e profundo; serão necessárias muitas vidas para que isso se faça com paz, lucidez, serenidade e sabedoria. É um caminho de honra, de entrega e de eliminação de algumas de nossas mais entranhadas crenças e nossos construtos da realidade. Não se pode percorrê-lo com leviandade, mas com leveza. Para caminhar nos dois mundos com graça e honra, temos de falar a língua da totalidade para nós mesmos e os outros, respeitando o conceito de realidade dos nossos semelhantes. Não é importante convencer a pessoa de nossas percepções; importante é zelar afetuosamente por ela durante o processo de luto. No luto, a experiência da presença espiritual de um ente querido pode ser confusa e causar raiva, pois a dor e o choque são grandes. Mas, depois, essa presença espiritual se torna extremamente bem-vinda.

No esforço para encontrar meios apropriados de viver em ambos os mundos com honra e respeito por eles, podemos usar nosso conhecimento do campo de energia humano, do hara e da estrela do âmago. Como a PSS é o umbral para o outro lado, permanecer lúcidos é a nossa maior dificuldade. A PSS pode ser facilmente influenciada pela fantasia originária do medo. A principal diferença entre fantasia e realidade, no campo de energia humano, é a direção do giro de um chakra. Se o chakra estiver girando no sentido anti-horário, o indivíduo está projetando; se estiver no sentido horário, o indivíduo está percebendo. Estar no momento presente significa ter um hara alinhado e, portanto, clareza de objetivo e ligação com o âmago do nosso ser. A PSS é clara quando a pessoa se acha no agora. Se não se acha, a PSS é turva. Fazemos isso no consultório. O difícil é fazê-lo no cotidiano! Andem com os Anjos, caros amigos.

★ ★ ★

Da Cura Individual à Relacional

*Seu relacionamento íntimo com outra pessoa
é mantido por vocês dois
e exige absoluta honestidade mútua.*

*Você encontrará os mesmos aspectos
de dor verdadeira e sua relação com o medo,
reações emocionais e defesas de caráter
em seus relacionamentos.*

Seus relacionamentos possuem profunda essência.

*Procure curar seus relacionamentos
do mesmo modo que cura a si mesmo.*

*Continue curando em grupos cada vez maiores,
unidos pela honestidade e a integridade
de cada membro,
em relacionamentos cada vez mais numerosos
que por fim cubram a Terra inteira.*

*Nós curamos em relacionamentos.
Isso é essencial.
Quando ampliamos nossa honestidade,
curamos grupos relacionais cada vez maiores.*

✯ ✯ ✯

Você é o Próximo Passo

*Seus ancestrais, avós e avôs,
lhe deram essa grande herança
no seio da qual você nasceu.
Você, em troca, lhes dá o novo aprendizado,
o novo passo evolucionário,
por meio dos seus cordões relacionais*

*Você nasceu com uma fundação,
num mundo com sustentação.
Você nasceu num mundo
que precisa dar o próximo passo:
e é você quem vai dá-lo.*

*Sua evolução, a música de sua alma,
o amor em seu íntimo, expressa-se
em sua beleza, em sua canção,
em todas as formas de todas as criações que engendra
ao longo da vida.
Esse é o próximo passo.*

✯ ✯ ✯

Os Ensinamentos e a Evolução Humana

*Os processos de transformação
– explorar sua paisagem interior,
transcendência – expansão do eu*

e transfiguração – transmutação direta
de resíduos,
ocorrem em todo crescimento espiritual,
em todos os caminhos do despertar.

O que se ensina aqui
é apenas outro quadro
no qual mantemos os ensinamentos
para esta época, para este século
e para este grupo de seres humanos em individuação.

A cada etapa na evolução da humanidade,
que é também o processo de despertar,
tradições menos rígidas são necessárias
e você evolui mais que antes.
A cada passo você se solta, dissolve a tradição
e a substitui por sua própria herança pessoal,
graças à qual se mantém
em alinhamento com o divino.

Não precisa mais das tradições antigas,
úteis para as gerações que o precederam.
A cada novo passo rumo à verdade,
uma geração se liberta
de todas as gerações anteriores.

✯ ✯ ✯

Pré-requisitos para a Liderança na Cura Global

Quanto mais você se alinha profundamente com a Terra, mais se alinha com sua tarefa individual na vida, seu propósito e, também, com o da humanidade. Todas as linhas do hara se encontram no centro do planeta para o propósito comum da evolução humana. E, como você sabe, a evolução humana não é diferente do despertar espiritual. As duas não podem estar, e nunca estiveram, separadas.

Cada pessoa é um para-raios para sua cultura, seu país, a resolução dos conflitos internacionais e a cura do planeta. O que, então, você traz dentro do seu sistema físico de energia-consciência que é a assinatura da sua cultura, sua comunidade, sua nação e sua religião? Cada qual carrega essa assinatura, tanto na forma dualista quanto no estado unitivo, nas áreas dentro de você que permeiam todo o seu ser, onde a separação nunca existiu, o tempo não existe e você se encontra no momento abençoado do agora, sabendo que seu ser inteiro é, na verdade, um só com o divino.

Olharemos para a Cura Global da perspectiva tanto da individuação quanto do despertar, isto é, da fusão com a unidade divina. Você carrega um desejo sagrado que o conduz passo a passo pela vereda do despertar, que é também a evolução humana. Dentro desse anseio divino estão os presentes que você trouxe para a humanidade, bem como a liderança a partir do seu ponto de vista individual.

Falemos sobre essa liderança. Quem é você no seio de sua família? Que papel assumiu em sua família original e naquela que está construindo agora? E o que faz em sua comunidade? Você assumiu esse papel desde o início da vida atual. O papel que deseja desempenhar em sua comunidade é um reflexo daquele que assumiu em sua estrutura familiar. Você está, digamos assim, praticando em sua família para depois liderar na comunidade.

Dependendo de sua dedicação e persistência, esse papel pode ir muito além da comunidade, alcançando os círculos à sua volta. Esferas de influência, em outras palavras. Você é que determina até onde expandirá esse papel de liderança. Aqui, cada pessoa é líder à sua maneira. Você pode expandir sua liderança para além dos limites da família, alcançando a comunidade, a nação, internacional e globalmente, se assim o desejar.

Primeiro, é muito importante entender que todo líder é também um seguidor. Antes de liderar em qualquer magnitude, é preciso ter a capacidade de seguir e apoiar o líder em qualquer área da vida – especialmente naquela em que você quer liderar. Esse apoio à liderança, isto é, essa entrega da energia e da sabedoria a algo em que você acredita e que alguém está liderando no momento é muito importante porque você entenderá e aprenderá – primeiro de tudo, sobre seus problemas de autoridade.

O que o assusta em se tratando de autoridade? Nesse trabalho, você descobrirá como a liderança foi mal usada em seu passado distante e no começo da vida, e talvez até no presente. Você aprenderá a reconhecer que o medo da autoridade está relacionado à má compreensão da autoridade, que precisa ser corrigida à medida que você progride na expansão de sua liderança.

Mas então, no começo de sua infância, de que modo a liderança foi mal usada? E até que ponto isso afetou você no exercício de sua própria liderança? Há então áreas sobre as quais você não aprendeu nada, isto é, aspectos de liderança que você ignorou na infância. E pode haver também áreas em sua liderança para as quais você adotou automaticamente o mesmo uso equivocado, por não saber que estava incidindo em erro.

Qual é, pois, o tom da liderança que você está desenvolvendo? É muito importante que você evolua dentro de sua própria liderança. A liderança pode ser firme e gentil, e dar ouvidos às áreas que precisam melhorar. Ninguém no mundo é perfeito; ninguém deixa de causar danos e cometer erros, dado estado da evolução humana. A imperfeição existe nos corpos físicos e nas personalidades porque as pessoas estão no caminho do aprendizado. A imperfeição é parte, e parte na verdade essencial, do processo de encarnação. Ocorre que, quando você decide encarnar no mundo físico, escolhe, em virtude do mero fato da encarnação, concentrar-se em áreas onde você ainda está aprendendo e deixa para trás as outras, de modo que as imperfeições se tornam mais evidentes. Da perspectiva mais ampla da unidade que você também é, existe perfeição. Contudo, nesta encarnação, você é perfeito em suas imperfeições porque estas trazem o aprendizado e abrem espaço para uma maior criatividade.

Você vive num universo recíproco que reflete e lhe devolve o que você criou, tanto prazer quanto dor, sucesso e expectativa de sucesso. Essas são as chaves da liderança. Você obtém uma resposta direta que lhe diz se está ou não em sintonia com as poderosas forças criativas de seu centro unitivo criativo descendo pelos níveis mais elevados do campo até a manifestação, o físico.

Seguir um líder ou liderar seguidores exige grande honestidade para com o eu e um intenso processo pessoal. E, tendo dito isso, diremos obviamente que todos são iguais. Todos são líderes e seguidores. Todos são iguais como seres humanos. Todas as almas são preciosas. Toda alma individual está acolhida cuidadosamente, gentilmente, nos braços do divino, abundante e benigno universo. O fundamento de sua existência é a divindade. Você é permeado pelo divino. O universo, manifesto ou não, é permeado pelo divino. Para que a cura global aconteça, é necessário começar por esse fundamento.

✳ ✳ ✳

Brilho sobre a Terra

Por toda a Terra, os limites se dissolvem.
Todo indivíduo é um filho do divino.
Inclusive todos os povos do mundo,
em todos os continentes e nações.

Considere todas as tribos e países da Terra
como uma só humanidade
que nasce, vive, se relaciona,
se transforma, transcende, se transfigura,
morre e renasce.
Isso inclui os quadrúpedes,
as criaturas do mar, do ar,

as plantas, os animais,
os cristais, a Terra e os outros planetas,
um universo de enorme diversidade
aqui, no agora sagrado.

Todos existimos numa grande comunidade de vida
em constante criação,
mudando a cada microssegundo
e mantida aqui, no agora sagrado.

✯ ✯ ✯

Meditação da Unidade

Alinhe-se com seu propósito de estar aqui. Sinta a bela corda de luz colorida que se enlaça para cima e para baixo no centro do seu corpo. Mova-se cada vez mais gentilmente para o centro de seu coração e mantenha ali sua atenção. Faça com que sua luz se expanda esfericamente. Mantenha a ligação com o centro do seu coração enraizada no amor. Sinta a luz radiante descendo sobre você até cada célula do seu corpo, até cada célula do seu ser, elevando-o a mundos mais sutis de luz e consciência. Sinta as ondas de amor atravessando-o e expandindo-se pelo universo.

Quando seu coração e sua estrela do âmago se fundem em uma só coisa, reconheça a esfera sagrada que se formou com a antiga sabedoria, iluminando essa sabedoria dentro da sua própria esfera de luz. Ela brota do seu DNA, da sua memória antiga que agora passa para sua consciência – aqui, agora, neste sagrado momento de comunhão, de relacionamento, de amor.

Envie essas ondas de amor para a Terra inteira, para seu país, para sua cidade. Ajude a construir essa teia de vida, luz, amor e honra, firmando-se primeiro nos lugares que conhece no mundo.

Quando o brilho radiante se projetar do centro da Terra para fora, note a deusa saindo também dali, trazendo o dom da vida, dos mundos materiais, do seu corpo sagrado, das montanhas, dos seres sensíveis, da vida no mundo físico, do coração sagrado, do amor, da humanidade, do seu templo do amor, do seu corpo físico. Misture os mundos espirituais do céu com o templo físico do corpo, junte-os num só em meio à grande diversidade sem limites.

Todos os que supostamente estavam perdidos estão aqui conosco. Para todos aqueles que cruzaram o véu, o véu agora se dissolve e todos estão aqui conosco agora, sem fronteiras, centrados no divino.

Por toda a Terra, os limites se dissolvem. Luz e trevas se fundem em transparência. Todo indivíduo é filho do divino.

Abarque todos os povos da Terra, todos os povos. Considere todas as tribos do mundo, todos os países como uma humanidade – que nasce, vive, se relaciona, se transforma, transcende, se transfigura, morre e renasce.

Nascimento e morte estão no mesmo sopro, sem o véu. Ambos apenas se transfiguram um no outro. Ambos são vida. Somos vida e luz nas asas do amor, juntamente com os quadrúpedes, juntamente com a terra, os cristais, as plantas, os animais, as criaturas do mar e do ar em outros planetas. Há só um universo gigantesco de amor, que muda com a criação, a cada microssegundo, aqui neste sagrado agora amoroso. Todos existimos numa grande comunidade de vida, cheia de afeto e luz.

Deixe que seu brilho individual se irradie. Deixe que as qualidades de sua essência se expandam através de sua pele. Envie seu brilho aos entes queridos. Expanda-se esfericamente. Envie seu brilho e amor a todos os necessitados, a todos os habitantes da Terra. Aos povos que vivenciam fome, sofrimento, morte e violência, levante suas dores e tristezas para o brilho e o amor incondicional que estão aqui. Espalhe-os por toda a Terra. Sinta o poder da palavra em seu coração. Pronuncie o nome de Deus, mantenha-o em seu coração.

☆ ☆ ☆

Saia, saia.
Desvele esse belo eu
e flutue no brilho
que você é através de sua criatividade.

Já é hora de reivindicar sua liberdade.

★ ★ ★

Revisão do Capítulo 19:
Os Conceitos Unitivos de Heyoan

1. Reflita sobre cada conceito ou princípio que o atraem.
2. Faça um diário, se quiser.

Apêndice

INVESTIGAÇÃO DO CEH E DA PSS

....

*Que sua curiosidade o conduza.
Essa é uma de suas melhores ferramentas de aprendizagem.*
– Heyoan

Este Apêndice contém algumas das minhas experiências pessoais na mensuração do CEH e no uso da PSS ao longo dos anos. Sempre gostei de conviver e trabalhar com gente talentosa! A cada experiência, eu aprendia muitas lições valiosas.

Mensurações do CEH em Câmara Escura

Voltei ao campo da ciência e me tornei chefe do Grupo de Pesquisa sobre Energia no Centro para a Energia da Vida (CEV). O grupo permanecera inativo por algum tempo e não concluíra seus experimentos. O dr. Richard (Dick) Dobrin, o dr. John Pierrakos e eu recomeçamos tudo e montamos outra câmara escura no porão de um dos edifícios do CEV. Ali, fizemos alguns experimentos com a aura usando um tubo fotomultiplicador que media a luz ultravioleta a 400 nanômetros. Dick e eu também estudamos os dados anteriores, coletados antes de minha chegada ao Centro para a Energia da Vida, e os incluímos nos resultados.

Nos novos experimentos com Dick e John, seguimos os mesmos procedimentos de antes, nos quais cada sujeito tirava todas as roupas e limpava completamente o corpo de qualquer substância fluorescente. Cada sujeito se postava a uma distância de 40 cm do tubo fotomultiplicador e tentava energizar seu campo. Como o coeficiente sinalização-ruído era muito baixo, tínhamos de ampliá-lo para sessenta segundos a fim de obter resultados claros. Graças a isso e ao resfriamento do suporte do tubo, obtivemos um aumento de 15% na maioria dos sujeitos quando eles tentavam ampliar a energia em seu CEH. Alguns conseguiram aumentar a potência do tubo em 100%. Um deles, John P., aumentava o sinal em 15% apenas entrando na câmara escura, sem mesmo tentar ampliar sua energia. Quando o fazia, lograva consistentemente o melhor resultado, um aumento de mais de 100% no sinal.[16]

Um fenômeno anômalo, encontrado repetidamente nos sujeitos mais fortes, era que o sinal não desaparecia por completo quando eles deixavam a câmara escura. O sinal só decaía completamente depois de quinze a vinte minutos. Esse "efeito retardado" foi observado por outros e levou à suposição de que alguma forma de energia era deixada na sala pelo sujeito.

Três sujeitos conseguiam aumentar a potência do tubo fotomultiplicador mesmo postados fora da sala. Diziam que projetavam sua energia dentro da câmara escura.

Vários sujeitos diminuíam o sinal observado na câmara escura logo que entravam, embora tentassem fazê-lo aumentar. Um desses era uma mulher que ficava extremamente agitada quando estava na câmara. A impressão dos pesquisadores era que ela "sugava" energia das pessoas com quem entrava em contato

---

[16] Barbara Brennan, Richard Dobrin e John Pierrakos, *Historical Indications of the Existence and Function of the Human Energy Field* (Nova York: Institute for the New Age, 1978). Richard Dobrin, Barbara Brennan e John Pierrakos, *Instrumental Measurements of the Human Energy Field* (Nova York: Institute for the New Age, 1978).

antes e depois do experimento. A impressão psicológica parecia ter sua analogia física em nossas observações.

Observou-se que parecia haver uma relação entre a intensidade do campo de energia e os estados mentais/físicos. Por exemplo, o pensamento concentrado reduzia a intensidade do sinal dos sujeitos, enquanto a meditação em geral aumentava-a.

Dadas as dificuldades que estávamos enfrentando, ficou claro que um fotomultiplicador diferente, mais sensível, capaz de penetrar mais no ultravioleta era necessário.

No ano seguinte, na Conferência da IEEE* Electron '78 em Boston, Dick e eu apresentamos um artigo sobre medidas da aura com raios ultravioleta em câmaras escuras e outro intitulado "A Desmistificação da Aura", que incluía minhas observações do campo de energia humano com a PSS.

O que os Experimentos na Câmara Escura Me Ensinaram:

1. *É muito difícil medir o CEH com um tubo fotomultiplicador porque, provavelmente, os comprimentos de onda do CEH estão num espectro mais elevado. Hoje, deve haver instrumentos mais sensíveis, que fazem um trabalho melhor.*
2. *Mesmo com a dificuldade da potência baixa, obtivemos dados em apoio das observações da PSS sobre o comportamento do CEH: o fenômeno da produção de energia mais brilhante com uma pessoa que projeta bastante energia física, o fenômeno da sucção de energia por alguém que a quer tirar de outrem e o fenômeno de algo deixado na sala após a saída de todos.*
3. *O fato de muitas pessoas diferentes poderem afetar o tubo corrobora a observação da PSS de que o fenômeno do CEH existe para todos.*
4. *Preciso de outro laboratório!*

---

* IEEE – uma organização americana dedicada ao avanço da tecnologia em benefício da humanidade. (N.T.)

Observar um Sensitivo Afeta uma Planta com Energia Psi

No IEEE, conheci cientistas que me convidaram para ir à Universidade Drexel, na Filadélfia, para colaborar em algumas mensurações e observar outras. Levamos nosso experimento com a aura, na esperança de obter melhores resultados.

Na época, faziam-se vários experimentos na Drexel. Um deles consistia em afetar mentalmente uma planta o suficiente para que essa planta respondesse alterando o resultado de um polígrafo ligado a ela. O resultado era, em seguida, transmitido a um gravador. Eugene Condor era o sensitivo que trabalhava com a planta. Os pesquisadores lhe pediram para se concentrar na planta e tentar fazê-la alterar o resultado do polígrafo a cada minuto. Observei-o com a PSS. Ele segurava um relógio de pulso na mão, para marcar o tempo. Era interessante vê-lo expelir um pequenino raio de luz do seu terceiro olho a cada minuto. Condor parecia uma máquina. Ficou ali sentado horas a fio, fazendo isso com sucesso a cada minuto. Eu nunca tinha visto ninguém com uma habilidade tão precisa. A cada vez, a aura da planta brilhava por um instante e depois voltava a seu fluxo "normal" de energia.

Que Confirmações Recebi ao Observar Eugene Condor:

1. *Essa foi provavelmente a primeira vez que vi a luz branca, semelhante ao laser, sair do terceiro olho de alguém.*
2. *É possível controlar o terceiro olho a projetar uma luz branca como laser em tempos marcados.*
3. *Uma forte emissão de luz branca do terceiro olho pode afetar a aura de uma planta, que por sua vez afeta a leitura de um polígrafo.*

O Resultado Medido de um Raio Laser Pode Ser Afetado pelo CEH

Outro experimento em curso na Drexel estava tendo problemas. Participei dele porque envolvia a comunicação entre os cientistas e o sensitivo. Karen Getsla, uma conhecida sensitiva que havia trabalhado com o dr. J. B. Rhine na

Universidade Duke em vários experimentos (como despertar ratos anestesiados), enfrentava dificuldades na comunicação com os físicos. Estes haviam concebido um experimento para curvar raios laser. O problema era que, ao entrar na câmara escura, Karen imediatamente afetava o laser. Os físicos não podiam acreditar naquilo. Por isso, modificaram o experimento – e ela imediatamente o afetou também. Modificaram-no de novo. Toda vez que Karen o afetava, eles corriam para a câmara escura e o modificavam. Sua energia cética pressupunha que não haveria alteração no resultado medido do laser. O que os cientistas não entendiam era que, quando entravam na câmara escura com essa energia cética, alteravam a energia do recinto e, portanto, o experimento todo. Assim, Karen precisava limpar toda essa energia ("não deve haver nenhuma alteração na medida") do recinto para só depois provocar uma mudança na medida da intensidade da luz do raio laser. Em suma, a energia cética exigia mais trabalho para que o resultado medido do laser fosse afetado. Quanto mais energia cética eles adicionavam, mais trabalho Karen tinha a fazer.

Quando cheguei, ela estava muito aborrecida e disposta a ir embora. Disse que os cientistas mentiam para ela, dizendo que não tinham entrado na sala. Como sensitiva, Karen sabia que eles tinham feito isso. Mas, para provar-lhes que tinha como saber isso de uma maneira que aceitassem, ela colocou fitas entre a porta e o batente da porta, que eles deslocariam caso entrassem. Ao voltar de uma pausa no trabalho, Karen viu que a fita fora arrancada e ficara dependurada no batente da porta. Mas mesmo assim os cientistas juraram que não haviam entrado na sala!

Assim, assumi a tarefa de intermediar a comunicação entre Karen e os cientistas. Isso ajudou bastante. Entrei na câmara escura com Karen. Enviamos energia amorosa positiva ao laser com a intenção de curvá-lo e obter uma leitura com menos intensidade luminosa. Funcionou: a medida se alterou. Ao adicionarmos mais energia, o visor mostrou que a luz do laser ia ficando mais escura.

A questão era: o que se alterava? O experimento fora planejado para medir a quantidade de luz proveniente do laser, firmemente montado num trilho para não se mover. A luz do laser saía da câmara escura por uma fresta e era captada por um tubo fotomultiplicador que media sua intensidade. Se essa intensidade mudasse, a conclusão seria que o laser se curvara ou fora atenuado. Os dados foram lidos num gráfico. Câmeras infravermelhas filmaram o interior da câmara escura, de modo que, se alguma de nós tocasse o laser, a câmera registraria o ato. Quando Karen e eu projetávamos a intenção positiva e a energia para curvar o raio no recinto, o resultado medido pelo fotomultiplicador era menor. Os cientistas nos comunicavam, por meio de microfones, os resultados que estavam obtendo. As medidas de luz diminuíram consistentemente.

Então os cientistas nos pediram que aumentássemos e depois diminuíssemos a emissão de luz. Praticamos um pouco para descobrir a maneira de fazer isso; em seguida obtivemos êxito retirando energia e nos afastando do laser, para depois nos aproximarmos e emiti-la. Não tocamos no laser. Isso funcionou bem e até podíamos dizer aos cientistas que observavam o visor quando este ficaria mais claro ou mais escuro.

No começo, dizíamos "Agora, agora!", para informá-los de que estávamos enviando energia e de que o visor deveria estar mais brilhante.

Toda vez que nos aproximávamos do laser, enviando-lhe nossa energia positiva, sentíamo-nos mais eufóricas e num estado de êxtase espiritual.

Em seguida, em vez de dizer "agora", começamos a dizer "sim, sim!".

E o "sim" se transformou num "Amor, Amor!", em tom mais alto.

Finalmente, o "amor" se tornou "Deus, Deus!".

Súbito, percebi que estávamos gritando "Deus" no laboratório de física da Universidade Drexel!

Jamais esquecerei essa experiência.

Quando me lembro desse experimento, concluo que enviávamos energia ao laser e depois interrompíamos o fluxo. Também nos inclinávamos para a frente e para trás, movendo assim diversos níveis do nosso CEH, fazendo e desfazendo contato com o laser. Quando nos aproximávamos, o laser ficava em nosso quarto nível. Quando nos afastávamos, ficava no sexto e no sétimo níveis do CEH.

Do ponto de vista da física, nunca realmente descobrimos o que causava a mudança na intensidade da luz medida pelo detector, um tubo fotomultiplicador. A luz era emitida primeiro pelo laser. Depois, passava por uma abertura e alcançava o detector que media a intensidade da luz (brilho) por ele captada. Assim, a mudança na intensidade da luz podia ser causada por muitas coisas.

Por exemplo, não ficou claro se curvávamos o raio de luz laser realmente ou se afetávamos uma parte diferente do aparelho, como o metal de que era feito, fazendo com que o raio se desviasse da abertura. Talvez também afetássemos o cristal dentro do aparelho. Afinal, concentrávamos no equipamento todo, feito de muitas partes.

É possível que o raio fosse atenuado por algum outro fenômeno que não entendemos. É possível que o laser não fosse absolutamente afetado, mas outro equipamento que fazia parte do experimento, embora o senso comum diga que não, pois não nos concentrávamos em nada mais. Sabemos que o laser não se movia fisicamente, estando firmemente preso a um trilho pesado e provido de um sismômetro. Nós, é claro, não tocávamos no laser. Os cientistas sabiam que, como nos observavam atentamente pela câmera, esta nos filmava o tempo todo. Portanto, todos tinham certeza de que o laser não se movia fisicamente.

O Que o Experimento com o Laser Me Ensinou:

1. *A experiência de curvar o raio laser me ensinou que há um abismo entre os modos como curadores e cientistas pensam e agem. Esse abismo precisa ser transposto pela aceitação das diferenças entre os dois grupos. O senso comum precisa estabelecer uma maneira clara e objetiva de fazer pesquisas que leve em conta aquilo que nós, sensitivos, conhecemos sobre o funcionamento dos mundos além do físico e sobre a interface com ele.*
2. *Um dos problemas é que muitos sensitivos empregam termos da ciência para aludir a fenômenos que obviamente não podem ser descritos pela linguagem do método científico. Essa é uma das piores coisas a fazer quando tentamos nos comunicar com cientistas que se esforçaram tremendamente para estudar, definir e confirmar termos por meio da experimentação.*
3. *Por outro lado, os cientistas, especialmente os que não são sensitivos, falam sobre a experimentação sem entender que afetam um experimento apenas pelo modo como este é feito e que não conseguem regular seus próprios CEH. Em Drexel, os cientistas não sabiam que injetavam energia no sistema com o qual estavam trabalhando. Ignoravam ser necessário incluir os efeitos de sua energia no experimento. Ignoravam também como controlar seu fluxo*

de energia para o sistema que era alvo de experimentação. Às vezes, o laboratório ficava cheio de medo, ceticismo e vaidade, pois uma pessoa pode se envaidecer de ser "cética" ou ser cética sem se envaidecer disso. Ambas as coisas existem na comunidade científica. Ceticismo ou vaidade são tipos de energia-consciência no CEH diferentes da "curiosidade franca" ou do "vamos ver no que vai dar". Como aquele era um experimento que envolvia energia-consciência, a energia-consciência deles exercia efeito negativo no experimento.

4. *Descobri que uma das grandes ferramentas da PSS é a curiosidade inata e individual. Usando-a, você também compara automaticamente a informação que recebe com todo o conhecimento que adquiriu na vida. Considero isso boa ciência e uma das coisas que promovem uma correta investigação científica. É bem diferente do "ceticismo". A história da ciência está repleta de cientistas que ridicularizaram outros só porque estes conceberam teorias novas, contrárias aos sistemas de crenças subjacentes ao pensamento científico aceito. Muitas vezes, as novas ideias são verdadeiras, mas devem esperar que a "velha guarda" se vá para ser aceitas.*
5. *A energia que vi sair das mãos e do corpo de Karen era límpida e ao mesmo tempo mais densa que a energia à sua volta.*
6. *Karen podia também, à vontade, emitir energia de seus chakras. (Por favor, não tente fazer isso, pois se trata de uma técnica especial que utiliza o centro do chakra, não os vórtices que giram em sentido horário, quando vistos de fora, para absorver energia capaz de nutrir o campo e o corpo.)*

Filmagem do CEH no Edifício das Nações Unidas

A próxima fase da nossa pesquisa consistiu em determinar se o CEH pode ser visto com uma câmera de vídeo e gravado em fita. Procuramos o Clube de Parapsicologia das Nações Unidas. Usando um estúdio particular e com a cooperação de uma equipe de engenheiros de televisão das Nações Unidas, conseguimos gravar um sinal associado ao CEH. Nosso método foi colorir um sinal emitido por uma câmera de TV em branco e preto e exibi-lo num monitor de vídeo colorido, para em seguida gravá-lo. O "corante" utilizado nesse experimento dividia o sinal em branco e preto em 22 tons de cinza e acrescentava uma cor diferente a cada um desses tons. Como a sensibilidade de discriminação era maior que a do olho humano, esperávamos avistar diferenças sutis nas imagens de TV que a visão normal deixa escapar. Descobrimos que, graças ao correto ajustamento do "colorizador" e com um fundo azulado, o monitor de TV mostrava um fino campo pulsante em volta do corpo humano. Além disso, o monitor de TV revelava diversas formas afuniladas nas áreas dos chakras.

Tentamos alguns movimentos durante essas mensurações. Se os dedos de um sujeito eram unidas e depois afastados devagar, linhas do campo de energia apareciam juntando os dedos. Esse efeito aconteceu com todos os sujeitos testados, independentemente do ângulo em que as mãos estivessem separadas.

Durante o experimento, o dr. John Pierrakos e eu observamos o CEH com a PSS e descrevemos o que víamos. Nossas descrições foram gravadas em videoteipe. Não vimos o monitor de TV quando fizemos isso. Mais tarde, assistimos à fita para comparar o que vimos por meio da PSS com o que a câmera havia registrado. Nós percebemos cerca de três vezes mais atividades do CEH do que os monitores – e era a cor certa, isto é, não a imagem virtual em que as cores não correspondem de fato à cor do CEH. Na ocasião, pude detectar vários níveis do campo e suas cores. Minha visão com a PSS melhorara bastante desde o final dos anos 1970.

Para nós, esses experimentos indicavam claramente a existência de um campo de energia humano e concordavam com o que observamos por meio da PSS. Ficou claro que o tubo do fotomultiplicador também grava uma pequena porção do CEH. Queríamos fazer mais experimentos desse tipo, mas não foi possível. Pouco depois, Dick e sua esposa se mudaram para a Holanda, enquanto John e eu ficávamos tão ocupados com o Pathwork que nunca tínhamos tempo para nada.

O Que a Filmagem do CEH me Ensinou:

1. *Que uma simples câmera de vídeo em branco e preto da Sony pode captar parte da energia dos níveis inferiores do CEH.*
2. *Que usar um colorizador (uma técnica padrão com que se reproduzem os dados de satélite) ajuda a ver os diferentes níveis do CEH.*

3. Que as cores do colorizador reproduzem os diferentes tons de cinza e não são as cores do CEH.
4. Que o equipamento, na época, podia ver talvez um décimo do que eu própria via. Isso é insignificante em comparação com o que consigo perceber agora: ele mostra apenas grandes áreas de diferentes tons de cinza colorizados, ao passo que uma pessoa com boa PSS consegue perceber todos os detalhes – do macroscópico ao microscópico –, inclusive os de linhas de energia em cada nível estruturado do campo, dentro das células e mesmo, até certo ponto, o DNA.

Um Pequeno Teste Rápido da Ciência de Cura Brennan com uma Máquina AMI*

Indo visitar meu amigo Michael, na Califórnia, paramos no Instituto de Ciências Humanas da Califórnia, fundado pelo dr. Hiroshi Motoyama, para testar se a Ciência de Cura Brennan podia fazer uma diferença na máquina AMI do dr. Motoyama. Medidas foram tomadas antes e depois da cura. O dr. Gaetan Chevalier prendeu os eletrodos nos dedos de Michael. Fez as medições antes de eu começar a trabalhar e depois que ministrei quinze minutos de cura para equilibrar e carregar o CEH do meu amigo. Ao tomar a segunda medida, o dr. Chevalier pareceu surpreso ao perceber que ela mostrava muito mais carga e equilíbrio no campo de Michael do que antes daquela curta sessão de cura. Os resultados da máquina AMI são mostrados num círculo. Quanto mais equilibrado e largo for o círculo, mais fortes serão os meridianos e mais saudáveis serão o CEH e o estado da energia. Era fácil perceber a diferença entre as duas leituras. O primeiro círculo parecia menor e em desequilíbrio. Como já era tarde da noite, Michael estava cansado. O segundo círculo era bem maior, bem mais equilibrado. Em geral, quanto maior for o diâmetro e mais equilibrado o círculo, mais saudável

---

* AMI – Aparelho para medir o funcionamento dos meridianos e seus órgãos internos correspondentes – desenvolvido por dr. Hiroshi Motoyama. (N.T.)

será o estado da energia. O livro do dr. Motoyama, *Measurement of Ki Energy, Diagnosis and Treatment*, descreve como a máquina AMI funciona.

O Que o Rápido Teste Ciência de Cura Brennan/Máquina AMI *Me Ensinou:*

1. *Como trabalhei nas linhas do CEH e a máquina AMI media meridianos, verifiquei que os meridianos da acupuntura são aspectos maiores, digamos rios de luz, em comparação com as linhas luminosas do CEH, já que a máquina era afetada rápida e facilmente.*
2. *A energia no sistema aumentava com grande rapidez graças a simples técnicas terapêuticas.*
3. *Foi uma inequívoca confirmação daquilo que vi e fiz no CEH antes, durante e depois do trabalho.*

Observando Marcel Vogel Carregar um Cristal

Outro importante encontro que tive em San Diego foi com Marcel Vogel. Eu não sabia quem ele era na época, mas Bantam marcou a visita. Quanto entrei na casa de Marcel, avistei dois copos de água sobre sua mesa de café. Perguntou-me se eu notava alguma diferença entre eles. Percebi imediatamente que as ligações de hidrogênio em um dos copos tinham sido "abertas", isto é, ele de alguma forma aumentara os ângulos de conexão entre os átomos, de modo que a tensão superficial diminuíra. Marcel gostou da minha resposta. Em seguida, mostrou-me como pegara um vinho recém-engarrafado e o envelhecera com perfeição fazendo-o simplesmente passar por um tubo de cobre enrolado em volta de um de seus cristais especialmente lapidados e programados. Mostrou-me também como programava um desses cristais. Segurou-os com as duas mãos, a parte pontiaguda na esquerda e a arredondada na direita. As mãos não se tocavam. Então, focalizou a mente, firmou sua intenção, respirou fundo e, com a boca fechada, expeliu o ar pelo nariz. Ao mesmo tempo, percorreu o cristal com um fino raio de luz branca e brilhante emanado do seu terceiro olho (sexto chakra). Vi o cristal assumir uma forma geométrica no campo etérico.

O Que a Observação de Marcel Me Ensinou:

1. Marcel podia criar uma carga dipolar entre suas mãos enquanto segurava o cristal.
2. Marcel atingiu o cristal com o mesmo tipo de luz semelhante ao laser, proveniente do centro do terceiro olho, que Eugene Condor usou para afetar a planta.
3. Marcel recorria a uma forte "expiração" nasal, que raspou o palato mole, no céu da boca, como a mencionada em *Mãos de Luz*. Ela se parece com a respiração do fogo do yoga, mas foi apenas uma respiração profunda. Carrega o terceiro olho retirando energia da corrente vertical de energia.
4. Marcel usava a respiração tanto para carregar o centro do seu terceiro olho quanto para descarregá-lo com outra "expiração".
5. Marcel podia carregar seus cristais para diferentes propósitos. Uma vez carregados, podiam provocar mudanças em coisas como a água e o vinho. Podia então, provavelmente, afetar outros objetos com propósitos de cura.
6. Marcel não me mostrou como modificava as ligações do hidrogênio e a tensão superficial da água, mas me explicou que havia passado o líquido por um tubo de cobre enrolado num cristal carregado.
7. Carregou a água passada por um tubo em volta de um cristal carregado e deu-me um gole para provar. Tinha um gosto esquisito.
8. Disse-me que o vinho fora envelhecido até a idade ideal depois de passado pelo tubo de cobre em volta do cristal. A pessoa que estava comigo disse que era delicioso.

Observando o Rabino Faixa Preta Usando o Toque Suave

Quando eu viajava para promover meu livro *Mãos de Luz*, a Bantam arranjou um encontro meu com um rabino que era também faixa preta em karatê. Achei o encontro muito interessante. Primeiro, o rabino colocou seu xale de prece e abriu as tefilin enquanto recitava os versículos sagrados de praxe. Durante essa cerimônia, seu CEH se intensificou, ficou brilhante e exibiu dois fluxos de energia coloridos muito especiais (cor de pêssego e azul-turquesa) que se encurvavam subindo pela coluna vertebral. Esse encurvamento é similar ao que vejo quando o Ida e o Pingala da Kundalini se espiralam medula acima, mas são ligeiramente diferentes na cor: o Ida é vermelho e o Pingala, azul.

Em seguida, o rabino demonstrou o que chamava de "toque suave". Colocou dois blocos de concreto um em cima do outro, sobre outros dois com as extremidades fincadas no chão. Depois, estendeu uma toalhinha de renda sobre o bloco de cima. Pôs-se de pé, concentrou-se e emitiu o *kiai*, o grito que geralmente acompanha um golpe de karatê. Mas não se moveu ao gritar. Com minha PSS, observei que, durante o grito, ele retirara energia do seu tan tien e a passara para o terceiro olho, onde permaneceu como uma luz branca brilhante até o próximo movimento. Pediu-me então que observasse atentamente. Ergueu de leve o braço direito e abaixou-o devagar, sem esforço, num movimento de onda, em direção ao centro do bloco superior; quase não o tocou e lentamente, num movimento de onda contrário, retornou o braço à posição original. Quando baixou o braço e tocou o bloco, avistei uma onda longitudinal de energia clara transitar pelo tubo do centro do hara, dentro de seu braço, sair pelo centro do chakra da mão direita e entrar pelo meio dos dois blocos superpostos. Esse ponto de energia então se expandiu esfericamente com enorme poder. Quando o braço voltou à posição original, os blocos de concreto se estilhaçaram de dentro para fora e os fragmentos caíram no chão!

"Uau!", exclamei, "essa foi demais!"

O Que a Observação do Karatê do Rabino Me Ensinou:

1. *A "energia" que viajou pelo tubo do hara do rabino parecia ser uma onda longitudinal coerente ou de compressão, com muito poder. Era transparente, mas densa.*
2. *Essa "energia" pode ser dirigida pela intenção concentrada.*
3. *Essa energia pode não apenas sair pelo braço e penetrar no centro de dois blocos, mas também, com intenção, dirigir-se para pequenos lugares escolhidos.*
4. *Não sei se o rabino sabia que a "energia" se espalhava esfericamente ou se a própria energia se comportava assim automaticamente.*
5. *Esse tipo de energia psi afeta poderosamente objetos físicos.*

Observando Cirurgiões-Curadores Sensitivos das Filipinas

O primeiro cirurgião sensitivo que vi foi Placido, de Baguio City, Filipinas. Fui com uma cliente que chamarei de Betsy. Betsy tinha câncer de mama com metástase no fígado. Conseguira uma consulta com Placido e convidou-me para ir com ela, a fim de observar. A princípio, Placido não queria que eu ficasse, mas depois o permitiu. Vestia camisa de mangas curtas e não tinha bolsos na roupa. Pediu-me que ficasse à sua frente no outro lado da mesa onde Betsy estava deitada, aguardando o tratamento. Assim, disse ele, eu poderia ver de perto seu trabalho. Antes de começar, Placido ergueu as mãos e mostrou-as para mim, palmas e dorsos, para mostrar que não tinha nada nelas. Depois, ergueu-as ainda mais para o alto e baixou-as, os dedos em riste primeiro. Eles mergulharam uns bons cinco centímetros na barriga nua de Betsy. Usando a PSS, pude ver os dedos de ambas as mãos penetrando cerca de dois centímetros no fígado da paciente. Elas chegaram bem próximas da área onde eu podia perceber o câncer.

Como ele vai tirar todo esse tumor se não conseguiu chegar até ele?, perguntei a mim mesma.

Então, para meu espanto, Placido criou uma forte energia de sucção nas pontas dos dedos e começou a sugar os tecidos cancerosos do fígado na direção deles, que ainda estavam dentro do corpo. Fiquei parada, perplexa. Ele me olhou e recomendou que eu observasse no nível da pele. Focalizei então minha atenção ali. Placido espalhou os dedos num círculo de cerca de oito centímetros de diâmetro. Os dedos estavam pousados na pele, não mais debaixo dela. Então, disse: "Olhe agora!".

Enquanto eu olhava, uma massa vermelho-escura e malcheirosa que parecia tecido (não se sabia se canceroso) saiu da pele de Betsy e subiu cerca de quatro centímetros. Tinha cerca de um centímetro de diâmetro. Placido pegou a massa malcheirosa com os dedos e colocou-a num vaso cheio de água mantido ao lado da mesa para essa finalidade. Nota: não se sentia cheiro algum no recinto antes de a massa sair do corpo.

Depois, Betsy parecia exausta. Observei também alguns orifícios ou lacerações na área do CEH onde Placido trabalhara. Fechei-os usando uma técnica de cura avançada que eu havia desenvolvido para reparar os níveis estruturados dos campos.

Em outra ocasião, viajando pela Europa para dar palestras sobre cura, descobri que uma cirurgiã sensitiva chamada Michaela estava aparentemente seguindo o mesmo caminho que eu, embora me precedendo. Muitas das pessoas que participavam dos seminários haviam feito cirurgias espirituais com ela uma semana antes da minha chegada. Eu podia dizer onde a sensitiva trabalhara pelos orifícios e rupturas deixados em seus CEH. Eu os fechava.

Mais tarde, houve uma grande conferência em Londres para a qual vários cirurgiões sensitivos das Filipinas foram convidados para mostrar seu trabalho. Estavam presentes vários profissionais da imprensa. Cada cirurgião usou a técnica de entrar no corpo com as mãos/dedos e criar sucção para remover o tecido doente, ou seja lá o que for a tal massa malcheirosa. Muitos empregavam técnicas bem parecidas com as de Placido, descritas acima. (Há o boato de que a massa vermelho-escura foi testada e não era constituída por tecidos humanos.) Notei que a massa tirada do fígado cheirava mais forte que as tiradas de quaisquer outras partes do corpo, como músculos ou ligamentos.

Uma cirurgiã sensitiva, que também era freira, fazia uma demonstração num homem que tinha câncer de pulmão. Havia tantas câmeras de TV e luzes ofuscantes à sua volta que ela trabalhava com dificuldade. Toda aquela parafernália eletrônica, não bastasse a curiosidade cética dos jornalistas, dificultava a regulação da energia de cura. Vi-a esticar várias vezes o indicador em toda a sua extensão, a fim de penetrar o mais fundo possível pelo pequeno corte na base da laringe e tentar sugar o câncer. A coisa não ia bem devido às múltiplas interferências. Sempre que ela extraía o dedo, ele fazia o barulho de uma rolha sendo tirada de uma garrafa de vinho pela primeira vez. Isso deixou o paciente realmente incomodado. Ela por fim interrompeu o trabalho, prometendo retomá-lo no dia seguinte sem a presença dos jornalistas.

Um curador usou os mesmos princípios, mas de maneira diferente. Abriu um pequeno corte na pele enviando um forte raio bem estreito de luz da ponta do dedo, fazendo assim uma incisão. Nunca chegou a tocar a pele. Colocou então uma moedinha no corte e cobriu-a com uma bola de algodão embebido em álcool. Em seguida, acendeu o algodão com um fósforo. Quando o algodão se inflamou, o curador emborcou um copo sobre ele. Isso criou um vácuo que sugou a massa. Algumas pessoas concordaram mesmo em usar seu dedo para emitir o raio cortante. Depois de observar por algum tempo, deixei-o usar meu indicador. Ele o segurou com dois dedos e o polegar. Sugou então bastante energia do meu braço inteiro, juntou-a e comprimiu-a na área do meu indicador que estava presa entre seus dedos e o polegar. Por fim, apontou o raio fino que se projetava da ponta do meu indicador para fazer o corte na pele do paciente. Meu braço ficou doendo durante algum tempo depois disso. Não deixei que o curador repetisse a manobra. E quero deixar claro que não disponho de informações sobre a eficiência da cura dos cirurgiões sensitivos.

O Que Aprendi Observando os Cirurgiões Sensitivos das Filipinas:

1. *Embora as técnicas possam parecer muito diferentes, todos os cirurgiões sensitivos usavam mais ou menos os mesmos fenômenos energéticos de penetrar o corpo com uma onda longitudinal semelhante ao laser que saía das pontas de seus dedos, bem como um ato de sucção para remover detritos de dentro do corpo.*
2. *Avistei vários guias espirituais trabalhando com muitos deles.*
3. *Os cirurgiões sensitivos usam grande parte da energia do cliente para fazer seu trabalho.*
4. *Os cirurgiões sensitivos removem coisas do corpo dos pacientes.*
5. *O trabalho dos cirurgiões sensitivos deixa orifícios e rupturas no CEH.*

Encontro com a dra. Valerie Hunt

Por volta de 1992, depois da publicação de *Mãos de Luz*, recebi um telefonema da dra. Valerie Hunt. Ela me disse que ia fazer algumas pesquisas e andava entrevistando "os melhores curadores do país". Fiquei bastante lisonjeada. Eu sabia que ela elaborara o famoso Estudo sobre Rolfing juntamente com Rosalyn Bruyere e Emilie Conrad. Como não a conhecesse pessoalmente, pelo menos nesta vida, decidi investigar quaisquer ligações prévias que pudéssemos ter tido antes da vida atual. Fiz algumas meditações para ler psiquicamente o passado. O que descobri foi muito interessante: foi como assistir a um filme de uma vida anterior.

A primeira cena se passava na Atlântida. Valerie chefiava uma grande comunidade de pessoas que guardavam o conhecimento secreto do universo. Valerie, trajando um manto castanho com uma grande gola branca, conduzia uma cerimônia para cinco barcos de partida. Como a Atlântida fosse logo desaparecer, minha missão era levar o conhecimento secreto em dois barcos para o que é hoje o Egito. Os outros três carregavam suprimentos e nos serviriam de escolta. Vi a mim mesma e aos outros navegando para o Egito. O sacro conhecimento secreto tinha a forma de uma esfera radiante gigantesca, composta de linhas de consciência da energia de luz branca e azul. A esfera continha várias figuras geométricas. Na sequência da minha meditação, "vi" que, depois de desembarcar no Egito, tivemos problemas na comunicação com a cultura dos habitantes. Uma tragédia ocorreu diante dos meus olhos. O sacro conhecimento da esfera era para todos, que deveriam viver em comunhão com a presença do "próximo mundo" ou "mundo da energia-consciência" que está dentro e em volta de nós agora. Fiquei desesperada ao ver nosso belo conhecimento sagrado dos mundos da energia perder sua essência vital. Depois, ele foi simplificado em vários níveis, transformando-se em pirâmides de pedra para garantir a passagem dos líderes poderosos para o próximo mundo.

Durante anos depois dessa meditação, procurei a esfera em toda parte. Mas o que vi foram três linhas cruzadas de luz branca diante do meu terceiro olho. As três se cruzavam no centro, em ângulos iguais de 60° de distância um do outro, à semelhança de uma estrela de seis pontas. Fui ficando cada vez mais frustrada a cada ano, mas não desisti. Minha mente racional continuava dizendo que devia tratar-se de uma estrela de oito pontas; no entanto, toda vez que eu a examinava com PSS, via uma de seis pontas. Era preciso esperar...

Mas voltemos à visita da dra. Valerie Hunt.

Ela entrou em meu escritório com ar absolutamente confiante e disse: "Conte-me o que você sabe!".

Assim, passei um bom tempo falando-lhe sobre o CEH e a cura. Estava envergonhada demais para abordar outros temas.

Finalmente, muito frustrada, Valerie comentou: "Agora me conte o que você *realmente* sabe!".

"Bem, meditei para descobrir se nos conhecemos no passado."

"Agora estamos chegando a algum lugar!", exultou ela.

Timidamente, contei-lhe a história da esfera do conhecimento. Ela me incentivava a continuar. E eu continuei.

Quando concluí, Valerie pediu: "Descreva-me o que eu estava vestindo".

Descrevi o manto de gola larga, que parecia um enorme babado.

"Lembro-me de ter desenhado essa gola", confessou ela.

Passamos o resto do dia falando sobre a pesquisa que, a meu ver, devia ser feita com o CEH. Valerie tinha planos para um amplo laboratório onde pudesse medir o campo. À tarde, eu me sentia muito feliz e excitada quanto à possibilidade de futuros projetos. Mas financiamentos são difíceis nessa área.

O Que Aprendi no Encontro com Valerie Hunt:

1. *A confirmação, por parte de Valerie, de minha PSS e leitura de experiências de vida passada foi muito importante para mim na época.*
2. *Valerie me deu muitas e boas informações sobre outras pessoas no campo.*
3. *Valerie não mencionou o que podia ser aquela esfera de conhecimento, mas não rejeitou a ideia por completo. Isso me incentivou a continuar procurando.*
4. *Nunca mais me senti sozinha com minha combinação de PSS e ciência.*

Comparação de Visão a Distância e PSS com o dr. Russell Targ

Anos mais tarde, depois da publicação de *Mãos de Luz*, almocei e tive uma breve conversa com o dr. Russell Targ e a dra. Jane Katra em Nova York. Durante o almoço, percebi que o dr. Targ utilizava a visão a distância para conhecer minha casa em Montauk, a uns 140 quilômetros de onde estávamos. Notei um pseudópodo de energia-consciência sair do seu campo e ir direto para minha casa, que possui muitas portas corrediças de vidro.

Ele disse: "Percorri sua casa! Você mora numa redoma de vidro?"

"Moro."

Como aquilo fosse muito interessante, resolvemos fazer outra pequena experiência de visão a distância e fomos para o quarto, onde Jane colocou um objeto desconhecido dentro da banheira enquanto Russell e eu esperávamos na sala. Observei então Russell ver o objeto na banheira com a "visão a distância".

Eu dizia: "Agora você está olhando para ele da extremidade norte, agora você está olhando para ele de baixo etc.". Todas as vezes que mencionei o objeto visto por ele, Russell confirmou que eu estava certa. Eu conseguia descrever seu tamanho e informar que estava virado para cima na banheira, mas não sabia de que objeto se tratava. Isso talvez se deva ao fato de, no meu trabalho, eu quase sempre tratar de seres humanos ou animais vivos, não de objetos inanimados.

Então, depois de visualizar bem o objeto, o dr. Targ concluiu que se tratava de uma escova de cabelos. E estava certo!

Assim, em minha opinião, a visão a distância, curta ou longa, equivale a usar a PSS para visualizar coisas longínquas. A distância mais longa que consegui ler foi de Nova York a Tóquio. Houve outra, de Nova York a Roma. Em ambos os casos, minha leitura do CEH de duas pessoas diferentes estava correta.

O Que Aprendi no Encontro com o Dr. Russell Targ:

1. *Fiquei intrigada com o fato de não poder ver o objeto quando o dr. Targ olhava para ele. Posso, sim, ver facilmente dentro do corpo humano físico para descrever órgãos, ossos, diversos tecidos até o nível microscópico. Concluí que talvez seja preciso aprender a captar a frequência correta daquilo que se observa. Afinal, pratiquei a arte de ver dentro do corpo por anos, mas nunca havia tentado ver um objeto com a PSS.*
2. *Relembrando agora o fato, concluo que certamente cometi um grande erro. Eu podia ver o lado que ele estava observando quando percebia sua ligação por pseudópodo com o objeto. Sei agora que me sintonizava com ele e sua frequência por pseudópodo, e não com o objeto observado e a frequência desse objeto.*

3. *Para mim, esses pseudópodos psíquicos se parecem com pseudópodos de amebas, daí a comparação que fiz. (O pseudópodo psíquico é a extensão energética fluida que vai do corpo do CEH para o objeto observado, conectando com este a PSS. Pode-se imaginá-lo como uma trilha de minhoca no espaço, que liga a pessoa ao objeto observado, transmitindo a informação.)*

Revisão do Apêndice:
Como Avaliar Suas Pesquisas Pessoais com o CEH e a PSS

1. Que experiências você teve ao comparar sua PSS com a de outras pessoas?
2. Você conhece bem seu pseudópodo ou trilha de minhoca? Qual é a sua aparência?
3. De que modo isso aumentou sua confiança na PSS?
4. Compare suas experiências com o CEH às de seus amigos/colegas de estudo. Eles confirmam as informações uns dos outros? Em que ponto diferem? Que conclusão você tira das diferenças?
5. Você reparou no modo como usa todas as suas experiências anteriores para discernir e tornar útil sua informação? Note que os outros fazem a mesma coisa, mas usam suas próprias experiências de vida para tornar a informação proveitosa de um modo diferente. Explique as diferenças. Por que esses dois conjuntos de informações formam uma informação mais completa em vez de discordar um do outro? Cada um deles enfoca o holograma à sua maneira!

BIBLIOGRAFIA

Obras de Pesquisa – Centro de Voo Espacial Goddard, na NASA

Sparkman (Brennan), B. A. "A Method to Correct the Calibration Shift Observed in a Nimbus Medium Resolution Infrared Radiometer, on the NASA Convair-990". NASA X-662-67-37.

Sparkman (Brennan), B. A., e G. T. Cherrix. "Simultaneous Cloud ALBEDO Measurements Taken with Airborne Sol-A-Meters and Nimbus II Orbiting Medium Resolution Infrared Radiometer". NASA X-622-67-49.

Sparkman (Brennan), B. A., e G. T. Cherrix. "A Preliminary on Bidirectional Reflectance of Strato Cumulus Clouds Measured with an Airborne Medium Resolution Radiometer". NASA X-622-67-48.

Sparkman (Brennan), B. A., G. T. Cherrix e M. S. Tobin. "Preliminary Results from an Aircraft-Borne Medium Resolution Radiometer". NASA X-622-67-445.

Brennan, B. A. "Bidirectional Reflectance Measurements from an Aircraft over Natural Earth Surfaces". NASA X-622-68-216.

Obras de Pesquisa – Outras Organizações

Brennan, B. e W. R. Bandeen: "Anisotropic Reflectance Characteristics of Natural Earth Surfaces". *Applied Optics* 9, nº 2 (1970).

Conaway, J., B. Conrath, B. Brennan e W. Nordberg: "Observations of Tropospheric Water Vapor Contrasts near the ITC from Aircraft and Nimbus III During BOMEX". Apresentado no 51st Annual Meeting of the American Geophysical Union, 20-24 de abril de 1970: Washington, D. C.

Dobrin, R., B. Brennan e J. Pierrakos. *Instrumental Measurements of the Human Energy Field*. Nova York: Institute for the New Age, 1978. Apresentado na Electro' 78, conferência anual da IEEE: Boston, 1978.

Dobrin, R., Brennan e J. Pierrakos. *New Methods for Medical Electronics Diagnosis and Treatments Using the Human Energy Field*. Apresentado na Electro' 78, conferência anual da IEEE: Boston, 1978.

Livros

Brennan, Barbara Ann. *Hands of Ligth: A Guide to Healing Through the Human Energy Field*. Nova York: Bantam Books, 1988. [*Mãos de Luz: Um Guia para a Cura Através do Campo de Energia Humano*, Editora Pensamento, São Paulo, 1990, edição revista publicada em 2018.]

Brennan, Barbara Ann. *Light Emerging: The Journey of Personal Healing*. New York: Bantam Books, 1993. [*Luz Emergente: A Jornada da Cura Pessoal*, Editora Pensamento, São Paulo, 1995, edição revista publicada em 2018.]

Brennan, Barbara. Seeds of the Spirit. Boca Raton, FL: Barbara Brennan Inc., publicado anualmente, 1998-2009. A cada ano, um volume de Sementes do Espírito foi canalizado por Barbara Brennan. O volume de 2008 foi traduzido para o japonês; o de 1998, para o espanhol, como *Semillas del Espiritu*.

ÍNDICE REMISSIVO

A
Abbott, Edwin A., 161
Aderências astrais, 200, 205-06, 212, 264, 344
Adversários, 208
Agonia. *Ver* morte/agonia
Amigos imaginários, 214
Amor divino, 63
Amor incondicional, 244-45, 249-50
Anjos da guarda, 182-83 . *Ver também* Anjos.
Anjos, 167, 174-76, 182-83, 309
Arcanjo
   Ariel, 175-76
   Gabriel, 175
   Miguel, 175
   Rafael, 175
Arcanjos, 182 . *Ver também* Anjos
Armas, 180
Ataque psíquico, 263-64
Autonutrição, 122

B
Bardos, 165, 185
Bindu, 309
Bioplasma. *Ver também* Campos de energia, chakras e, 47-8, 133-35, 138
   energia-consciência em, 48
   fluxos de, 320-21
   percepção sensorial sutil e, 133-34
   metabolismo do, 47-8
Bloqueios no CEH
   anatomia do, 77-8
   cápsulas do tempo do, 83
   como sistema de defesa, 90
   consciência infantil e, 78-80
   criado no útero, 89
   criança interior e, 73
   criando, 74-5
   definido, 69-70
   dualista, 83
   durante a infância, 90
   fortalecimento, 76-7
   limpeza, 83-4
   pouco depois do nascimento, 89
   processo criativo e, 66-8, 80-2
   reciclagem, 81-2

C
Caça às bruxas, 164
Caminho em Espiral da Cura, 116, 121, 154, 226
Campo áurico. *Ver* Campo de Energia Humano
Campo de Energia Humano (CEH). *Ver também* Bloqueios no CEH
   capacidade crescente do, 152

centros de energia no, 44.
   Ver também Chakras
criando coerência no, 153-54
desequilibrado, 66-7
desfigurações do, 71
dimensão do hara como fundamento do, 40
em câmara escura, medidas do, 371-72
energia-consciência e, 165-66
estrutura do, 41
filmagem no Edifício das Nações Unidas, 378-79
na morte física, 301-02
níveis estruturados do, 42-3, 56-7
níveis não estruturados, 43-4
perturbações no, 69-70
regulação dos níveis de força no, 152-53
resultado medido de um raio laser, 374-78
usando a PSS para perceber o estado do, 137-38
viagem na realidade, 300-01
Campo do Ponto Zero, 37
Caos, 356
Cápsulas do tempo
   anatomia das, 275-76
   bloqueios e, 83
   descrição, 273-74
   remoção, 273
Causa e efeito, 59-60
CEH. *Ver* Bloqueios no CEH; Campo de Energia Humano (CEH)
Centralização, 67
Chakra da coroa, 46-7, 135
Chakras, 44-9
   abertura dos selos na percepção nos, 138-42
   bioplasma e, 47-8, 134, 138
   como órgãos dos sentidos, 134-35
   definição, 44
   energia-consciência absorvida nos, 133-34
   vórtices nos, 46-7
Chakras, níveis/funções/localizações
   primeiro (base), 46, 135
   quarto (coração), 46, 56, 135,
   quinto (garganta), 46, 55, 135
   segundo (sacro), 46, 135
   sétimo (coroa), 46, 55, 135
   sexto (cabeça/terceiro olho), 46, 55, 135, 139-40, 188, 382
   sobre: resumo dos, 44
   terceiro (plexo solar), 46, 56
Chamberlain, David, 89
Chevalier, Gaetan, 380
Ciclos de cura criativos, 110-11
Cinco Estados Mentais, 145
50/50 Trabalho, 81
Círculos viciosos (CV)
   dor e, 90-2
   dualidade dos, 187-88
   emaranhamentos e, 91
   ensinamentos de Heyoan sobre, 109
   estrutura dos, 91-4
   passos dos, 92-4
   reações emocionais e, 81-2
   rompimento dos, 95-9
Cirurgiões-curadores sensitivos, 384-85
Cirurgiões-curadores, 384-85
Clube de Parapsicologia das Nações Unidas, 378
Coerência, 153-54
Conceitos holísticos, 71, 107-08
Conceitos unitários, 88
Concha de ruído, 190-91
Condor, Eugene, 374
Conexão do coração, 322-23
Consciência da energia. *Ver também* Bioplasma
   absorvida pelos chakras, 45
   escura, acumulada, 69
   fluxos, 264
   na realidade do quarto nível, 199-200
   negativa, 227
   no bioplasma, 48
   percepção sensorial sutil e, 133-34
Consciência dividida, 225, 234
Consciência infantil, 68, 78-80
Consciência não desenvolvida, 73
Cordões da alma, 321

Cordões de vidas passadas, 321
Cordões genéticos, 321-26, 329-32, 338
Cordões relacionais originais, 321
Cordões Relacionais
    conexões doentias, 328
    cura e, 321-22, 329-30
    definição, 321
    descrição, 327
    desenvolvimento no útero, 326-27
    originais, 321
    raízes ancestrais e, 336-37.
    Ver também Raízes ancestrais tradicionais
    visitas pós-morte e, 292
Cordões. *Ver também* Cordões relacionais, raízes ancestrais e, 336-37. *Ver também* Raízes ancestrais tradicionais 338-39
    anatomia saudável dos, 331
    assumindo caráter de relacionamento, 326-27
    conexões doentias, 328
    conexões, 320-21
    cura, 329-30
    genéticos, 321-26, 329-31, 338
    raízes vs., 337
    selos da percepção e, 331-32
    tipos de, 321
    vidas passadas, 321
Corpo astral, 300
Corpo energético. *Ver* Campo da Energia Humana
Corpo físico
    impulso criativo no, 57-62
    influências astrais no, 188
    no Sistema de Energia-Consciência Humana, 48-9
Corpo. *Ver* Corpo físico
Criação interior, 125-28
Criação, prazer da, 123-24
Criança interior, 73
Cristais, carregando os, 381-82
Cura da cápsula do tempo
    áreas efetivas para, 276 137
    cura de vidas passadas vs., 287
    dualismo na, 270-71
    ensinamentos de Heyoan sobre, 269-70
    expansão e contração na, 279-80
    experiências com, 284-87
    finalidade da, 272-73
    liberação de energia criativa, 280-81
    modo de permissão, 279
    processo da, 277-78
    recuperar criações incompletas, 287
    regulação do fluxo de energia, 278
    resultados da, 283
    técnicas avançadas para a, 281
    técnicas de cura, 279-83
Cura de feridas, 79-80
Cura global, 363-66
Cura relacional, 361

D

Desejos, 53-4
Devas, 183
Difamações, 263-64
Dimensão da estrela do âmago, 37-8, 52-3
Dimensão do hara
    definição, 39-40
    desfigurações da, 71
    distorção na, 66-8
    impulse criativo na, 53-5
Dobrin, Richard (Dick), 371
Dor forte, 91, 93-4, 112
Dor suave, 112
Dor
    criada por você mesmo, 111-12
    dor intensa, 91, 93-4, 112
    dor suave, 112
    padrões de defesa para impedir a, 90
Dualidade
    bloqueios e, 83
    cura da cápsula do tempo, 271
    escolha de lados e, 226
    interna, 270-71
    opostos atraídos na, 187-88
    poder astral para, 207-08
    realidade holística vs., 71-7
    sistemas de crenças, 70

E

Edgar Cayce, grupo de estudo, 228-29
Ego adulto, 101-04
Ego, 99, 101-04
Emaranhamentos, 91
Emoções vs. sentimentos, 41-2
Empoderamentos e implantes cerimoniais, 208-10
Encarnação, 52, 58-9, 176, 251
Energia criativa, liberação, 84
Energia negativa, 206, 227
Ensinamentos de Heyoan
   autoridade e livre-arbítrio, 102-04
   brilho através do véu, 357-58
   caminhando nos dois mundos, 358-61
   caminho espiralado para o íntimo, 120-21
   círculo vicioso, 109-10
   como lidar com vozes interiores negativas, 117-18
   conexão entre vazio de veludo negro e essência interior, 42-3
   criação da paz mundial, 349-51
   criação de dor pela própria pessoa, 111-12
   criação de feridas e defesas, 108-09
   criação de um mantra pessoal, 119-20
   criação interior, 125-28
   cura da cápsula do tempo, 269-70
   cura global, 363-66
   cura pessoal que requer identificação interior, 122
   cura relacional, 361
   desejos, 52-3
   dor forte, dor fraca, 112-13
   ego adulto, 104
   encarnação, 58-9
   enfraquecimento de reações emocionais e irracionais, 114-16
   essência interior, 46-7, 58-9, 121-22
   evolução no caminho espiralado, 116-17
   fonte de uma reação emocional, 113-14
   impulsos de vida, 61-2
   inferno/mundos inferiores, 223-24
   interferência do superego na força criativa, 118-19
   karma, 250-51
   liberação da alegria criativa, 124-25
   meditação da unidade, 367-69
   morte, 315-17
   movendo-se com o fundamento de seu ser, 122-23
   passagem pelos ciclos de cura criativos, 110-11
   prazer da criação e, 123-24
   superego, 99-101
   tan tien, 45
   vontade divina, 324-26
Entidade "má" negra, 228-32
Entidade maligna, 228-32
Espaço astral, 199
Espaço e tempo astrais, 198-99
Espíritos da natureza, 183
Essência divina individuada, 53, 58
Essência interior, 42, 46, 53, 57-8, 121-22
Estados alterados de consciência, 164
Estados mentais, 145-47
Estrela do âmago, 52-3
Eventos imaginados, 197
Eventos psiconoéticos, 197
Exercício de conexão cinestésica, 148-50
Expansão-repouso-contração-repouso, impulsos, 278-70, 280
Experiências de vidas passadas
   feridas, 273-74
   líderes em, 259-61
   maneira bioenergética de encarar as, 257
   reencarnação, 259
   resumo de, 259
   vendo as experiências dos clientes, 257-58
   visão de Carl Jung, 260-61
Experiências infantis que influenciam a realidade do quarto nível, 169-70
Experiências no mundo astral, 152.
Ver também Realidade do quarto nível
Extraterrestres (ETs), 215-18

F

Feitiços, 181-82, 239-40, 248-49
Feridas, 79-80, 108-09
Flatland (Abbott), 161-62
Flecha do tempo, 198

Força de vontade, 272
Formas psiconoéticas (FPN), 180, 184
Formas-pensamento negativas, 190
Formas-pensamento, 179-80, 190

G
Getsla, Karen, 374
Grof, Stanislav, 253
Guardiões do umbral, 261-62
Guias, 174-74, 183, 237

H
Homeostase em desequilíbrio, 91-2
Hora dos sonhos, 163
Humildade, 353
Hunt, Valerie, 386-88

I
Identificação interior, 122
Implantes, cerimonial, 208-10
Impulsos vitais, 61-2
Inconsciente coletivo da humanidade, 191-92, 198, 352, 355, 357
Indução harmônica, 320
Inferno, viagem ao, 235-37
Informação literal, 150-51
Informação simbólica, 150-51
Intenção negativa inconsciente, 264-65
Intenção negativa, 226-27, 264
Intenção
　clara, 67
　dividida, 68
　dualista, 200, 207
　negativa, 226-27, 264
　sinistra, 248
　vontade vs., 67
Intenções divididas, 67-8

J
Jung, Carl, 234, 260-61

K
Kali Negra, 212, 261
Karma, 59, 250-51, 288
Katra, Jane, 388

Kübler-Ross, Elisabeth, 217-20
Kundalini (símbolo), 163

L
Lei do "Semelhante Atrai o Semelhante", 186-90
Lief, Harold, 260
Limites do mundo astral, 200
Livre-arbítrio, 102-04, 247, 339, 355
Luto, 304
Luz autogerada, 136, 201
Luz gerada, 136
Luz irradiada, 136, 141, 201
Luz refletida, 135-36, 141, 201
Luz visível, 136

M
Magia negra, 240-41
Maldição africana, 247-48
Maldição do fogo, 246-47
Maldições
　definição de, 239-40
　ética ao tratar das, 242-43
　maldição africana, 247-48
　Maldição do fogo, 246-47
　na realidade do quarto nível, 181, 248-50
Mantra pessoal, 119-20
Máquina AMI, 380-81
Meditação de aprendizado contemplativa, 145
Meditação de unidade, 367-68
Meditação profunda, 38, 139, 308
Meditação
　aprendizado contemplativo, 145
　estados profundos de, 38, 139, 308
　frequências, 165
　índios americanos, 163
　no Instituto Monroe, 308-12
　no processo de morte, 161-62
　para concentrar a mente, 117-18
　poder através da, 39-40
　realidade do quarto nível e, 184-85
　unidade, 367-68
Modo de permissão, 279
Monroe, Instituto, 308-12
Monroe, Laurie, 313

Monroe, Robert, 165, 308, 312-15
Morte/agonia
   campo de energia humano na, 299-300, 301-03
   conceito errôneo de não vida, 315-15
   cordão de prata, 300-01
   de Marjorie, 296-99
   de um ente querido, 303-04
   ensinamentos de Heyoan sobre, 315-16
   esquecimento da, 315-16
   luto e, 304
   mãe espera a vinda das irmãs, 296
   meditação durante a, 161
   preparação no Estilo Oriental, 303
   raízes ancestrais tradicionais durante, 342-43
   teste do túnel, 173-74, 299
   último adeus do pai, 293-94
   vida após a, 358-61
   visitas após a morte, 292-95
Mundos de sonho, 163

N
Níveis estruturados do CEH, 42-3, 69
Níveis não estruturados do CEH, 43-4, 69-70

O
O Planeta Proibido (filme), 202
O Semelhante Atrai o Semelhante", 186-90
O vazio, 37-9
Obi-man, tradição, 245
Obsessão magnificente, 53-4

P
Paixão, 264
Patanjali, Yoga Sutras de, 145
Paz mundial, 349-57
Percepção física, 154-57
Percepção Sensorial Sutil (PSS)
   abertura dos selos da percepção, 138-42
   chakras como órgãos dos sentidos para, 134-35
   como ler pacientes de médicos, 155-56
   como perceber o estado do CEH, 137-38
   como processar informação, 144-45
   da cura da cápsula do tempo, 277-78
   dançar entre estados mentais para, 146-47
   definição, 133-34
   desenvolvimento, 137-38
   exercício de conexão cinestésica, 148-50
   experiências infantis que influenciam, 169-70
   fase de contração, 147-48
   fase de expansão, 148
   influência negativa no desenvolvimento, 170-72
   informação literal na, 150-51
   informação simbólica na, 151
   mundo do quarto nível e, 167-69
   para defesa, 170-71
   percepção física vs., 154-57
   problemas da abertura, 142-43
   protocolo de informação, 157-59
   sintonia com o mundo desejado, 144-45
   visão física vs., 136-37
Perfeccionismo, 353
Pierrakos, Eva, 81
Pierrakos, John, 371, 379
Plasmas, 48
Plêiades, 218
Poder astral negativo, 207
Poder astral, natureza do, 206-07
Poha, 165, 303
Ponto de individuação (ponto ID), 39-40
Possessão, 240-41
Precisão divina, 355
Precognição, 167
Primeiro chakra, 46, 135
Problemas de autoridade, 101-04
Processo criativo/impulso criativo, bloqueios que afetam, 66-8, 80-2
   através da dimensão da estrela do âmago, 52-3
   através da dimensão do hara, 53-4
   através do CEH, 54, 55-7
   claro, carregado e equilibrado, 61-3
   de encarnação, 51-2
   distorcido, 66-8
   fases do, 60-1

interferência do superego no, 118-19
no mundo físico, 57
Projeção, 262, 266-67

Q

Quarto chakra, 46, 56, 135, 138-40
Quelação, 279
Quinto chakra, 46, 55, 135

R

Raízes ancestrais tradicionais (RAT).
   Ver também Raízes ancestrais
   como raízes genéticas distorcidas, 338
   cura de raízes, 345-47
   durante o processo de morte, 342-43
   emaranhamentos doentios das, 337-38
   exemplos de, 340-41
   pontos cegos, 341-42
Raízes ancestrais, 337-38. *Ver também* Raízes ancestrais tradicionais
Ravenscroft, Trevor, 240
RE/RI
   anatomia das, 94
   definição, 93
   enfraquecimento, 114-16
   formas psiconoéticas geradas pelas, 190
   reconhecimento, 227-31
   Reação emocional (RE), 81, 92-4, 113-14
Reações à vida, 93
Reações irracionais à vida (RI), 93-4
Realidade do quarto nível
   aderências, 212-13
   caminhando na, 265
   como mundos de sonho, 163
   conexões com a vida física, 214-15
   criação de sistema de realidade aceitável, 266
   criada pelo homem, 193
   crianças e, 213-14
   definição, 161-62
   estados alterados de consciência e, 164
   estrutura básica da, 196-97
   etapas a vencer, 265-66
   experiências infantis que influenciam, 169-70
   física da, 197-201
   futuro da, 193
   maldições/feitiços na, 248-50
   mau uso da, 263-66
   medo e, 265-66
   natureza do espaço na, 198
   objetos na, 180, 181-82
   objetos vs. seres, 212-12, 247-48
   obstáculos no trabalho com, 262-63
   paixão e, 265
   percepção sensorial sutil e, 167-69
   poder na, 201
   saindo dos níveis inferiores, 202
   seres da, 167, 180-84, 210-14
   seres em separação profunda, 184
   terror e, 265-66
   viajando na, 177-78, 199-200
   xamãs dos índios americanos e, 163
Realidade holística vs. realidade dualista, 71-6
Realização, caminho espiritual da, 123
Reencarnação, 259
Relaxamento profundo e terapia de regressão, 254-55
Religiões da deusa, 163-64
Respostas à via, 93
Respostas racionais à vida, 93
Respostas sentimentais à vida, 93

S

Sede da alma, 40
Segundo chakra, 46, 135
Selos da percepção, 138-42, 331-32, 340-42
Sentimentos vs. emoções, 41-2
Seres astrais inferiores, psicologia dos, 226-27
Seres astrais. *Ver* Realidade do quarto nível
Seres autocriados, 210-13
Seres humanos desencarnados, 183
Sétimo chakra, 46-7, 55, 135
Sexto chakra, 46-7, 55, 135
Shaw, Bert e Moira, 81
Sincronia, 193, 261, 355
Síndrome bipolar, 234
Sinistro, intento, 248

Sistema de Corrente Vertical de Energia
  (CVE), 46, 82-3, 138-39
Sistema de Energia-Consciência Humana
  (SECH). *Ver também* Campo de
  Energia Humano (CEH)
  campo áurico, 40-2
  círculos viciosos (CV) e, 92
  dimensão da estrela do âmago, 37-9
  dimensão do Campo de Energia
    Humano, 40-9
  dimensão do corpo físico, 48-9
  dimensão do hara, 39-40
  emoções e, 40-1
  energia dentro do, 92
  energia fora do, 92
  estrutura do, 36-7
Sistema de realidade aceitável, 266
Sistema de sons Hemi-Sync, 165, 308
Sistemas de defesa, 90, 170-71
Sonhos, 167
Stevenson, Ian, 259-60
Subpersonalidades não integradas ao eu, 184
Suicídio, 232-33
Superalmas, 237
Superego, 82-3, 99-101, 117

T
Talismãs, 208
Tan tien, 40, 44, 54
Targ, Russell, 388-89
Técnicas de regulação da energia, 278-79
Teimosia, 67
Tempo das fogueiras", 164
Tempo
  astral, 198-99
  morte e, 315-16
  não linearidade do, 274
Teoria da cura de muitos mundos, 162-63
Teoria das muitas vidas, 287-88
Terapia da regressão, 254-55
Terapia de processo pessoal
  etapas de reação, 265-66
  transferência e projeção em, 266-67

Terapia de vidas passadas
  guardiães do umbral na, 261-62
  maus usos da, 267-68
  negócios incompletos e, 268
  relaxamento profundo e regressão na, 254-57
Terceiro chakra, 46, 135
Terceiro olho, 140, 209, 374, 381-83
Territorial, espaço, 185
Território espacial, 185
Territórios de sistemas de crenças, 165, 182, 185-86
The Spear of Destiny (Ravenscroft), 240
Tibetanos, monges, 165
Toque suave, 382-83
Trabalho com a Sombra, 261
Transferência negativa, 243
Transferência positiva, 243
Transferência, 243, 266
Transmutação, 53, 332
Transplante do coração, 301
Trauma dividido, 282
Túnel, teste do, 173-74, 299

V
Vazio de veludo negro, 37-8, 42, 52
Verdade divina, 63
Visão a distância, 388-89
Visitas pós-morte, 292
Visões, 167
Vitimização, 288 143
Vogel, Marcel, 381-82
Vontade divina, 63, 323-26
Vontade. *Ver também* Livre-arbítrio
  distorção da, 66-7
  divina, 63, 323-26
  intenção vs., 67
Vozes interiores negativas, 117-18

X
Xamãs entre os índios americanos, 163

Y
Yoga Sutras de Patanjali, 145